写给教师的心理学 第3版
Psychology for Teachers

（英）保罗·卡斯尔（Paul Castle） 斯科特·巴克勒（Scott Buckler） 著

张 浩等译

华东师范大学出版社
·上海·

Psychology for Teachers, Third Edition /ISBN: 9781529743036

Copyright © Paul Castle and Scott Buckler 2021

Originally published in English by SAGE Publications, Ltd. in the UK. Simplified Chinese translation published by arrangement with SAGE Publications, Ltd.
英文原版由 SAGE Publications, Ltd. 2021 年在英国出版发行。中文简体字版由 SAGE Publications, Ltd. 授权华东师范大学出版社有限公司独家翻译出版发行。

Simplified Chinese translation copyright © 2024 by East China Normal University Press Ltd. & SAGE Publications, Ltd.

All Rights Reserved.

上海市版权局著作权合同登记　图字：09-2023-0341 号

目 录

第 3 版译者序 / 001
译者序 / 003
前　言 / 005
教师标准 / 007
序　言 / 009

第一部分

教育领域的心理学视角

第 1 章　心理学的经典学习理论　2

1.1　本章简介 / 2
1.2　心理学视角 / 2
1.3　心理学的起源及范式转变 / 4
1.4　万物有灵论 / 5
1.5　理性主义和笛卡尔的二元论 / 5
1.6　经验主义 / 5
1.7　结构主义与机能主义 / 6
1.8　心理动力学视角 / 7
1.9　行为主义的视角 / 8
1.10　人本主义的视角 / 10
1.11　认知主义视角 / 12
1.12　生物心理学视角 / 14
1.13　进化的视角 / 14

1.14 从应用的视角概述交互作用论 / 16
1.15 小结 / 16
1.16 拓展阅读 / 17

第 2 章
心理学中的当代学习理论   18

2.1 本章简介 / 18
2.2 积极心理学 / 19
2.3 关于积极心理学的校本研究 / 21
2.4 心流 / 22
2.5 在课堂中发展心流 / 23
2.6 课堂心流研究 / 25
2.7 与教育相关的积极心理学的未来 / 26
2.8 超个人心理学 / 27
2.9 超个人教育学 / 29
2.10 小结 / 30
2.11 拓展阅读 / 31

第 3 章
高效教师   32

3.1 本章简介 / 32
3.2 高效的含义 / 33
3.3 学生眼中的高效教师 / 34
3.4 研究者眼中的高效教师 / 39
3.5 学生视角和研究者视角的整合 / 42
3.6 高效教师的七个习惯 / 43
3.7 关于高效教师研究的主要发现 / 47
3.8 小结 / 48
3.9 拓展阅读 / 48

第 4 章
教师专业实践中的哲学与心理学   49

4.1 本章简介 / 49
4.2 哲学与心理学 / 49
4.3 哲学与教育 / 51
4.4 启发法 / 53

- 4.5 反思实践 / 54
- 4.6 观点整合 / 57
- 4.7 小结 / 58
- 4.8 拓展阅读 / 59

第二部分
学生个体

第 5 章
神经和身体发育　62

- 5.1 什么是发展 / 62
- 5.2 儿童的生理发育 / 63
- 5.3 大脑的发育 / 64
- 5.4 大脑半球的偏侧性和局部机能 / 69
- 5.5 神经元之间的交互作用 / 73
- 5.6 运动神经系统的发展 / 73
- 5.7 小结 / 80
- 5.8 拓展阅读 / 81

第 6 章
感知和认知发展　82

- 6.1 本章简介 / 82
- 6.2 感知发展 / 82
- 6.3 儿童的认知发展 / 87
- 6.4 注意力、专注度和记忆 / 91
- 6.5 认知理论在课堂上的应用 / 99
- 6.6 小结 / 101
- 6.7 拓展阅读 / 101

第 7 章
社会化、情绪发展与个性　102

- 7.1 本章简介 / 102
- 7.2 儿童的社会化发展 / 102
- 7.3 儿童的情绪发展 / 105
- 7.4 个性 / 112

7.5 小结 / 120

7.6 拓展阅读 / 121

第三部分
满足学生的需求

第 8 章
理解自我 124

8.1 本章简介 / 124

8.2 自我 / 125

8.3 主体我 / 126

8.4 客体我 / 128

8.5 主体我和客体我的结合 / 130

8.6 阿萨鸠里和心理综合 / 130

8.7 心理综合与教育 / 130

8.8 威尔伯与 AQAL / 131

8.9 元认知 / 133

8.10 自我形象和自尊 / 133

8.11 自我效能 / 135

8.12 自我归因 / 137

8.13 培养自我 / 138

8.14 小结 / 139

8.15 拓展阅读 / 139

第 9 章
理解特殊教育需求、残疾和全纳（SENDI） 141

9.1 本章简介 / 141

9.2 儿童个体的传统视角 / 142

9.3 SEND 操作规程 / 143

9.4 自闭症系列障碍 / 144

9.5 阅读障碍或特殊学习困难 / 147

9.6 注意力缺陷多动障碍 / 153

9.7 言语、语言和交流需求 / 157

9.8 行为、情感和社交需求 / 158

9.9 中度学习困难 / 159

- 9.10 天赋和才能 / 159
- 9.11 全纳 / 160
- 9.12 对实践的重新认识 / 161
- 9.13 小结 / 161
- 9.14 拓展阅读 / 162

第 10 章 动机　163

- 10.1 本章简介 / 163
- 10.2 动机是什么 / 163
- 10.3 动机的心理学视角 / 164
- 10.4 动机的行为主义视角 / 165
- 10.5 人本主义视角 / 169
- 10.6 自我决定理论 / 172
- 10.7 小结 / 176
- 10.8 拓展阅读 / 176

第 11 章 将心理学融入课堂　178

- 11.1 本章简介 / 178
- 11.2 宏观视角：主题重叠 / 178
- 11.3 微观视角：对个体的积极影响 / 180
- 11.4 积极与消极 / 182
- 11.5 焦点解决模式 / 183
- 11.6 认知行为疗法 / 186
- 11.7 保持积极 / 187
- 11.8 小结 / 188
- 11.9 拓展阅读 / 188

第四部分

心理健康、幸福感和韧性

第 12 章 心理健康　190

- 12.1 本章简介 / 190

- 12.2 英国国家医疗服务体系下的儿童与青少年心理健康服务（CAMHS）/ 190
- 12.3 定义心理健康 / 191
- 12.4 校内心理健康 / 193
- 12.5 观察并识别"征兆和症状" / 195
- 12.6 心理健康机构 / 196
- 12.7 心理健康问题是否获得大众关注？/ 198
- 12.8 临床背景下的心理健康 / 200
- 12.9 测量心理健康 / 201
- 12.10 情绪与表情符号 / 203
- 12.11 学校环境下的心理健康 / 204
- 12.12 学年周期：遵循季节性模式？/ 204
- 12.13 国家课程与心理健康 / 206
- 12.14 何时"转诊"？/ 208
- 12.15 数字（电子）心理健康：益处、挑战和影响 / 209
- 12.16 小结 / 210
- 12.17 拓展阅读 / 210

第 13 章
教练心理学与韧性培养　　211

- 13.1 本章简介 / 211
- 13.2 语境化的韧性 / 211
- 13.3 教练心理学的起源 / 211
- 13.4 教练心理学与咨询、临床和教育心理学的融合 / 213
- 13.5 何为韧性？/ 213
- 13.6 通过培养韧性来应对心理健康挑战 / 214
- 13.7 体育和商业中的韧性与教育中的韧性类似 / 215
- 13.8 商业中的韧性 / 215
- 13.9 运动和体育活动中的韧性 / 216
- 13.10 军事环境中的韧性 / 218
- 13.11 教育中的韧性 / 220
- 13.12 小结 / 224
- 13.13 拓展阅读 / 224

第五部分

心理技能训练

第 14 章 目标设定 … 226

- 14.1 本章简介 / 226
- 14.2 教育与目标设定 / 227
- 14.3 什么是目标设定？/ 227
- 14.4 哪个视角：结果、表现、过程目标？/ 227
- 14.5 目标设定的心理学原则 / 229
- 14.6 有效利用目标设定 / 231
- 14.7 目标设定准则 / 231
- 14.8 常见的目标设定问题 / 233
- 14.9 SMART 目标设定法 / 233
- 14.10 其他目标设定方法 / 234
- 14.11 小结 / 235
- 14.12 拓展阅读 / 236

第 15 章 心理意象 … 237

- 15.1 视觉化和意象 / 237
- 15.2 内部意象与外部意象 / 238
- 15.3 意象的机制 / 239
- 15.4 意象的操作化 / 240
- 15.5 利用所有感官增强意象作用 / 240
- 15.6 编写意象脚本 / 241
- 15.7 事前的意象练习 / 244
- 15.8 事后意象练习 / 245
- 15.9 意象脚本 / 245
- 15.10 情景设置 / 246
- 15.11 情景道具 / 246
- 15.12 小结 / 246
- 15.13 拓展阅读 / 246

第 16 章 自我对话与认知重组　　248

- 16.1 本章简介 / 248
- 16.2 何为自我对话？何时使用？/ 248
- 16.3 促进课堂上的自我对话 / 250
- 16.4 自我对话应该成为一种本能或第二天性 / 251
- 16.5 认知重组：如何最大限度地利用自己内心的声音 / 251
- 16.6 认知重组的时机 / 252
- 16.7 认知重组的阶段 / 252
- 16.8 小结 / 253
- 16.9 拓展阅读 / 253

第 17 章 放松法　　255

- 17.1 本章简介 / 255
- 17.2 避免倦怠 / 255
- 17.3 放松的原理 / 256
- 17.4 呼吸的重要性 / 257
- 17.5 常见的放松过程 / 258
- 17.6 渐进式肌肉放松法 / 258
- 17.7 自生训练法（或自我暗示法）/ 259
- 17.8 冥想与正念 / 260
- 17.9 生物反馈法 / 263
- 17.10 放松技巧适用于何时？/ 263
- 17.11 小结 / 265
- 17.12 拓展阅读 / 265

第六部分

循证教育

第 18 章 阅读、推理和研究相结合的教育　　268

- 18.1 本章简介 / 268
- 18.2 专业持续发展 / 268

18.3　基于研究的教学及其同义词 / 270
18.4　聚焦 / 271
18.5　阅读 / 272
18.6　研究 / 278
18.7　合理论证 / 280
18.8　定量分析 / 281
18.9　参数统计与非参数统计 / 281
18.10　定性分析 / 284
18.11　数据编码 / 285
18.12　小结 / 287
18.13　拓展阅读 / 287

第七部分

课堂实践

19　第 19 章　学习环境　290

19.1　本章简介 / 290
19.2　教室布局的心理学 / 291
19.3　年龄和性别差异 / 292
19.4　颜色心理学 / 293
19.5　字体心理学 / 293
19.6　学习风格、个性化学习或教师素质 / 294
19.7　结构、秩序和所有权 / 295
19.8　学习氛围 / 295
19.9　行为"管理"？/ 296
19.10　表扬还是不表扬？/ 301
19.11　小结 / 302
19.12　拓展阅读 / 302

20　第 20 章　电子化学习：教育的新前沿？　304

20.1　本章简介 / 304
20.2　什么是电子化学习？/ 304
20.3　电子化学习的类型 / 306

- 20.4 电子化学习的理论 / 306
- 20.5 发展自主学习 / 310
- 20.6 教育中的电子化学习 / 312
- 20.7 电子化学习的优点 / 313
- 20.8 电子化学习的缺点 / 313
- 20.9 电子化学习的建议 / 314
- 20.10 小结 / 315
- 20.11 拓展阅读 / 315

第 21 章
"理想的"教师   317

- 21.1 本章简介 / 317
- 21.2 教与学的关系 / 318
- 21.3 "理想的"教师具备的品质 / 320
- 21.4 从理论视角看理想的教师 / 321
- 21.5 教师个性 / 324
- 21.6 教师反思 / 327
- 21.7 小结 / 330
- 21.8 拓展阅读 / 330

第 22 章
反思工作：整合本书的线索   331

- 22.1 本章简介 / 331
- 22.2 为什么心理学对教师很重要？/ 331
- 22.3 保持批判性思维 / 332
- 22.4 解决困境的办法 / 333
- 22.5 从业能力 / 334
- 22.6 保持工作与生活的平衡 / 334
- 22.7 结语 / 334

参考文献   335

第 3 版译者序

本书第 3 版是为了当下教师面临的种种境遇和挑战而写。

本书 2016 年在国内出版，至今已时隔八年。这几年，我们见证、亲历了很多重要的历史时刻，包括长达三年的全球新冠病毒大流行、ChatGPT 等人工智能大模型横空出世、中国人口负增长、义务教育"双减"政策实施，等等。这些都或直接或间接影响了每一位教师的工作方式。而在微观层面上，这几年，普罗大众的情绪正悄然变化，看看我们所熟知的流行语和关键词吧——"怼"（2017）、"佛系"（2018）、"我太难了"（2019）、"内卷""emo"（2020）、"躺平"（2021）、"精神内耗"（2022）、"社死"（2023），可以说，相当一部分人已经陷入了内卷—压力—脆弱—安全感低—内卷……的恶性循环之中。

广大教师和学生也未能幸免，师生心理健康问题愈发普遍和棘手。《2022 年国民抑郁症蓝皮书》显示，我国 50% 抑郁患者为学生，多么让人痛心的数据！尽管学生患者中有 63% 的症结是在家庭中受到了忽视或严控而导致的，教师们却义无反顾地把关爱和支持这些学生的工作承担了下来。

可问题是，老师在完成繁忙的教学任务、应对各种检查和评估、处理学生情绪和心理问题等工作的同时，如何调整、安顿好自己的内心？

恰逢其时的是，本书第 3 版新增和调整的内容中一个突出主题正是"照顾好自己"。作者长期追踪教育心理学研究和实践，非常关心教师个体在长期职业生涯中的幸福感和韧性。作者结合心理学在教育中的研究和发展趋势，不仅介绍了"心理健康与幸福感""教练心理学与韧性"等教育心理前沿，而且增加了教育研究方法、扩充了心理技能训练等相关内容，期望为教师披上"铠甲"、充实"武器"，帮助教师把自己打造成"六边形战士"。相信会对教师读者们非常有助益！

作者在第 3 版中进行了大幅调整，新增和调整的内容达到三分之一。具体包括：新增"心理健康""教练心理学与韧性培养""放松法""阅读、推理和研究相结合的教育""电子化学习"五章，将第一版中的"发展心理技能"一章扩展成了"目标设定""心理意象""自我对话与认知重组"三章，其他各章内容亦有局部增减。经过如此调整，第 3 版从原来的 15 章增加为 22 章。

第 3 版的翻译工作仍然凝结了多位伙伴的努力，团队成员及分工是：李茹柳（第 12 章）、范晓宇（第 13、16 章）、刘雨馨（第 14、15 章）、郝佳颖（第 17、20 章）、沈奇源（第 18 章），以及笔者（负责审校和其他章节新增内容翻译）。值得一提的是，本书翻译过程也是走出疫情阴霾的过程，团队成员克服了新冠疫情反复、封校时的种种不便，克服了新冠阳后身体的发热、疼痛、咳嗽等种种不适，终于完成了翻译工作。

最后，愿本书对你有启发、有帮助！愿作者保罗安息！

张　浩

中国石油大学（北京）

2024 年 1 月

译者序

第一次看到这本书时，心中出现了这样的疑问：这是一本传统意义上的心理学教材吗？这是一本有关教育心理学、发展心理学或者学习心理学的书吗？随着翻译工作的持续推进，我发现这本书为读者呈现出了各种各样的心理学理论"视角"，而且涉及的范围非常广，从经典行为主义、人本主义到认知主义视角，从积极心理学的心流到脑科学的神经系统，从"自我"认知发展到儿童社会发展，从动机到特殊教育需求，等等。这些理论都有足够的广度和深度，不能将本书归入任何一种单一的心理学理论书籍。

为什么说这是一本写给教师的心理学书籍？作者从两个方面给出了回答。一方面是理论的，作者为教师提供了很多能够应用的心理学方法，比如启发法、焦点解决、心理意向等方法；另一方面是实践的，作者很用心地在每一种心理学理论和视角中都加入了"反思"或"活动"环节，引导读者利用刚阅读过的理论进行练习和反思，这些环节中的问题基本上都来自各种教学场景，而且非常具有开放性，能够帮助教师思考、构建个人的教育哲学。

为了帮助教师提高教学的效能，同时不拘泥于有限的心理学视角，作者还借鉴《高效能人士的七个习惯》的方法讨论了什么是"高效教师"，从心理学理论和"有效教学"的视角讨论了"理想的"教师。不过，作者认为"理想的"教师可遇不可求，教师不仅是教师，也是终身学习者，因此鼓励教师不断地进行实践和反思——"拿到驾照之后，你才真正开始学习如何驾驶"。

正如作者所说的，对于教师读者而言，可以通过阅读此书对各种心理学视角有所了解，也许当自己的学生出现"情况"时，并不能像专业的心理学从业者那样做出精准的判断并开出对症的处方，但因为对学生的行为和背后的原因有所了解，因此可以采取一些对学生有帮助的措施。我想这正是本书的意义所在。

作为一名教师教学发展工作者，我推荐一线教师、师范生、教育教学研究者和教师教学培训人员，以及其他对教学和心理学感兴趣的伙伴阅读此书，你一定会从本书中获得启发和灵感。

本书的翻译是团队协作的结果，初译安排是笔者（前言、序言、1.7–1.15、8、9、10）、郝杰（1.1–1.6、3、4、5.1–5.5、7）、薄亚男（2、5.6–5.8、13、14、15）、武秀英（6、11、12），武秀英、马荣、王博和赵月对全书进行校对，笔者对全书进行审校，翻译过程中还得到了修文乔博士和马蕾博士的帮助，在此一并感谢。感谢华东师范大学出版社任红瑚编辑的耐心和支持。由于语言和专业水平有限，翻译不妥之处在所难免，欢迎大家指正。

张　浩

中国石油大学（北京）

2016 年 3 月

前言

我怀着极大的悲痛写下这篇前言。认识保罗还是在 2004 年，当时他刚开始在伍斯特大学工作，也是那年他成为了我的博士生导师。在我们整个相识过程中，尤其是在他临近生命尽头的时候，他以善良的天性和应用心理学为我提供了无可替代的支持。他带着我加入自行车骑行运动，我们经常骑行上班。他总是在我们长途骑行的陡峭坡段中从心力上（有时在体力上）支撑我。我们在骑行时讨论心理学的时间，仅次于在喝咖啡时讨论心理学，而我们的书就是在咖啡中诞生和发展的。

就这样，16 年过去了，直到他离世——54 岁的他与癌症的斗争失败了。在随后的许许多多个时刻，我整个头脑都是对他的回忆：永远积极、总是帮助、极其善良、机智敏捷，还有超越他年龄的智慧。

在编写本书的过程中，我很痛苦，因为我似乎还能清楚地听到他的声音，或者想起我们在写各个章节时所处的空间。最后一次编纂索引是在大学食堂里，在那里我们喝了一整天的咖啡。

保罗非常受学生和同事发自内心的爱戴，他在相识的每个人身上都留下了不可磨灭的印记。在我写这篇文章的时候，我身边放着一大杯咖啡。虽然外面阴云密布，但阳光在云间闪烁。在追忆时刻，我一次又一次想到的是他的坚忍不拔，他所说的需要"控制可控因素"，以及要控制自己对不可控因素的情绪。事实上，随着过去一年中世界的变化，这样的话语从未在教育界引起过如此清晰的共鸣。

在这个前所未有的时代，对于世界、社会和教育，我们都很难知道我们能控制什么，但这就是为什么我们的书不仅有关于教学心理学的章节，还有关于在这个时代如何支持学习者的章节。与变化共生，尝试新事物，反思实践，以及最重要的，照顾好自己——这在我们的职业生涯中是至关重要的，而且比以往任何时候都更重要。

在过去的几年里，我回到了课堂教学中，发现有趣的是，我时不时就会用到本书中各个章节的内容。凭借所积累的课堂经验，我已经能够评估我们在这些章节中提供的内容，反过来，我也体会到心理学是如何与教师职业融为一体的。需要注意的是，虽然本书是为了帮助教师支持学习者而写的，但许多原则和技巧也适用于我们教师自身。通过实践这些技巧和原则，并体会它们如何发挥作用，你就可以在学习者身上充分运用它们。

我希望你能经常翻阅本书，领会在最伟大的职业中，心理学和教育的融合。

斯科特·巴克勒
2020 年 7 月于伍斯特

教师标准

无论你在世界哪个地方阅读这本书，都可能有一系列的教师标准，提出对所有教师的专业素质要求框架。英国（我们所在的国家）也不例外。

我们提供了一张提示性对照表，说明各章节与具体专业标准的关系。请注意，这只是为了说明问题：不是每一个要点都直接相关（如有效利用时间或有效部署支持人员）。

请仔细检查你们的标准，并考虑它们是否有相似的对照。

教师必须：	所在章	内容
1 设定能够激励、鼓舞和挑战学生的高期望值 · 在相互尊重的基础上，为学生建立一个安全和激励的环境。 · 设定目标，使所有背景、能力和性格的学生都能得到锻炼和挑战。 · 始终如一地展示对学生所期望的积极态度、价值观和行为。	9	SENDI
	10	动机
	11	问题解决导向的方法
	14	目标设定
	21	高效教师
2 促进学生的良好进步和成果 · 对学生的成绩、进步和结果负责。 · 了解学生的能力和他们的已有知识，并在这些基础上制订教学计划。 · 引导学生反思他们所取得的进步和他们新的需求。 · 展示有关学生如何学习的知识和理解，以及这些对教学的影响。 · 鼓励学生对自己的工作和学习采取负责和认真的态度。	5	神经和身体发育
	6	感知和认知发展
	7	社会化、情绪发展和个性
	8	了解自我
	9	SENDI
	10	动机
	11	以解决为中心的方法
	14	目标设定
	19	学习环境
	20	在线学习
3 展示良好的学科和课程知识 · 对学科和课程领域的发展表现出批判性的理解，并提升学术研究的价值。	18	阅读和参与研究
4 计划并讲授教学设计良好的课程 · 促进学生对学习的热爱和求知欲。 · 系统地反思课程和教学方法的有效性。 · 在相关学科领域内，为设计和提供一个有吸引力的课程作出贡献。	1	经典学习理论
	2	当代学习理论
	10	动机
	12	心理健康

续表

教师必须：	所在章	内容
	15	心理意象
	18	阅读和参与研究
	19	学习环境
	20	在线学习
5 调整教学以应对所有学生的优势和需要 · 知道何时以及如何因材施教，使用合适的教育方法。 · 知道抑制学生学习能力的影响因素，以及如何克服这些因素。 · 了解儿童身体、社会和智力发展，知道如何调整教学以支持学生在不同发展阶段的教育。 · 清楚地了解所有学生的需求，包括有特殊教育需求的学生、能力强的学生、英语作为非母语的学生、残疾学生，并且能够使用独特的教学方法来吸引和支持他们。	1	经典学习理论
	2	当代学习理论
	3	高效教师
	5	神经和身体发育
	6	感知和认知发展
	7	社会化、情绪发展和个性
	8	了解自我
	9	SENDI
	11	以解决为中心的方法
	12	心理健康
	13	教练心理学和韧性
	15	心理意象
	16	自我对话和认知重组
	19	学习环境
	20	在线学习
6 准确和有效地利用评估 · 利用形成性和总结性评价来保证学生的进步。 · 使用相关数据来监控学生的进步，设定目标，并计划以后的课程。	14	目标设定
	18	阅读和参与研究
7 有效地管理行为，确保一个良好和安全的学习环境 · 根据学校政策，对教室内的行为做出明确规定，负责在教室内和学校周围推广良好行为。 · 对行为有很高的期望，并用一系列策略建立纪律框架，持续和公平地使用表扬、惩罚和奖励。 · 有效地管理班级，使用适合学生需要的方法，让学生参与其中并激发其积极性。 · 与学生保持良好关系，适当行使权力，在必要时果断采取行动。	10	动机
	11	以解决为重点的方法
	15	心理意象
	19	学习环境
8 履行更广泛的职业责任 · 为校园生活和风气作出积极贡献。 · 与同事建立有效的专业关系，知道如何以及何时获得建议和专家支持。 · 通过适当的专业发展，对同事的建议和反馈做出回应，承担起改善教学的责任。 · 就学生的成绩和幸福感与家长进行有效沟通。	4	专业实践的哲学和心理学
	12	心理健康
	13	教练心理学和韧性
	16	自我对话和认知重组
	18	阅读和参与研究
	19	学习环境
	21	理想教师

序 言

图 0.1 你看到了什么?

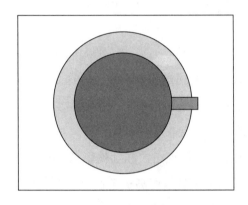

从这幅画中你看到了什么?是一个从上面看的茶杯吗?是一台洗衣机的门?一只鸭子?难道仅仅是两个圆圈和一个矩形?或者你能看到不同的东西?

作为一个专业人士,教学要求我们质疑我们的视角。我们被我们认为最好的做法、理论上所谓的最佳实践、我们对自己教学的理解、我们的想法和感受、别人的想法和感受等等影响着。我们一直在思考视角的排列组合,就像我们发展我们的教学,发展我们的专业。

视角是心理学中的基础,我们认为心理学在教学中有重要的基础地位。虽然"心理学"这一术语可以简单地定义为"研究人类思想和行为的科学"(英国心理学会,2020),但它对所聚焦的"行为"提出了很多不同的视角。比如,什么是行为?行为会受影响或控制吗?改变行为的最好方式是什么:药物治疗、奖励或处罚?行为是个体内部斗争的结果还是受外部影响的结果?我们如何定义"不当行为"?在教学方面,同样可以提出很多其他问题。事实上,在充满激情和张力的教育中,熟悉心理学理论的教师总是能够在任何情境下做出最佳反应。所以,本书鼓励你考虑一系列心理学视角,以及如何将这些关联到教学中。

然而,在我们教育行业内,由于"我对你错"的主张甚嚣尘上,以至于个人、团体和学校之间已经出现了两极分化。当前这些论战的双方是灌输式教学对战建构主义学习，或基于知识的课程对战基于技能的课程。论战双方都有支持者，他们往往只引用其中一篇特定的文章作为他们的理由，并且据此提出一些如"稻草人"一般站不住脚的论证。此外，教育领域的领导者们可能对一种特定的方法存有偏爱，却不考虑事实证据或实践性知识丰富但层级较低的一线同事的意见。要明白"没有一种方法是万能的"——如果有，我们将不再需要那些研究教育的人。所以，适应性、讨论、调解和研究是教育行业的工作要素，应该继续扩大"教育真理"的边界。教育中充满了细致入微的差别，我们所支持的教师和学生也是如此。与"我对你错"的极端化论断相反，我们可以采取这样一种方法，就是持续保持开放的心态，并且从不同的视角评估那些新的信息。

梯子可以作为一个"媒介"或"工具"鼓励人们向上攀登。如果以攀登比喻个人的专业发展，没有两个人会采取同样的方式攀登，这是教育被视为专业的一个核心原因。虽然我们被告知了最佳的实践，但我们只能通过尝试、获得信心并不断思考是否可以开发新方法来提高教学的途径来发展实践。

这本书为您提供了当前的理论视角，鼓励你思考这些视角如何与你的做法相关联，并以此为基础，思考什么创造（甚至提高）了这个专业里的最佳实践。每章提供了与教师标准（教育部，2013）相关的明确链接，显示了心理学和教育学如何明显相关。这本书鼓励你去探索当前的理论视角，分析和评估如何通过结构化的反思和活动，将这些观点关联到你的实践中。通过这种方法，我们鼓励你发展自己提高最佳实践的教学理念。

让我们开始去探索视角疑云吧！

第一部分
教育领域的心理学视角

本部分导入本书主题,邀请读者通过审视经典理论(第1章)和新兴心理学理论(第2章)的视角看教育。单独来看,这两章可以被视为有关学习理论的章节,然而,本书所做的远不只是概述,还将通过贯穿于整书中所开发的一系列教育情境,帮助读者更好地理解、发展和应用理论。因此,这些视角可以充实教师的理论基础,并为学习新知识提供了框架,我们还提供了一个关于有效教师的品质的讨论(第3章),这些观点也将使教师能够发展自己专业实践中的哲学和心理学(第4章)。

第 1 章 心理学的经典学习理论

> ☞ **本章目标**
> - 思考各种心理学视角的特点。
> - 理解各种心理学视角是如何影响教育的。
> - 评估心理学是如何运用于教育领域的。

1.1 本章简介

"视角"是这本书的核心：通过认识教学方法的多样性，不断反思自身教学方法的老师，应该致力于实现最佳的教学实践。在讨论上个世纪各种心理学视角之前，我们首先会讨论"视角"这一概念。本章将概述经典的心理学理论（包括精神分析学、行为主义理论、认知心理学、人本主义理论和生物心理学）及其对学习方面的相关贡献，之后我们会介绍并讨论心理学发展的重要性。

1.2 心理学视角

世界是不存在的！这听起来是一个非常奇怪的观点，因为我们都存在于这个不断转动的世界中，而且我们在日常生活中与这个世界或周遭环境有诸多互动。有许多证据可以表明世界是存在的。当然，世界确实是存在的，但在不久之前，人们认为"世界是平的"，至少在当时这一观念作为一种"公认的智慧"被大多数人所认可。在整个人类历史中，人们对于影响他们生活的一切建立起了一系列的信仰、态度和观点。

这些信仰、态度和观点并不一定会被所有人认同。有些人可能会质疑或挑战这些所谓的"公理"。"世界不是平的，我要证明给你们看"，这样的想法激励大无畏的探险家费迪南德·麦哲伦（1480—1521）开启了一次远航，这是一次发现之旅，成功与否无法预知。对麦哲伦、地图绘制者以及地球仪制造商而言，他们是幸运的，因为这次远航证明了"地球是圆的"，一种新的信仰建立起来。关于大海如何从世界边缘消失的奥秘，一种新的解释"视角"已经形成并逐渐被大众接受，而之前"世界是平的"这一观点逐渐被淘汰。有趣的是，今天连孩子都知道"世界是平的"这一观点是荒谬的。最近的一个例子是，在土耳其哥别克力特佩发现的巨石文化表明，文明存在于公元前10000 至 8000 年，比此前公认最早的美索不达米亚文明早了至少 5000 年。

美术家通过绘画作品来体现"视角"。他们借助视角理论，在绘画中通过对物体的位置安排来塑造一种立体感。当然，我们可以讨论一些经典的画作，像康斯太布尔①的《干草车》或者19世纪末20世纪初的印象派画作，但最能反映"视角"的或许还是埃舍尔（1898—1972）的作品。埃舍尔的平版画《相对性》（1953）从视觉上完美地诠释了视角（见图1.1）。如果仔细观察这幅版画，那么视角显然是不合理的，其中的事物根本无法运作。但是，从表面上看，图像看起来非常正常。埃舍尔运用视角，通过设置物体的前后位置，呈现了我们所能够接受的一种立体感。然而，他创造了一种"虚拟现实"，一种在现实世界中完全无法存在的景象。事实上，这幅版画类似于上面提到的"世界是平的"这一观点，如果你试图在埃舍尔的画中走上或走下楼梯，你肯定会摔下来，因为它们并没有像呈现出来的那样上升或下降。

这幅平版画骗过了我们的视觉，我们所看到的东西并不完全是它真实的样子。同样，如果我们去看埃舍尔的"对称图"，我们会根据自己的视角"看到"我们最希望看到的图像。这不是"深度"意义上的视角，而是人们在观看画作时引入了先验知识和已有经验。你的视角可能会快速地变化，当视角变化时你将看到新的图像。其实图画的内容未曾改变，只是你看它的方式变了。

绘画有很多形式，有些显得古怪离奇，有些则不会，但绘画确实为我们提供了很好的例子，帮助我们理解视角的作用以及人类为什么会形成视觉上的错觉。下面一幅画作中（见图1.2），有人可以明显地看到一座房子、一片森林、一座桥和一条河。这些事物呈现在这幅画的表面，而某些事物却存在于画的背景之中。比如树的高矮可能反映了它们的年龄，河面下落叶的走向反映了河水正在流动。然而在现实中，河面下并没有树叶，那些树也并未显示年龄，图像是经过人类大脑重构的、对三维世界的一种二维呈现。

图 1.1　埃舍尔的《相对性》

图片来源：埃舍尔的《相对性》©2013，版权为埃舍尔公司（荷兰）所有。网址：www.mcescher.com

---

① 英国人，19世纪最伟大的风景画家之一。——译者注

图 1.2 一个关于视角的例子［作者史密斯（R.G. Smith），许可转载］

在心理学中视角是很重要的，因为它为我们提供了一种理解周围世界的概念。视角让我们能够从不同的角度去理解同一事物。这非常重要，也是我们一直鼓励孩子去做到的事情。"当你取笑约翰的时候，你认为他有什么样的感受？"这样的问题会让儿童通过转换视角、换位思考，来理解人的行为可能对他人产生的影响。这在皮亚杰（1896—1980）经典的发展心理学理论中被称作"观点采择"（perspective-taking）。有这样一个实验：给孩子展示一个娃娃，然后把娃娃放在另一个房间，然后问孩子，娃娃在那个房间可以看到什么。为了回答这个问题，孩子必须以娃娃的视角来思考，这就体现了换位思考的概念。

讨论"视角"在帮助人类理解和解释周围世界方面的作用时，我们提到了视角是可以改变的，而且转换视角可能会为我们提供一种对世界完全不同的理解。在充分认识"视角"的重要性以后，我们还应了解心理学各种视角的历史由来。这一章接下来的部分我们将探索心理学的根源，并尽量结合教师的教学实践进行探讨。

1.3 心理学的起源及范式转变

我们将尽量按照时间顺序介绍心理学理论的发展历史及其哲学基础。在了解心理学的演变历史后，我们会更容易理解心理学视角的本质、范围和多样性。采用编年史的方式，我们不仅可以理解心理学的起源，还可以感受到心理学发展历程中的各种范式的转变（Hergenhahn，2009）。范式是对特定事物的一种取向，例如我们后面将提到的行为主义视角。因此，范式是一种被时代认可的理论或智慧。随着时间的变化，范式会因信息数据的积累和学术思想的变化而发生改变。通常而言，面对社会的变化，具有批判性观点的思想家将在思想上引领范式的转变。由此你不仅可以了解心理学的起源，同时还可以看到整个世纪以来"科学的钟摆"如何发展到了现在的范式；在 5 年、50 年或 100 年以后，现有的范式可能会被取代。

1.4 万物有灵论

万物有灵论是较早的一种心理学范式,其基本观点是不管是否拥有生命,世界上万物皆有灵魂,并拥有思考与感受的能力。当然,对有生命的物体而言,这一范式是符合逻辑的,但对于没有生命的物体,比如车轮,这种范式则变得难以理解。因此,万物有灵论在本书中仅作简单介绍。发展心理学中可能会出现这种现象,儿童会赋予无生命的物体以情感和思维,如布娃娃或玩具熊。

1.5 理性主义和笛卡尔的二元论

勒内·笛卡尔(1596—1650)是一位法国数学家,也被称为现代哲学的奠基人。笛卡尔假定人的身体是一个物理实体,是符合机械原理的一台机器,但人的思想并不具有物理属性,因此不会受到这些机械定律的制约。笛卡尔的论述被称为"理性主义",或者说是通过思考寻求真理。笛卡尔哲学的"二元论"认为人的身体和思想是相互独立的,我们在实际中也应区别对待。然而,笛卡尔还提出了"互动论":思想和身体彼此互动。现在,我们来探究一下身体的"有意识运动"与"无意识运动"的概念。有意识运动符合意识过程并且在很大程度上基于自由意愿或选择(你可以选择去散步、跑步、跳绳或跳舞),而无意识运动中缺乏意识过程(你在呼吸和消化午餐时,并不用去思考,这些自然而然地会发生)。

有趣的是,笛卡尔认为影响大脑和身体之间相互作用的根源是位于大脑中部的松果体。当时笛卡尔也没有意识到松果体是影响儿童时期荷尔蒙水平的重要的神经内分泌系统。更重要的是,在现代心理学发展过程中,对大脑与身体之间的互动的探究成为一个重要因素。

1.6 经验主义

笛卡尔的理性主义关注的是通过理性思考寻求真理,而经验主义则转向通过经验和观察来寻求真理。英国哲学家约翰·洛克(1632—1704)假设,新生儿来到这个世界上时是一块"白板",上面还没有知识的印记。有趣的是,今天我们讨论以学习者为中心的学习行为时,把学习者作为教学的焦点和核心,而这一"新理念"的根源就是400多年前洛克、大卫·休谟和乔治·柏克莱等哲学家提出的经验主义学说。

当然,经验主义在当今并未被人们全盘接受,因为大量关于发展阶段的证据是在童年时期收集的,例如认知发展、感觉和运动系统发展、情绪发展等,也有一些证据可能是基于遗传或遗传倾向的影响。经验主义理论中人与环境之间的相互作用,现在被视为公认的准则。

如今,如果经验主义被看作一种方法,而不是一种哲学,那将会对研究者有更深远的意义。当经验主义作为一种方法时,它包含了对研究问题或假设的基于现有理论的调查。调查是"可量化"的，包含了数据的收集和分析以及对结论的解释，从而支撑或反驳研究假设。你们在教室环境中可能也会多次运用经验主义理论。例如，如果你"认为"一个学生在某个小组中会有不良的课堂表现，那么你可能会把他（她）换到另一个组来观察并记录其表现方面的差异，而且会运用这些"数据"来支撑或反驳开始的假设。同样，如果另一个同事说一个学生经常打架，你可能就会在观察这个孩子的过程中，发现大量的相关事实，来验证这个孩子确实如此。可能他的攻击性行为仅仅在某一天的第一堂课，或者仅仅是午餐后由于其他学生在操场上嘲笑他（她）而做出的。关于行为的假设验证就是一种经验主义。

1.7 结构主义与机能主义

现在我们认为结构主义是现代心理学的开端。威廉·冯特（1832—1920）被誉为现代科学心理学之父。他的方法被称为结构主义，是一种通过内省（向内看）探索心智的"直接经验的科学"。其数据由观察"刺激"并记录了10000个内省经验而得来（有趣的是，运动员也谈到需要经过"神奇的一万小时"的训练才能成为精英）。冯特对心智结构的系统研究是实验心理学的首次尝试，并由此成功地将心理学从哲学中分离出来。

结构主义侧重于心智和感觉的意识体验，机能主义逐渐成为一种新的趋势，聚焦于感知过程和将学习当作有意识的活动。威廉·詹姆斯（1842—1910）是机能主义的主要倡导者。机能主义是基于对达尔文工作的拓展，达尔文主张发生在自然界中的机能或生物学意义（适者生存）。与达尔文主义的做法相同，机能主义依赖于适应，研究存在的或变化的环境中运作的有机体。事实上，机能主义的元素仍然存在于现代心理学中。人们只需要去看看杂志，看语言、记忆或感觉领域的功能的发展，就可以注意到科学在试图去解释机能。对生理结构的报告和理解由来已久。胡德等人（2010）在1999年和2008年期间比较了800多名儿童，做了一项极好的研究，他们通过功能磁共振成像（fMRI）研究了儿童发育中大脑的数据处理、阅读和执行功能。班德蒂尼（2009）研究了fMRI研究的"思维模式"，而马克里（2010）研究了对于视觉信息处理的fMRI证据。

我们可以打个比方：在医学上，有电脑断层扫描（CT）和功能磁共振成像扫描（fMRI），CT扫描能够显示出结构异常，而这是fMRI扫描所不能检测到的，但fMRI扫描能够显示功能过程，比如当病人被要求去做一些与语言有关的任务时，fMRI就可以扫描此时大脑的工作过程。这个比方强调了结构主义和机能主义之间的区别。我们并不是总能了解事物的结构，因为我们不能得知事情发生的全貌。如果一个孩子不能很好地注意到你的指示，你可以去检查他信息处理的功能性特点，而不是盯着孩子耳朵的照片（当然，除非这是X光或CT扫描所显示的身体异常）。

> **反 思**
>
> 机能主义与环境适应有关。当儿童接受学校教育时，他们必须面对并适应新的环境。例如，在小学中最高年级的学生将会成为中学的最低年级。不同的孩子适应性也不同，这需要我们教育工作者帮助孩子在每个重要的教育阶段做好平稳的过渡。
>
> 想想过渡期对你的影响：
> - 你还记得第一天上学的情景吗？第一天上中学的情景？第一天上大学？
> - 你是如何适应日常变化的？

1.8 心理动力学视角

心理动力学的视角就相当于将精神分析之父弗洛伊德（1856—1939）的成果加以整合。事实上，一提到这样两个常见的观点——"心理学家会读心"，以及"用精神分析法治疗人"，就会想到弗洛伊德。当然不是这样！没有人会读心术，没有人拥有一个沙发（就像"躺到沙发上，我会告诉你你在想什么"）。回到心理动力学的视角，其基础并非弗洛伊德一人，这种视角力求探讨人类行为动机的核心要素，并研究人们在3到5岁这一幼儿关键时期已形成的行为。

弗洛伊德提出心智存在三个"结构性"概念，即自我（ego）、超我（superego）和本我（id），如图1.3所示。利用一个冰山模型可以帮你理解。你看到的水面以上的冰山只是冰山整体结构的一部分。自我和超我两个概念相当于在水面之上，是有意识的，而本我相当于在水面之下，是无意识的。

图1.3 弗洛伊德的意识和无意识模型

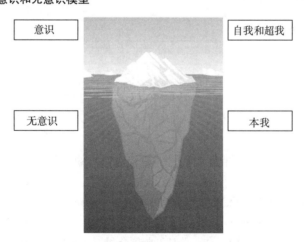

我们应该从表面之下即先从本我来解释。本我被弗洛伊德视作心智的"愉悦成分"，是要求立即满足享乐的人格部分，而无论该行为是否适当，这就像心智的"淘气小孩"。本我被视为大脑的无意识部分，在干扰的情况下出现。

与本我相比，自我被弗洛伊德看作"自己（self）"，派生自拉丁文的"我（I）"。它是头脑通过感知、认知和记忆心智来控制行为的部分。心智的这个方面试图服从"现实原则"，其目的是保持现实的态度来安抚无意识的需求和愿望，即这样的需求和愿望是否可以立即得到满足，或延迟享乐是否有必要。

弗洛伊德认为超我包括两个元素：自我理想和道德良心。自我理想是我们希望达到的超我的部分。关于道德良心，现代的解释是关于识别对错和我们是否感到内疚的发自内心的声音。超我为我们提供了公认行为标准的道德准则。

本我、自我和超我之间的不断的竞争，最终可能会导致精神上的冲突。事实上，根据弗洛伊德对心智的概念化，很难看出如何避免冲突。冲突影响了被弗洛伊德假设为"原始驱力"的活动：性驱动力和攻击驱动力。总之，这些本能的驱动都在不断变动，受到超我（道德良心）的禁止性的控制，本我和超我之间达成妥协。弗洛伊德认为，梦是一个在睡眠中本我的欲望可以安全"释放"的地方。这样一来，性和攻击行为都不被发现，因此不会受到社会的惩罚。当这些不良或不当行为试图在睡眠之外去展现时，冲突就出现了。

儿童克制本我欲望和学习正确的行为规则有困难，这会影响他们以后性格的发展。错误不可避免，这样的例子随处可见，比如儿童在超市的过道中突然大发脾气。在弗洛伊德看来，这种行为是需要"立即满足"的本我（"我现在就要吃糖"）和尚未发展完善的超我或是一个欠发展的版本"我不应该失去控制"之间的矛盾。我们确信老师们的课堂中有类似的例子。

反　思

儿童性格形成于幼儿早期，并影响他们成年后的性格。

行为受三个概念的影响：
- 对现实的看法
- 道德良心
- 欲望的及时满足

你能解释自我、本我和超我是如何影响到行为的吗？

1.9　行为主义的视角

结构主义热度渐退，机能主义经历了演变而被纳入行为主义。本质上，行为主义忽略内省的元素，内省的本质是主观的、不可测量的。行为主义开始于约翰·华生（1878—1958）1910年代的工作，随后被斯金纳（1904—1990）加以发展，聚焦于可观察和可测量的因素。华生（1930）注意行为中可观察到的表现，斯金纳（1938，1953）不同，他把注意力集中于这些行为的影响，当我们提起课堂中的 ABC，即前因（antecedents），行为（behaviour），后果（consequences）时会看到这些影响（参见第

14章关于行为的进一步讨论)。尽管行为主义作为一种范式,于20世纪50年代末在心理学中的影响消退了,教育中严格的"奖励与惩罚"则持续到20世纪80年代,那时各地学校废除了体罚,但这种模式的某些元素一直保留到现在。"行为塑造"的概念就是基于行为主义的原则:需要对行为施加必要的强化,使其越来越接近期望达成的行为。行为主义整体上是经典条件反射和操作条件反射。经典条件反射基于刺激—反应原理,由巴普洛夫(1849—1936)用狗为例来首次揭示。如图1.4所示,如果提供刺激,则会发生反应。所以,在巴甫洛夫的狗的例子中,刺激是一盘食物,反应将是分泌唾液。如果送一盘食物的同时铃响,过一段时间,狗会开始把铃声与食物联系起来,并会分泌唾液。因此,铃声将成为新的刺激,每次铃响都会引起狗分泌唾液,即使没有食物出现也是如此。期望的反应(分泌唾液)由于刺激(铃声)的声音而发生。你可以用自家宠物试试,你可能已经这样做了,只是没有用铃声,而是打开罐头的声音。我们的宠物确信打开一罐鹰嘴豆或一罐汤的声音就意味着金枪鱼。然后,你会想知道什么导致了什么发生。是你用罐头的声音刺激了你的宠物,还是它们的喵喵和汪汪声导致了你喂食的反应?

图1.4　经典条件反射

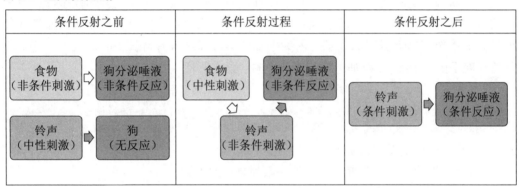

本质上说,行为可以以三种方式引发:通过积极强化,比如一名教师通过向上移动学生的"区域块①"(zone board)来鼓励学生的良好行为;通过惩罚,比如教师让行为不良的学生放学后留校;或通过负向强化,比如学生按时交作业是为了避免惩罚。在这些例子中,工具性学习或操作性学习就发生了。因此,操作性条件反射有两方面不同于经典条件反射。在经典条件反射中,在调节阶段无论行为是否发生,一个非条件性刺激总是会呈现出来,而对于操作条件反射则没有这个必要。其次,强化建立在期望的响应基础上,这种响应来自选择,人们出于意志做出所期望的行为,行为因此被强化了。在课堂中,这一观点已被广泛采纳,尤其是对于年幼的儿童。比如,如果一名教师想培养年幼的儿童回答问题时不大喊大叫(否则会产生声音混乱),他/她可能会通过只让举手的同学回答问题来强化期待的行为。一个孩子举手将得到关注并被

---

① 这是学生行为表现的可视化色板,绿色表示学生做到了期望的行为,橙色表示部分没做到,红色则表示严重地不遵守行为规则,随着学生行为的变化,学生所在的板块也就随之发生移动。——译者注

允许给出他的答案。每当出现这种情况，老师说"不要喊，举手，你会被注意到"，孩子们就会学到：这是得到教师关注最有效的途径。对于大喊大叫的孩子，老师应该尽可能忽略这种行为，发出这样的信息——"大喊不会引起老师的注意"。有一点需要牢记：条件反射只会发生于持续有效的"奖励"之下。在没有奖赏的情况下，响应将会相对较快地消失，因为刺激和反应之间的关联被打破了。然而，我们可以通过引入新刺激重新建立关联。

一旦期望的行为已经掌握，教师应把重点放在不同的强化程序上。奖励并非每次都能有效地引导出我们所期望的行为，比如前面关于注意的例子。在儿童意识到的某种模式形成之前，可能每3次后才有一次正确行为，也可能是每5次、8次或14次。当然，我们并不是要求你在这里使用一个特定的数学公式，这种跟踪统计又笨又耗时，相反，我们只是提示你"让他们猜"，让孩子们知道奖励会来，但他们不知道具体是什么时候。

这种方式下，所有的行为都是目标导向。我们的目标是获得积极的强化，强化是我们可能都希望得到或逃避处罚的事物。虽然心理学已远远超越了行为主义的原则，但这些看似不可回避的行为主义观点依然存在。现在心理学家认为，行为主义作为一个角度来解释人类行为，严格来说站不住脚，但某些元素，如通过操作性条件反射来学习，是获得令人满意行为的强大工具，尤其是在课堂上。通过这种方式，操作性条件反射的思想与新近流行的以学习者为中心的学习和学习者自我中心的观念共存——尽管可能是由"上级"（教师）控制着选择的"意志"。

反　思

设想一个你期望在课堂上看到的行为。

确定能够使这种行为变得显著的一系列更小的步骤。

考虑一下如果行为有所进步，每一个步骤该如何奖励。

1.10　人本主义的视角

人本主义心理学发展于20世纪50年代和60年代，它强烈反对心理动力学方法对障碍和神经症的"过分"强调。人本主义心理学家，如亚伯拉罕·马斯洛（1908—1970）、卡尔·罗杰斯（1902—1987）和埃里克·弗洛姆（1900—1980），都对行为主义过于机械的理论方法感到失望。相反，人本主义方法认为所谓更高的人的动机和自我发展的旅程是朝向自我实现的状态。因此，人本主义倾向于通过体验和选择来帮助积极成长。根据马斯洛的观点，我们每个人都有能力实现积极成长，正是我们生命中的经验和选择引领我们走向这种积极成长。马斯洛成了"需要层次"的代名词，需要层次通常被描绘为一个金字塔，金字塔底部的坚实基础支撑着上面部分的发展和进步（见图1.5）。随着时间的推移，人们持续优化模型，层次结构在5层到8层之间变化。

重要的是，它是一个概念模型，而不是一个精确模型。

图1.5　马斯洛的需要层次

存在性需求（为了成长）	自我实现（发挥全部潜能）
	审美（和谐的快乐和满足）
	认知（洞察世界）
	自尊（成就感和认同感）
匮乏性需求（为了稳定）	情感（爱、友谊、归属感）
	安全（个人安全、健康、福祉）
	生理需要（空气、水、食物、温暖）

马斯洛将生理需要置于金字塔底部，这些需求是主要的。如果一个有机体不能满足其基本的食物、水和氧气等生理需要，将无法生存，包括达尔文主义或其他任何观念对此都是认同的。因此，人类力争保证这些基本需要以确保生命安全。在这些需要之上，是排除危险或至少将危险最小化，寻求庇护、安全和舒适的需要。一旦前两个需求得到保证，进一步努力的动机就会出现。然后马斯洛讨论了奋斗动机和情感需要，特别是爱和被爱，以及获得归属感的需要。今天普及和流行的社交网站就是例证。人类需要被相互需要。接下来，马斯洛提出了自尊的需要。这种需要即在某一领域能够胜任并且被认为是可以胜任的，在现代社会，这通常通过证书和资质来确认，但也不排除通过经验来证明，虽然经验并不一定能生成几张"纸"。自尊需要之后，认知需要通过探索问题和疑问而得到满足。这不仅使我们增加了对世界的了解，使我们可以探索自身，而且也帮助我们找到解决所面临的挑战的方法。马斯洛提出，当我们的旅程向自我实现靠近时，我们还努力获得审美需要，如美与和谐。在花或自然景观中发现的美为我们提供了愉悦和满足感。同样，当我们寻求和聆听一段音乐或欣赏一件艺术品时，我们感受到了和谐，这都是人们期望满足审美需要的例子。一旦所有这些需求得到满足，马斯洛认为我们就已经进入了自我实现的状态，我们已经实现了作为人的全部潜力。根据马斯洛的观点，达成自我实现的驱动力是天生的，每个人都拥有。我们每个人都努力来达成自我实现，不过相信你会从每天的新闻中看到，至少其程度值得商榷。需要指出的是，马斯洛在他的整个写作生涯中不断发展需要层次模型，存在许多种变动和组合。总之，需要层次可以概括为包含匮乏性需求（匮乏是指导致人无法有效发挥作用的方面）和存在性需求（个人得以发展和发挥他们全部的潜能）。

罗杰斯与马斯洛的不同之处在于，他不提倡对人的成长采用分层的方法。罗杰斯主张每个人自我概念的重要性。根据罗杰斯的观点，我们和其他人都有关于自己的看法。我们每个人都是一个个体，都需要被他人高度尊重，感受到高度关注。我们每个人努力满足自身被他人认可的需要，这一认可为我们自己带来快乐或不快乐，由此我们的个性得到发展。这种做法似乎把我们每个人都置于一个比较肤浅的位置，基于别人的想法去做事情。但罗杰斯的观点不应被这样解释。罗杰斯还讨论了"无条件积极关注"的概念。这可以用家庭中孩子的例子来解释（这是我们最想思考的）。父母说无条件的爱是为他们的孩子做任何事，不管孩子做了什么"错事"或不端行为。父母不是"给予爱以接受爱"，他们的爱是无条件的。罗杰斯认为，如果能够创建无条件积极关注的环境，那么我们每一个人都有成长、发展和实现我们潜能的机会，无论别人对我们的看法如何。别人对我们的意见变成了我们正在努力实现的事情的副产品，而不是我们努力实现它的原因。

人本主义方法提出的概念、过程或驱动力是否可以被科学地验证尚存疑问，因此人本主义心理学并没有对心理学的科学性产生大的影响。然而，近年来，随着紧张、焦虑和抑郁人群的增多，人们开始看到一些人本主义方法的原则中的吸引力。看起来人们确实会有意愿去寻找生活中使一个人变得更好的事情，不是物质或财务意义上的"更好"，而是"生活质量"意义上的。随着个人心理学（始于1960年代）和积极心理学（始于1998年）的出现，这一点在心理学中已显而易见。

人本主义视角在学校环境中是有吸引力的，因为人本主义恰恰是关于教师希望他们所教的孩子如何去追求进步的。实现一个人全部潜力的概念已经在学校报告中出现了好多年，无疑将来这种情况仍会继续。"可以做得更好"是一句老话，但有趣的是今天我们仍在使用（Beadle, 2008），"没有达到他/她的潜力"是另一句。教师努力让孩子们取得进步，教师也努力成为"更好的自己"。我们谈论"持续专业发展"（CPD，Continuing Professional Development）这样的现代用语，但是当我们不想方设法促进个人发展、提高标准和寻求需要自我反省和实施解决方案的挑战时，专业发展不会持续太久。即使我们不断寻求向上走，马斯洛需要层次里的"巅峰"似乎总是"遥不可及"，但这并不是一件坏事。想象一下，坐在马斯洛金字塔的顶端，思考下一步去哪儿，是一种怎样的情形。没有目标和愿望，也难得有什么能够激发我们去挑战和探索，使我们不断进步。当然，在现代社会，可能看起来我们被我们所希望的"发展"、高高在上的权威压垮了。我们需要在我们自己和他人的期望与做太多事情的实际意义之间寻求平衡。事实上，时下经常使用的一句话是"工作与生活的平衡"。

反　思

一旦基本的生理和安全需要得到保障，就可以探索和了解直接的（和更广泛的）世界，去解决问题和实现成功。想一想，在所有的社会和文化中，只要提供了食物、水和住所，教育就会盛行。你认为教育为什么是人类文化中一个如此基本、重要的方面？

1.11　认知主义视角

在行为主义的观察—负荷（observation-laden）理论中，大脑并不重要，而认知主义视角将大脑或确切地说将其功能牢牢置于人类行为的中心。虽然这两种方法似乎是两个极端，但认知心理学试图填补行为主义理论的一个缺陷。认知主义视角强调从内部活动、概念和过程的意义、信念、态度和意图等方面来解释行为的重要性。它不是回到冯特的内省主义（1896），或回到心理动力学方法固有的内涵。认知心理学试图解释渗透到我们日常生活中的"认知"——思想、语言、记忆、决策、注意和信息处理。这些恰恰是被行为主义忽视的过程，因为它们不是"可观察的"。认知心理学用了"电脑"的比喻强调信息处理。人类的头脑被视为类似于一台电脑，在刺激—输入点（感官）获取信息，处理信息（大脑内的感觉系统和结构），并产生随后的"输出"或行为（通常通过运动系统）。一个监控和安全过程被视为内置的反馈环，它为有机体提供信息的持续流动，并且这成为新"输入"的一部分。在20世纪90年代，这种计算机的比喻被神经网络的概念所"替换"。神经网络被认为类似于一组"节点"，每一个节点负责一个特定事物或含有一条特定的信息。在一个类似"网络"中，每个节点和其他节点相连接，每一个网络和其他网络相连接。此外，每个节点或是兴奋性的，或是抑制性的，并且当一个节点被激活时，将导致系统中相似的节点被激活。如果这些节点是兴奋性的，激活将导致一个进程的发生，如涉及语言功能过程的提问（包括嘴唇动作、喉部振动，以及肺功能调节）。相反，如果这些节点是抑制性的，激活将导致过程终止，例如，当你需要去听对刚才问题的回答时，会停止语言生成的过程（停止说话）（Bechtel 和 Abrahamsen，1990）。

尽管将"电脑"置换为"神经网络"被认为是认知心理学的发展，这确实让心理学家以不同的方式看待人类行为，但除了语义之外，似乎确实没有什么变化。我们在前面所描述的"网络"跟今天描述互联网的方式看起来确实没有什么不同。它是计算机网络，以相同的方式联系在一起的。我们通过会员订阅网站、论坛和小组的方式控制应该浏览什么和不应浏览什么，因此，如果一个人不是会员，将会被禁止（抑制）。这种"联结主义"的核心是计算机，所以我们回到电脑的比喻。不过，把人的心智比作网络已经卓有成效地推进着心理学的发展。

今天，在应用性和治疗性环境中，心理学被认为融合了认知主义和行为主义。大量的应用实践者采用所谓的认知—行为方法处理面临的问题或挑战。我们跟客户一起探索思维过程，在他们自己的环境中观察他们。例如，在一个重要比赛之前要观察优秀的运动员，或者在一个重要的课堂观察环节中观察实习教师。作为从业者，我们可能会寻找焦虑（或焦虑调节）、自信或自我信念的迹象。任何观察都要在之后进行讨论，以便了解人们对这些事件的感知是什么，或者我们可以在观察之前讨论，目的是引导我们进一步探索应该观察的内容。

反 思

如果人的思想被视为像一个网络，而不像是"节点"，那么我们在课堂上的任务是找到"激活"网络的方法，从而产生学习行为。作为一名教师，你可以帮儿童获得信息包或知识包，将它们组装成子网络，并在不断增加的网络中建立概念之间的关联。现在你的角色是思考如何在课堂里实现这一点。

1.12 生物心理学视角

神经生物学在20世纪后期的巨大进步对我们理解人类大脑具有显著影响。我们知道了大脑内部的复杂结构，懂得了从功能性的观点看系统和结构之间的关联，明白了大脑内神经元之间的电化学交流。如果没有其他科学领域的发展，这些都不会发生，其他科学的发展为我们的发现之旅提供了必要工具。

这些进展已经催生出各种各样的学科分支，如认知神经科学、神经内分泌学和生物心理学。生物心理学是一个总称，它从生物或生理的角度探讨心理过程（Carlson，2012）。因此，生物心理学、心理生理学和生理心理学可以互换使用。虽有细微差别可以将其区分开来，但这里关于它们的讨论既无必要，实际上也不会有成效。

本质上，生物心理学视角需要以还原主义为起始点。这意味着人类被看作一组相互作用的系统，而不仅仅是一个整体。焦点可能是中枢神经系统、边缘系统或内分泌系统。这可能进一步"减少"对视觉系统的关注，"减少"关注可能有助于我们称之为学习或记忆的神经元。因此，这个视角通过考虑这些人体内的系统，以及这些系统内的因果或相关性因素分析来探索心理学过程（Pinel，2010）。比如，对边缘系统（人类大脑中的一组结构）的理解有助于我们理解攻击行为，或补充对情绪和情感的行为学观察。一开始你可能会好奇为什么这些知识有用，直到你在课堂中面对行为管理问题，你才能理解。即使你关于大脑功能的知识有限，也可以帮助你理解所看到的行为。

同样，对儿童时期大脑如何发展的理解将帮助你明白一些问题，比如，儿童努力获得基本的运动技能，比如在体育课上接球。你知道大脑如何执行运动，知道儿童在大约12岁之前"深度感知"的发育不够完善，会有助于你理解所观察到的行为（Gallahue和Ozmun，2011）。

反　思

掌握一些生物心理学知识会帮助你体会发生在儿童大脑中的过程。为了决定要学什么，你应该从在学校已经看到的关于学习障碍的知识开始：阅读障碍、书写障碍、运动障碍和注意缺陷多动障碍（ADHD）等。针对这些能力障碍者问自己一个问题，"大脑里发生着什么？"然后搜索文献来建立你的知识基础。

1.13 进化的视角

进化论着眼于物种在环境中如何进化以填补一个利基[①]。进化的视角研究人类如何

[①] 利基，"niche"的音译，来源于法语。法国人信奉天主教，在建造房屋时，常常在外墙上凿出一个不大的神龛，以供放圣母玛利亚。后来被引来形容某个环境中的机会。——译者注

适应环境，关于为什么理解进化心理学对于这本书的其余部分很重要，"适应"这个词是一个关键。进化心理学是基于达尔文开创性的《物种起源》（1859）和行为遗传学（Plomin 等，2008）派生的元素。正是这种结合使人类作为一个物种占据特许的利基。

从本质上说，达尔文（1809—1882）所信奉的是，从基因的角度看，只有最适应者得以生存，即"适者生存"。基因通过动物中一代代最能够成功适应环境者而得以延续。不要以为我们会提出这种建议：只有最适合的、最成功的教师才会生存下来，并将他们的基因遗传给他们的后代，创造出一个"超级教师"的新物种。相反，作为一个有争议的思想，这将会在本章之后讨论，现在我们回到进化的视角。

进化心理学关注三个重要因素：内含适应性、亲缘选择和差别亲代投资①。内含适应性是促进自己基因的一种策略，它们以这种方式在基因库得以延续。我们现在谈的是基因生存的概念，不同于人的生存。如果达尔文的自然选择有利于优胜劣汰，那么确保我们自己的基因是该过程的一部分非常重要，一个"必须是在它内部赢得它"的理念。因此，内含适应性的目的在于保证基因的直接复制发生在最前面。与此关联的是亲缘选择的概念，不仅偏好于自己的基因，还有相关的、间接的和更宽泛的家族成员的基因。第三个策略，差别亲代投资是说雌性动物养育后代时进行更大的亲代投资（记住我们在谈论不同的物种，不仅仅是人类），因此，当它寻找配偶时就变得更有选择性。从自然选择的意义上说，父亲的角色在育儿过程中更少"动手"参与，因此在涉及配偶选择时作用也就更小。

满足自然选择要求的动力并非是有意识的。我们在日常生活中没有必要去考虑跟各式各样的人去繁衍后代，以便在基因库中获得更多的机会，相反，我们依旧存活着。当然，如果我们只是有利于我们自己基因的生存，利他主义的概念也就不存在了。本质上，利他行为不一定是基因驱动的，特别是当我们对其表现利他性的这个人并不分享我们的基因物质时。然而，利他主义每天在许多地方都发生，也许可以视其为互惠方式。互惠利他主义是由社会生物学家罗伯特·特里弗斯（Robert Trivers）在 1971 年提出的概念，一个人希望他人如何对待自己，就应该以同样的方式来对待他人行为和表现。因此，一个孩子跟朋友分享午餐，跟遗传没有关系，因为那个朋友饿了。施助者没有好处，没有因失去他/她自己的食物而获得优势，但这是一个潜在的利益互惠。受益人很可能在将来某个时间进行回报（Kenrick，2001）。当然，我们都认为这是日常生活中的正常行为，想必如果有朋友发现自己没有食物，大家都会与其分享午餐。但是，在这部分，我们将从进化心理学的视角来解释这一行为。如果我们从人本主义的视角来解释，我们可能会说利他行为的目的是满足我们的自尊需要（指马斯洛需要层次理论的讨论，见图 1.5）。将这种理论运用到本书的话，进化理论帮助我们领会到社会角色和认知因素在儿童适应环境中的作用。毫无疑问，说在学校环境里基因导致了成功适应是荒唐的。但是，如果从整个生命周期去看待个体不断适应的过程中的一个缩影，那么任何关于适应的经验都应该有助于其延长生命，也会有更多的潜在机会加

---

① 亲代投资：亲代对子代个体进行的任何形式的投资，增加了该个体生存的机会，因而得以成功繁殖。——译者注

入到基因库中，或可以保护后代使其成熟，以使它们可以加入到基因库中。

> **反 思**
>
> 与其将进化视角作为遗传繁殖的代名词，倒不如多想想学校或教室环境，并问问自己，"我该如何给孩子提供良好的环境，我怎么帮助他们在那个环境中适应变化和促进互惠利他？"理解社会和认知因素的作用将指导你去探索这些问题。

1.14 从应用的视角概述交互作用论

我们已经讨论了遗传倾向和环境影响之间的相互作用。在应用方面，儿童与其所处的环境互动，并且是环境的产物，这就是为什么某些发生在家里的不良表现被带进了学校。如果这些不良表现不被容忍且受到惩罚，这会导致儿童的混乱，因为学校和家之间的"信息"不一致。你会意识到，教师在学校要花费大量的时间解释为什么这种行为无论在学校内外都不合适，希望孩子采纳这个"信息"，将其应用到家里和学校里。虽然这种做法并非总能成功，却是必要的，因为教师是更广泛的社会行为问题的教育者。

回到关于互动的讨论，不仅孩子与学校环境、其他孩子有互动，小组活动也包括与一名教师或一组教师进行互动。如果我们增加学校的物质环境，在这些环境中每天、每周、每学期和每学年都有互动发生，那意味着我们正在经历笛卡尔假设的物质与心理之间的相互作用。在笛卡尔的概念中，"物质"无异于现代概念中的动机氛围。如果孩子们以丰富的方式与环境进行交互，不言而喻，教室和更广泛的学校环境必须同样是丰富和充满活力的。这就是为什么我们把屏幕悬挂起来、改善座位安排，以满足所有在该环境内进行互动的孩子的需要。我们将在第10章再讨论动机氛围问题。

1.15 小结

本章我们介绍了视角的概念，讨论了如何采取不同的视角。心理学家倾向于采取一个视角，一些应用性从业人员则会采用组合视角去满足客户的需要。从达尔文主义以及日常实践的意义来讲，我们喜欢这种方法，因为它弥补了通过持续努力去适应不断变化的环境的思想。你应该思考本章的主要内容，以发掘自己的需要和那些你将会与之互动的人的需要（别忘了包括其他成年人和儿童）。你会发现一个视角或不同视角中的某些元素非常适合你。

在下一章中，我们会详细分析更多最近的（后行为主义）心理学方法，给出他们对教育潜在贡献的评价，旨在为教育发展提供比经典理论更全面的方法。

1.16 拓展阅读

Beaver, B.R.（2008）'A positive approach to children's internalizing problems', *Professional Psychology: Research and Practice*, 39（2）: 129–36.

Beaver的研究论文提供了一个积极而清晰的讨论，回应了关于儿童焦虑和抑郁发病率增加的说法。

Eysenck, M.W.（2009）*Fundamentals of Psychology*. Hove: Psychology Press.

这本书是心理学的理论概述，提供了非常全面的资源。

Gross, R.（2020）*Psychology: The Science of Mind and Behaviour*（8th edn）. London: Hodder Education.

Gross的书涵盖了心理学的许多领域，对一系列心理学理论提供了细节，其中一些理论与教育有更广泛的联系。

Maslow, A.H.（1962/1999）*Toward a Psychology of Being*（3rd edn）. Chichester: John Wiley & Sons.

本书阐述了马斯洛理论的基础，可供读者从深度和广度上了解他的研究。

第 2 章　心理学中的当代学习理论

> ☞ **本章目标**
>
> - 了解当前对教育产生影响的发展中的心理学理论，特别是积极心理学和超个人心理学。
> - 思考人本主义心理学与积极心理学、超个人心理学分支之间的关系。
> - 了解"心流"（flow）的积极作用以及促进心流的条件。
> - 评估心理学理论的发展与教育的关系。

2.1　本章简介

第一章提到看待事物存在许多不同的视角或方法。另外，尽管任何一种视角都不能展示事物的全貌，但我们倾向于选择能引起我们内心深度共鸣的视角。有时，在一个人心中引起共鸣的事物未必会引起他人的共鸣，这就形成了"矛盾"。例如教育儿童的常用方法（经常在电视上宣扬）：在儿童的"顽皮阶段"，我们采取行为主义的方法教育他们能够取得很好的效果。然而，这种方法可能会削弱儿童的自我意识，儿童一旦意识到自己的存在被忽视，他们就不得不适应环境并压抑自己的个性，最终成为自我意识薄弱的个体（机能主义）。一旦潜意识里受到压抑，那么这种压抑就有可能成为神经症的根基（心理动力论）。如果孩子因为选择了一个错误的时间来讲述自己学习过程中的发现而受到惩罚，被要求"保持安静"，这很可能导致他长大成人之后不再表达自己真实的感受，或者害怕在他人面前讲话。

1887 年以来，上述早期心理学理论得到发展，迈尔斯（Myers，2000）通过分析十万余篇发表在《心理学文摘》上的摘要，指出其中 90% 的论文集中在精神病理学的研究上，即心理疾病治疗，如压力和焦虑，其余文章则关注心理学的积极面，如利他行为和生活满意度。有一种假设称，如果一个人存在某种问题，那么经过临床实践处理后，他的身心会达到最佳状态（Greenspoon 和 Saklofske，2001）。然而弗里希（Frisch，1999）对此提出质疑，他指出许多成年人在接受治疗后很长时间内仍然对自己的状况不满意。因此，霍伯纳和吉尔曼（Huebner & Gilman，2003）提出一种融合的研究方法，证明精神病理学有助于解释那些帮助人们养成健康心理人格的因素。

培养健康的心理人格是心理学研究的一项传统课题。实际上，包括著名的亚伯拉罕·马斯洛和卡尔·罗杰斯在内的一批心理学家，都关注到教育对人的负面影响，他们倡导用人本主义心理学激发人内在的积极属性。这些积极属性以及激发这些积极属性的方法，正是本章的重点。具体地说，本章将通过两种更深层次的心理学视角，即积极心理学和超个人心理学，来探究健康的心理人格。

2.2 积极心理学

什么是积极心理学？

马斯洛（1954/1987）首次运用"积极心理学"，他也称其为"正形心理学"（orthopsychology），来研究十分正常且健康的人。然而，自从千禧年后，随着该领域的迅速发展，积极心理学一词开始特指马丁·塞利格曼的研究（Gillham等，2002；Hart和Sasso，2011；Wong，2011）。事实上，据叶恩（Yen，2010）所述，积极心理学是哈佛大学最受欢迎的课程。尽管最近积极心理学得到重新解读和发展，比弗（Beaver，2008）称这些解释都是基于前人几十年来的研究，本质上并未出现新的概念。事实上，积极心理学的关注点仍然和马斯洛、罗杰斯的研究保持一致，他们都关注人的积极特征以及赋予生命价值的体验。但是，哈特和萨索（Hart & Sasso，2011）提醒道，作为一门新兴学科，积极心理学已经发展成为一种流行文化，这使人们将其误解为"幸福学"或"幸福科学"。因此，下文将对积极心理学进行更为精确的、学术的定义。

许多人尝试对积极心理学给出自己的定义，因此截至目前，积极心理学有清晰的概念同时也有着多种多样的解释（Linley等，2006）。例如，谢尔登和金（Sheldon & King，2001）称积极心理学是"致力于研究普通人优点和美德的科学"，这与恩格勒（Engler，2013）提出的"积极心理学关注人的积极特征，从而使生命更有意义"这一定义十分类似。罗宾斯（Robbins，2008）将这些积极特征划分为积极主观体验（包括心流、幸福、乐观），不断进步的个体人格特征（性格优点和美德）以及支持积极主观体验的不断优化的社会制度等（Cowen，2000；Rich，2001；Robbins，2008）三方面。塞利格曼和契克森特米海伊（2000）认为这些方面是积极心理学的三大支柱，是此领域研究发展的基础，见图 2.1。

图 2.1　积极心理学的三大支柱

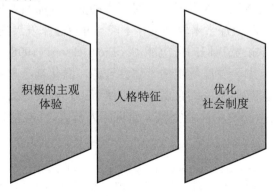

若想要对积极心理学进行更为准确的定义,重点便在于明确这一领域内的主要概念。对此,霍伯纳和吉尔曼(2003)提出了以下范围:自我概念、期望、负有社会责任感的行为和情感、心流、情感能力、生活满意度和积极的学习态度。哈特和萨索(2011)对上述概念进行了进一步的分析,挖掘过去十年间对积极心理学的解读和重新定义。他们从自己的研究中总结出:积极心理学的研究主要集中于前两大支柱,即积极的主观体验和人格特征,对第三大支柱——优化社会制度仅做了十分有限的研究。事实上,由于缺乏研究依据,第三大支柱似乎成了最大的问题(Gable 和 Haidt, 2005;Martin, 2006)。

根据积极心理学的简介,这一领域可概括为旨在提高个人素质,改善社会状况,尤其关注优化人们与生俱来的能力而不是弥补后天的不足。毋庸置疑,作为教师,在教学实践过程中,应当将重点放在学生积极的方面上。

反 思

积极心理学在课堂中的应用。
- 学生们在你的课程中曾有过哪些积极的表现?
- 当学生喜欢你的课程时,他(她)会表现出哪些积极的特征?
- 热爱教学的教师会表现出哪些积极的特征?
- 你期待从表现积极的学生身上看到哪些特征?
- 创造快乐的课堂需要哪些因素?
- 创造快乐的学校需要哪些因素?

反 思

你认为对孩子成长最重要的优良品质是什么?

许多例子表明,积极心理学的研究是有益的。其中一个例子是芭芭拉·弗雷德里克森(Barbara Fredrickson)[①]的"拓展—构建"理论(broaden-and-build theory),该理论呈现了积极情绪如何帮助个人发展出应对压力的资源。弗雷德里克森通过援引我们祖先是如何通过参与游戏或探索来增强生存本能、并反过来发展他们解决问题的技能,提出通过积极情绪可以拓宽我们的适应能力(Fredrickson, 1998, 2001, 2003)。作为应用,聚焦积极情绪有助于发展学生的个体性资源,强化其心理状态和行为模式,为其应对困难做好准备。具体来说,聚焦积极情绪可以:发展智力资源,比如解决问题的技能或学习新的信息;发展社会资源,如巩固人与人之间的联系或建立新的联系;

[①] 芭芭拉·弗雷德里克森(Barbara L. Fredrickson),美国北卡罗来纳大学教堂山分校商学院的杰出心理学教授、积极情绪与心理生理学实验室主任,她是积极心理学研究领域的领军人物,积极心理学之父马丁·塞利格曼评价她是"积极心理学领域的天才",中文译著有《积极力》《积极情绪的力量》《爱的方法》。——译者注

发展身体资源，如发展协调能力和力量，使心血管更健康；发展心理资源，如培养韧性和乐观精神，培养认同感和目标意识（Fredrickson，2003）。总之，通过聚焦积极情绪，发展个体性资源，从而拓展思维，进而带来长期的适应性受益（Fredrickson，2001）。

"拓展—构建"理论最初是研究参与者在压力情境下的体验（参与者被要求在一定的时间压力下准备演讲）。当参与者被告知他们不需要发表演讲时，他们随后观看了一部短片，以引起了他们的满足感、愉悦感、悲伤感，也可能他们没有任何情绪。研究表明，那些经历过积极情绪的人能够更快地从压力环境中恢复过来，这可以从他们降低的心率、降低的血压和减少的外周血管收缩（身体在压力环境中的热量保留）来衡量（Fredrickson，2003）。后续研究表明，在参与者接受慈爱冥想（loving kindness meditation）干预15个月后，持续练习者比中止冥想者有更多的积极情绪（Cohn & Fredrickson，2010）。

2.3 关于积极心理学的校本研究

积极心理学的关键特征之一是关注实证研究，特别是塞利格曼和契克森特米海伊（2000）称，实证研究除了能够确保积极心理学作为心理学的分支学科存在以外，还将其与人本主义心理学区分开来，因为他们认为人本主义心理学缺乏实证研究传统。

一些研究报告显示，许多研究都遵循了上述提到的积极心理学三大支柱与之相关的主题及概念。作为这项研究发现的例证之一，柳博米尔斯基等人（Lyubomirsky等，2005）的研究称乐观的人表现更佳，更不容易沮丧，健康问题更少，人际关系也较好。丹纳等人（Danner等，2001）注意到拥有更多积极情绪的人，更容易健康长寿。其他关于心流、乐观和幸福的主观体验的研究也得到类似的结论（Carr，2011；Linley & Joseph，2004；Lopez，2014）。

许多研究人员都提倡将积极心理学作为帮助孩子们健康成长的重要举措。特别是吉勒姆等人（Gillham等，2002）观察到父母、老师和社区领导者早就开始想办法来提升孩子内在的力量，以帮助他们更好地面对现代生活的诸多问题，如抑郁、药物滥用、危险的性行为或暴力行为等。尽管吉勒姆等人（2002）要求提高孩子的内在力量，但他们认为与发展孩子的积极品质相反，多数研究仍在关注补救现有问题。此外，他们评论说，这些研究采取的研究方法各不相同而且很少重复，因而产生了各种各样的结果。

根据现有文献（Baker等，2003；Noddings，2003；Park & Peterson，2003），发现有四条线索连起了学龄儿童良性发展的研究。分别是：
- 适应性（主动适应逆境的过程）；
- 发展资源（发展积极人际关系、竞争力、自我认知和追求成功的价值观）；
- 社交心理学习（促进社交心理健康发展）；
- 主观幸福感（个人对自己生活中优良品质的自我体验）。

尽管众多研究者都认为目前对积极心理学的第三大支柱（即优化社会制度）上的

研究有限（Gable 和 Haidt，2005；Hart 和 Sasso，2011；Martin，2006），但仍有一些出版物力图通过强化这一支柱的研究来应对各种批评（Donaldson 和 Ko，2010；Delle Fave 和 Bassi，2009；Korunka 等，2009），特别是在教育上，例如，贝克等人（Baker 等，2003）提出如果学校能够设法了解并满足学生的成长需求，那么学校可以成为心理健康的环境。

2.4 心流

积极心理学的一个重要领域是契克森特米海伊提出的"心流"（Csikszentmihalyi，1993，1996，2000，2002），他将其解释为"一种全人类的，具有'种特异性'的积极心理运行状态"（1988）。这究竟是什么意思？（另外，Csikszentmihalyi 如何发音？追溯回去，好在他在自己的书中向读者交代了自己名字的发音，即"chick-sent-me-high-yi"。）他对心流的解释是，在某段时间里，你完全沉浸在某项活动当中，这种状态就叫作"心流"。事实上，契克森特米海伊（2000）认为心流就是在某段时间内，个人完全专注于某项活动，存在自控意识，但自觉意识丧失，行动与意识相融合的状态。

能够认识到自己生活中的心流，相应地能够让你帮助别人体验心流。尽管心流不受外力约束而自发产生，契克森特米海伊（2000）提供了一个模型，指出心流的"前因"或条件、心流状态下的表现或特征以及心流的影响或结果，见图 2.2。

图 2.2 心流的条件、特征和结果（引自契克森特米海伊，2000）

心流的条件		
目标明确	反馈及时	挑战和技能相平衡

心流的特征				
集中/投入	控制感	自我意识缺失	行动和意识融合	时间变换

心流的结果	
积极影响	自我肯定

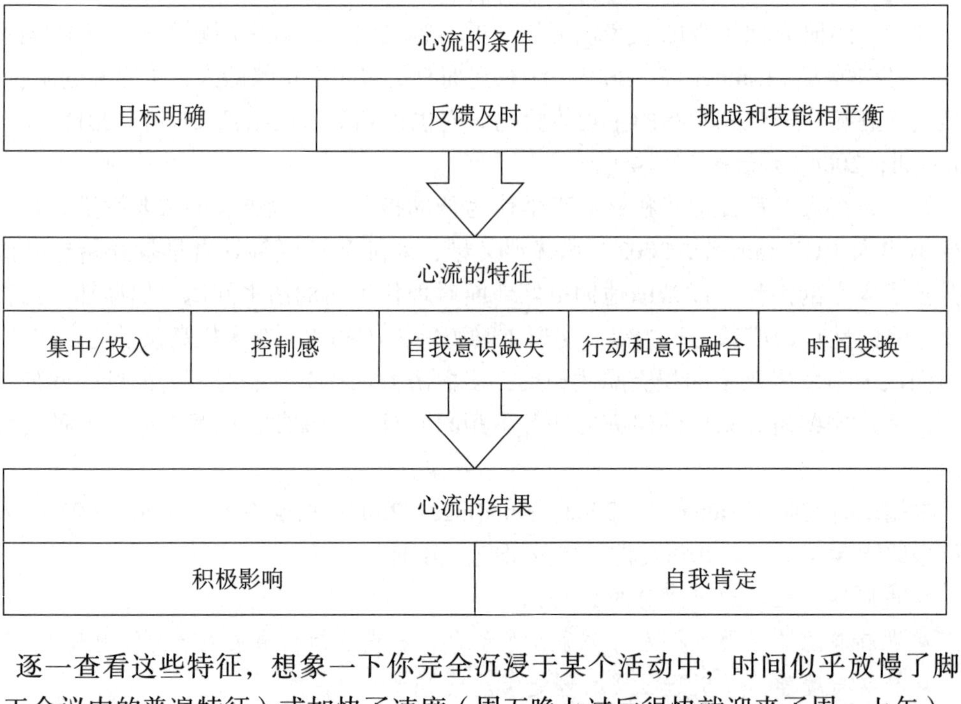

逐一查看这些特征，想象一下你完全沉浸于某个活动中，时间似乎放慢了脚步（员工会议中的普遍特征）或加快了速度（周五晚上过后很快就迎来了周一上午）。这样的例子还有许多，例如你驾驶在开阔、起伏的道路上，沉迷于电脑游戏或其他体育

活动或爱好中，甚至是讲授的某一堂课进行得十分流畅，或者是恰好各种因素聚在一起。心流的状态可能会发生在如上所述的许多情形中，事实上，90%的人认为心流体验能够产生内在激励且令人愉快，这种体验会自行结束，而不是靠其他外在力量来终结（Boniwell，2006）。

心流状态的"目的"是什么？契克森特米海伊（1988）报告称"心流的功能……似乎是引导有机体发展……发掘有机体的潜能"。此外，契克森特米海伊（1988）认为心流的结果是使人快乐，"快乐能够使有机体得到激励，然后重复必要的行为来保持自我平衡的状态"。因此，如果你能回想起某一节十分流畅的课，你很可能想不断重温那种感觉，你就会努力发展并完善教学过程以获得这种最佳状态，进而保持这种感觉。这种不断想要改进的理念与反思有关，这一点会在第5章进行论述。

2.5　在课堂中发展心流

有些时刻，你能看出学生的心流状态，他们全神贯注于某项活动，看起来无法投入课程或注意周围的环境。许多女老师曾被专心学习的学生喊作"妈妈"，这一现象在和我们共事过的同事中十分普遍。然而，你会允许学生继续保持这种状态，还是出于继续上课的需要而硬生生地打断学生？

如果为那学生中断课程，你就剥夺了对学生来说至关重要的基本体验，然而很可能在未来的几年内，他们仍记得这是最奇妙的一次学习体验。但是，假如他们被剥夺了这种体验，并且发现学习并非发自内心，又不得不在周四的下午不停地对课程的要求作出回应，遇到这种情况，又该如何解决？这使得教师对教学目标的认识陷入了两难选择：是要尽最大能力推进课程；还是要让孩子尽享学习的乐趣，以使他们满怀渴望地进行深入学习？

作为一名教师，识别了一名学生的心流状态，就应努力为这一学生乃至整个班级提供促进心流体验的条件。按照契克森特米海伊模型中心流的三个条件，就能够组织一堂促进心流体验的课程。

（1）目标明确。上课的目的是什么？学生们是否确切地知道他们必须做什么？他们是否拥有恰当的资源？对学生们的期望是什么？他们是否知道（并懂得）自己需要做什么？

（2）反馈及时。学生如何知道自己是否正确地参与了课堂教学？他们如何知道自己是否在进步或者做的事情是否正确？及时给予反馈是回答这些问题的最佳选择。当教室中有30个学生时，这一点并不容易做到。同样，也可以想出一些没有固定答案或者能暗示学生其所作所为是否正确的活动。

（3）技能与挑战相平衡。考虑到班级人数众多，这可能是最难实现的条件。有四种潜在情境确保学生有能力应对课程的挑战，如表2.1所示。

表 2.1　技能与挑战的平衡（修改自 Whalen，1998）

		技　能	
		低	高
挑　战	高	"太难了！"或"我觉得我做不到！"（焦虑）	"太棒了！"或者"我非常享受！"（心流）
	低	"我们为什么要再做一次？"或者"我为什么要心烦？"（冷漠）	"太简单了！"或者"我厌倦了！"（无聊）

根据沃尔克等人（Voelkl 等，2003）的观点，技能与挑战相平衡似乎是促进心流的重要因素，但研究中过分强调了这种技能与挑战的平衡，而其他因素在心流体验中发挥的作用可能更大。

除了以上标准，对于心流，舍诺夫等人（Shernoff 等，2003）提出了更深一层的三个条件：专注、兴趣和享受。关于专注，通过设置需要对活动投入度更高的学习环境而获得心流体验。舍诺夫等人（2003）研究称，拥有天赋的青少年在学习活动中比同龄人更加专注，但在看电视或参与社交活动时则相反。他们认为，有能力专注地按照要求做相对复杂的脑力劳动的人，能够取得成功、发展才能。

另外，对活动的兴趣是促进心流的一个特征，并为持续的动机和后续投入打下基础。自我决定论认为，如果学生对某一活动感兴趣，他们就会投入更多资源自主地学习（比如，阅读与该活动主题相关的材料、和他人合作、讨论该主题）。最后，享受是促进心流的主要条件。如果学生享受他们的学习，就会产生满足感和成就感，因而受到鼓励进行深入学习（Shernoff 等，2003）。

因此，如前所述，课堂上有六个领域能够促进心流体验，详见表 2.2。

表 2.2　促进心流的条件

教　师	学　生
目标明确	专注
反馈及时	兴趣
技能与挑战相平衡	享受

教师应该对这些因素负多大的责任？你是否能够负责提升学生的专注、兴趣和享受度？兴趣和享受的确都是主观因素：我们对不同的事物感兴趣，且十分喜爱这些事物。但是，这是一种肤浅的表达形式。作为教师，我们应在教学当中提供有趣且能激发学生兴趣的课程内容，将最枯燥的话题以尽可能吸引人的方式呈现出来。以物理为例，尤其是重力知识，许多活动都能引入到课程教学中。例如：

● 用纸折直升机，比较翼展在空气阻力（大小相等、方向相反的力）增大时如何影响重力。这项活动还可继续拓展，通过对直升机添加不同数量的曲别针，预测并记录发生的情况。

- 使用不同平面图形的铅垂线说明重心如何发挥作用，尝试使纸折鹦鹉保持平衡，还可以进行扩展，看看学生是否能够制成不同的平衡动物（如靠尾巴保持平衡的猴子、蛇等）。
- 鼓励学生在椅子上坐直，背部平靠椅背，脚放在地上，双臂合拢，然后要求他们垂直站立，不能前倾。这样既加强了我们对自身重心的了解，还可延伸到体育课上以不同方式保持平衡。
- 用可塑性材料制成的球做试验（蓝丁胶或橡皮泥），做出能漂浮的物体，这样就展示了重力的一个反作用力，即向上的推力。

还有许多有关重力的例子，这种列举实例的方法同样可以运用到教学的方方面面。开发出这样创造性的课程显然需要大量时间做计划、获取资源，还要奖励学生，而且，教师本身比这些更重要。另外，表2.2中列出的第三个因素"享受"可能就是这些有趣课程的意外收获。

关于"教师如何提高学生的专注度？"将在第6章完整阐述，但简而言之，如果心理健康与身体健康一致，则两方面都需要经过不断提升，进行训练才可实现。完全专心于一个刺激物（如呼吸），专注度可以提升。这与后文将提到的"正念"（mindfulness）相关。

2.6 课堂心流研究

关于课堂上的心流已有很多研究。研究结果显示，心流能够促进中学生的学习和发展（Parr等，1998；Whalen，1998）和小学生（Sun等，2017）的学习和发展。具体来说，孙等人（2017）的研究分析了玩游戏时的心流状态，研究发现需要根据学习者的心流状态确保灵活的难度水平，这样能够保持技能/挑战的平衡。西奥杜卢等人（Theodoulou等，2015）的论文也呈现了技术的作用，他们认为计算机游戏在教育中吸引学习者的作用需要进一步提升，这样才能通过玩游戏激发学习者的兴趣和创造心流状态来强化学习。

布策等人（Butzer等，2016）在其他方面对心流进行了类似研究，他们通过一个为期两个月的青年音乐家项目，发现了瑜伽与心流及正念心理状态之间的显著关系。根据他们的研究，那些参与该项目的人反映，他们的困惑明显减少，倾向性心流（dispositional flow）增加，致使音乐表现增强。事实上，正如帕内比安科 - 瓦伦斯（Panebianco-Warrens，2014）的文章所指出的，音乐也同样被用来开发舞者的心流体验，特别是通过行动和意识的融合、自成目标体验（autotelic experience）和自我意识丧失。

虽然这些研究呈现了心流状态和创意性项目之间的联系，但还需要进一步研究如何将心流更广泛地应用于学校的所有课程。其中一个例子是，埃格伯特（Egbert，2003）在一所中学的语言学习课上研究了心流状态，尽管她强调心流能够且的确存在，但她无法充分解释心流存在的原因。她无法证明在促进心流体验方面，某一因素是否比其他因素更为有效。埃格伯特（2003：511）修改了一份之前的调查问卷，来评估语言课上的心流状态，在此转载。

认知问卷

参与者在 1~7 之间选择一个数字评价以下每个陈述（1 代表非常不同意，7 代表非常同意）。问题 3、4、10 和 12 评分方式相反。

（1）这项任务引起了我的好奇心。
（2）这项任务本身很有趣。
（3）我觉得我无法控制任务过程中发生的事。
（4）开展这项任务时我会分心。
（5）这项任务让我感到好奇。
（6）我觉得这项任务很有趣。
（7）我想再次做这项任务。
（8）这项任务让我能控制我的行为。
（9）做这项任务时我精力完全集中。
（10）我觉得这项任务很无聊。
（11）任务过程中，我能决定学习什么、怎样学习以及和谁一起学习。
（12）做这项任务时我在想其他事。
（13）这项任务激发了我的想象力。
（14）即使没人要求，我也会再次做这项任务。

迈耶和特纳（Meyer & Turner，2006）认为，心流融合了认知、动机和情感。他们的研究表明，一旦课程不能完全吸引学生，且教师的讲授占据了整堂课大部分时间，学生们未能实际参与到教学活动中，他们就不容易产生心流体验。这种无心流活动表现为冷漠或厌倦。此外，他们的研究还表明，当学生的技能超过课程要求（导致厌烦至极）时，幸福感会增大，虽然他们并不以自己的成就为傲。这一点十分重要，具有高难度挑战且学生参与度高的课程，未必等同于学生在积极学习。

以上提到的研究大多关注中学生的心流，而只有有限的著作提到更早阶段教育中的心流体验。

2.7　与教育相关的积极心理学的未来

由于教学的本质和固有的专业性，教师们很少感到"快乐"：如果给予更多的时间、更多的资源，他们可以做、应该做或将会做得更好。按理说，这样的自我批评（或反思）会鼓舞教师们在课堂上发挥到最好，但是需要找到一个平衡点以防过度反思，否则教师会因自我怀疑而无法进行有效的教学。因此，如果一群督导告诉你（或你周围的环境）快乐点，或者衡量你的快乐并给出如何改进的建议，你会作何回应？如果第二天所有人都面带僵硬的笑容，告诉你你看起来多美好，你会觉得那是真心的赞美，还是督导检查之后的结果？

事实上，这一场景揭示了针对积极心理学的一个重要的批评，即它内在的价值体系对实证研究的公正性表示怀疑，而实证研究正是积极心理学所倡导的内容（Held，2002；McDonald 和 O'Callaghan，2008；Miller，2008；Sundararajan，2005）。此外，有评论认为，理想的积极心理学具有种族优越感，因为某些迹象表明，从积极心理学可以看到美国式理想主义的影子，而这种理想可能不被其他文化接受（McDonald 和 O'Callaghan，2008）。

类似地，麦克唐纳和奥卡拉汉（McDonald & O'Callaghan，2008）论证了积极心理学的产生过程，并定义了什么是"积极"的人生体验。接着，他们表示积极心理学建立了一套规范的结构，能够与心理学的其他观点相抗衡。另外，米勒（Miller，2008）提出疑问，人生是否有必要受"既定目标"的支配，是否能有意识地利用积极心理学倡导的方法对自己的性格、情感、思想和感觉进行管理或控制。如果以心流为例，博尼韦尔（Boniwell，2006）告诫道，追求心流未必都能得到好结果，"能够产生心流的活动在道德上有好坏之分"，他特别强调了心流成瘾。比如，因为享受工作带来的"心流"，工作狂从不花时间和家人朋友在一起。仔细想想，无法自拔的赌徒、连环杀手，或者任何走向极端活动的人都可能伤害自己或他人。因此，与"积极心理学"截然相反，这种快乐论被视为"消极心理学"，在这样的快乐论中，最终目标不是发展，而是心流体验带来的战栗快感。

另外，马丁（Martin，2006）提出疑问，积极心理学是否真的不同于教育心理学，这两者都关注"为人类学习和发展创造最佳条件"这一点。最后，列昂节夫（Leontiev，2006）提出"如今积极心理学成为了一种思想意识而不是理论……当下积极心理学背后没有统一的理论解释模型支撑"。也许，分析心理学的其他相关学科有助于提供统一的理论模型。

因此，尽管积极心理学仍持续受到关注，读者应辩证地看待这一领域内的矛盾和发展趋势。对于积极心理学的未来走势，林利等人（Linley 等，2006）认为这一领域可能会嵌入心理学的其他区域，进而矫正心理学的主要焦点，使其达到平衡的状态，心理学先前过于关注人类的消极面。因此，这一领域的研究将重新考量之前的心理学观点，比如人本主义，并从新的视角审视并分析这些观点。不仅如此，积极心理学还可能与其他学科展开更积极的对话（比如社会学、经济学、科学等）。无需多言，未来也仍然需要开展将积极心理学和教育联系起来的研究。

2.8　超个人心理学

超个人心理学可以追溯到 20 世纪 60 年代中期，当时卡尔·荣格（Carl Jung）、罗伯托·阿萨吉奥里（Roberto Assagioli）、斯坦尼斯拉夫·格罗夫（Stanislave Grof）和亚伯拉罕·马斯洛（Abraham Maslow）等人的工作越来越受欢迎（Chinen，1996），随着 1969 年创办《超个人心理学杂志》而达到顶峰。然而，丹尼尔斯（Daniels，2011）认为超个人心理学实际应追溯到威廉·詹姆斯和他在 1901~1902 期间在爱丁堡大学进行的吉尔福德讲座①，以《宗教经验种种》(The Varieties of Religious Experiences)的出版达到顶峰。自那时以来，超个人心理学一直比较模糊，尽管它的许多固有主题可追溯到心理学的早期基础（Daniels，2005；Fontana，2005）。

什么是超个人心理学？简单地说，超个人可解释为"超越个人"（Daniels，2005；Ferrer，2002；Fontana 和 Slack，2005），这只是粗略的定义，没有真正表达出这一领域的重点。一些学者认为这一领域属于精神心理学（Daniels，2005）；另外一些学者认为超个人心理学是西方心理学和东方冥想传统因素的综合体（Ferrer，2002；Fontana 和 Slack，2005；Miller，1991）。对于超个人心理学最大的批判集中在其定义的多样性，以及该领域概念的不确定性；不同的人对它有不同的理解（Cunningham，2006）。

通过对超个人心理学 35 年来的研究成果进行分析，哈特柳斯等人（Hartelius 等，2007）确定了三个覆盖全面的主题：超自我心理学、整合心理学和转换心理学。超自我心理学依次对这三个主题进行分析：自我审视（如第一章中，对"自我"真实的感觉或通过洞察力、认知力和记忆力控制行为的那部分思想）、能够对自我产生影响的方面以及超越自我的探索。整合心理学是指心理学中某个单一完整领域的发展，探究整体的人，例如，阐释人的思想、情感和身体之间的相互联系。第三个主题是了解我们作为个体和身处集体时应如何开发自己的潜能。哈特柳斯等人（2007）将这三个主题分别归为内容（超个人的实际状态）、背景（人生体验由此获得，如信念、态度和意愿）和刺激因素（与前面提到的潜能与个人和社会转变有关），如图 2.3 所示。

图 2.3　超个人心理学的三个主题（根据哈特柳斯等，2007）

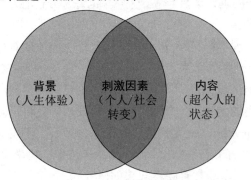

简言之，超个人心理学主要研究成为一个完整且充分发挥机能的人有什么意义，与此同时，这些人仍通过自我转换的方式追求不断进步、完善自我（无论个人或集体）（Hartelius 等，2007）。超个人心理学包括以下多个方面：冥想、直觉、灵感、变化的意识状态、同情心、培养道德准则、促进内在和谐（Fontana，2003）；创造性、巅峰体验（Rowan，2005）；专注的状态或密切联系的体验（Daniels，2005）；检验看待人

---

① 吉尔福德讲座，是根据亚当·吉尔福德（Adam Lord Gifford 1820—1887）的遗愿及遗产所成立的、与自然神学有关的系列讲座。讲座于 1888 年起，在英国的爱丁堡大学、格拉斯哥大学、亚伯丁大学以及圣安德鲁大学进行至今。讲座设立宗旨在于提升宗教研究，使之能成为一门如同自然科学一般严密的科学研究，尽管其宗旨如此，历来受邀主持讲座之学者或思想家之背景，却不以宗教学与神学领域为限。——译者注

生意义以及事实本质的价值观和信念（Jankowski，2002）——换言之，即超越了个体在现实生活中的意识。那么，如何将这种方法与教育联系起来呢？

哈特柳斯等人（2007）宣称超个人心理学的主题能应用到包括教育在内的很多领域，例如通过改进社会行为来建设更加包容的社会。在全球迅猛变化的今天，以个体为中心，自我掌控，同时不断完善自我甚至全人类，有可能为今后处理由贪婪或愤怒引起的问题提供愿景。一些作者称教育大概是未来超个人心理学调查研究最重要的领域（Cunningham，2006；Rothberg，2005）；但很显然，目前鲜有人运用超个人心理学来研究教育问题。事实上，尽管教师观察到学生的"需求层次"如何与动机相关，马斯洛的著作却很少讨论教育。虽然巴克勒尝试发起该领域的进一步讨论，重新考虑已有的研究主题，并根据当前现实重新修订，但迄今为止，只有两本书以此为话题，且都要追溯到 20 世纪 70 年代（Buckler，2014，2018）。

2.9 超个人教育学

通常认为超个人教育学是教育的一种方法，探索三个相互作用的领域，每一领域就是一个"发展"区域，分别以不同的速度发展。因此，认知（智力的）、情感（情绪的）和精神运动（身体的）领域相结合，共同促进个人转变，使孩子们健康成长、实现自我、超越自我，进而改变社会（Buckler，2014，2018）。

"个体转变"的概念与个人的变化和发展有关，将以自我为中心的存在提升到满意度更高或更有价值的状态（Daniels，2005）。通过这一转变过程，一个人能挖掘出最大的潜能（自我实现），甚至能继续超越，获得更高的成就（自我超越）。"自我超越"这一主题缺乏明确的定义（正如 Daniels，2005；Friedman，2002 所讨论的），尽管巴克勒（2011b）借鉴了马斯洛的最初解读，称其主要特征是发展冷静或平静感、专注以及对生命互联性的了解，同时还要了解到人终有一死。因此，自我超越可以看作是一种觉醒，往往发生在狂喜或绝望时刻，正如贝奇（Bach，1977/1998：134）写道，"毛毛虫眼中的世界尽头，大师称之为蝴蝶"。由于这样的个体转变，个人可以对社会做出更积极的贡献，之后，越来越多的人共同合作，弱化自我意识，社会就会发展得越来越好。

反　思

思考一下你经历过的教师们曾如何限制学生。

应如何组织进行超个人教育？换言之，这种教育方法的中心指导准则是什么？巴克勒（2012，2013）提出，从超个人心理学著作里可以推导出一系列常见的主题；这些主题可能会使教育从业者产生共鸣，因为它们都是有效实践的典型。例如，准则之一就是学习应该是件快乐的事（Maslow，1971/1993；Moore，1975）；学习应该通过激发学生的内在好奇心从而推动他们学习（Maslow，1971/1993）；学生应通过自主探索发展成为自主学习者（Deci 和 Ryan，1985；Kirchschenbaum，1975；Rogers，1961）。除此之外，这种教育方法应该保持价值中立，教师扮演引导者的角色推动其发展（Maslow，1971/1993；Kirchschenbaum，1975；Rogers，1961），并且教育应能够促进终身学习（Maslow，1970），见图2.4。

图2.4 超个人教育学的准则（巴克勒，2014）

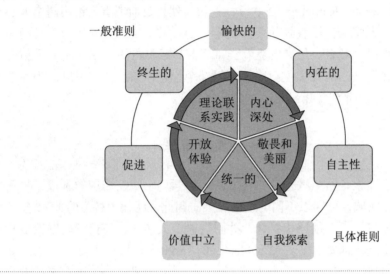

2.10 小结

前文中提到的主题并不是新出现的观点，可以说，许多单一因素都曾在教育中得到过倡导和应用，例如，鲁道夫·斯坦纳研究了教育中灵性的作用以及孩子们的认知、情感和行为发展之间的相互作用（McDermott，2010）。但是，超个人教育学尝试将过去和现在的因素相结合，组成连贯的框架，以适应21世纪的发展背景。心理学的视角则缺少这样的框架，比如积极心理学，本章讨论的许多主题展示了积极心理学和超个人心理学的内容如何重叠。事实上，坎特（Kantor，1975）提出，应当对我们的内心世界做彻底调查，才能在兴趣和重要性方面超越空间上的探索；由于当下社会、经济和政治发生的巨大变革，人们可以质疑花费在粒子加速器上迅速增长的预算，以及为满足人类的好奇心，对宇宙边界开展的理论思考。

前两章为不同的心理学视角奠定了理论基础，下面的章节主要关注实践性，即将心理学方法运用到教学实践中。教学中教师的角色最为重要，尽管本章讨论了一些个人成长的主题，但是成为一名成功、高效的教师需要具备哪些核心素质呢？这些将在第3章进行探讨。

2.11　拓展阅读

Boniwell, I. and Tunariu, A.D. (2019) *Positive Psychology: Theory, Research and Applications* (2nd edn). Maidenhead: Open University Press.

本书对积极心理学及其应用做了清晰、有条理的概述。

Csikszentmihalyi, M. (2000) *Beyond Boredom and Anxiety: Experiencing Flow in Work and Play*. San Francisco: Jossey Bass.

本文总结了契克森特米海伊的心流概念,以及如何将其运用到不同的背景下。

Hartelius, G., Caplan, M. and Rardin, M.A. (2007) 'Transpersonal psychology: Defining the past, divining the future', *The Humanistic Psychologist*, 35(2): 135–60.

这份研究报告展示了超个人心理学概览,包括该领域内确定的趋势。

第 3 章　高效教师

> **本章目标**
>
> - 理解教师作为学习者的核心能力。
> - 从学生和研究者的视角批判性地评估高效教师的基本特征。
> - 探究如何专业地提升教师效能。

3.1　本章简介

高效教师是如何炼成的？高效教师真的可以通过几个要点来概括吗？许多研究高效教师构成要素的报告已经出版（部分将在本章进行回顾），但本章不仅仅呈现其他学者所说的经验，还将开发"你"自身的资源：毕竟，你也是教育体系培养的最新"成果"之一。毫无疑问，多年来你一定遇到过优秀或者不那么优秀的教师，现在，你又成为了新一代的教师，所以让我们从你和你的经历开始。

> **反　思**
>
> - 回忆几个对你的发展和成功有重要帮助的教师，想想是什么特征让他们脱颖而出，成为杰出的教师？
> - 想想校外的其他老师，谁以某种方式对你产生了一定的影响？例如，健身教练、亲戚或朋友。他们又具有什么特征？
> - 回想一下这些人物，写下他们的特征。
> - 这些特征可以进行归类吗？

完成反思活动后，考虑一下不同的人是否会对成功教师有相同的看法。例如，你有没有与老师相处不融洽的朋友？老师是否会看到你身上突出的优点？实际上，正如第一章讨论过的，每个人的视角不同。很可能，当这些老师"符合"你的学习风格时，因为他们采取了适合你的教学方式，你会认为他们是成功的老师。接下来，我们探讨一下看待高效教师的两个视角：一个是学习者，另一个是研究者。

我们会回顾很多研究，也将呈现一系列与此紧密相关的主题。当然，这是一项正在进行的研究，以后还会增加其他的主题。此外，我们从我们的视角归纳了这些主题，不同人的归纳方式可能不同，我们鼓励读者根据自己的想法来理解这些内容，这样才能让学习更有意义，也是对自己的学习负责。

3.2 高效的含义

高效可以简单地理解为"完成工作"，因此一位高效教师指的是能圆满完成各项预期教学任务的教师，例如，备课、准备教学资源、提高学生的学习经验，并通过评估和反馈确定学习效果。可以说教师在前期备课阶段花费的时间更多，例如，上1个小时的课可能需要3个小时备课。实际上，这样的授课效果可能非常好，然而教师的时间成本有多大？如果每节课都需要3个小时备课，而且每天有4节课，那么在正式上课、考核和其他教学环节之前，教师每周需要用60小时来备课。尽管每堂课都可以上得很"有效"，但这需要寻求一种平衡：即教师需要通过更高效的工作方式来防止倦怠。实际上，很多研究都在探讨如何做一位高效教师，但对"高效"内涵的研究却较少，在这个问题的研究上没有捷径可走。

我们试图重新定义"效率"：当你在教学生涯中不断进步时，你将探索出适合你的方式、活动，从而不断提升教学效率。这种方法可以比喻为一个实习厨师切萝卜的过程：开始，切每一片都需要花费时间，而且萝卜片薄厚不一，导致部分萝卜烹饪过度而另一部分萝卜片则欠缺火候；通过持续积累经验，厨师就可以毫不费力地切出大小一致的萝卜片。学习走路、学习开车也是相似的过程，实际上任何技能都是熟能生巧的。因此，在你的教学生涯中，在保证教学效果的前提下，提高教学效率是值得奋斗的目标。

举个极端的例子，一个老师在备课方面非常有效率，每节课也许只需要备课20分钟（用不到7小时的时间可以备一周的课），然而这节课未必高效：课程内容可能过于简单或复杂，并没有达到建议的教学目标等。实际上，效率和效果之间的平衡关系可见图3.1。

图3.1 效率与效果之间的平衡

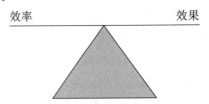

效率和效果之间的平衡可以用两千多年前的儒家哲学，特别是中庸学说来概括，即在正确的时间做正确的事，以达到理想的效果（Fung, 1976）。

活　动

- 尽可能认真地画一个"完美"的圆。
- 现在，以你最快的速度画另一个圆。
- 这两个圆有什么区别？它们在本质上都是圆形吗？

- 如果你要在教室里画一个圆，你会选择哪一种？
- 这次是写字，设想你在一个讲座或研讨会上，不得不做笔记。毫无疑问，这时你无法使用完美主义的书写风格，而是会尽可能记录对自己有价值的信息。
- 在批改学生作业方面，又会是什么样呢？

回到我们本章讨论的核心，如前所述，目前很多研究聚焦在教学的有效性上，很少对教学中的"效率"开展研究，我们将在接下来的部分进行讨论。

3.3 学生眼中的高效教师

一些研究已经做过学生调查，了解学生对于高效教师的看法。回顾这些研究，主要出现三个关键特征：一，高效教师能够构建良好的学习关系；二，高效教师有较好的学科背景；三，高效教师有良好的组织能力。

高效教师能够构建良好的学习关系

本部分主要介绍三个要素：理解，沟通和热爱，下面分别进行介绍。

关于理解，切克（Check，1986）认为，一个高效的教师能够理解学习者并了解学习者的问题。在实践中，高效教师能够恰当判断和预期学生的学习并且鼓励学生提高对自己的期望（Brown 和 McIntyre，1993）。此外，理解还意味着教师能够花时间根据学生的需求来帮助学生克服困难（Brown 和 McIntyre，1993；Santrock，2001；Upton 和 Taylor，2014）。理解也是尊重学生并且能和学生进行良好的沟通（Upton 和 Taylor，2014）。切克（1986）也提出教师要表现出对学生的关注并且积极与学生沟通，桑特洛克（Santrock，2001）讨论了公平对待所有学习者的要求。

第二个因素是沟通，与第三个要素——"热爱"有密切的联系。设想当你热爱教学时，学生也会受你的影响去享受课堂；相反，当你既不热爱，也不享受教学工作时，学生可能就会不断地看时间，希望能够尽快"逃离"课堂，或者进入到一个更加充实的课堂中去。因此，作为老师，我们的目标是在所有学生能够理解和参与的基础上，通过不断的沟通来教授更加复杂的概念，沟通是我们工作的核心之一。想想在你的教学生涯中，当学生理解了一个概念或者当师生之间进行了坦诚的交流时，他们会"眼睛一亮"。根据学生的情况进行合适的教学，才能确保提升学生的学习效果。这也是一种平衡，即根据学习者的能力开展教学。

反　思

- 回想最近你帮助一个学生（或者很多学生）掌握了一个概念的事例。这次课程的目标是什么？你是如何帮助学生的？通过与学生沟通，你是如何判断学生理解了这个概念的？写下几个关于这件事情的词语，来概括你的想法或感受。

- 现在设想你是学生，第一次理解某个概念。你有什么样的感受？是什么帮助你理解此概念的？用几个词来概括一下你的感受。
- 最后，设想你在一次学习活动中，因为学习内容过于抽象、杂乱或者无聊，你的学习效果特别糟糕。用几个词来总结一下你的感受。
- 再看看你写下的词，看它们之间有什么联系，在你的教学活动中有怎么样的体现？

如前所述，沟通和热爱有着紧密的联系：如果你在教学中发挥了最佳水平，你不仅会实现有效沟通，而且会充分地享受教学；同时你的学生也会获益，进而享受学习体验。然而，一些教学活动无法实现完美的效果，可能是因为你对讲授的内容缺乏信心，或者学生对课程的兴趣尚未得到充分激发。

因此，在教学中我们需要在课程目标要求和学生学习需求之间寻求平衡，这也是贯穿本书的一个内容。寻求这一平衡的目的是探究教学规律，经常以独特和新颖的方式开展教学，更好地吸引学生参与其中。最终，能够与学生从多个层面进行有效的沟通（Check，1986）。

然而这在教学实践中意味着什么？简单地说，整个班级层面的教学（讲授核心概念）、小组层面的教学（组织小组讨论）、个体层面的教学（提供个别辅导）都需要这种平衡。此外，这需要老师面对一百个不同的学生时，能够采用一百种不同的方式来教授同一个概念或观点。因此，课堂教学要有整体性的宏观目标（课程的概念），同时也要有微观层面的目标（确保每个学生都能以他们的方式理解所讲授的概念），各个层面的关系如图 3.2 所示。

图 3.2　沟通的整体/个体连续统一体

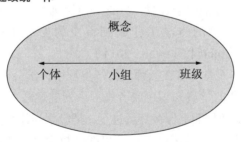

为了更好地理解此图，我们假设这节课的内容是"沉浮"。我们采用小学教育阶段普遍采用的备课方式，让所有孩子都理解不同物体的沉浮现象，有些学生也许能够对沉浮的物体进行归类，而另一些学生也许可以描述浮动物体的属性。在整个班级层面，教师在让学生用多种物体进行实验之前，可能会通过讨论一个故事或观察物体之间的区别来讲授沉浮的概念。这堂课中可能根据物体的沉浮属性对其进行归类。在课堂教学过程中，某个学生可能会问：为什么有些物质没有完全浮在水面上，或没有完全沉到水池的底部。面对这样的提问，你可以在个体层面上引导学生对沉浮概念进行深入探究，也可以继续介绍表面积、反作用力等新的概念。实际上，你甚至可以给学生提供一个橡皮泥球，看他们是否能使橡皮泥球浮起来。这样，通过反复实验可能会提升个体层面的学习效果，球先是扁平的，然后让它鼓起来，原来扁平的地方形成了弧形，增加了物体的体积，浮力和重力形成向上的合力，最终使球浮起来。

> **活　动**
> - 借助图 3.2，设计一次包含班级层面、小组层面和个体层面的教学活动。
> - 记录这次教学活动，关注面对不同层面的教学活动时，你的交流方式的变化。

桑特洛克（Santrock，2001）以及其他一些学者的研究表明，教师素养中很重要的一项是"幽默"。桑特洛克强调，学生认为高效教师应具有的一项重要特征就是"幽默"。这是不是意味着教师角色中很重要的一种角色是"喜剧演员"呢？

桑特洛克认为幽默的作用就是能够以一种轻松的方式应对所有的情况，例如可以通过一个适时的笑话或诙谐的评论来应对消极情境。切克（1986）也曾经探讨过这个问题。当然，幽默也许不能对任何学生有效，但是在这种情况下，以一个笑话收尾最合适不过了。一种更常用的方法是通过积极的词汇、轻松的评论来调整消极情境。布郎和麦金泰尔（Brown 和 McIntyre，1993）强调，应该创造一种轻松愉悦的氛围促进学习。

鲁迪克（Ruddick 等，1996）和切克（Check，1986）对这种轻松、愉悦的氛围进行了类似的讨论，高效教师喜欢教学，喜欢学习者，也喜欢他们的学科。这种愉悦和热情与第二个要素有关，即高效教师具有良好的学科背景。

高效教师有良好的学科知识背景

一个高效的教师，如果对教学工作缺乏热爱和激情，那么他的能力很难发挥到极致。在具有较强学科知识背景的老师身上，这一点更为明显（Check，1986；Santrock，2001），这些知识会对教师的教学工作起到重要的促进作用（Brown 和 McIntyre，1993；Santrock，2001；Upton 和 Taylor，2014）。

当然，教学工作的本质意味着在教师的教学生涯中，学科内容也将不断更新，很少有教师能够立刻精通复杂的学科知识（或者是一系列的学科），这需要时间的积累。然而，教师应该立志在知识和技能上保持持续进步，把教学当作事业而不仅仅是一份工作。

从这个意义上讲，教学与学习是不可分离的：教学是一个持续提升学科知识的过程，只有这样才能和学生分享这些知识并帮助学生增长知识。这个过程永远不会结束，新知识、新变化都会改变课程，学习能力的重要性日益凸显，这也要求老师永远都不能自满，需要不断地学习。自满情绪是一个值得关注的问题：一旦一位教师变得自满，不再为"完美状态"而不断提升自己的知识和能力，那么这样的教师是专业教师吗？如果经常这样，其他人就会认为这个教师有可能在教学实践中失败。这与所谓的"有意识的胜任"的学习模型有关。

戈登国际培训中心的诺尔·巴奇（Noel Burch）对意识能力学习模型进行了改进（Flower，1999）。这个模型描述了学习任何新技能、行为或知识的四个阶段（见图3.3）。

图 3.3 意识能力的四个阶段

这个模型的第一个阶段是"无意识的不胜任",在这个阶段,人们没有意识到他们缺乏特定的技能或知识——对相关领域缺乏了解,对自己能力的局限性也缺乏认识或者否认这种技能的实用性。第二个阶段是"有意识的不胜任",在这个阶段,人们已经意识到需要学习某项技能来完善和提高自己。认识到学习这项技能的必要性后,人们会开始学习并不断提高自己的能力。这就引入了第三个阶段"有意识的胜任",在这个阶段人们能够在需要时运用某项技能,但他们还需要集中精力进一步内化这项技能,达到熟能生巧。最后一个阶段是"无意识的胜任",在这个阶段,人们已完全掌握技能并且可以熟练运用。

介绍这个模型是为了再次强调,在发展我们专业技能的时候,我们可能会产生挫败感(没有进展)。在付出时间和努力之后,那些看似困难的事情将变成我们的第二天性,因此这个模型提醒我们不要对自己太苛刻。此外,这个模型不仅为教师提供了一种理解自身职业发展的角度,还提供了一种理解学生学习阶段的视角。像大多数理论模型一样,其他研究者往往加入了额外的阶段,使这个简单模型变得更加复杂,例如把技能传授给别人,或重构这种模式。事实上,意识能力模型已经被呈现为梯形图、一组同心圆和一个矩阵。

> **反　思**
>
> ● 思考最近你学到的一项技能,如学习开车、学习使用一款新软件等。在你学习这项技能时,学习的四个阶段是如何体现的?
> ● 思考一种你"无意识的胜任"的技能。通过上文提到的学习四阶段来回顾这项技能。你如何把这项技能教授给别人?

高效教师需要具备良好的组织技能

一个教师可以构建良好的学习关系,熟练掌握所教科目的知识,然而如果没有组织能力，这个教师仍然不是高效教师。组织技能是最后一个要素。组织能力体现在准备充分、结构清晰的课堂中（Check，1986；Ruddick 等，1996）。此外，这样的课堂重点明确、内容富有吸引力、活动具有多样性（Ruddick 等，1996）。如何在你具体的备课过程中使用这些组织技能？实际上，课堂的组织与你所教授学生的年龄范围以及课程所涵盖的领域有密切的联系。有些科目（如数学和语文课）需要有清晰的结构，但另一些（如历史和音乐课）则不需要有精心组织的结构。适合一门科目的组织形式也许并不适用于另一门科目，因此对你现在的组织形式十分合理的课堂进行反思是很有价值的。

活 动

回想你印象最深的一堂课。利用下面列出的特征，回顾你的这堂课，针对每一项特征写下一些课堂组织的具体细节。

表 3.1　回忆印象深刻的一堂课

特　征	证　据
重点明确	
备课充分	
结构清晰	
内容引人入胜	
步骤循序渐进	
活动多种多样	

想想这堂课效果如何，你如何评价这堂课？

尽管在讲备课的时候我们已经探讨过组织能力的问题，结合本章的主题，现在我们讨论两个概念：效果和效率，着重探讨这两个概念之间的平衡。如前所述，如果花60 个小时来准备一周的课程，你的课程会有非常理想、令人惊叹的效果，但这会使你筋疲力尽。因此组织中最重要的资源是你自己！（引自卡斯尔和巴克勒所著的一本关于教师自我管理的书，2009）第二重要的资源是时间，下面我们将具体讨论这一点。

在张和费什巴赫（Zhang 和 Fishbach）的研究中，要求研究对象估计完成一项特定任务所需要的时间并记录完成任务实际需要的时间。不出所料，研究结果显示，研究对象完成任务实际所花的时间要多于最初预估时间，通常我们称之为"计划谬误"。然而，我们需要重点关注的是那些预估时间短的人比预估时间长的人更早完成任务（Zhang 和 Fishbach，2010）。高估自身能力，可以理解为一种乐观主义。实际上，如果有一项看起来很繁琐的任务，一个人通常找理由延迟完成这项任务，然而如果一个人能够关注那些完成任务的积极因素，就可以缩短完成任务的时间（通常也会节省精力）。举个例子，周末到来时，周五下午会过得很快，当下课铃响起时，你的规划已经占满了周末的时间。也许你直到周日才想起那些规划，当你知道只有一天的时间了，你真的能够在周六彻底"闭关"放松吗？重新假设一下情境，如果你在周四晚上就完成了大部分的任务，那么周末的负担就会减轻。这样的话，周五一天的时间就会比较灵活，可以在午餐时甚至放学后完成任务。为了确保完成任务，你可能也会决定在更早的时候完成这周的任务。最终你将有一个自由的周末：你可以放松休息了！

> **反　思**
> - 你是一个乐观主义者还是悲观主义者？
> - 你是否会尽快完成任务，还是因为畏难情绪而一再拖延？
> - 你会做出哪些调整，从而让自己更快、更有效、更高效地完成任务？

3.4　研究者眼中的高效教师

很多研究者都探究过高效教师如何练就的问题。虽然从不同的角度可能会得出不同的结论，与学生的视角类似，在研究者看来，高效教师有三个共同的要素：一，高效教师能够建立良好的学习关系；二，高效教师有良好的学科背景；三，高效教师有良好的组织技能。

高效教师能够建立良好的学习关系

朗罗伊和萨尔斯（Langlois 和 Zales，1992）以及雷等人（Wray 等，2000）强调建立良好的学习关系对教师有非常重要的意义，其重点是营造一种互助合作的学习环境。在这种学习环境中，学生能够发挥学习自主性（Galton 等，1980），主动探究知识，在学习过程中充分发挥自己的能动性。当学生的努力得到肯定时，会激发他们的自主性，学习主动性会进一步提升（Rutter 等，1979）。同时，拉特等人（Rutter 等，1979）提出，在整个班级层面也需要鼓励参与和互动。雷等人（2000）提出在学生清楚学术标准后，应确保学生具有达到成功的持续动力。

研究者提出要构建良好的学习关系，那么应如何安排教学实践？如何建立一种互相支持、合作性的学习氛围？如何确保你的课程能够让每一个学生都实现有效学习？如果这些都能够实现，那么学生的自主性和主动性也将得到提升。下面，我们将以商业活动为例进行进一步的阐述。

设想你是一个顾问，负责向你的客户（或你的学生）"推销"一些令人兴奋的想法或观点。你如何鼓励你的客户来"买"你所推销的东西呢？首先，让我们去一个空房间。最初这个房间里只有四面墙和你自己，没有学生、没有设备，也没用任何摆设。你如何在这里完成推销呢？从根本上来说，在这个房间里，只有你最关键。

作为一个实习（或正式）教师，你可能经历过很多选拔，或许是教师培训课程的面试，或许是你第一份工作的面试。你必须"推销"自己，向面试官表明自己是所有候选人中最合适的一个。你能为教学做出哪些贡献？你具有哪些经验？为什么要选择你？在商业活动中，这称作"核心竞争力"。为什么会选择你？

此外，另一个商业术语"电梯演讲"也被广泛应用：这要求你集中注意力，用一分钟来推销自己的想法。具体情境是这样的：当你进入主管办公室之前（或许在办公楼的顶层），你在前台遇到了主管，在与主管共乘电梯时你可以有一分钟推销自己的想法。布斯曼（Boothman，2008）的研究结果表明，与某个人相遇的前几分钟可能决定了后期你们能否建立良好的关系。

> **活动：电梯演讲**
> - 考虑一下你的电梯演讲，作为教师，你需要在一分钟内推销自己。
> - 写下你对教师的定义。你可以参考"六何"的方式（何人，何事，为何，何时，何地，如何）。例如，你为何成为一名教师？何人影响了你的教学？
> - 然后，思考你的独特之处是什么？什么是你的核心竞争力？
> - 思考你将向谁推销自己。是校长还是政府官员，是家长还是学生？这些对象都可以归为三类吗？
> - 分几个部分构思你的电梯演讲，不超过150字。

通过这个活动，你可以了解自己作为一名教师的独特之处。然而，是什么支持了你的这种想法，仅仅是外表吗？显然，你最适合"面试"的套装并不适合课堂教学，你需要日常的穿着。

建立职业身份感之后，让我们把注意力转到你的教室。你所教学生的年龄范围会影响你布置教室（仍然用商业术语来类比的话，称作"店面"）的方式。

> **活动：教室**
> - 回想一下你所经历过的教室。想想房间的布局、黑板的位置、桌椅的摆放、教学资源和显示屏的布局。
> - 列出教室必备要素的清单。
> - 在清单中确定三列内容：要素、关键属性、我们需要做什么。针对每一项要素，写出它的作用以及最佳的安排方式，然后在第三列写下你将采取哪些措施确保这些要素的适用性。
>
> 表3.2 教室属性
>
> | 要素 | 关键属性 | 我们需要做什么 |
> |---|---|---|
> | 黑板 | 教室的中心足够高，以方便所有学生都能看到整个黑板 | 坐在任何一个学生的座位上去观察，能否在不频繁调整颈部的情况下看到黑板上的内容。 |

通过这个例子，你应该明白：教室中座位的排列受到黑板位置的影响。当然，你的教学不一定以黑板为主，那么教室中是否有另外一种要素引导着学生的注意力呢（就像壁炉置于客厅中一样）？

活动：标识

- 谁为学校设计了标识或整个学校的装修方案？就标识而言，有的学校早在一百多年前就已经确定了标识，有些是学生设计的，有些是由校长、当地教育主管部门、学校事务委员会或者设计公司设计的。在你工作或实习的学校，向校长提出这一问题，非常有意思。
- 想想在经济市场中标识的吸引力。想想一个著名的软饮料制造商、一些快餐公司的标识。在商业运作中，标识对于建立企业形象具有重要作用。在教育领域是否遵循同样的道理？
- 你所在学校的标识可能并不在你的控制范围内，所以我们回到你的教室中，花几分钟时间，记下一些与教师相关的意象。可以是一棵树，象征着你去播种、育苗、施肥，帮助学生打好学习基础；也可以是一只伸出的手。
- 在你的标识中是否包含一句格言？

设计这项这活动是为了帮助你思考自身的独特性，并且让你的教室成为学生愿意来学习的地方，帮助学生明确学习目标并投入学习。即使你没有参加这个活动，你也可以把它保存起来，下次作为"空间结构"教学或短期班级活动的参考。

高效教师应该有良好的学科背景

在讨论学生眼中的高效教师时，我们提到了学科背景。研究表明，教师不仅仅要做活的百科全书，教学的艺术在于教师能够以一种适当的方式将知识（以及学习知识的策略）教授给学生。拉特等人（1979）强调要通过一种以知识学习为核心的环境，来激发学生的学习。朗罗伊和萨尔斯（1992）以及雷等人（2000）提出，一个高效的教师应该最大限度地利用时间来学习。要专注于学习目标，反思在管理班级纪律、游戏时间中浪费了多少学习的时间。

因此，学科背景又涉及了课堂组织能力，教师在组织课堂时应尽可能缩短讲授的时间，增加学生学习的时间。

高效教师应该有良好的组织技能

研究者认为高效教师应具备的第三项素质是组织技能。拉特（1979）和高尔顿（1980）等都强调教学活动中必须有清晰、有序的课堂组织。这样的组织能力体现在教师的日常教学中（Langlois 和 Zales，1992；Wray 等，2000）。

高效教师能够持续监测教学情况，了解整个班级的学习进展，同时也能了解每个学生个体的学习效果（Langlois 和 Zales，1992；Wray 等，2000）。在监测效果的同时，还要向学生进行反馈，使他们知道自己学习的进展，这有利于监测学生的学习效果（Ursano 等，2007）。雷等人（2000）强调必须进行及时的反馈，但需要注意的是，"反馈"并不等同于"打分"。告诉学生在课程学习中的进展，提醒他们下一步要做什么，并帮助那些需要进一步精讲和解释的学生，保证他们可以取得预期的学习成果。这不同于打分，除非你在打分时能够对发现的问题进行解释。反馈可以很简短，面向学生个体、小组或整个班级作一些点评，这将使学生感受到自己或他人的努力是否达到了标准。

反馈应该是建设性的（Galton 等，1980）。仅仅告诉学生"你应该更努力地学习"或者"你干得不错"并没有效果。"你应该更努力地学习"指的是学生应该投入更多的精力、取得更好的效果吗？教师应该考虑学生是否在学习中遇到了问题或者对课堂知识的理解是否出现了偏差。也许更好的表述是"我发现你今天学习得不够努力，你今天学习的进展怎么样？"或者"对于今天学习的内容，你需要我的帮助吗？"这样的问题避免了价值评判，所表达的意义更加明确。"努力学习"究竟是什么意思？"干得不错"又是什么意思？"干得不错"是不是意味着"你已经安安静静地坐了一堂课"，还是"你已经完成了一整页的算术题目（即使做错了）？"对于"干得不错"，更好的表述是"我看到你已经完成了……你感觉自己有进步吗？"或者是"在这堂课中你学到了什么？"或者是"你认为这堂课中最简单（或最难）的是哪部分？"等等。这些问题涉及前面提到的学科背景，这些问题可以在与学生对话的过程中提出。当然，这些问题也可以用口头或书面的方式在个体层面、小组层面和班级层面加以应用。你可以让一个小组写下他们认为课程中最难或最容易的部分，并且在课程结束前为他们提供方法来更好地理解课程难点。

教师需要监测学生的学习行为，要先发制人（避免问题恶化）并且要在问题出现之前就提出预防措施。关于学习行为我们将在第 19 章具体探讨。

指出教师应该做什么比较容易，但把这些付诸实践却很难：教师如何做到"脑后长眼"？下面我们将讨论学生视角和研究者视角这两种看似不同但却相互联系的观点。

3.5 学生视角和研究者视角的整合

学生和研究者的视角表明，高效教师的定义中包含了三个要素：人际关系、学科知识和组织技能。每个要素都离不开另外两个要素的支持（见图 3.4）。

图 3.4 高效教师

本章回顾了有关如何成为一名高效教师的研究,如前所述,关于有效教学实践的研究仍在不断发展。如果从其他视角来考量,还可以对研究结果进行完全不同的分类。即便如此,本章还是提出了一系列提高教学效率的策略。

3.6 高效教师的七个习惯

专门讨论"有效性"概念的研究有很多,但史蒂芬·柯维所著的一本畅销心理学书籍——《高效能人士的七个习惯》(Covey,2004)在这方面取得了很大的成功。柯维的著作提出了实现"高效"的一系列准则,而且他认为在世界范围内很多成功人士都已自然而然地形成了这些"习惯"。这些准则可以应用于任何人或任何职业,以下介绍柯维的这些"习惯"在教师职业中的应用。

前三个习惯是关于"个体"的,接下来的三个习惯是关于"互动与合作"的,最后一个习惯是对前六个习惯的综合(见图3.5)。

图3.5 高效教师的七个习惯(基于柯维的研究,2004)

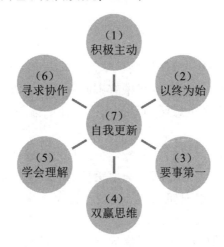

习惯1:积极主动

我们真正可以掌控的唯一事物就是自己。对于日常生活的外部事物我们无法控制,比如我们无法控制天气、交通,也无法控制督学何时到访。我们所能控制的仅仅是我们对外部情况的应对方式。堵车时,我们也许会变得焦躁,但也可以调整关注的角度,去享受广播中的音乐、规划明天的活动或者只是看看那些匆匆赶路的行人。关于天气,我们应该试着去理解风雨交加的天气对学生造成的影响,或许学生会比往常表现得更为"活跃",因此我们可以在开始讲课之前花一点时间(见第2章)去营造一种平和的氛围。

此外,第1章和第2章提到,我们可以在认知、精神,以及思想、情感和身体层面对自己做出调整。如果我们开始感到焦虑不安,那么事情可能会失控。我们可以通过调整身体状态,从而在认知和情感层面重新获得平衡。例如,我们可以调慢呼吸,并专注于呼吸的过程,让自己变得平和(见第17章)。

保持积极的心态，不仅可以让我们面对不可控情境时能够更好地应对，还能让我们在焦虑因素和可控因素之间寻求平衡。在日常教学过程中有很多方面都会让我们担忧，比如成绩的等级差异、课程的变化等，我们必须去考虑可以影响这些方面的因素。我们不能控制所有的焦虑因素，但是我们可以控制那些我们能够影响的因素。就像上文中，成绩的等级差异可能是一个令我们担忧的因素，我们可以把消除等级差异作为一个目标，并且通过我们的教学来对这一因素形成影响。不断变化的课程也许不是我们可以控制的因素，但是我们可以考虑如何去主动应对这种变化。

如果我们把精力集中在我们无法控制的因素上面，会显得被动。相反，如果我们在那些可以改变或影响的因素上做出努力，那我们就会更积极主动。尽管该道理人尽皆知，但是我们的一些选择仍然会导致负面的结果，或出现所谓的错误，我们不能改变已经发生的事情。从积极的角度来说，我们可以反思发生了什么、为什么会发生，然后去考虑如果类似的事情再次发生，我们会不会做出更好的决策，这涉及反思的概念，在第4章中将详细介绍。

总之，第一个习惯——"积极主动"，就是在我们能掌控的范围内，对我们的选择及其可能带来的后果负责。

习惯2：以终为始

"终"是"以终为始"这一习惯的核心概念，可以定义为"最终目标"。退休或成为校长是你的最终目标吗？或者你心目中有别的选择？之所以问这些问题，是为了帮助你思考在职业生涯中你真正想要的是什么，是什么能带给你教学生涯中最高的成就感？

许多老师关注短期的目标和日常的教学，但真正的成功需要确定长期目标。这一目标可能无法通过短暂的反思而形成，需要很长的时间来确定。实际上，目标并不仅仅是有高薪工作，更是个人价值的实现。从这个意义上来讲，第4章探讨的主题可以帮助我们基于个人教学理念来确定目标。

综上所述，第二个习惯涉及最终目标的确定。一旦确定了你的目标，你就可以用第三个习惯——"要事第一"的原则来规划实现目标的步骤。

习惯3：要事第一

紧急任务和重要任务有怎样的区别？这个习惯帮助你去思考紧急性和重要性的区别，重点去计划、排序和实施这些任务。

柯维提出了一种有效的方法，通过一个2×2矩阵的四个象限来帮助你判断任务的轻重缓急（见图3.6）。

- 象限1：这个象限指的是紧急任务。这个象限的任务需要你拓展、消耗你的资源。变得高效的关键是，限定或尽快处理进入第一象限中的任务，从而可以关注那些第二象限的任务。

图 3.6　时间管理优先象限（引自柯维，2004）

	紧急	不紧急
重要	象限1（紧急事件：我必须首先处理这件事情！）	象限2（这件事对我很重要，我需要花一定时间来做这件事。）
不重要	象限3（有人让我快速去做一些事，但这些事对我而言并不重要。我应该说"不"。）	象限4（这件事怎么会在我的清单中？）

- 象限2：这个象限里的任务是一个人真正有效工作的关键。如果你已经理解前面所说的两个习惯，你将有勇气对那些无关紧要的事情说"不"，因为你确定了自己的最终目标，并明确了事情对自己的重要性。这个象限中的任务将对你的工作产生深刻的影响。
- 象限3：这个象限中存在一个悖论：会存在紧急但不重要的任务吗？在面对紧急事件时，如果你花费精力去完成这类紧急却不重要的任务，那么很可能你将没有时间去完成那些你应该去做的重要任务。以使用电子邮件为例，人们经常以检查和回复邮件作为一天工作的开始，而不是规划这一天需要完成的任务。实际上，归类为"紧急事件"的大多数任务是别人为了在最后期限前完成任务而强加于你的。回到邮件这个话题，你打开的每封邮件都会要求你花费时间和资源去处理：阅读然后做出是否删除、回复或保存的决定。
- 象限4：可以说那些不重要也不紧急的任务会因其他象限任务的紧迫性而被忽略。

这种模式的最终目标是确保你能够减少象限1中的任务，而把更多的时间花在象限2的任务上，同时避免在象限3和4的任务上花费时间，因为这些任务并不重要。实际上，如果可以达到这种平衡，你将会更好地安排和掌控自己的工作和个人生活。为了确保你能够在象限2的任务上投入更多的精力，你需要花费一些时间来处理一些事情：最初你需要明确象限1中的事情已经处理完毕，因为这些任务也不能被忽视，此外还要对象限3的事情进行妥善的处理。

习惯4：双赢思维

这个习惯强调互利互惠，而不是仅仅一个人获利。我们应该建立一种可持续的、长远的多边人际关系。为进一步解释这种理念，我们来看一下与他人共同工作时基于"输"和"赢"的五种可能性：

- 损人利己：这是一种基于竞争理念的独裁主义的互动方式。掌握权力的人提出需求，其他人必须满足他的需求。
- 损己利人：这是一种自由主义的互动方式，个体通过发挥自身作用完成既定的任务甚至做出必要的牺牲来获取别人的认可。
- 两败俱伤：目标是让别人失败，与此同时也导致自己失败。
- 利人利己（合作）：通过建立积极主动的工作模式实现互利互惠。
- 利人利己（非合作）：如果不能实现互利互惠，最好的办法是不妥协并停止进一步的合作。

将这一理念迁移到教学工作，你可以考虑在班级中通过建立有效的家校合作关系来提升学生的阅读水平。你可以在某天晚上组织一个家长工作坊，让尽可能多的家长参加，在工作坊中重点介绍家长帮助学生提高阅读能力的一系列策略。工作坊上，首先要向家长说明为什么要家长帮助学生提升阅读能力。研究显示家长的参与在提高儿童阅读能力方面有重要作用。然后可以向家长介绍针对不同文学类型促进学生阅读能力提升的一系列策略。将孩子作为工作坊的核心，教师和家长为提高学生阅读能力这一共同目标而携手合作。这种方式可以有效提高班级学生的阅读水平，这对老师有益，同时也可以让孩子和家长享受共同阅读带来的珍贵体验。

习惯5：知彼解己

当别人与我们说话时我们究竟听到了多少？作为教师，我们倾向于解决问题，但在理解情境之前就试图解决问题是不对的。以行为管理为例，在课堂上，我们可能会发现一些未经许可的行为并且这些行为产生了不良后果（比如轻声的甚至高声的喊叫），但是作为老师的我们真的理解为什么学生会做出这种行为以及如何防止类似行为的再次发生吗？要充分理解所发生的事情，唯一的办法是了解前因：在这种行为出现之前发生了什么？在确定解决方案之前，我们是否对发生的事情有准确的理解和判断？从另一个例子来看，学生在完成作业方面存在困难，作为老师，我们首先要了解学生在课上学习的效果，诊断学生的问题究竟是什么。在我们"做"之前，我们是否倾听了别人在说什么？

"倾听"有五个层次：充耳不闻、假装倾听、选择性倾听、细心倾听、移情聆听。最后一个层次——移情聆听，正是我们需要加强的方面，我们需要在倾听时充分理解对方，用我们的耳朵聆听对方在说什么，通过观察对方的肢体语言，"用心倾听"并理解他们所要表达的意思。虽然倾听别人需要付出很多精力，但是这比后期去纠正误解要省力得多。

习惯6：合作（协作）增效

前面提出了以双赢理念进行合作、设身处地地聆听他人，第六个习惯则是在这些习惯的基础上实现有效的团队协作。在管理学中，也称作"团队建设"。作为一个群体（你的班级）的管理者，需要提倡团队协作。通过这样的合作或协作，目标更容易实现。实际上，协作的含义就是使整体效能大于各个部分的效能。

促进协作的核心在于以包容的心态建立一种互相尊重的氛围，当团队中的每个人都受到肯定和鼓励的时候，那么他们的工作成效将超越个人的最佳水平。

习惯7：自我更新（不断更新）

最后一个习惯是关于个人发展的：更新你的个人资源，保持高效能。这涉及一系列不同的维度，包括你在身体、精神和情感上的幸福，例如确保自己吃了健康的食物，有足够的水分，有时间放松，拥有高质量的睡眠，身体上达到最佳状态，这些将为你从事教学做好充足的准备。

3.7 关于高效教师研究的主要发现

金顿等人（Kington 等，2014：18）聚焦于高效教师的核心特征的诸多文献，发现高效教师具有以下特征：
- 清楚自己的教学目标。
- 熟悉课程内容和教学策略。
- 向学生提出对他们的期望。
- 善于利用已有的教学材料，以便将更多的时间用于丰富和厘清教学内容。
- 了解学生，根据学生的需要调整教学，并能够预测他们现有知识中的错误概念。
- 教会学生元认知策略，并给他们提供机会去掌握。
- 设定高层次和低层次两类不同的认知目标。
- 通过定期提供适当的反馈来监测学生的理解程度。
- 将他们的教学与其他科目的教学内容结合起来。
- 对学生的学习成效负责。

相反，根据以往的研究，无效的教师的特点有：
- 对不同学习者的期望不一致，尤其是对来自低社会经济地位家庭的弱势学生抱持低期望。
- 强调按部就班的监督和沟通。
- 教师和学生的互动水平低。
- 学生对学习的参与程度低。
- 学生认为他们的老师不关心、无帮助，认为老师对学习和工作不重视。
- 更频繁地使用负面批评和反馈。

金顿教授和她同事们的研究极大地扩展了对该领域的探索，同时发展了他们原来的"教师工作、生活和效率的变化"（VITAE）调查项目。这是一个为期四年的大规模混合方法的调查项目，覆盖了全英格兰的小学和中学教师（Day 等，2007；Sammons 等，2007）。通过金顿和她同事的研究工作，他们采用了 VITAE 项目中对效能的原始定义，进一步探讨了他们对教师效能的调查。具体来说，他们证明了效能的本质，也就是教师的整体效能取决于教师如何感觉和处理个人与职业的变化。

这与我们在第 13 章关于韧性的主题有共鸣。目前，有一个基于"教育领域学与教的国际比较"（ICALT-3）的纵向国际研究项目，该项目运用了课堂观察工具，产出了一个"大数据"系列，使各国能够识别最佳实践（Van de Grift 等，2014）。

金顿和她同事们确定了高效教师的十个关键特征（2014：98-9）：
- 积极性高，一心扑在学生的学习和成长上。
- 重视专业发展，并寻找机会提高学科知识和教学技能。
- 与学生建立强关系，确保了解学生，进而了解学生的需要。
- 坚定，同时公平、积极、开放和支持。
- 与学生明确沟通，特别是在期望和反馈方面。

- 对学生抱持高期望。
- 给予学生积极的赞美和反馈,并在细节上适合于不同的个体需要。
- 灵活运用教学计划,并能以适合学生的方式调整和丰富课程。
- 照顾学生不同的学习风格,设计有创造性、愉悦和有启发的课程,吸引学生投入学习。
- 鼓励学生掌控自己的学习,提出问题,引导学生开展个人的知识探索。

3.8　小结

本章重点探讨的是"高效"的内涵,这一概念经常被使用,但却没有人系统地探究其内涵。为达到最佳教学实践,我们从心理学的视角探究了教师需要具备的一系列技能,但我们仍然希望你能够在教学生涯中经常对"高效"这一概念进行重新审视并且形成新的信息、感悟、策略和实践。反思是我们探究的核心方式,这在第 4 章将进行讨论。

3.9　拓展阅读

Ginnis, P.(2001) *Teacher's Toolkit:Raise Classroom Achievement for Every Learner*. Bancyfelin, Camarthen:Crown House Publishing.

这本书包含了许多可以在教室里实施的实践策略。它还提供了帮助教师对教学实践进行反思的评价工具。

Kyriacou, C.(2018) *Essential Teaching Skills*(5th edn). Oxford:Oxford University Press.

这本书进一步探讨了教师效能以及有效的教学实践。

第 4 章 教师专业实践中的哲学与心理学

> **本章目标**
> - 理解哲学与心理学之间的确切联系。
> - 批判性地评价各种理论视角及其对构建你的教育哲学的作用。
> - 评价教学反思的作用及如何加强教学反思。

4.1 本章简介

本书第一部分探讨了视角的作用，特别讨论了教学过程中视角的形成和教学决策的影响作用。在之前的章节中，有很多活动要求我们思考多种观点和决策，例如，如何造就高效教师，以此督促我们积极阅读。

尽管政府会指导和视察，课程与学校也会对教师有要求，但在教学中最重要的因素还是教师自身及其个性特征。尽管各类规定、政策和实践准则会影响教学，但如何按照标准工作、如何在框架内工作却决定了你的职业特点。这是否意味着我们在提倡自由不受约束的教育无政府主义，还是单纯复制教学专业性？我们需要用一种适应性方法将这两种观点统一起来（如图 4.1）。你可能有一个好的想法或方案想付诸实践，但却遭到了别人的反对。拥有自己的想法是一回事，能够向别人解释这种想法又是另一回事。

图 4.1 你处在该统一体中的哪个位置？

这一章鼓励你基于自身特点、价值观，以及作为老师的核心优势去发展个性化的教育学理论视角，然而，这与心理学又有怎样的联系呢？下面我们来探讨这个问题。

4.2 哲学与心理学

在当教师前或在教师培训中，你可能已经有幸学习过哲学与心理学。但是心理学教材中出现的哲学问题似乎缺乏系统性：从学科性质上来看，心理学是一门"科学"，而哲学则被人们视为缺乏定义、沉浸于思考中的学科。实际上，这正是我们在第一部分中一直要求你去做的事情（在随后的章节中也是如此）：我们将心理学理论呈现出来，使你能够运用心理学原理设计最有效的课堂教学。换句话说，我们要思考心理学及其背后的哲学理念。

哲学一直被视为心理学的基础，例如，笛卡尔的二元论认为，人的思想与身体需要区别对待，而一元论认为这两者可以合为一个整体。进一步探索心理学可以帮助你理解哲学与心理学的联系。

不同的学者对哲学有不同的解释：

- "什么是哲学？这是一个公认的难题。"（Warburton，2004：1）
- "对于思考的思考。"（Honderich，2005：702）
- "哲学是我们生活的价值观。"（Craig，2005：1）
- "去质疑和理解。"（Nagel，1987：5）
- "思想的特殊方式。"（Strangroom，2006：7）

这些解释呈现出一种共性：哲学通过质疑进行思考。哲学领域有三个问题，每个问题都与一个哲学分支有关（如表4.1所示）。

表4.1　三个哲学问题及相关的三个哲学理论

三大哲学问题（Craig，2005）	三个哲学理论（Honderich，2005）
什么是存在？	形而上学（关于存在的理论，或世界的一般特征）
我们如何获取知识？	认识论（关于知识的理论，或为信仰辩护）
我们应该如何行动？	伦理学（关于价值的理论，或人生行为的准则）

根据布莱克本（Blackburn，1999）的理论，哲学自身是没有价值的，运用才能展现哲学的价值，例如，思考你的行为会影响你是否去做或如何去做。反过来，这种思考会使人们找到方向感，通过分析和评估不同的信念和偏好，以此论证自己前进方向的正确性（Honderich，2005）。不幸的是教育中充满了这样的对立理论和选择，例如，综合法与分析法的辩论、"真实"书籍与阅读设计的争论，教师在教学生涯中面临很多类似的决策。前面我们用"不幸"来形容这种情况，但是只要我们转换视角，那么"不幸"中的"不"字就会消失，而变成"幸运"，教育中充满了问题，需要教师不断思考。在这种视角下，也许教学的乐趣之一就是没有一成不变的事物，全球范围的宏观变化可能会推动课程的发展，从而引起学校和我们教学的微观变化。事实上，在考虑未来教学生涯如何展开时，你是希望一直一成不变呢？还是希望能够适应世界的变化而持续改变？别人的观点如何影响你的观点？换句话说，在教育教学方面花费大量时间的教师，他的教学会停滞不前，还是充满活力？我们应该顺应实践，"因为向来如此"，还是应该以更广阔的视角创新实践方式？

因此，人们所作的判断大多基于个人哲学，而这将通过大量观点反映出来。相应地，这涉及本书的重点：为你提供各种观点，你可以从中选择最适合自己的观点来组织教学。然而，回到哲学讨论上来，教育一直在由不同的哲学方法塑造，我们将在下一节讨论这个问题。

4.3　哲学与教育

在教师教育中，关于教育哲学的讨论很少，且只涉及一些表层内容。虽然教育哲学是一个复杂的领域，但我们可以从中获得启示：通过采用何种道德实践，从而获得最佳结果。

拿你曾就读过的学校举例。哪个（些）学校让你产生了共鸣？这是为什么呢？毫无疑问，他们的教育方法或理念在你的内心深处产生了回响，而其他学校则可能没有。你可能会发现自己在一所学校里，学校的教育哲学跟你的理念不相符，进一步造成了不协调。

我们投身教育的一个最重要的方面是"主体感"——这是一种发起讨论和被听到的能力，即使这带来了评价性意见的分歧。然而，通过讨论，这促进了批判性思维，反过来导向真理。然后，这种真理就会嵌入到实践中。

希腊哲学家亚里士多德进一步提出了"实践"（praxis）的概念，认为这是学习过程中理论和技能应用的具体体现（亚里士多德等，2009）。这是基于亚里士多德主义者对普遍真理（Sophia）的追求，他们通过建立理论（theoria）和理性思考（phronesis）来促进知识（poiesis）。这些知识为正确的、符合道德的行动提供了依据，而这种行动应该努力成为教育的最高标准。

进一步拓展这一点，介绍四种对教育产生关键影响的哲学理论：本质主义、现实主义、进步主义和存在主义。下面我们将对每种理论进行简要介绍。

本质主义（知识）

对教育而言，本质主义理论主要集中在知识的价值上，通常学校会向学生系统地"传递"通用核心知识。教育的基本目标是确保学生掌握知识和能力，从而更好地在社会中发挥作用。这种理论通过柏拉图、笛卡尔、康德、黑格尔和巴格利等学者的研究而逐渐形成。

教师被视为权威的"知识的源泉"，其作用是帮助学生服从社会公认的准则，同时维持秩序感，通过这种方法，教师帮助学生分析和讨论观点。在教学实践中，需要通过讨论、分析问题并综合看待问题，来发挥教师作用。

现实主义（规则）

现实主义理论侧重于通过经验证明事实，现实建立在自然法则的假设上。教育的目标是使学习者理解并利用通用规则解决问题。提出这一理论的哲学家有亚里士多德、伯特兰·罗素、约翰·洛克和阿尔弗雷德·怀特海。

在现实主义理论中，同样将教师视为权威，教师指导学生使用已经被尝试且被证明过的方法来达到目标。教学方法由科学方法组成，如观察、归纳、验证等。

进步主义（经验）

进步主义理论将学习者视为教育过程的核心，而且特别鼓励学习者寻找属于自己的成功模式。这种理论基于学习者行为引发的有意义的经验。进步主义理论中教育的目标是帮助学习者个体在学习过程中满足自身需要和兴趣。让-雅克·卢梭、威廉·詹姆斯和约翰·杜威等学者都探讨过进步主义教育哲学。教学的主要目的是促进学生掌握内容和技能，例如，问题解决、调查、合作、掌控自身的学习等。教师应通过提出建议和鼓励学生来推进学习过程，同时还要向学生提问并帮助他们规划学习进程。

存在主义（价值）

存在主义理论强调个人经验的重要性。具体而言，这种理论帮助学习者关注自身的价值。教育关注个体学习者的需求，这一理论似乎与进步主义理论有些相似，但这两种理论的不同之处在于教师的角色与作用。在存在主义哲学中，教学是帮助学生作出决策，使学生提出自己的问题并帮助他们得出自己的结论。萨特、胡塞尔、梅洛-庞蒂、海德格尔和克尔凯郭尔等是存在主义理论的主要学者。

折中主义（整合）

在探讨了四种教育哲学理论后，你是否同哪一种理论产生了共鸣？或许不止一种，或者你可能认为每一种理论在特定的情境下都是有价值的。例如，你可能认为所有的学生都需要学会读、写和运用数学技能（本质主义理论），或者学生需要通过科学的方法来验证理论（现实主义理论）；你可能认为教育的乐趣在于探究我们自己的观点（存在主义理论），或者学习需要使学生追求自己的兴趣（进步主义理论）。那么，其中有哪一种理论更吸引你吗？

我们要介绍的第五种哲学视角是折中主义理论，这种理论是以上四种理论的整合。该理论强调，一个教师很少严格坚持单一的教育理念，他们会根据不同情境来使用不同的理论。因此大部分教师都有一个折中的理念。

> **活　动**
>
> 重读四种哲学理论（本质主义、现实主义、进步主义和存在主义）。作为一名教师，哪一种理论最吸引你？试着以共鸣程度最高到最低对这四种哲学理论进行排序。

那么所有这些哲学讨论的关键点是什么呢？如果要你来回答一道面试题目"什么是你的教育哲学？"你是否会如此回应"我有一种折中的哲学理论，我很倾向于进步主义教育哲学，同时也很赞成存在主义，也赞同本质主义和现实主义的一些观点"？对于并不精通哲学思想的人来说，这样的回答意味着什么？也许你的哲学只是一些"大话"。谈到这里，我们将介绍一种你们比较熟悉的理论——启发法。

4.4 启发法

根据道斯（Dawes）等人的理论，启发法关注个体探究的过程，是一种调查方法和学习方式，简而言之，你可以把启发法看作你的"本能反应"，或者说"你的心灵告诉你对的事情"。这种内在反应是下意识的，是基于你加入人类群体以来所积累的经验而产生的反应，而且这些经验促进了你内在知识的增长。

穆斯塔卡斯（Moustakas，1990：9）将启发法定义为"一个人对经验的本质和意义的内在探索过程，这种过程为进一步调查和分析提供方法与程序"。在教育领域，综合以上定义，启发法的内涵是根据引起内心共鸣的事情以及自认为对的事情来实施教学行为。当然，我们试错的过程也需要时间。然而，假定我们会不断从经验中学到东西，我们仍需持续改进，直至追求到"正确"的东西。实际上，启发可以视为任何一种专业实践的基础：别人告知我们要做什么，或示范如何去做以后，我们需要切身经历和体验之后才能真正明白这些规范的意义。毫无疑问，如果你在认真阅读，你现在一定已经意识到启发法和存在主义哲学理论的密切联系了。

那么什么才是正确的？尽管导师、同事和专家会和你分享他们关于教学的观念，但他们并不是你，你的经验和贡献是独一无二的。如果有人要求你去做一些对你而言不会产生共鸣的事情，你可能会不情愿地尝试并且完成这件事，或者权衡这些观点从而决定要不要按照这些建议来开展教学。然而，要达到最佳教学实践，需要你自己作决定并实施。

在构建你个人的教学理论时，让我们回顾一下在第一部分探讨过的一些主题。下面列出了前几章讨论过的一系列理论和问题。如果你能够与其他老师（最好是读过前三章的教师）分享观点，那么你可能会理解，不同的观点如何影响了教育理念。

- 第 1 章 心理学视角：经典理论
  行为主义理论是教育中最主要的理论吗？
  心理动力学在当今有怎样的现实意义？
  是否可以通过分析大脑结构来解释人类行为？
  大脑仅仅是一个信息处理单元。
- 第 2 章 心理学视角：发展中的理论
  应该在所有的课堂中鼓励心流以确保有效学习。
  马斯洛的需要层次理论在今天仍然具有现实意义。
  是否应在课程中发展超个人教育学的主题？
  应该对教育及相关规范而不是太空科学探索进行更多的研究。
- 第 3 章 教师的视角
  你认为如何才能成为一个高效教师？
  这些问题是教师感受自身角色并且定义个人教学哲学的基础。在做出最佳行动前思考和评判各种理论，这不仅仅是教师的基础性工作，也是其他"专业"工作需要做到的。通常核心观点的形成都与"反思"密切相关。

4.5 反思实践

反思这一概念在教育和医疗保健等行业已经成为专业实践的同义词（Dimova 和 Loughran，2009；Dymoke 和 Harrison，2008；Kinsella，2009）。实际上，麦金托什（McIntosh，2010）提出，没有反思，人们就不可能取得职业成功。反思可以简单定义为通过思考实践经验获取新知识的过程（Cottrell，2011；Dyke，2006）。

知识经济飞速发展是我们必须进行反思的原因之一。虽然在过去，一些理论可以"经得住时间的考验"，但随着互联网等媒介的发展，通信技术发展到了更高的水平，这些理论几乎不可能总处于前沿。费什（Fish，1998）强调，由于技术进步对人们提出了更高的能力需求，专业人员必须掌握更有深度、更丰富的知识。二十年前接受过培训的教师如今仍然可能坚持陈旧的教育理论与观念。持续地反思才能确保他们的教学实践不断更新，同时使他们考虑到教学实践中潜在的变化（Hillier，2009）。此外，费什（1998）坚信，反思的过程对专业实践的发展至关重要。

乔迪（Jordi，2011）认为，专业实践中的反思并没有特定的、规范的模式，如布莱克和普罗莱特（Black 和 Plowright，2010）所探讨的，反思的方式取决于这一概念的多维度特性。学者提倡过很多反思的模式，但多数都和库伯（Kolb）的"经验学习圈"相类似。

库伯的经验学习圈理论

在探讨成人的反思时，库伯的经验学习圈理论是一个经典模式（Kolb，1984）。从名称我们可以看出这一模式强调"经验"，即在实践中获得最佳学习效果。实际上，库伯并不是第一个提出这一理论的人，荀子就曾说过，"不闻不若闻之，闻之不若见之，见之不若知之，知之不若行之"。因此，对于一件事情的直接体验可以让我们充分理解事件的情形（见图4.2）。直接或具体体验后，要通过第一阶段形成的感受和印象来进行观察反思。第三阶段称为抽象概念化，即人们试图为经验赋予意义。接下来，我们要规划将来碰到类似的情境要做什么。

图4.2　库伯的经验学习圈理论（摘自库伯，1984）

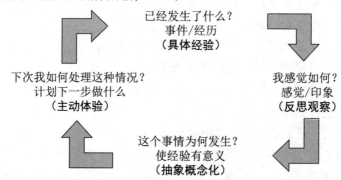

回顾一下你的教师入职培训，你参加了很多讲座，阅读了很多书籍或论文，写了很多关于教育教学的报告，但只有当你面对学生、开始讲授第一堂课的时候，你才真正开始理解作为教师的意义。

根据库伯和弗莱伊（Kolb 和 Fry，1975）的理论，学习者可能处于图 4.2 中的任何一个环节，尽管大多数的反思都始于具体的实践。此外他们还指出，尽管这个模型被称作"圈"，但更准确的解释是一个持续螺旋上升的环。后期他们还提出，尽管人们倾向于重视其中一个特定的环节，但只有个体经历了这个"圈"中的四个环节后，学习才能取得效果。人们对某个环节的侧重可以通过学习风格测验进行评估（Kolb，1976）。

学习风格量表将学习者分为以下几种类型：

● 聚合型学习者（converger）：喜欢抽象概念和主动性实验。这类学习者往往喜欢实际应用知识，运用演绎推理来解决问题，并且往往不会感情用事。

● 发散型学习者（diverger）：喜欢具体经验和反思性观察。这类学习者往往会用自己的想象力来开拓思路，考虑多种观点，并希望与其他人一起工作。

● 同化型学习者（assimilator）：喜欢抽象概念和反思性观察。这类学习者往往喜欢通过归纳推理发展自己的理论模型，喜欢和抽象概念打交道，不喜欢和他人一起工作。

● 顺应型学习者（accommodator）：喜欢具体经验和主动性实验。这类学习者更愿意冒险和实干，可以凭直觉对突发状况做出最佳反应。

库伯的理论也受到了批评，尤其是贾维斯（Jarvis，1995）提到，由于问卷调查取样的限制，该理论无法适用于所有的情况。此外，另一个对此理论的质疑是，这一理论过分关注个体，而忽略了社会因素。脱离了社会互动，反思便无法存在（Dyke，2006）。随后，库伯的理论发展出其他问卷，如学习风格调查问卷（Honey 和 Mumford，2000）。

学习风格调查问卷能够使个体结合库伯的学习圈来思考自己的学习风格（你可以在网上搜索并完成这个问卷）。后期对四个象限学习者的类别重新命名，与之前有细微差异，其解释也略有差别。他们建议将学习者分为以下四类：

● 反思型学习者：喜欢从活动中学习和思考。这类学习者喜欢讲座并且记录日记反思。

● 理论型学习者：喜欢有次序地解决问题。这类学习者喜欢阅读、讲座以及案例分析。

● 应用型学习者：喜欢运用理论来实践，并在实践中评价理论是否合理。这类学习者喜欢实践性工作，这类工作的问题和任务之间有明确联系。

● 经验型学习者：喜欢新的体验，并喜欢与人合作，这类学习者喜欢开展小组讨论、解决问题。

赫尼和芒福德（Honey 和 Mumford）与库伯理论的最大差别在于，前者提出学习者可以随时进入或退出学习圈，而不需要完成所有的四个阶段。

布鲁克菲尔德（Brookfield）的批判视角

反思的最大问题在于，反思是基于大量信息的，因而会受到个人观念影响。正如第一章所探讨的（同时也贯穿全书的），我们的观念会受到一系列因素的影响。Brookfield

布鲁克菲尔德（1995）提出我们应该运用四种理论视角来促进反思，分别是：我们个人的视角、学习者视角、同行视角和学术理论视角。

依次来看这几个视角，布鲁克菲尔德认为我们个人的视角是我们应该使用的一个基础性工具：我们可以向他人寻求建议，然而如果他人给的建议并没有引起我们的共鸣，我们就不太可能照他们说的做，因为不管这些信息来自何处，我们都需要将其内化。作为专业人士，我们应该形成一种意识，以此判断某种方法是否有效，并且要寻找应对方法，以面对重复（或不重复）发生的各种情况。

学习者视角同样有助于我们了解学习情况。学生是你备课、教学和评估的对象，所以他们可以衡量学习是否有效。想到自己需要多次评估课程单元或课程，你会意识到学习者视角的重要性正日益增加。然而，作为教师，当连上两节关于代数的数学课后，我们应当以怎样的频率来向课堂上的学生寻求反馈？（这并不是说代数内容不吸引人，如果富有创造性和热情的老师来上课，效果会不同。这只是一个我们在学校不得不面对的问题。）因此，考虑学习者反馈会给你提供一些有趣的见解。

同行视角可以提供给我们非常有益的观点。在教育教学过程中，我们彼此分享问题（以及解决问题的对策），讨论专业问题是一种常见的实践。实际上，在教师入职培训时，导师和同行可能已经多次观摩过你的课堂，他们不仅仅提供反馈，而且鼓励你通过指导性方法进行课堂反思。同样地，我们也会向同事询问关于一堂课或关于某个教学方法的建议。

从学术角度看，我们能够确定哪些做法在理论上最可行。事实上，文献分析（批判性地看我们所读到的理论，看看是否与我们的经验和其他读过的理论产生共鸣，然后选择最好的一种）和后期整合（比较不同来源的理论并进行整合）能促进我们形成有依据的观点。我们可以在实践中检验理论视角，或通过与他人讨论来评估他人对问题的看法。

四个视角可以看作一台机器的齿轮，每个齿轮都对机器的平稳运行做出贡献。有时，其中一个齿轮可能变得比另一个更占优势，有时齿轮之间也可能存在张力需要缓解。例如，如果我们认为我们已经讲了一堂效果很好的课，并询问了学生的意见，但他们的反馈可能会受到环境的影响（太热、太冷、椅子不舒服、时间不对等），或者个人因素的影响（犯困、口渴、饥饿）。学生可能需要一段时间反思和内化核心信息，然后才能付诸行动，因此，他们可能无法感知坐在课堂中学习的益处。然而，通过与同事讨论或阅读相关的书籍文献可以帮助我们实现"最佳实践"。再回到齿轮的比喻，我们接下来需要考虑各个齿轮是否都在有效运转。或许我们可以进一步讨论，如果视角观点改变了，那么在随后的几个星期内学生的学习情况能否有所改变？

反思的最高境界是由于个人计划、观点、角色或个性的改变而出现转型的过程（Ghaye 和 Lillyman，2000；Ghaye，2010）。此外，鲍德和沃克尔（Boud 和 Walker，1998）提出，反思性实践的主要益处在于以下方面：

- 使教师对自己的学习和教学风格有更深的了解；
- 使教师能够更有效地教学；
- 使教师通过思考新方法来挑战传统的做法；
- 在课堂中注重教学方式的多样化。

简单地说，反思是在教育实践中作出深思熟虑的决策的过程。

4.6 观点整合

如果我们没有准备好冒险，我们的知识和理解可能会停滞不前。因此这本书旨在鼓励你思考如何利用这些理论和视角来发展适合自身的有效教学模式。

下面的活动可以帮助你把不同的理论整合起来，从而创造性地构造你自身的理论。

活动：你的理想学校

目标：思考高效教师的品质。

基本理论：几年前，第4频道（UK）曾播出过一档真人秀节目"吉米的理想学校"。这个节目提出一个疑问，即如果学生游离在学校教育系统之外，在某位老师的影响下，是否可以重新回归。这个节目中部分科目的教师是其领域的"专家"（如，奥林匹克运动员教体育课或指导野外生活，著名的音乐家、牛津大学的学者讲授历史和拉丁语）。

说明：下面的活动中，请你选择在你理想的学校中由谁来上课。你希望选择哪些人来讲授不同的科目？你可以选择当代或以前的人，但必须是真正存在过的人。

表4.2 你的理想学校

校长	英语
数学	科学
通信技术	艺术与设计
地理	历史
宗教	音乐
设计技术	体育
其他	

例如，关于科学，我会选择约翰尼·鲍尔[①]。对于音乐，我们会选择亚历克

[①] 约翰尼·鲍尔（Johnny Ball），1938年生于英国，20世纪70和80年代成功策划、主持了二十多部有关数字和科学的少儿电视节目，其中最著名的就是英国BBC电视台的系列少儿节目"Think of a Number"（玩转数与形），这档节目影响了一代少年儿童。——译者注

西·默多克[①]。(他的音乐达到了灵魂、激情和意义的三位一体!)

在每个表格中填一个人,思考他们的共性。列出两到三个对本群体做出的贡献。

借用心理动力学的"移情"概念,我们会问你,从教学的角度而言,你的理想学校突出的特性是否在你的教学中表现出来了?

活动:价值

目标:定义个人价值观。

基础理论:价值观是你思考和行动以及评价其他人和事时所秉持的原则。价值观反映了一个人的个性特征和身份,同时共有的价值观反映了你所认同的文化和所处的环境。

说明:放松,关注自身,让你的思想逐渐平静下来。写下你对下列问题的回答:
- 你对什么特别在意?如一个地方、一种品质、一次活动或者一段关系。
- 什么能够激励你,激发你的激情和热情?
- 什么会激怒你,或者让你苦恼?
- 你主要的指导原则或生活责任是什么?
- 在亲密关系中,什么对你来说特别重要?
- 你喜欢给予别人什么?
- 你自己需要什么?

花一点时间来反思你对上面这些问题的回答,然后列出对你而言最重要的价值观。

甘地曾说:我的生活就是我要说的。你的价值观是独一无二的,它表达了什么?试着找一个词或短语来总结你的"人生信息"。这个词可以是"诚实""正直""完整""爱"或类似的词语。

4.7 小结

回顾本章和本书的第一部分,你的教育理念虽然会受到你所读到的一些理论的影响,在实践中运用这些理论的方式也会影响你的理念,但你的教育哲学仍然是独一无二的。毫无疑问,作为一名教师,当你持续改进教学时,你的经验将会对你的理念产生影响,但关键是只要你确信自己的理念,在教学反思时对新理论保持一种开放的态度,那么你就能够持续改进。

[①] 亚历克西·默多克(Alexi Murdoch),音乐家和诗人,1973年生于英国。——译者注

4.8 拓展阅读

Bassot, B. (2016) *The Reflective Practice Guide: An Interdisciplinary Guide to Critical Reflection*. Abingdon: Routledge.

这是一本通俗易懂而又全面的书，涵盖了反思性实践的关键理论，可以在教师职业生涯的任何阶段参考。

Lovewell, K. (2012) *Every Teacher Matters. Inspiring Well-being through Mindfulness*. St Albans: Ecademy Press.

正如本书作者提到的，教师是教育的核心，然而在确保教师高效教学方面我们做得较少。这本书结合理论和实践，帮助你提高教学效率。

Noddings, N. (2015) *Philosophy of Education* (4th edn). Abingdon: Oxford.

这本书涵盖了当代和经典的教育哲学家，对教育哲学进行了很好的介绍。

第二部分
学生个体

这部分主要探讨学习者的神经系统和身体发育，并强调教师拓宽知识面的重要性，相对而言这比了解教与学的心理学更加重要。为了了解孩子如何获取知识，应该对人体的结构及各个系统的发展有深入的了解，特别是中枢神经系统，因为中枢系统里有"关键器官"——大脑（第5章）。了解大脑结构和机能后，就可以进一步理解知觉和认知发展（第6章）以及社会和情感发展（第7章）。

第 5 章　神经和身体发育

> **本章目标**
>
> - 理解儿童神经和身体发育的关键阶段。
> - 思考大脑的关键机能及其对儿童发展的影响。
> - 定义大脑发育对儿童及其教育的影响。

5.1　什么是发展

通常来说，在柯林斯英语词典中"发展"被定义为"生长、进步或发展的行为或过程"。准确地来说，"发展"指的是人从出生到死亡的过程。当然，发展心理学是涵盖人整个生命周期发展规律的一门科学。然而，如今这一范围变小了，发展心理学家认为发展仅指从婴儿期到成年初期的发展。如果要寻找一个儿童期结束、成年期开始的"标志"，或许 21 岁左右人类生理达到成熟，可以作为这个"标志"。在这一年龄段，人类所有的身体发育已经结束，大脑达到成熟，所有的感知系统已完全成熟，器官和组织也适应了其所在的环境。为了达到生理成熟，儿童经历了遗传学中的一系列程序，完成了 DNA 的复制，经历了生理发育的关键时期，后面我们将详细介绍。

另一方面，发展也具有机能性。"结构"的成熟与机能的成熟是同步的。本质上，我们这里所说的能力是随着生理系统的发展而逐步"解锁"的，能力的进步也会受到周围环境的制约。发展的本质是生理系统的成熟使机体解锁了不同领域的机能。我们可能要从机能的角度来谈儿童的社会、情感以及认知或智力发展。图 5.1 采用更具体的术语对此进行了更深入的探索。我们来探讨每一个发展要素。你会理解正是我们与环境的相互作用塑造了我们，不仅是对人类群体，也是对个人的塑造。例如，如果不具备诸如营养、学习的条件，那我们很难获得发展，只有当这些条件具备时才能获得发展。如果没有足够的营养，人体就不会按照基因所需要的方式发展。更重要的是，营养不足对大脑的发育会产生影响，而大脑是各种机能发展的关键所在。这就是为什么学校健康饮食计划至关重要的原因。显然，这些是为解决目前社会上特别是西方社会中肥胖这一严重问题的尝试。然而，很少有人停下来思考健康饮食对于帮助孩子的大脑实现其潜在机能同样重要，但是我们离题了。

图 5.1 儿童发展的要素

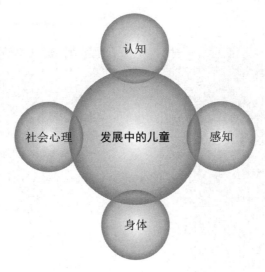

5.2 儿童的生理发育

我们可以用多种方式来评估生理发育水平。在探讨儿童从婴儿期到青春期后期的成长时，宏观层面上我们将这种成长和体型联系起来，主要有三种类型：中胚层体型（肌肉明显，窄腰，宽肩），内胚层体型（丰满，外表柔和）和外胚层体质（外表瘦弱，又高又瘦）。在微观层面，我们可以从儿童体内诸多系统的成熟方面来探讨。本质上，我们正在研究的结构，有可以直接观察到的，如身高、体重（如 Mansur 等，2015），也有间接、不可观测但可以推断的，如内在认知（如 Leisman 等，2015）。

首先，我们来探讨儿童的"快速成长期"这一概念（Towne 等，2008）。为了更好地讨论这个概念，我们用充足的数据画了一个数据图。图 5.2a 和 5.2b 是我们所熟知的"生长曲线图"，有时也被称作"S 型曲线图"（指的是曲线的形状，而不是像我们的一个学员所说的，因为它是"由弗洛伊德发现的！"）①

这些成长曲线图呈现了不同年龄男孩和女孩在儿童期的身高和体重。图中大概位于中间的线条反映了儿童的平均身高和体重，外侧的线条反映了儿童身高和体重潜在的变化趋势。通过这种方式，生长曲线图显示了不同年龄孩子的身高和体重范围。现在我们有一整套标准，可以通过生理外表来迅速有效地判断身体成长状况。基于生长曲线图，我们能够预测儿童的身高和体重。例如，看左边的图，7 岁的男孩体重约为 22 公斤，身高约为 1.2 米。如果这样一个 7 岁的男孩正站在我们面前，我们可以相当准确地预测，到 14 岁时他的体重将达到约 52 公斤，身高约 1.7 米。同样，看右面的图，平均 7 岁的小女孩也体重约为 22 公斤，身高约为 1.2 米。同样，我们可以相当准确地预测，到 14 岁那年，她的体重约为 55 公斤，身高约为 1.6 米。而 7 至 14 岁的男孩和

---

① 因为弗洛伊德（Sigmund Freud），名字首字母是 S。——译者注

图 5.2a 和 5.2b 生长曲线图

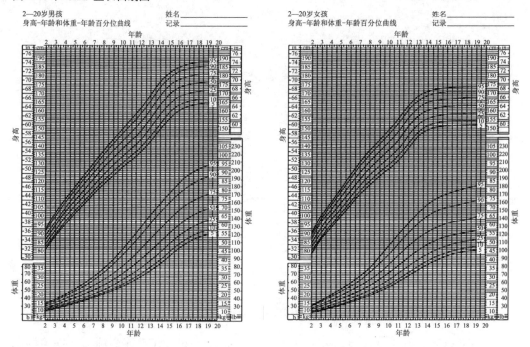

女孩之间,可能不会出现很明显的差异。作为身体结构发展的结果,这样的模式可以帮助研究者探索机能方面的发展。

5.3 大脑的发育

严格地说,大脑的发育可以归入生理发育。同时,在本章的后面部分,大脑的发育也可以归入认知发展中。然而,大脑,更具体一些讲,中枢神经系统包括脑和脊髓,是我们生存的核心。大脑控制着我们所做的一切。如果它受到损坏,我们可能会失去重要的机能。随着大脑的发育,我们的能力就会不断提高,尤其是在儿童期(Reynolds 和 MacNeill-Horton,2008)。人们常常说,孩子们像海绵一样吸收知识。在儿童时期,大脑的发育得益于游戏、好奇心、营养以及休息与恢复(Anderson,2015;Benton,2010;Bergen,2016;Pellis and Pellis,2007;Piccolo 等,2016;Tarullo 等,2011)。

在此我们将体会到,掌握一些关于大脑发育的知识非常有益。为了说明这一点,想象一下,作为一名教师,在你的整个职业生涯中可能会与教育心理学家有多次的交流。教育心理学家可能会建议你在做出评估之前先去观察班上的孩子,与他们聊天。教育心理学家将进行一系列的测试和评估,其中一些与孩子的即时需求相关,但其中一些会涉及大脑发育。如果儿童发展的问题原因是大脑发育异常,那么我们会找大量强调大脑发育机能区的科学文献(Kolb 和 Whishaw,2011,该领域很好的参考文献)。此外,我们会采取各种"干预"手段来帮助孩子(Minnis 和 Bryce,2010)。老师所拥有的关于大脑发育的知识,即使并不成熟,仍可以在干预措施的运用上发挥重要作用

（Katzir 和 Paré-Blagoev，2006）。然而，有时那些不直接参与孩子日常生活的人给出的建议和指导可能并不如理论上那般可行。例如，从文化驱动的建议看来，埃塞俄比亚的癫痫患者可以通过寻求宗教疗法得到更好的治疗，而对教师来说，首选的方式应该是为他们提供有特殊需要的教育培训课程（Gebrewold 等，2016）。

所以，让我们继续来了解大脑发育的水平，可能这正是你需要的，你也可以在本书之外进行更广泛的阅读。在第1章中，我们提到从认知角度来看，大脑类似于计算机。大脑是一个存储设备，比你可以想象到的最大的闪存驱动器或存储条还要大。实际上，大脑的存储空间似乎是无限的（Huajin 等，2010）。发育中的大脑有自我修复的机能。如果一个7岁左右的孩子大脑局部受损，只要给予充分的修复还是可以有效复原的，这被称作神经的可塑性，大脑有足够的可塑性，其他部位可以替代被损坏部分的机能（Kolb 和 Gibb，2011；Everts 等，2010）。然而成人的大脑受到损坏后就不能完全得到恢复，其可塑性较差（Kleim 和 Jones，2008）。有时，大脑在受到损坏后恢复的几率不大（Crews，2008）。当然，神经的可塑性并不能成为忽略童年时期大脑保护的一个借口。我们都曾看到过无数的孩子骑脚踏车不戴头盔。为了使戴头盔成为强制性的要求，我们需要说服孩子，告诉他们戴头盔是一件很酷的事情（如我们的奥运单车运动员）。我们永远无法知道，头部受伤是不是会发生在孩子下一次旅途中。

大脑发育有两大关键要素：营养和刺激。如果没有适当的营养，大脑就不能好好发育。从日常生活角度而言，营养是大脑的"燃料"（Benton，2010）。食用恰当的食物将会为大脑正常运转提供葡萄糖。与营养同样重要的是水合作用，这是一个经常被忽视的与大脑发育相关的因素。我们可以看到越来越多的学校有了饮水器，允许儿童带水杯到教室中。以往我们认为孩子们可以"等到休息时喝一杯水"，而现在越来越多的人接受了饮水能辅助学习的说法（Johnston-Molloy 等，2008）。缺水不会立即对一个人产生影响，但如果任其发展，将会影响孩子在关键时期各方面的表现。如果人体内缺水比例达到2%，那么人的生理机能受到影响的比例将达到20%（Bar-David 等，2009）。如果缺水的情况进一步加剧，那么人的肌肉力量会逐渐降低，对努力的感知加强，这导致疲劳感显著增加（Judelson 等，2007）。这足以说明液体摄入量对人体发展的严肃性和重要性。缺水不仅会直接损害脑机能、减缓决策过程、降低技能水平和准确性，而且不利于集中注意力（参看 Pokin 等人关于水合作用对健康和幸福的影响的评论，2010）。这是水在更广泛意义上与大脑发育的联系。

反 思

考虑液体摄入量对孩子的重要性。通过倡导充足饮水，你会在微观层面促进孩子们的大脑发育。此外，要确保你也喝尽可能多的水，即使你不口渴。

大脑的发育可以有两种方式：进化视角和结构基础（Kolb 和 Whishaw，2011）。在进化过程中，大脑包括三种"大脑"形态。大脑最早出现的部分被称为"爬行动物脑"。它是我们今天所知道的大脑最靠里的部位，位于脊柱顶部，这部分大脑掌控着人类各种无意识的机能，如"呼吸"这一对个人生存至关重要的机能。在爬行动物脑之后，古哺乳动物脑在爬行动物脑的顶部发展起来。这是我们今天所知道的大脑的边缘系统。它是一个皮层下区域（大脑皮层的表面下方），控制着情感机能，包含 35 个独立的结构，由 53 个神经纤维束相连通。弗洛伊德认为边缘系统是影响本我的部分，需要得到立即满足（第 1 章中曾讨论过）。有趣的是，大脑边缘系统的机能在酒精的影响下会凸显。我们都曾听到过，有人在聚会上喝了很多酒以后会感觉很尴尬。有人可能会说，是大脑的边缘系统控制着尴尬情绪以及含有丰富情感的行为。大脑的外壳被称为新哺乳动物脑，或皮质（拉丁语为"树皮"）。这是人类大脑最新进化的部分，掌控着认知、记忆、语言、决策等很多日常机能。在本节后面的部分我们还将详细讨论大脑的皮质。

总结一下大脑的发育过程，我们已经探讨了大脑从里面或者说最深的区域，到最外面的部分或皮质。这有助于我们了解大脑进化过程中机能的变化，但只有我们对此进行更深入的探究才会有一个公平的判断。作为本书的补充，至少还有三种途径来探索大脑：神经系统的细分、大脑的细分、神经细胞的结构和机能。

重要的是要理解大脑是作为一个整体纳入到神经系统的。人类有不止一个神经系统，如图 5.3 所示。

图 5.3 人类神经系统的体系

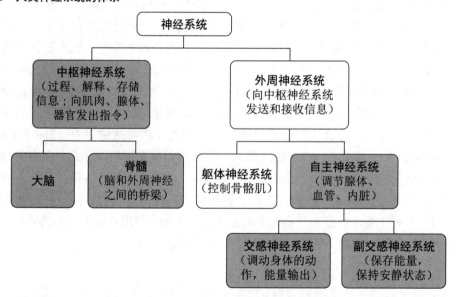

中枢神经系统的意义在于帮助我们思考神经系统机能的十大重要原则（Kolb 和 Whishaw，2011）。这些原则是由库伯和卫肖（Whishaw）总结或修改的。我们已经把这些原则列在了表 5.1 中，表中提供的应用示例也可以在本章中使用。

表 5.1 中枢神经系统机能的十项原则及其在儿童发展中的应用

原则	说明	与儿童相关的例子
原则 1	神经系统使大脑能够感知世界并产生运动。	孩子的表现与其感知世界的方式密切相关。没有两个孩子会用完全相同的方式去感知世界。我们可能看到了绿色，而你可能认为这个颜色是青绿色。
原则 2	神经系统具有可塑性，因此神经系统是不断变化的。	孩子的经验改变着他们的大脑结构。学习创造了记忆轨迹之间的联结，这种联结通过实践而不断加强。
原则 3	大脑中的大量线路是"相互交叉"的。	孩子有两个大脑！左脑和右脑，或称为左半球和右半球。感知信息进入一个半球之后，进入到另一个半球，比如当孩子通过右耳听到一些信息，在大脑信息传递的过程中，这些信息将被传递到大脑左侧进行处理。
原则 4	中枢神经系统具有复杂机能。	儿童能够在不同程度上控制他们的行为。行为控制能力随着大脑的发育不断增强，如婴儿的"蹬腿"动作演化为走路或跑步。
原则 5	大脑既是对称的，也是不对称的。	大脑的两个半球看似相同，但事实上两个半球并不对称。例如，对语言等机能的控制是左半球的机能。
原则 6	大脑中的系统是分层和并行排列的。	信息进入大脑后，在被发送到其他地方进行进一步的分层处理之前会经过一个基础的处理。在每个处理点上，来自大脑的其他非分层连接区域的刺激信息经过整合，使感觉输入的意义更丰富了。
原则 7	神经系统包含感知与运动神经。	在中枢神经系统中，感知区域位于背侧（皮质的上方），运动区域位于腹侧（朝向前方）。
原则 8	感觉输入分为运动控制和物体识别。	感知关于物体的信息是独立于感知运动信息的。感知一个人将被一辆轿车、面包车或货车撞击和感知一个人即将碰撞移动物体不是同样重要的。对运动控制的感知是进化过程的基础。感知用于物体识别是一种较新的进化特征。
原则 9	大脑机能是有限而分散的。	儿童的语言发展涉及大脑的多个区域，其机能是分散的。语言机能的特定方面与大脑的特定区域紧密相连。例如大脑左半球的布洛卡区决定了演讲能力。
原则 10	神经系统包括应激和抑制两种状态。	儿童的大脑抑制某些行为，以便产生其他行为。例如，为了捡起一支铅笔（应激），大脑抑制了手握成拳头或拍手的动作（抑制），这两个步骤是并列的。

我们已经探讨了大脑和脊髓组成的中枢神经系统（PNS）。另外，还有外周神经系统，包括头部、脊神经和外周神经节，其中，外周神经节负责将信息集中并传递到中枢神经系统。外周神经系统也由两部分组成：躯体神经系统（Somatic Nervous System，SNS）与自主神经系统（Autonomic Nervous System，ANS）。要记住躯体神经系统的机

能，一个简单的方式是解析这个词的词根。Soma 在希腊语中指的是身体，somatic 意思就是身体的。因此，躯体神经系统注重的是对身体的控制（而非大脑），接收来自感觉器官和动作的信息。它是有意识的、随意控制的神经系统。与此相反，自主神经系统的含义正像其名称所暗示的那样，是无意识的、非随意控制的。自主神经系统的机能是负责活动，如调节平滑肌（皮）、心肌（心脏）和腺体（激素释放）。而自主神经系统进一步分为两个部分：交感神经分支和副交感神经分支。

尽管自主神经系统一般都能有效运行，但其监控机制并不总是像人们所希望的那样准确。这种不准确性有时会导致所谓的副交感神经反弹。事实上，你可能看到过这样的例子，只是没有意识到。想象这样一个场景，一群学生在课间休息时到外面去玩，到处"嬉戏"，或许已经超出了学校的"边界"。他们过于兴奋，或者我们可以说，他们的交感神经系统的工作已超出正常范围。当他们参与"禁止活动"时，肾上腺素在血液中奔涌。当上课铃响起，标志着休息时间已结束，学生回到教学楼，一个学生突然晕倒。在一系列急救程序后，学生很快恢复了意识。这就是行为中的副交感神经反弹。在这个情景中，交感神经系统刺激平滑肌、心肌和腺体，以此作为对这种活动需求的反应。一旦活动停止，交感神经系统无法高效维持它的行动水平，所以副交感神经系统在一定程度上削减了交感神经分支的行动，一切都返回到以前的正常水平，或恢复了内部环境的稳定状态（平衡或平静）。有时候，副交感神经分支误判了以前的水平，反应过度，因此昏厥发作。

图 5.4 显示了自主神经系统所控制的器官以及这些器官基于交感神经或副交感神经所具有的机能。在很多实例中，交感神经或副交感神经的控制机能是可观测的。例如，瞳孔扩大、心跳加快、汗液增多等都是交感神经反应。这些行为都与生存相关（Carlson，2012）。在遇到危险或兴奋的情境时，所有的物种都会调整身体的内在机制，准备"战斗或逃跑"。而膀胱放松等行为则是无法观测到的。不过，现在你知道了膀胱松弛是受交感神经系统控制的。虽然这在你面对一个孩子"太兴奋以至于尿湿了裤子"时无法给予任何帮助，但至少你可以给出一个科学的解释。一旦"战斗或逃跑"的情境结束或解除，瞳孔会再次收缩、心跳减缓、排汗减少或完全停止（Bradley 等，2008）。副交感神经分支已将各种身体机能调整到了环境稳定时的状态，直到下一次危险状况出现。

前面我们从进化论的视角讨论了大脑本身的结构（Hellige，2006），并提到了爬行动物、古哺乳动物和新哺乳动物的大脑。用今天的术语，我们可以将大脑的部位称作前脑、中脑和后脑，对应上面提到各个进化阶段。然而，如表 5.2 所示，这些分类还可以进一步细化。你可能已经发现，每个细类的英文词根都包含了"on"，这只意味着"与大脑有关"。这个表中包括了大脑的主要部位和分支部位，同时还包括了各个结构的例子。这些知识可以跳出书本，运用到日常的行为观察中，这样你将更好地理解大脑的不同部位如何控制你所观察到的行为。

图 5.4 自主神经系统的主要器官

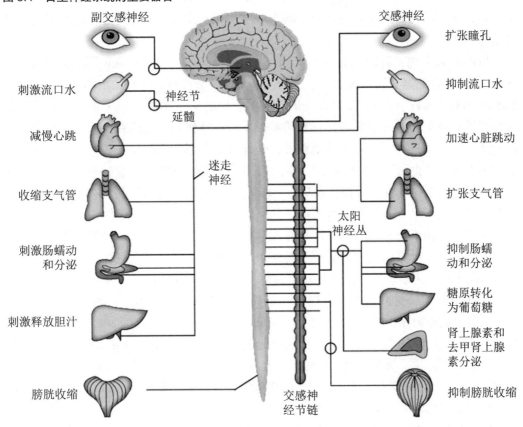

表 5.2 人脑的主要组成部分及分支

主要部分	分 支	结 构	行为示例
前脑	端脑	大脑的皮质	语言障碍
	间脑	丘脑、下丘脑	感知选择、攻击性
中脑	中脑	顶盖、被盖	听觉和视觉信息处理
后脑	后脑	小脑	运动协调
	脊髓脑	延髓	关键的生存机能

5.4 大脑半球的偏侧性和局部机能

偏侧性（lateralisation）来自于其词根"侧面"（lateral），意思是相关的面，它远离中线。所以，当人们说到"水平思维"（或横向思维）时，其含义是不拘泥于思维定势（中线），而可以从其他角度来思考。如果你认为"跳出思维定势"与"水平思维"两个短语表达了类似的含义，那么你就会理解"偏侧性"的性质。通过这个比喻，脑半球偏侧性这一术语的内涵变得更加清晰，简单而言，偏侧性指的是大脑左右半球，其位置偏离中轴线或胼胝体：通过两个脑半球之间相互连接的神经纤维，可以实现信息传输与转换。

可能有人会说，我们拥有两个大脑，一个左脑和一个右脑（Springer 和 Deutsch，1993）。不断有证据表明，人的每个大脑或脑半球，都负责着特定的机能（Nowicka 和 Tacikowski，2011；Spironelli 和 Angrilli，2009；Xiao 等，2016）。通常我们可以说，大脑左半球负责分析、理性思考，具有持续性。左半球使我们能够在一个逻辑顺序（我们希望）中理解这本书。右半球则相反，是综合的、创造性的和全面的，它帮助我们给这本书赋予"生命"，使这本书不是简单无聊的理论。两半球相互补充，造就了现在你面前的这本书。欣赏音乐和艺术与右半球的机能有关。神经科学界的学者肯定会说，左右半球之间的区别并没有这么简单，这样的理解在思维上或许是幼稚的，当然我们同意这一点。两个脑半球的机能区别并不这么简单。然而，对于一般了解来说，已经足够了。就像一个人驾驶汽车时并不需要知道汽车的工作原理，但对汽车工作的基本原理有所了解，可以在一定程度上提高一个人驾驶汽车的能力。

在此基础上，我们再进一步探讨一下两个脑半球的机能差别。用准确的术语来说，语言机能主要是由左半球控制的（Geschwind 和 Levitsky，1968；Xiao 等，2016）。有一篇有趣的研究论文，文章质疑大脑偏侧性的观点（Pinel 和 Dehaene，2010）。例如，我们还可以说，演讲作为"语言"机能，是由左额叶来控制的（Judas 和 Cepanec，2007）。因此，我们需要重新考虑所谓的机能定位。这个原理是这样的，所有的机能都可以存在于大脑四大部位中的一个。

以上都是基于"区域"对大脑的划分，划分依据是大脑中的"地标特征"，也被称为裂隙和沟回（在皮层上）。如图 5.5 所示，额叶位于头的前部，其后是顶叶，顶叶下方是颞叶，枕叶是最后面的部位。我们很容易记住枕叶的位置，因为它的主要作用就是视觉，但却是离眼睛最远的大脑部位，这非常具有讽刺意味，因而令人记忆深刻。

表 5.3 显示了大脑的各个部位及其机能，对于教学非常有意义。我们刚才提到视觉，如果在操场上，当孩子们刚刚摔倒或撞到了头，他们可能会说"能看到星星"，这并不奇怪。如果是向后跌倒，枕叶是首先与地面接触的部位，而"看到星星"就是枕叶与地面接触引发的症状。

从机能方面来说，信息是从感官传递到初级感觉神经元和运动皮层，所以这些区域负责对外界刺激进行初始感知。对外界刺激的感知、学习、记忆决定了反应产生于所谓的联合区。枕叶负责视觉，包括初级和联合皮层。基于这个原因，枕叶可以看作视觉皮层，或许这是人类成为视觉优势物种的原因。顶叶负责整合来自不同感官的信息，例如，对狗的视觉、听觉、触觉和嗅觉等感官系统相结合的信息，"告诉"我们有狗的存在。

图 5.5　大脑的四个脑叶 ①

额叶　　枕叶　　顶叶　　颞叶

大脑会将各种信息整合为整体知觉，而不是"告诉"我们有四个不相关的信息。当然，大家都知道狗是什么样的，这似乎是显而易见的。我们介绍了大脑的多种机能，本章将帮助你体会大脑"内部"的复杂性。

额叶具有执行和决策机能，它根据大脑其他区域提供的"意见"采取行动，并体现个性。在心理学中，我们用盖奇（Gage）的不幸案例来说明如果额叶受损会发生什么。1848 年，盖奇在一家铁路公司做建筑工人时，遭遇了一次严重事故，一些炸药被点燃引起了爆炸（Harlow，1848，1868；Wilgus 和 Wilgus，2009）。一根铁夯插进了盖奇的头部，从靠近他左眼的位置插入，并从头顶部插出来，对两个额叶造成了严重的损坏。盖奇奇迹般的幸免于难，并在一段时间后得以恢复。但盖奇再也不能作出长远决定了。他的性格也发生了变化，比受伤前变得暴躁、易怒。颞叶和边缘系统负责听觉处理、记忆、嗅觉（气味）处理和物体识别，皮层下部的结构负责情绪调节。

下面用一个例子说明颞叶的机能。试想你正走在一片森林中，或者是在一个森林学校中。当你沿着小路走，你感觉到有些东西在你面前的路上乱窜。接下来会发生什么？你的颞叶开始工作，来判断你刚才遇到了什么。让我们来分析这个过程。当物体穿过小路时你听到的沙沙声由听觉皮层处理。如果在物体移动的时候你看见了它的样子，枕叶就会处理关于物体的基本信息，而颞叶负责信息整合，更详细地识别物体，通过你看见的和记忆的材料相互作用并进行识别（Neisser，1976）。让我们想象一下，如果大脑已经识别出物体是草蛇，接下来发生的事情将很大程度上取决于你遇到这种生物的感觉。害怕蛇的人无疑会产生某种形式的"恐慌"反应，而不害怕蛇的人可能会因为看到一些"有趣"的事物而感到兴奋，另外一些人可能会觉得没有什么，只是继续向前走。颞叶在这一情境中做出了很多努力，而且在清醒状态下不断做这样的工作，事实上，它们在睡眠状态下也执行某些机能，如基本的听觉感知（Hamzelou，2010；Wilf 等，2016）。

在这里介绍这些信息不是要混淆你的理解，而是让你开始思考每天发生在课堂或学校的日常活动和行为。例如，有攻击性的孩子、注意力不集中的孩子（可能有听力障碍，且并不一定可以校正）、在书写方面表现不佳的孩子、有语言障碍的孩子，等等。所有这些表现、行为或障碍，都可能与大脑的结构和机能有关。

---

① 图示中的大脑，左侧为头前部。——译者注

表 5.3 大脑局部机能

脑 叶	行为示例
额叶	演讲
顶叶	将感官信息整合为统一的概念
枕叶	视觉
颞叶	听觉、记忆、嗅觉

表 5.3 的右栏可以很好地说明这一点。语言障碍可能与前脑的机能障碍有关。但这一点也很难精确判断，因为"语言障碍"的概念过于宽泛。如果一个孩子曾存在语言障碍，深入的阅读会让你的关注点指向布洛卡区（于 1861 年以布洛卡·保罗的名字命名）。此外，教育心理学家通过评估来判断孩子是否患有失语症。失语指的是语言能力部分或完全丧失（Johnson 和 Cannizzaro，2009）。布洛卡失语症是失语症的一种具体表现形式，与左额叶机能相关。当你怀疑一个孩子可能在理解你说的话时存在障碍，布洛卡失语症可能是若干原因之一。例如，一个孩子耳朵中的结构存在损伤，或者是中脑损伤导致听神经损伤，那么这个孩子可能无法正常处理听觉信息。这个孩子可能患有另一种类型的失语症——韦尼克失语症（1874 年因卡尔·韦尼克而得名），或传导性失语（见 Martin，2006，关于句子处理的研究）。韦尼克失语症是一种神经系统的理解障碍，其根源是左颞叶韦尼克区的损坏，这个区域负责存储记忆。同样，在课堂教学过程中，你可能会发现一个孩子艰难地使用小的物品，或铅笔不断掉落，而且其父母也告诉你这个孩子比较笨拙。可能动作协调能力差仅仅是儿童这一发展阶段的普遍特点（如我们在生理发育部分讨论的），但这也可能是运动神经机能缺损引起的运动障碍的症状（Jokic 和 Whitebread，2011；Carslaw，2011）。如果再联系这个孩子的实际情况，可能是在一场车祸中孩子的头后部受伤，那你运用自己的知识就可以判断可能孩子是小脑部位受伤（在头的背部，颈部区域的正上方），造成了精细运动障碍（我们强调，只是可能），这也可以解释我们观察到的现象。

我们要指出的一点是，有必要分解大脑的结构和机能，通过记忆的方式以及脑图或网状图来帮助我们学习。在现实中，对各个大脑部位的机能定位并非如此清晰。大脑机能也像中枢神经系统一样运作（Pinel，2010）。大脑的各种机能形成一个系统，这些系统与身体其他系统产生相互作用，如内分泌系统（激素）和免疫系统（抵抗"入侵者"）等。这并不是说，某些区域具有某种机能，因为正如我们在讨论神经可塑性时所讲到的，大脑的其他区域会对受到损害的区域进行弥补。这种弥补可能是不完整的，有时甚至根本就不会发生，但大脑的系统将尽可能地修复损伤。

本节的内容比较复杂。我们尽量作出解释，希望能对你有所帮助。我们不希望你像一个神经外科医生或神经科学家一样具有那么专业的知识，而是希望你建立一个与自身工作相关的知识结构，而这将有助于你开展教学。我们曾经与很多老师交流过，他们与教育心理学家打过多年交道，但他们仍然比较缺乏大脑的基本知识。在学校里与学生接触最多、能够提供学生信息的人就是教师，但当我们开启职业生涯时，我们对大脑的知识一无所知。因此，我们需要补充这一看似复杂的领域的知识。需要注意的是，后面我们也将继续探讨，我们知道自己的局限性，但我们不会在我们的知识范围外进行讨论。

5.5 神经元之间的交互作用

前面我们探索了大脑的结构，现在我们来进一步探索大脑中神经细胞即神经元的结构和机能。探讨机能时，我们可以分为神经生成和神经传播两个方面（Carlson，2012）。神经生成的过程是一个神经细胞或神经元激活神经"消息"的过程。这是神经交流的起点，而且动作电位在神经元内被触发——响应电感刺激。一旦生成一个动作电位，电信号被传输到神经元的终点。神经元不是互相接触的，因此消息不能简单地从一个神经元传递到另一个。消息需要跨越间隙，这种间隙被称为突触或突触间隙。名为"神经递质"的化学物质，被释放到神经元末端的间隙（突触前神经元），然后穿越间隙并刺激同一神经线的下一个神经元，在现实中，这种信息传递不是基于神经元之间发生的，而是在成千上万的神经元机能群之间发生的。一旦这种化学物质跨越了间隙，刺激了下一个神经元，这将导致该神经元产生另一个动作电位（突触后神经元）。该过程继续，直到信息或电化学信号到达它的目的地，即大脑系统或区域由刺激信息激活。其结果将是应对刺激的某种形式的动作或行为，所以人们回答问题，可能是要对需要一个答案的听觉刺激做出反应；或者人们握手，可能是要对第一次见面的人向自己伸出手来这样的视觉刺激做出反应。我们可以用来说明这个问题的例子举不胜举，相信你已经了解了我们的观点。如果你并不了解心理学中有关生物方面的知识，但只要了解了上面所说的神经交流的过程，那么你已经打下了一个很好的基础，从而构建起自己关于心理学的知识体系（Fellin，2009）。我们认为如果你想对孩子的行为作出解释，虽然你无法观察到潜在的部分，但或许可以通过生物学视角的思考来理解孩子的行为。例如，如果你被告知，一个孩子为治疗注意力缺陷多动症已经服用了某种处方药，如哌醋甲酯（利他林），我们之前介绍的神经信息传递的知识将帮助你了解药物如何在突触发挥作用，从而影响行为（Mercugliano，1995）。可参照阿盖（Agay等，2010）关于成人行为影响的研究，或是辛格（Singh，2008）关于注意力缺陷多动症的诊断和哌醋甲酯的处方。总之，利他林作用于神经递质，防止神经元对多巴胺的再摄取。根据我们对突触传递的讨论，这仅仅意味着多巴胺保持在突触间隙的时间更长，从而使其能够继续刺激下一个或一群神经元（对于注意力缺陷多动症的进一步讨论，请参见章节9.6）。

5.6 运动神经系统的发展

随着大脑的发展，运动神经系统也在不断发展（Haibach等，2011）。运动神经的发展"解锁"了从婴儿到儿童各发展阶段中的一系列运动能力。存在这种渐进式的解锁概念，是因为新生儿开启了一个运动发展的过程，并经历了一系列运动发展的阶段，正如加拉休和奥兹蒙（Gallahue 和 Ozmun，2011）描述的那样。在加拉休和奥兹蒙的沙漏模型（以"加拉休的沙漏模型"为关键词在互联网上很容易搜索到相关内容）中，沙漏的左侧是大概的年龄范围，相应的运动发展阶段在沙漏的中部。每个阶段可以进一步细分成更多的环节，这有助于观察者区分每个年龄范围或阶段的运动发展情况。我们将解释每一个阶段及其相应的环节中儿童的运动发展。

运动发展的第一阶段被称为反射运动阶段（在子宫内~1岁）。在这一阶段的初期，胚胎开始显示反射运动。当孕妇感觉到自己腹中的宝宝第一次"蹬"自己的时候都会特别兴奋。这是一个自发运动的例子，当然在婴儿期（出生后）会有"蹬"以外的更多的自发运动。如果我们让一个婴儿躺着（仰卧位），孩子往往会做出所谓仰卧蹬的动作。这是他/她的腿做出的自发运动（Thelen，1985，1995）。然而，这种运动比看上去要复杂得多，特伦（Thelen）指出这种踢腿动作是行走的前提。仔细研究仰卧蹬这个动作时，还有一些令人惊讶的发现。特伦和她的同事发现了踢的动作节奏和协调性。这种动作并不是不可控制的肢体运动，而是需要髋关节、膝关节和踝关节在运动中彼此合作。虽然是反射活动，但臀部、膝盖和脚踝的行为节奏相似并不是巧合。在婴儿期，仰卧蹬可以是一条腿的动作，也可以是两条腿，这可以看作是后期行走的实践练习。值得注意的是，在这一时期婴儿无法站立或承受自己的体重，所以事实证明他/她是在仰卧位保证了重量分配和平衡，使得行动不被禁止或限制。婴儿无意识地通过反射运动适应环境，并为婴儿期及之后运动的关键时期做准备。本节稍后部分会再继续讨论运动的关键时期。值得提醒的是，我们并非说仰卧蹬是在仰卧位行走。尽管两者有相似之处，但如上文所述，它们之间仅仅是相似，而不是完全一致。例如，成人的行走动作中包括弯曲（屈肌）和伸直（伸肌）四肢的肌肉交替活动。相反，婴儿的屈肌和伸肌同时活动。同样，婴儿不是依次活动身体上肢和下肢（这在走路中是常见的姿势），而是完全一致地活动四肢。协调的肢体活动大约在婴儿六个月大后开始发展，这也是婴儿在运动发展后期学习协调性的原因。早期阶段协调性差可能会导致后期学习更复杂的运动技能时遇到困难。

反射运动并非随机发生，而是受到刺激的结果。反射运动仍是无意识的，由于缺少有意识的控制而出现，但是其中没有产生信息的加工处理。眨眼是反射运动的一个实例，到目前为止，我们生命中都在眨眼，而且会一直持续到我们死的那天。眨眼是一种非常棒的机制，能使眼睛保持充分湿润，以有效活动，还能移除进入眼睛表面的微粒，为眼睛提供舒适的"工作环境"。如果你戴了隐形眼镜，应该比没有戴的人眨眼更频繁，否则你的眼睛会感到干涩，戴隐形眼镜会感觉不舒服。尽管第一次戴隐形眼镜时，你需要提醒自己经常眨眼，但很快这就会成为习惯。本质上，对于眨眼反射运动这件事，人类不需要或不愿意费心考虑。呼吸是另一个反射运动的实例，我们相信这也不需要解释其中的原因。

除了呼吸这一生存前提以外，这些反射行为都是人类物种特有的，而且似乎是与生俱来的。如果我们采取达尔文主义的观点，这些行为对人类物种有明显的好处，但无论是对人类还是其他物种来说，都只是自然选择的一部分。也许唯一显著的差异在于，人类从幼儿早期就不再需要为避免被捕食者吃掉而学习走路和奔跑，相反，举例而言，对羚羊来说，似乎被预置了程序，出生后几分钟就会站立。然而，人类花了大量时间保护自己的儿女很多年，直到他们"离开巢穴"。这种情况在动物王国十分罕见，而且从达尔文主义观点来看这种付出相当低效。

反射运动通常分为三种形式：原始反射、姿势反射和运动反射。不同于自发运动，原始反射是对刺激产生的反应或回应。由于它们是对刺激的反应，因此它们具有局限性而不是整体性，我们能够通过观察刚出生到 6 个月大的婴儿吃奶时对接触脸部刺激的反应行为而得知。握持反射可在婴儿出生头 4 个月观察到：出于对抚摸手的反应，婴儿将自己的手指缩握在抚摸他手的人的手边。类似地，足抓握反射可在婴儿出生头 12 个月观察到：出于对抚摸脚的反应，婴儿将自己的脚趾缩起在抚摸他脚的人的手边。姿势反射运动是指基于引力的、在婴儿环境中保持姿势的反射，可以是保持直立姿势、坐姿，也可以是移动起来帮婴儿翻身。随着婴儿成长到童年时期，这些姿势反射会变得越来越不明显。不过，姿势反射仍会有残留，比如你能知道你是否将要从自行车上或狭窄的岩石边或者正沿着行走的小路上滚下来。人类竭尽所能地修正姿势平衡以避免受伤。当然，我们并不总是成功，但是反射运动阶段确实曾在我们有需要时帮助过我们。

最后一种反射运动是运动反射性运动，包含三个独特的反射动作：爬行、行走和游泳。在确立了一定程度的姿势控制之后，婴儿开始从更广泛的意义上探索周围的事物，基本观念中不再有距离的限制，最接近的"世界"已成为更大的地方。婴儿不再局限于毯子或婴儿椅的范围内。在婴儿选择且家长掌控允许之下，爬行能对婴儿有所帮助，通常是从一条毯子的 A 点到达 B 点。事实上，爬行可看作双足并行的前导，因为人类有两条腿，所以他们是两足动物。这是运动发展中里程碑式的事件。若没有爬行或反射运动的能力，在行走之前只能直立并且没有帮助，几乎无法从 A 点到达 B 点。同样，行走是向前进的反射动作，也依赖于姿势的稳定性。游泳反射可通过将婴儿放到水中而观察到。这种反射通过四肢表现出"游泳"的动作，大约出现在婴儿出生 11 天到 5 个月大的阶段内。

但是我们并不能确定，由于它发生在水中，它是否就真的是游泳动作或者是否是我们解读为游泳的一种移动模式。然而，如果婴儿被放置在水中，他们会展示出基本的动作模式，这会使我们联想到游泳。正如其他反射运动，游泳反射在婴儿期后会消失，很长一段时间以后，进入儿童阶段才开始自发学习游泳。

反射运动阶段引发初步运动阶段，"初步"这个词，意指某个事物的开端或第一个表象（Reber 等，2009）。在上述情况下，是指获得运动技能的开端，这个时期无意识的反射行为逐渐减少，代之以有意识控制下的自发行为。当然，我们在此处使用"控制"一词较为随意，因为经过了反复试验，婴儿在这个过程中遭遇了许多错误和碰壁，比如跌倒、碰撞等，他们还未能熟练掌握后续阶段的技能。尽管如此，初步运动阶段将反射行为转化成对婴儿更有意义的东西。现在还不知道反射动作是否在初步运动开始之前就被抑制，各种身体变化，如身体比例或体重的变化是否限制了孩子的发展（Thelen，1985）。例如，如果肢体的重量发生变化，但用来支撑更重肢体的肌肉力量没有增加，从机能上看，肢体重量的变化会阻碍发展而不会帮助发展，直到相应的肌肉力量增加才会得到改善。除了肌肉发展和姿势发展的限制，其他限制还包括中枢神经系统的发展以及孩子相应增强的处理感知信息的能力。

大体上,儿童年纪越小,需要遵循的限制就越多。随着儿童成熟起来,或者更准确地说,随着儿童的身体系统成熟起来,会有越来越多的限制被减少或者去除,儿童会获得更多行动的自由。这些限制充当"速度控制器",能够控制儿童安全有效地行动。从进化观点来看,速度控制器可起到保护婴儿安全的作用,直到他们的身体系统充分地发展。

卡尔·纽威尔(Karl Newell,1986)提出了三种独特但相互联系的限制类型,这三种限制类型影响着运动发展:个体限制、环境限制和任务限制(图5.6)。个体限制可进一步分为结构和机能限制。结构限制是指一个儿童的身体素质。身高、体重和四肢长度都是结构限制的例子。这些限制都和身体的"架构"有关,尽管它们会随时间发生改变,但是我们也有很多方法改变它们(Malina等,2003)。除了吃东西可能会影响体型"横向"大小,我们对长高这件事有心但无力,这由我们的遗传密码或基因决定。据纽威尔所说,个体限制的另一种类型是机能限制。机能限制是指个体非结构性的方面(重新阅读1.7节关于结构主义和机能主义的对比,找出相似之处)。机能限制的例子包括动机、注意力和专注力(Deci和Ryan,2000;Wu等,2011)。例如,如果一个儿童缺乏动力完成要求的运动任务,或者对一系列指导的专注不够,就会限制他们实际完成任务的情况。在体育课上,当你要求一个儿童参加他不喜欢或没有兴趣的活动时,这种情况就会出现。事实上,缺乏动机、注意力不集中或缺乏专注都会严重阻碍任务的成功完成,它们是重要的机能限制。

图 5.6　使用相互关联的运动发展限制模型的示例(修改自纽威尔,1986)

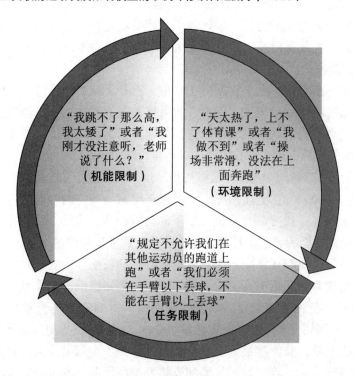

相比之下，环境限制是指儿童个体之外的有形的限制。如人们预想的那样，它们和孩子们身处环境的特性有关。通过扩展"环境的"这一术语包含的内容，我们能够展示其他可能被忽视的影响运动发展的重要因素（Iivonen等，2011；Venetsanou和Kambas，2010）。环境限制显著的例子包括地形、地表、温度和光照水平。将这些因素结合到实例中，可以为我们清晰地展现出它们如何限制运动行为。

走在复杂的地面上，如砂石小路上，可能会迫使走路行为发生变化以适应脚下基础不牢固的地面，这同样也会根据个人所穿的鞋子发生改变。如果同样的砂石小路变得湿滑，人就需要采取不同的，也许是更安全的走路方式。事实上我们经常见到这种情况，人们冒险走上有雪或结冰的人行道，走路方式和姿势十分滑稽，即使是同一个人，也与其在干燥的夏天时的走路行为完全不同。在35℃的高温天气里，太阳强烈照射，穿过同样的砂石小路也变得更加困难，要消耗大量能量，还会使行动无精打采，会比在温和宜人、微风吹拂的天气里困难得多。此外，如果光照开始减弱，走路行为也可能发生改变——在砂石小路上不太突出，没有明显的危险，但是如果这条砂石小路位于山脊之上或者靠近海岸边的岩石峭壁上，光照水平就极其重要。"脚踏实地"突然成为首要考虑的事，走路行为也因此改变。也许我们在此过于夸张，但是我们认为并不夸张，环境限制同样能应用到学校环境中。

事实上，自从"森林学校"作为一个概念整合引入当今多所学校后（Swarbrick等，2004），工作人员可以查看学校所处地形，确定哪片区域作为选址最为理想，或者至少在当时情况下尽可能理想。不仅学校内闲置的区域可以利用起来，还有可能不怎么做结构改变就能充分利用。这和我们谈论的环境限制有何联系呢？如果环境限制影响运动发展，且我们提供能够帮助孩子们体验不同的地形、地表、温度或光照水平的环境条件，孩子们就能更容易形成在该环境下成功的运动模式。此外，这种环境也很安全，因为健康和安全问题都会提前考虑到，风险评估也会到位。此处环境是有教育意义的，它成为了户外的"教室"。这个环境也是更广阔的自然环境的缩影，所以它提供给学生安全探索自然世界的方式，虽然它经过了细心的建造和控制。在这样的范围内，以孩子为中心的学习能够得到控制。

第三种限制类型是任务限制。实质上，任务限制可归结为"参与规则"，包括与特定任务或活动有关的目标、规则或指令。例如，100米短跑的目标是比任何对手到达终点线都要快，做到这一点的人赢得比赛。这种形式的比赛有一定的规则，其中一条规则是跑步者在比赛过程中一直要在指定的跑道内，不允许变换跑道。另一条规则是参赛选手要在枪或喇叭、哨子响后才能开始跑，抢跑会被判罚取消比赛资格。另一个任务限制是必须使用起跑器起跑。最后，可能不太明显的任务限制是，由于场地空间限制，参赛者需要在通过终点线后尽快停下来，这同样可看作环境限制。

经过初步运动阶段，孩子进入基本运动阶段，大约在2~7岁之间。已确认的12条被广泛接受的基本运动技能（Gallahue和Ozmun，2011），分列为：

运动技能
- 跑步
- 飞奔

- 单足跳
- 跳跃
- 猛跳
- 滑行

目标控制技能

- 击打
- 投掷
- 踢球
- 接球
- 原地运球
- 低手传地滚球

  随着儿童进入初级和成熟阶段，他们开始体验这些技能的组合。举例而言，一个孩子如果在跑步、踢球或接球等单项运动中都发展得越来越好，可能会逐渐将这些技能结合起来。作为成年人，我们可能觉得跑和接同时进行相当容易——比如体育运动中的橄榄球或板球，同时熟练两种技巧是十分有益的。儿童需要在基本运动阶段的早期花大力气训练这种结合，随着不断训练多多少少会变得熟练起来。当然，我们必须注意到个体差异发挥着重要作用，不是每个孩子都能在这种组合上取得同样的成功，但是他们可能在其他组合上取得更大的成功。事实上，我们在学校环境中注意到这种情况，同一个班级的孩子展现出运动技能的巨大差异。俱乐部和院校始终在寻找有天赋的孩子进行训练，并为他们提供支持。作为教师，我们的任务同样是识别这样的人才，但是我们还有一项任务就是培养那些可能能力并非很强的孩子，发展他们的技能（Mukherjee 等，2017；Tortella 等，2016；Zuvela 等，2011）。

  基本运动阶段可进一步细分为三个阶段：初始阶段、基本阶段、成熟阶段。我们打算用基本运动技能中的跑步技能来突出每个细分阶段。初始阶段通常在孩子2~3岁之间，孩子表现出基本运动技能的基本元素，比如跑步新手会将双手伸到前面以保持平衡。基本阶段通常在孩子4~5岁之间，孩子的手臂动作开始变得更加协调，手臂前后摆动，但是和腿部动作还不同步。跑步的成熟阶段通常在孩子6到7岁之间，手臂在身体同侧摆动：左腿向前摆动时左臂也向前摆，右腿向前摆动时右臂也向前摆。如果我们只对手臂动作本身感兴趣，则动作应是对侧的：左臂向前摆动，右臂相应地向后摆动，反之亦然。这种从初始到成熟的发展模式是独特的，而且一直是连续的。孩子无法立刻进入成熟阶段。这个过程必须从基础开始，然后要经过发展和完善。

  此时我们必须重申，基本运动各个阶段的过渡可能会受到肌肉和中枢神经系统发展的限制。成熟是这些系统对逐渐增强的运动发挥"动力"作用的指标之一。掌握基本运动技能不由实际年龄限定，所以加拉休和奥兹蒙（2011）提出的年龄范围只是一个粗略估计。如果一个孩子没有机会或资源获得任何基本运动技能，他可能就无法自动掌握这些技能。经验和练习是获得这些技能的关键。所以，加拉休和奥兹蒙提到成熟时说，我们不应该带有年龄偏见。当然，如果孩子有机会在幼年早期获得技能，从时间顺序来看，对发展唯一的限制就是肌肉和中枢神经系统是否具备充分的能力施展成熟的运动。当然，其他系统也应纳入考虑之中。在下一部分，我们将探讨感知发展对促进运动能力发展的重要性。例如，如果一个孩子接不住球，我们可能会认为他/她没有掌握某项基本运动技能。然而，问题不该是"他们有没有掌握这项技能？"孩子的表现已经很明显了，更重要的问题可能是"他们为什么没有掌握这项技能？"你可能认为这太直白了。接不住球可能是因为没有找好恰当的接球时机，球从孩子的手指间漏掉了；还有可能因为孩子的手臂动作不够迅速，没有在恰当的时刻抬起来接球，或者是更隐蔽的原因，即可能孩子的视觉系统没有得到充分发展，尤其是涉及深度知觉的那部分。因此，孩子接不住球是因为他们错误地感知了球在某一时刻在空间中的位置，也就错过了需要做出接球动作的时机。

成功地度过基本运动阶段之后，孩子们进入了专项运动阶段，该阶段可细分为三个阶段：过渡阶段、应用阶段和终生利用阶段。过渡阶段通常在孩子7~10岁之间，他们开始通过将基本技能展现在运动中进行技能的完善。在这个年龄段，大多数孩子的基本技能都渐趋成熟，体育运动或身体活动充当了完善技能的媒介。神经系统结构和肌肉系统也在这个年龄段得到了充分发展，它们之前都充当了限速器（限制发展）。感知系统大体上是起辅助作用，尽管如上文所述，深度感知还未得到充分完善。在这里要指出一条与课堂或者应该说体育课直接相关的告诫，如果孩子没有达到基本运动阶段的成熟阶段，专项运动技能的获得将会受阻。这意味着缺少向专项运动阶段的逐步发展。简言之，教师在体育课上需要特别注意，识别出那些无法将基本运动技能运用到多种状况中的孩子，如接、扔、击打和跑步等（Zuvela等，2011）。我们经常在教育中讨论通用技能或可迁移技能，我们的学生应该有能力将一种状况下学到的技能迁移到其他状况中。将运动技能运用到"新的"状况中也是如此，正是在这个过渡阶段，教师们能够观察到学生的努力、成绩和遇到的挑战（我们不愿使用"失败"这个词）。

> **活　动**
>
> 　　设计一份有助于观察并记录12条基本运动技能的清单。收集一段时间内班级里每个学生的运动迹象，可按你自己的意愿或详细或简单地记录下来。每项运动技能应该至少记录三个"成功"的场景。你还可以记录下日期，并详述观察到的内容。例如，一个孩子可能做出了三次成功的接球动作，这些动作位于手臂下还是手臂上，是一只手还是两只手，轨迹高还是低，接住的是强力传球还是弱一些的"吊高球"？
>
> 　　为方便起见，你可能需要为每个案例做一份名单，并在较长时间段内收集这些迹象。这并不是在浪费时间，会对你将来写每个孩子的评定非常有帮助。

过渡阶段之后是应用阶段，大约在孩子11~13岁之间。大家可能都很期待这个阶段。在这个阶段，运动技能可通过更广泛的体育活动进行检验：技能得到了应用。技能的应用很大程度上取决于课程设置和现有资源（但并非唯一的影响因素）。这印证了为什么私立学校在培养成熟的基本技能和专项运动技能上更加成功，因为它们能够拥有这样的资源。事实上，我们看到一些私立学校拥有连一些大学都羡慕的设施。如果能建立成功运动人士的资料库,将它与该校的学校设施和体育活动机会的相关人口统计信息结合起来,那将非常有趣。当然,这还不是完整的情况,不能忽视更广泛的社会影响。学校可能没有充足的资源来促进更多样的专项运动技能发展,但是这未必意味着孩子应用这些技能会受到妨碍。外部媒介,如俱乐部、参赛队、培训课程等都有助于应用阶段的实践练习。随着孩子们意识到自己的个人才华和局限,他们开始努力转向自己更精通的体育领域,可能会感到更加愉快。教师和教练应该指导孩子充分发掘自身的才华并意识到自身的局限。

一旦选择了孩子们能够胜任的领域,他们就减少了参与其他活动的数量,以便专注于自己选定的活动或由心切的父母为他们选定的活动。尽管青少年时期尤其是10~13岁期间的"退学"现象值得关注,但如果孩子们受到鼓励继续参与选定的体育活动,他们的专项运动技能的发展会陪伴他们直到成年(见 Russell 和 Heck,2008)。这一阶段就是14岁以后的终生利用阶段,其任务正如名称所示,通过增加培训、完善技术和建立特定运动策略意识来完善技能。个人兴趣、动力、目标和志向对于选定的运动能否持续到成年,还是逐渐放弃,会产生重大影响作用。事实上,人们想要自己的生活里有更多体育活动时,经常会重新拾起自己"在学校期间擅长的"运动。

了解了加拉休和奥兹蒙的运动发展概念模型之后,现在我们要讨论他们所提到的——儿童时期学到的技能会在成年期得到利用。按照二人的观点,这种技能的利用可能包括生活中的利用和休闲运动或竞赛中的利用。显然竞技性运动并非适合每个人。利用技能进行休闲运动会给人留下努力和流汗的印象,但事实并非如此。当然,通过休闲运动使用技能是促进身体健康的极好的方法,流汗或努力可能会成为这个过程的一部分。

然而,使用技能来消遣更多的是和享受有关,这是指利用一个人拥有的技能改善日常生活,我们可能不是有竞争力的运动人士,可能无法享受娱乐性的体育活动,但是我们都需要在日常环境中与之打交道,正因如此,利用儿童时期学到的技能才成为终身过程的一部分。例如,走下马路牙子,跑着穿过马路赶公交车或通过下火车之前的一段阶梯,这些都包含少许运动技能,而这些都起始于童年时期。

当今公认的观点认为运动和感知之间存在联系(Payne 和 Isaacs,2011)。用日常语言来讲,感官系统为个体提供直接环境中正在实时发生的信息,人们可能会选择任意一个或多个刺激来注意(第6章会更详细地讨论"选择性注意")和处理,这种处理就是我们通常理解的感知。感知了一种感官刺激后,通常会有行为产生。例如,孩子触摸了厨房的热电炉之后,会迅速移开自己的手。

5.7 小结

本章可作为参考资料随时阅读。一些复杂的话题已"安插"在你职业生涯中恰当的时刻,为你所用。可以说,这些信息和知识并非必备,然而,我们会捍卫我们的立场,提出一个人持续的发展可能会延伸到宏观层面形成脉络,也同样可能延伸到微观层面。微观环境,如发展中的大脑和它的神经元及系统,以及与发展主体(儿童)的世界沟通、诠释的方式，是本书更广泛的主题不可缺少的一部分，所以不用担心本章提到的主题是否有意义，相反，我们建议你将这些主题作为工具以助力你自己的探索和发现。

5.8 拓展阅读

Bergen, D. (2016) 'Play, toys, learning, and understanding', *American Journal of Play*, 8(2): 145–56.

本文是一篇对多丽丝·伯根①（Doris Bergen）的采访，这篇采访呈现出了她的所知。

Goodway, J.D., Gallahue, D.L. and Ozmun, J.C. (2019) *Understanding Motor Development: Infants, Children, Adolescents, Adults* (8th edn). Burlington, MA: Jones and Bartlett Publishers, Inc.

这是一本经受了时间考验的书，本书清晰地介绍了各个发展阶段的生理、情感、认知和行为方面的问题。

Kolb, B. and Whishaw, I.Q. (2008) *Fundamentals of Human Neuropsychology* (6th edn). New York: Worth.

本书是关于解剖组织、高级机能和疾病等神经心理学的全面解析的教材。如果你想要具体了解大脑皮层和皮层下机能，本书可作为一本非常好的参考书。

Popkin, B., D'Anci, K. and Rosenberg, I. (2010) 'Water, hydration, and health', *Nutrition Reviews*, 68(8): 439–58.

这篇期刊文章全面地探究了水合作用和健康的重要性。

---

① 多丽丝·伯根，美国迈阿密大学教育心理学荣誉教授，曾任美国幼儿教师教育家协会主席，她的研究包括教授儿童发育、幼儿课程、游戏和幽默发展以及大脑发育，其中文译著有《如何促进婴幼儿大脑发育》。——译者注

第 6 章 感知和认知发展

> **本章目标**
> - 理解儿童成长期中感知和认知的发展过程。
> - 思考儿童的发展阶段对其在课堂中的能力表现的影响。
> - 不断了解感知和认知的发展对儿童的成长有哪些帮助。

6.1 本章简介

本章探讨感知和认知发展对儿童成长的意义,展示感知系统如何决定儿童对环境的理解,以及如何影响儿童认知发展。

6.2 感知发展

物竞天择,感知发展对人类发展至关重要。当然,鉴于本书的性质,此结论显得更加具有吸引力,但这并不让人意外。人类在感官系统上处于主导地位,因此,本章重点介绍人的视觉感知系统。如第 5 章概述的内容,初级视觉皮层处于后脑枕叶处,在 V1–V8 多个区域中(Zeki, 2003)。信息由后脑枕叶传至颞叶视觉连接皮层及大脑顶叶进行整合,这可以直接用来解释成人大脑的工作原理。但处于成长阶段的儿童的大脑发展远不及成人。

信息加工理论及生态理论(直接感知理论)是两种最主要也相互矛盾的感知理论。信息加工理论(Gregory, 1980)是一种还原理论,与计算机输入—输出理论相似。在此种情况下,输入的信息刺激感官,大脑对信息进行加工之后做出反应(输出)。相反,吉布森(Gibson, 1966:79)支持直接感知理论,反对信息加工理论。吉布森认为,直接感知无需依靠认知和推理。他认为,个人所需要的所有信息均在神经刺激中表现出来,人们只需协调刺激产物即可,或调节对我们有意义的刺激。吉布森的理论可用一种简单的方法解释:想象一台老式的模拟无线电设备,通过调节信号旋钮可收听所在区域内的广播电台,直到收听到清晰广播。吉布森提到的"协调刺激产物"类似于调节广播信号旋钮。尽管这些互相矛盾的理论值得探究,但对其进行深入讨论并不能帮助读者理解本章内容,所以接下来将继续介绍本章内容。

提到视觉感知,人们可能认为"视觉"就是"视觉感知"。事实上并非如此。随着儿童的成长，或更具体而言，随着大脑的发展，儿童会展现出不同的视觉能力。儿童的视觉能力超乎人们想象，其中的原因值得我们探究。视觉能力包括视敏度、对比敏感度、色觉、集中灵敏度、深度知觉、中心—边缘意识、眼—手—身体协调性、视觉适应性，比如，夜视及反应时间并不总需要可视，但通过交叉感知可提高可视能力，即将不同感知系统输入的信息集合至各个顶叶（Coren 等，2004）。考虑到这些视觉能力，就不难解释为什么儿童大脑在童年早期未得到全面发展。那么，这些能力什么时候展现出来呢？本章无需提供详细解释，列举以下实例进行论证。

视敏度会在 5~7 岁迅速提升，而且会在下一快速提升期（9~10 岁）之前保持稳定状态。对于静态物体的视敏度在 10 岁时成熟，但是儿童对动态或移动物体的敏感度必须到 11~12 岁时才得到发展。

吉布森（Gibson）和沃克（Walk）的经典"视崖研究"强调感知深度的"硬连接"[①] 或"生存本能"(Gibson 和 Walk，1960）。视崖一边是一个平台，另一边则是"深崖"，看起来很危险。整个区域覆盖有棋盘式的图案。平台上延伸出一片玻璃，覆盖住深崖，所以，实际上并不存在深崖，而是一块提升高度的玻璃板。吉布森和沃克把 6 个月大的婴儿放在平台上，孩子的母亲站在对面。这个阶段的孩子一般可以爬行，为了到对面找妈妈，孩子们必须爬过玻璃平台。研究发现，孩子们对此会有抵抗心理，当到达"落差区"时会停住，这就暗示着孩子们能够感知到深度。从进化角度看，这意义重大。毕竟，我们真的不希望实验中的婴儿们掉落悬崖，这不利于人类生存。婴儿在 6~14 个月的时候会形成初步深度感知。5 个月大的婴儿参加先觉研究（475 个 5~5.5 个月大的婴儿）所得的元分析数据可有力地证明婴儿的这一能力。研究结果显示，婴儿对详细图画描绘的深度的反应，单眼观察的情况比双眼观察的情况更准确。这表明 5 个月大的婴儿对图画深度提示有反应（Kavšek 等，2012）。

辨识图片中的深度或放置的静态物体可能并不是个难题，比如将铁环放在地板上与"投掷线"保持一定距离，要求孩子们在体育活动中，将沙包丢到铁环中。参加这样的活动并没有什么危险，尤其是从进化角度来看更是如此。所以，只有事关生存的关于深度的感知属于"硬连接"，且需要时可随时感知得到，这一点合情合理。我们想一下，如果 6 个月大的婴儿可以利用"硬连接"指导自己的行动，那么我们人类在知晓生存几率下降的情况下，应该不会作出任何错误的感知判断。然而，该论断并没有这么清晰。3 岁以下的儿童很难预测感知深度。3~4 岁的儿童在感知深度时，错误频发，直到他们 5~6 岁时，预估深度错误才会减少。7~11 岁期间，儿童感知能力快速提升，但直到快 12 岁时，他们的深度感知能力才会成熟（Haywood 和 Getchell，2009）。如果儿童穿过繁忙的马路时，不能充分获得所需的深度感知，这将十分危险。在儿童看来，物体（汽车）在移动，看上去离得还"很远"，然而儿童被汽车撞倒的报告不计其数。司机的回答通常都是："孩子突然出现在我面前，我的车已经停不下来了。"这里我们假定司机并无过失，并且他/她当时也未曾受到酒精和药物的影响而超速行驶或在当时的情况下驾驶车速太快。有人认为你无法预测孩子什么时候出现，除非所有的

---

① 硬连接（hard-wired），意指天生就刻到骨子里的。——译者注

司机在行经每一个孩子时车速都低于每小时 5~10 英里，因此，大多数人都会辩称事故的错不在于司机。在这种情况下，大多数目击者的口径也是一致的，孩子没有注意查看四周，要不他们怎么会被车撞倒？实际情况是孩子可能确实看了周围，并且事实上他已经看到来车。然而，由于深度知觉未完全发育，孩子无法充分有效地判断车距和车速，从而不能使自己停下脚步。

童年时期对于事物的认知遵循着一个相似的发展过程。这可以通过图形—背景的概念加以诠释。图形—背景是指探测视觉显示中的间断点或外部边界的能力（Palmer 和 Ghose，2008）。图 6.1 展示了摆放在一起的一系列物品。对于成年人来说，很容易感知这一系列物品中出现了哪些物品，哪些物品没有出现，更重要的是感知每个物品在哪里消失、在哪里出现。这就是图形—背景，即在这样的视觉组图中区分哪一个是物品、哪一个是背景的能力。

图形总是位于背景之前，它可能会位于其他物品之后，但不管怎样，成年人的大脑能从物品的背景图中分离出该物品。而对于正在发育中的孩子来说，情况却不相同。

图 6.1 "系列"进行展示的物体示例

活 动

在学校参观时，在环境中挑选出一系列的物品，问问孩子们是否能看到这些物品并让他们描述这些物品。你得到的答案会取决于孩子的年龄。有些孩子看不到这些物品，更别说准确辨别出这些物品是什么。这种情况很正常。

作为成年人，我们很容易从这组选择中辨别出哪些物品在图 6.1 中出现。但这对孩子们来说并不容易，他们的感知能力有一个提高、稳定、进一步提高的过程。

活 动

再一次观察图 6.1 中所包含的一系列物品。

现在，看看下方的选项，试试判断哪些物品选项出现在这一系列物品中，哪些没有出现。让孩子照着做。年龄越小的孩子越难正确地辨认这些物品。

探测视觉显示中的边界或间断点会在 3~4 岁的时候开始发展，在 6 岁的时候这一发展变快。在 7~8 岁左右，会出现另外一个突破，并且这一能力在 8~12 岁期间开始变得成熟，而这一切的发展还得依靠接触物品和辨别物品的经验（Bezrukikh 和 Terebova，2009；Bova 等，2007）。

活 动

现在再一次观察图 6.1 中所包含的这一系列物品。

看着线条中的连续处和间断点，试着判断这些物品中哪个物品位于其他物品之前，哪个物品位于其他物品之后。这可能听起来简单，但实际上相当困难（尤其是当你开始用三维思维视角进行思考的时候）。

所以，物品辨认综合了判断物品在哪里出现、在哪里消失和判断这些都是什么物品。我们发现辨别图 6.1 中出现的物品很简单，因为我们可以看到这些物品在哪里出现、在哪里消失，还因为我们过去的经验为我们提供了与这些物品有关的信息。比如，我们可能并没有见过与图中所示完全一样的水壶、铁锤和钥匙，但是我们之前都已经见过水壶、铁锤和钥匙，因此我们可以根据这些已有的经验作出判断。

面部识别也是发展的过程。比如，在根据面部判断年龄时，年龄小的孩子（5~7 岁）的准确性要比年龄大的孩子（9~11 岁）、青少年（13~16 岁）和青壮年低（Gross，2015；Brigham 等，1986）。面部识别是一个复杂的过程，有时候你输入的信息与记忆中存储的信息有出入。甚至作为成年人，我们有时候也会判断错误。你有没有错把一个完全陌生的人当成你的一个朋友而不得不说"对不起，我以为你是……你们看上去很像"？

图 6.2　你能看见什么？

作为成年人，我们也会"看见"一些事实上不存在的事物。观察图 6.2 并思考你能"看到"什么。

你可能会"看到"一颗心、一条鱼、一张脸、一辆滑板车、一个人，或者一只兔子的形状。当然，上述的每个事物都准确地符合了你面前的图像。但是，事实上，上述的描述却没有一个是准确的。这是抽象认知的一种把戏。人的大脑尝试理解它周围的世界，用大脑来拼凑这个视觉组图中能拼凑到一起的各个部分，正如面部特征的案例所示，其结果往往与真实情况相距甚远。有俗语说"我不相信我的眼睛"，这句话有时候相当正确。如果你将相同的图像展示给孩子们，你会发现对成年人的大脑来说很明显的事物，他们需要很努力地去"看"。

> **任 务**
>
> 给挑选出来的、各个年龄范围内的孩子展示图6.2，让孩子们说出他们能看到什么。将他们的答案记录到调查表上，回想各个年龄组的孩子对你说了什么。思考孩子们的回答并思考这些回答在准备课堂上需要用到的或者展示在学校展板上的视觉资料时，对教师来说，有什么意义。

到目前为止，我们所提到的关于感知发展都涉及一个独立存在的感官系统。我们甚至还未开始考虑这个独立的感官系统与其他系统相互组合时会发生什么。这被称为两感交叉认知，在此我们只做简要介绍。当感觉输入集中到单个的认知中时就会出现两感交叉或交叉模式的感知（Levitin 等，2000）。让我们用最常见的例子来解释。你站在路边人行横道处，等候过马路。一会儿，你听到信号指示，交通灯变为红灯，但你看到的是"步行"指示灯绿灯亮了。这两个信息都经不同的感官系统（视觉和听觉）处理过，但是你的身体只发生了一个单个的行为。这是两感交叉认知的一个例子。在这个案例中，从听觉—视觉方面来看，这是两感交叉感知。很明显这一发展与年龄相关，但是年龄范围更多地取决于环境。因此，听觉—视觉感知表现会在5~12岁期间呈现提高的趋势，此后会变得成熟。

将促进感知发展的因素与纽威尔模型相联系，随着结构系统的成熟，约束得以解除，我们能够再次探讨感知的发展问题。下面我们介绍感知—行为组合的概念。感知—行为组合是感知和行为之间的关系（Gibson，1979）。如果感知的目的是告知自己此刻正在发生的事情，通常反应或行为就会随之而来。感知与行为两者彼此缺一不可，即使行为是"什么都不做"。因此，这两种行动是相伴发生或相互关联的。刺激的关键在于感知，其次是对之有所行动。

一旦刺激发生，我们就会再次经历这一过程，或者更确切地说是循环这一过程。一旦我们采取行动，就可能处在一个新的位置上让自己受到新的刺激，接着需要对这一刺激进行感知、处理，并有所行动。我们生活中的每一天都在重复这一过程。甚至在我们很少注意到它的情况下，这一过程也会发生。比如，视觉系统在睡眠状态中一般不会接受任何输入，但是，听觉系统对屋里屋外噪音的反应会不断增强。甚至有时候在夜深人静时，钟表的滴答声会显得特别大。

洛布塞尔（Loubser，2016）研究了来自弱势家庭背景的儿童，发现他们会从感知—运动的干预中受益，包括教室外，比如使用室外设备（大型滑梯和攀登设施、滚圈、球类等），也包括教室内，比如使用室内设备（搭建、绘画、拼图和黏土等）。相似的,研究者(Bütün Ayhan 等,2015)发现,使用精心选择的日常活动能够帮助学生掌握概念,以及与视觉感知有关的方式。

6.3 儿童的认知发展

依结构而言,新生儿出生时,其脑部外形与成人大脑大小相等。3~18 个月期间,大脑重量会增加 30%,2~4 岁、6~8 岁、10~12 岁及 14~16 岁期间,大脑会依次增加 10% 的重量(Carlson,2012)。大脑重量的增加预示着大脑中各部分联系增强,这很好地契合了皮亚杰的认知发展阶段理论(皮亚杰,1995),加拉休和奥兹蒙的运动发展阶段论(Gallahue 和 Ozmun,2011)以及知觉能力的发展。表 6.1 显示,在 2~7 岁及 7~12 岁期间,认知能力发展迅速。这种发展与儿童成长期大脑本身的发展有着某种必然的联系。本章将依次介绍这些认知发展阶段。

感知运动阶段

为了解感知运动阶段,我们建议将感知运动拆分为"感知"和"运动",显然,这意味着该阶段以感觉和肌动活动或运动为特点。设想一下,两岁以下婴儿的日常活动能力,从认知学上来说,这一阶段不难理解,他们的需求都是最基本最直接的。信息刺激感官时,人体便会做出相应的举动,接触物体便是一个示例(Hemker 等,2010)。装有食物的勺子递过来时,自觉地张开嘴巴是另一个示例。感官受到刺激后,就会有后续举动发生。或者,换言之,感受器将传入的信息传递给中枢神经系统,之后,中枢神经系统将指令送至需要执行任务的各肌肉组织。儿童开始发展象征性思维时,感觉运动阶段便会终止,比如,玩偶变成"妈妈",物体恒在,以及了解到即使物体不在视线之内,它也依然存在(Bogartz 等,2000)。

表 6.1 皮亚杰的认知发展阶段

认知阶段	成 就
感觉运动思维(0~2 岁)	开始出现象征性思维
	客体永久性记忆发展
前运算思维(2~7 岁)	语言、艺术及表演的心智表征获得发展
具体运算思维(7~12 岁)	逻辑思维更加客观
形式运算思维(12 岁以上)	假设—演绎、推理及抽象思维获得发展

活 动

你需要找一个两岁以下的幼儿配合此次活动,准备一个玩具、一张 A4 纸或者一个垫子。

向孩子展示玩具以吸引其注意力,接下来,将 A4 纸横向水平放在幼儿面前,左右移动玩具，这样玩具可以短时间内从纸后穿过。

玩具从幼儿视野消失，当玩具再次出现时，观察幼儿面部表情变化。如果幼儿尚未形成客体永久性，玩具再次出现时，他会表现出惊奇或兴奋的表情。在幼儿的脑海里，存在两个独立的玩具：第一个（消失了，不再在幼儿的脑海里），第二个（出现了，在他看来是一个新玩具）。对已经形成客体永久性的幼儿来说，有一个永久的玩具被暂时藏了起来。

前运算阶段

经过感觉运动阶段，儿童开始发展概念理解能力。前运算阶段反映出象征思维及概念学习的早期形式（皮亚杰，1995；Lourenco，2003）。这一阶段的思考不具备逻辑性，但是语言、艺术及表演的基础得到发展。处于这一阶段的儿童通过接触社会，进入幼儿园和小学，有了大量发展语言能力的机会。他们开始口头接触单词并学习组成这些单词的字母的含义（Siegel，1999）。在成人看来，掌握字母是自然而然、非常简单的事，而儿童必须学习并掌握象征性的概念意义符号，在这个过程中，他们开始慢慢地向成人转变。在这一阶段，儿童掌握了分类的技能，由此，他们得以发展将特定事物分组的能力。例如，孩子们可以将厨房的东西分为做饭相关或吃饭相关这两类；花园的东西可以分为与园艺相关或与园艺无关；浴室的东西可以分为洗澡相关或洗澡无关。这种分类方式依靠的是逐渐增强的记忆力，且这种记忆力依赖于此阶段儿童大脑（海马体和颞叶）结构的发展。

前面我们已经提到，在前运算阶段，语言符号开始出现。接下来的阶段，我们会介绍语言层面之外的符号。比如，人们可能看到一个小孩在操场上四处奔跑，伸开双臂，象征着飞机。同样，孩子一圈圈奔跑时，也可以代表一匹马；或者用双臂像车轮般转动，可以象征骑自行车。在这些例子中，动作本身具有象征性，孩子自己也"知道"这是象征性的动作。是什么影响了孩子的选择？正如人们所预料的，环境因素在儿童选择象征对象时发挥着重要作用（Donaldson，1978）。在农村中，马比较常见，因此农村地区的儿童更有可能受此影响，展示出象征"骑马"的动作。然而，对于生活在城市中的儿童，很少有机会接触这种象征对象。读者可以注意到，我说的并不是城市中的孩子没有见过或者接触过马，因为这显然不可能。城市中的孩子可能看过有马的电视节目，大受鼓舞，因此将此影响加入到他们的动作中。同样，农村地区的儿童很少做"我是一辆汽车"的象征动作，但并不代表这种情况不会发生。

活　动

你需要找年龄在2~7岁间的儿童配合你的活动。

在儿童玩耍的时候对其进行观察，每次15分钟，持续一周。通过观察，你是否能辨别出孩子的动作象征的意义。接下来，问这个孩子他正在做什么。通过询问，

> 你可以确认自己的观察（或更准确地说，解释）是否正确。"询问"很有必要，因为成人的观察并不总是与儿童的想法一致。然而，通常情况下，如果一个孩子看起来是在表演飞机，并发出飞机的声音，他不会告诉你，他在模仿鲨鱼。但是，旁观者永远不知道孩子们真正在想什么！

皮亚杰也谈到标志和记号，这两者之间存在细微的差异。我们可以用路标作一个简单的类比。设想一个路标，比如，弯路、前方十字路口或交通信号灯。该标志说明了外在的"物体"或前方的道路，传达了信息且很有意义，它告诉人们正在接近的路况。标志作为一种记号，但它表达的不仅仅是记号本身。任何一个显示交通法规的警告标志都预示着相同的含义：危险。这个标志说明了前方的路况，同时，作为记号，它也预示着如果司机不采取恰当的措施（通常是减速），那么司机将会置身于危险境地。

同样，在托儿所、幼儿园或学校的儿童开始领会与其世界相关的标志，这种做法不会引起人们的关注，也不会带来严重的后果。儿童对这些标志很熟悉，并探索这些标志的含义，尽管如此，他们也并不总是遵循这些标志。而标记在儿童及其家人看来则更加具体。每天的某个时候，孩子会用拳头用力敲击地板。对于不明就里的人而言，这种行为令人费解。与孩子的母亲交谈后，就会知道孩子的这种行为是在表达厌倦之意。

具体运算阶段

前运算阶段结束的标志是，儿童开始展示出皮亚杰所说的守恒迹象（Piaget, 1955, 1964）。守恒意味着认知转向具体运算阶段，这一阶段的逻辑思维变得更加客观。皮亚杰使用"守恒"一词解释儿童对物体转换时其数量本质的理解能力。通过介绍皮亚杰关于重量、长度和数字的守恒实验可以更容易解释这一点，但是，我们必须先明确"转换"的含义。转换是物体在视觉上而非数量上的变化。下列三个任务提供了实用的活动来观察认知的守恒迹象。完成每项任务并参照本章的其他部分非常重要。如果你现在不能开展此活动，记得以后进行尝试。你会发现该实验十分有趣，并且能够预测儿童是否能展示对守恒的认知，这也会印证儿童是处于具体运算阶段还是前运算阶段，非常有趣。

活动：质量守恒

你需要找一群年龄在 2~7 岁及 7~12 岁的儿童配合你的活动。完成此任务时，尽可能接触更多的儿童，这样会采集到有关认知守恒更加真实的数据，有利于在这些样本中清晰地了解到认知守恒情况。

你需要两块同样大小的黏土或橡皮泥。

把这两块圆球状黏土放在孩子面前，并询问他这两块黏土的重量是否相同（黏土重量当然相同）。然后，当着孩子的面，将其中一块黏土揉成"肠状"之后，再次询问这两块黏土的质量是否相同。获得质量守恒认知的儿童会告诉你这两块黏土依然重量相等。尚未获得质量守恒认知的儿童会告诉你某一个（通常是"肠状"黏土）的质量比另外一个要大。

在12岁的儿童中进行此项任务也很有意义，因为你会观察到，他们会认为"黏土的质量当然一样，笨蛋"。此时，他们看着你，以为你是在发疯。

活动：数字守恒

选择参加质量守恒认知的儿童来参与数字守恒的实验。

你还需要10个计数器或者纽扣。

在孩子面前，将10个计数器均分为两列，询问孩子每列的计数器数量是否相同（当然，两列的数量相同）。然后，当着他们的面，将某一列的计数器距离拉长，再次询问两列计数器的数量是否相同。获得数字认知守恒的儿童会告诉你，数量依然相同，而未获得该认知守恒的儿童会告诉你"长列"的计数器数量更多。

在参加过质量守恒认知的12岁儿童中进行此项活动，他们会再次看着你，认为你很愚蠢！

活动：体积守恒

从参加前面守恒任务的样本群体中选择同一批儿童进行此次任务。

你需要准备三个烧杯，其中两个烧杯尺寸完全相同，另一个烧杯直径更小且更高。你还需要准备一些水。

将同样多的水倒入两个尺寸相同的烧杯中，并把烧杯放在孩子面前，询问他们这两个烧杯中水的体积（你可以使用"数量"一词）是否相等，答案当然是肯定的。然后，当着他们的面，将其中一个烧杯的水倒入那个直径小而高的烧杯中，再次询问两个烧杯中水的体积是否相等。获得体积守恒认知的儿童会告诉你两个烧杯中水的体积依然相等，而未获得体积守恒认知的儿童会告诉你那个直径小而高的烧杯中水的体积大。

12岁儿童的反应与以上两个活动相同。

认知守恒的获得不是一步到位的事情，而是一步步发展的结果。皮亚杰发现，儿童在6岁时展现出数字认知守恒，而到11岁才会展现出体积认知守恒。因此，逻辑思维的获得或多或少是客观的，这取决于儿童处在具体运算阶段的前期还是后期。儿童进入青春期后，具体运算阶段获得的认知能力使得他们能够分类、同情别人的感受，可以分析越来越复杂的因果关系。然而，更加复杂的逻辑思维仍有待发展。

形式运算阶段

儿童到12岁时，将会进入形式运算阶段，在这一阶段，他们的假设—演绎推理能力及抽象思维将会得到发展（皮亚杰，1995，1964）。具体运算阶段中缺少的因素在形式运算阶段得以发展。下面的任务例证了儿童是否成功发展了假设—演绎推理能力。

> **活动：假设—演绎推理**
>
> 你需要一组 10~12 岁的儿童。
> 将下列内容及问题写在白板上：
> 琪亚娜比卡梅隆高，卡梅隆比克洛伊高，那么琪亚娜与克洛伊相比，谁比较高？
> 一般来讲，10 岁的孩子回答此问题比较纠结，而年龄稍大的孩子会觉得很简单，因为年龄大的孩子已经具备解决抽象问题的能力。

我们建议采用"抽象推理"代替"假设—演绎推理"一词，因为"抽象推理"一词较简短且具有巧妙的应用意义。抽象推理是验证假设并演绎问题的能力。这两种能力的抽象性在于两者都没有具体的根据（皮亚杰，1955：64；Knifong，1974）。科学思维使人得以进入形式运算阶段。儿童 11 岁后通过接受教育可以培养这种科学思维。该阶段会受到社会及文化因素的影响。例如，在私立学校接受教育的儿童比公立学校的儿童更容易接触到科学思考的机会。部分原因在于私立学校进行小班授课，教室设备齐全，相关资源丰富，而公立学校建筑、设备及资源均非常有限。

我们需要谨慎地提醒自己，在形式运算阶段还会发生其他"事件"。儿童进入青春期后，认知得到显著发展。同时，青春期的"神经漩涡"或多或少会对认知的发展造成干扰。当然，这只是较为保守的陈述。形式运算阶段可能是认知发展最艰难的阶段。并不是所有的孩子都能在此阶段掌握必要深度的认知能力。不过，我们都知道：某些人"极其聪明""智力卓越""学业有成"，或是其他更合适的词汇；其他人并没有这么优秀，但可能在实际活动中表现出色。社会似乎更为重视"学业成就"，厌弃"学业失败"。在学校里，学生要按照要求培养学术素养，获得学位证书。在压力的促使下，他们需展示作为学习者的成就。学生是否完全发掘了学术潜能，实际取决于形式运算阶段他们进步的程度及在此阶段克服"神经漩涡"的程度。

6.4 注意力、专注度和记忆

根据第 5 章所述，如果一个人接受纽威尔的约束模型，他的注意力和专注度将会成为功能约束。众所周知，从本质来看，记忆需要注意力和专注度的配合。这一观点可以说是现在的主流观点。没有注意力和专注度，记忆很难储存，难以用于搜索记忆内容。为了讨论注意力和专注度，我们有必要对"记忆"进行介绍，之后会继续介绍注意力和专注度是如何促成或损害记忆的发展的（或者是"有用的信息"，如果你更喜欢这个词）。定义记忆有些像定义食物。因为食物多种多样，记忆也各有不同，虽然其种类比食物少得多。提供一个通用的定义并无多大帮助。本节内容将会介绍不同类型的记忆供读者了解，而且这些类型的记忆会与介绍注意力和专注度的内容重叠。

解读记忆形成的过程对解释记忆很有帮助。记忆的形成有三个重要的"过程"：编码、存储及检索（见图6.3）。下列示例会对这三个过程进行更加详细的解释，每一个过程对"记忆"储存于大脑并成为知识都很重要。

图 6.3　目前公认的记忆过程

编码	存储	检索
该过程对需要记忆的材料进行记录，例如，如何完成一项特定的数学任务。	该过程储存记录的材料以备后用，例如，为两周后即将到来的数学考试作准备。	该过程用于在未来某个时间内，恢复使用储存的材料，例如，坐在考场上的时候（而不是一天以后）。

介绍了记忆的组成部分后，有必要研究用于解释记忆的两种相反的模型："线型"信息处理模型及"链接式"并行分布处理模型。信息处理模型基于心理学上的多存储概念（Atkinson 和 Shiffrin, 1968），该模型始于一个或多个感官系统受到的刺激，例如老师在课堂上讲课的声音。在完美的世界中，多项刺激形成感官记忆，这是一个极其庞大而短暂的存储"设备"（存储时间由 0.5 秒延伸至 3~4 秒，具体时间要视涉及的感觉系统而定）。例如，手机应用程序可用来发送图片，而用户不希望图片成为永久记忆（可能因为用户希望留有想象）。学习者告诉我们，可以设置图片的存储时间，这样图片在打开几秒之后，就会"消失"。这类似于记忆痕迹进入感官系统进行短暂停留，之后大脑开始对信息进行深层次处理的过程。信息由此转成工作记忆（有时也称短时记忆），若不进行"重复"，储存时间仅为 30 秒。这就可以解释为什么你只能在拨出前暂时记住电话号码，而通过"重复"，你更有可能长时间地记住电话号码，如果没有进行重复，在 30 秒之后，你就会忘记号码。信息经过重复成功转化为长时记忆，就好比相对永恒、无限的存储设备储存了我们的"知识"。当我们需要时，记忆可以/应该随时将信息转回工作记忆。图 6.4 总结了记忆信息处理模型。

图 6.4　记忆的信息处理模型

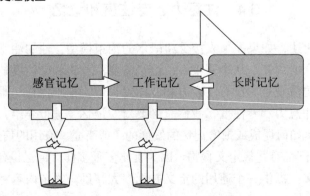

相比之下，并行分布处理模型（McClelland 和 Rummelhart，1981）将记忆视为这样的过程：在此过程中，感官信息与记忆中的既有知识相结合，该既有知识以相关信息互相连接成网状的形式存在。因此，记忆分布在这个信息网中，当某一元素或"节点"被激活时，该记忆便可以使用。例如，看到冰激凌，闻到它的味道以及吃到冰激凌，都可以使你回想起暑假在沙滩上的记忆。最初的刺激不可避免地激活了信息网中的相关节点，诸如天气、当时的情绪、假期的愉悦、参观的地方、在场的人、他们穿的衣服以及进行的谈话。这些可以在图 6.5 中显示出来。

图 6.5　关于冰激凌记忆的并行分布处理模型介绍

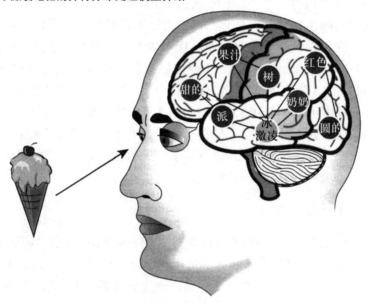

活　动

你很有可能记住了一些多年以前的重要数字（如注册的车牌号、电话号码等），因为这些数字已成功储存在你的大脑中，因此很容易想起。无论你是否同意信息处理模型或并行分布处理模型，该活动均会提供示例支持。

我（保罗·卡斯尔）可以记住我父亲两辆车的注册号码：EOK 61L（1973 年注册的一辆深蓝色的莫里斯玛丽娜汽车）及 MDU 678P（1976 年注册的一辆橙黄色奥斯丁迷你花花公子 1275GT 汽车）。当时，我分别是 7 岁和 10 岁，30 年之后我依然记得这些号码。我没必要记住这些数字，它们对我的事业无益，但是这些数字就是不会从我的长时记忆中消失。

仔细回忆自己的"重要数字"，写下来看看它们可以给你带来哪些回忆。一个很棒的建议是，如果可以的话，进行一次情感释放，这可以帮助你释放那些额外的信息。

如果我们教导的儿童能记住传授的内容（不是车辆注册号码），我们便成为了成功的教育者。

当然，我们并非生活在一个理想的世界中，实际上，有时我们会在最不合时宜的时候记忆失败，这可能是因为没有"注意"加工过程中的编码阶段。自动处理和努力处理这两种注意力处理模式之间存在着显著的差别。"自动处理"顾名思义，是自动化处理，几乎不包含学生有意识的努力。比如，你的学生闭上双眼，如果你要求他们走出教室，他们依然可以慢慢地摸索道路找到出口。他们之前并没有有意识地记住教室及走出教室的"路线"，但是该信息通过自动处理成为他们的记忆。相比之下，"努力处理"顾名思义，需要有意识地付出努力。老师们希望将这种方式运用到任何学习环境中去。努力处理信息，需要注意多种感官刺激的一些特定方面，关注重点及应该"学习"或"记忆"的内容，这就是记忆和注意力包含的内容。

提到充满努力的注意力处理过程，需要对以下两种类型进行区分：选择性注意和分散性注意。选择性注意是有意识地选择那些影响感官并需要进一步加工的刺激（Broadbent，1958；Treisman，1960）。选择性注意是一个有效且需付出努力的过程，也是为人熟知的专注（变成动词为"集中注意力"）的先驱。分散性注意，如其定义，即不专心，而且将注意力置于为得到关注而相互竞争的刺激中。老师们很容易在教室中观察到分散性注意的表现：学生一脸迷茫地看着老师。老师低沉的嗓音，教室窗外的声音以及当天课后的晚餐，这些内容分散了学生的注意力。这于学习无益，或者我们应该说，对日后检索编码信息的记忆无益。

大脑中发生了什么？

有关神经系统的科学研究明确地告诉我们，大脑内没有具体的"记忆中心"（Kolb和Whishaw，2011）。"记忆"分布在大脑的不同部分。如第 5 章所述，大脑的各个系统紧密相连支持了这种观点。试想一下，脑区通过感官系统（视觉、听觉、味觉、触觉）对初始信息进行处理后，将信息传递到大脑的其他区域进行深度处理，这样，人们才可以对编码的信息采取相应的行动。试想，情绪化的大脑（边缘系统）如何给感官信息添加额外的信息，如何使感官感受得到。试想，生理方面对感官系统的影响，如何促成最终的动作或行为，以及这些动作如何反馈回大脑。记忆存在于大脑的单一区域中，有这样的想法不足为奇。

有告诫说，实验已辨别出大脑中"显著的"区域，而这些区域似乎与记忆有着紧密的联系。例如，作为边缘系统（情绪）中的一个结构，海马体可以临时储存长时记忆的情景元素，使大脑中的新皮质对这些元素进行额外处理。前额皮质显示其参与了短时记忆形成过程（Deco 等，2004；Deco 和 Rolls，2003）。如果你能回忆，那是因为在短时记忆的储存区域中，前额皮质对新掌握的信息进行处理并编码。视觉信息在枕叶中进行处理，听觉和嗅觉信息在颞叶中处理。这些都是很重要的感觉，经过这样的加工，信息便成为记忆痕迹的"一部分"。

在患有自闭症、注意力缺陷多动症或阅读障碍的儿童中进行记忆缺失的调查研究表明，患有自闭症的儿童，其海马体、扁桃体及颞叶呈现异常，这造成其记不住事件而记得住语义（Salmond 等，2005）。这些异常，使得短时记忆不能有效处理视觉空间方面的信息，显示出功能缺失的情况（Zinke 等，2010）。在一项非功能磁共振成像研究中，也显示出短时记忆的视觉形象功能缺失的情况（Salmanian 等，2012；Stoicea 等，2011）。患有注意力缺陷多动症的儿童会经历短时记忆视觉空间缺失的情况，尤其是在没有接受药物治疗的时候（Kibby 和 Cohen，2008）。哌醋甲酯（商标名称为利他林）这种药物是多动症儿童的处方药，在大脑中，神经传导物质——多巴胺和去甲肾上腺素（见第 5 章）负责控制人的注意力和行为。作为一种兴奋剂，利他林可以使多巴胺和去甲肾上腺素的数量增加，进而使大脑变得活跃。服用药物后，大脑活动增加。患有阅读障碍的儿童其大脑形态与健康儿童的大脑形态有所不同。具体来说，不同之处体现在颞平面及丘脑上，患有阅读障碍的儿童皮质畸形（Wajuihian，2012），功能磁共振成像研究表明，阅读障碍儿童具有皮质活动的不对称差异（Leonard 和 Eckhart，2008）。针对记忆缺失，有证据表明，阅读障碍儿童的短时记忆落后于未患病的儿童，如果信息输入过快，就导致阅读障碍儿童编码困难（见 Fostick 等，2012）。

环境依赖记忆和状态依赖记忆

环境依赖记忆（Godden 和 Baddeley，1975）和状态依赖记忆（Eich，1980）都靠情感润色（Goodwin 等，1969；Eich 和 Macaulay，2000）。环境依赖记忆指的是对学习的成功回忆，是在特定的情境中进行编码。可用一个简单的例子进行论证。对学生来说，如果考试的教室也是他平时学习（编码）的教室，他更有可能回忆起所学的知识，因为这个教室为有效回忆提供了提示。实际上，考试所处的教室并不总是平时的教室（许多考试受空间限制，需在礼堂进行）。为克服这一点，教师应该进行考场回忆可能性的探讨，使教室环境有助于学生进行知识回忆。在情感经历与情景诱发的记忆中，嗅觉（味觉）发挥了重要作用，这一点颇有意思（Miles 和 Berntsen，2011；Castle 等，2000）。父母走入教学楼参加家长会时，通常他们会评论，"这个地方的气息"会使他们立刻回忆起多年前自己那段令人难忘的校园时光。通常，学校门厅里涂漆的地板或铅笔屑会引起他们对童年的回忆。在学校工作的教师们不会触发这些回忆，而我们从老师那儿得到的评论通常与学生们脚的气味或汗津津的走廊有关。毫无疑问，这些与老师们的角色有关，如果完全脱离学校，老师们也会和家长们一样，回忆起情感丰富的记忆。如果学校的礼堂在考试前一天进行了体育课，很明智的做法是打开窗户，驱散里面的气味，这完全是为了帮助学生回想起教室当中的记忆，除非，教室的气味与此类似。

状态依赖记忆是指在相同的生理状态下成功回忆起之前的编码。古德温（Goodwin 等，1969）发现，在编码过程中，喝了酒的参与者如果在回忆时处于同样的酒精诱发状态，则有助于进行信息回忆。出于如此明显的原因，考试期间，学生经常会让我们想起这个"有启发作用的"研究。我们通常会机智地告知他们，酒精是一种神经系统镇静剂，因此，它既不可靠，也不可取（基于众多原因）。

> **活动：记忆辅助工具**
>
> 将全班分为 A、B、C 三组。创建一个由 20 个物体组成的转盘（或是一张介绍这些物体的幻灯片）。学生的任务是在两分钟之内尽可能多地记住这些物体。两分钟后，老师会移走或盖住这些物体。
>
> A 组要在物体再次出现时，将物体成对或三个三个地联系起来。
>
> B 组要在心中将学校环顾一遍，将这些物体"放在"不同的教室或区域。
>
> C 组只需简单地摆好这些物体。
>
> 接下来，要求他们写下自己努力记住的物体，以此检测学生的记忆。之后，最好安排一次讨论，询问学生如何成功记忆这些物体。

在上面的活动中，你会发现 C 组表现不好，因为他们试图以列表形式记住全部 20 个物体。C 组大部分学生能够记住大约 7 个物体（Miller，1956），你可以注意到，他们更倾向于记住最初和最末的几个物体，而记不住处于列表中间的物体。这就是序列位置效应或首因—近因效应（Murdock，1962），这也为老师提供了一些启示：无论要求学生做什么，不要将重要的信息放在"中间"。如有必要，分割教学计划，先进行短暂休息，再开始那些不得不放在课程中间的重要教学内容，这样它们就成为了下一教学部分的"开头"（这样就会出现首因效应）。

B 组和 C 组都应比 A 组做得好。对一些学生来说，通过关联将物体分组（A 组）比较容易，这实际上使物体的数量减半，因为回忆一组的第一个物体会联想起第二个物体。同样，对那些开始"心灵旅途"的学生来说，他们需要将物体"放在"教学楼的不同房间。如果再次开启取回这些物体的旅程，就会很容易回想起这些物体。这一原则可用于语义记忆，比如真实信息的记忆。在熟悉的房子周围进行"心灵旅途"更容易记忆历史上的人物，描述大事记，花园的古老历史，中世纪时在一楼房间发生的事，以及在一楼或二楼发生的现代历史（当然这也可以用来反思特定历史时期的伟大人物）。

增强注意力的其他方法

有很多方法可以帮助增强注意力或从干扰性事物中将注意力拉回。下表中的活动阐明了为了完成任务如何"拖住"或固定注意力（援引自 Harris，1984）。

> **活动：转移注意力**
>
> **第一部分**
>
> 给学生一份活动说明（正面朝下），告诉他们要求，之后再让他们阅读活动说明，并开始活动（否则学生会在你没介绍完任务之前就阅读任务顺序）。
>
> 完成任务需要用数字定位空格，从 00 开始，然后是 01、02，一直到 99，时间限制为两分钟或三分钟（事实上，在规定时间内一般很难填到 99）。因此，这个任务

需要将注意力从刚刚"发现的"数字转移到下一数字，这需要敏捷、高效的信息浏览能力。

表 6.2　数字网格

32	10	57	02	83	22	47	24	63	06
51	25	88	43	15	91	68	89	12	49
65	59	17	38	85	74	34	09	62	70
20	75	52	30	50	42	56	77	84	92
03	82	28	07	71	69	95	46	98	26
11	48	78	35	64	93	37	80	76	16
86	45	58	19	97	61	99	33	23	40
67	31	73	08	90	21	72	94	04	14
41	79	01	00	39	87	81	29	66	44
96	60	54	13	27	55	05	53	36	18

学生应该在规定时间内完成任务。将分数记录在数据集里（这可能在日后数学课堂上使用）。这是锻炼学生转移注意力的基本方法。

第二部分

分组进行，一位学生先执行任务，其他学生作为"干扰者"。

该学生要想完成任务，也需要用数字定位空格，从 00 开始，然后是 01、02，直到 99。

干扰者随机重复任务者想要尝试的数字，使他难以集中注意力。或者，干扰者可以重复乘法表或其他任何数学干扰方法。

学生应该在规定时间内完成任务，然后互换角色。在最初的数据集里记录干扰状态下的得分，这样就有机会对有干扰及无干扰时的注意力表现进行对比。

你可以直观地预测出，学生在没有干扰时会记住更多数字，我们也倾向于这种说法，但是我们也观察到有学生在受干扰时会取得更高的分数。询问时，一些学生会回答：他们在家学习时相当"吵"，除非处于同样吵的环境中才能集中注意力学习（参考前文环境依赖记忆的讨论内容）。尽管这完全不切实际，但我们希望可以思考测试中的启示，对考试需要的安静环境进行重新考量。

专注和水合作用

本文在第 5 章中强调了充足的水合作用对学习的重要意义（Johnston-Molloy 等，2008）。我们讨论了缺水会如何直接损害大脑功能，降低决策速率，对注意力造成不利影响，降低专注能力（Popkin等，2010）。现在，我们可以将大脑中的活动（第5章）与储存记忆时信息编码的难题联系起来。如果孩子在编码阶段不能集中注意力，那么他成功储存信息的可能性很低。集中注意力最简单的方法就是确保学习者经过了水合作用（记住，摄入液体时，会有个体差异因素存在）。老师可以设定目标，规定孩子们在午餐前或下午必须喝定量的水。快速扫视全班是检测水合作用水平最简单的方法。实际上，为何不把在课上的某个合适的时间点"喝一两口水"纳入课程计划呢？当然，唯一需要记住的警告是：要在喝水和"对不起，老师，我想去卫生间"之间寻找平衡。

体育活动/锻炼和专注

研究结果表明，体育活动或体育锻炼可以提高学习知识的能力（Barkley，2004；Dolezal等，2017；Majorek等，2004），而且可以提高记忆。比如，课前跑步可以提高课堂上的注意力（Bass，1985）。锻炼可以减缓压力、沮丧及焦虑对人体的影响，在考试时提高学习成绩。进行体育锻炼的学生更加自主，因此更容易激发内在的积极性（Hashim等，2012）。同样，通过研究健康体能与数学成绩之间的关系（Eveland-Sayers等，2009），发现体育锻炼能够提高编码及检索知识的能力。研究结果表明，正如人们期待的那样，每天锻炼45分钟，能够改善人们的体质，也有可能提高流体智力[①]及感知速度（Reed等，2013）。通过增加运动，提供高质量的体育教学项目，能够提高学生们的学习成绩（Ryan和Panettini，2011）。

儿童肥胖症的增加，部分原因在于不限时间地玩电子游戏，这一点十分值得关注。然而，现在游戏中也可以融入运动元素，并检验运动与记忆的关系。人们称之为"运动游戏"。研究表明，"运动游戏"可以影响儿童的短时记忆（Russell，2009）。如上文介绍的那样，短时记忆是获取知识的编码阶段的重要组成部分。

体育课后，老师可以开展有用的数据采集练习，通过与之前的数据进行对比，对学生的表现进行干预（用学习或记忆术语来表示）。当然，必须考虑到外界因素的影响，如"午饭后的注意力降低"可能会影响课上的表现。老师管理班级采集的数据可用于规划每周的教学课程，使体育课程对教学效果的帮助最大化，即体育课后，利用学生的专注度提高的情况，立即开展课程教学。

健脑操®[②]及应急策略

我们除了介绍运动对提高认知发展的作用，还提出了许多其他解决办法和措施。其中最重要的可能是"健脑操®"，即一系列促成高效学习的必要刺激动作（Hannaford，1996）。健脑操®得以发展的前提是，通过一系列规定的动作，大脑和身

[①] 美国心理学家雷蒙德·卡特尔把智力的构成分为流体智力和晶体智力两大类。流体智力是一种以生理为基础的认知能力，如知觉、记忆、运算速度、推理能力等，会随年龄的老化而减退。晶体智力主要指学会的技能、语言文字能力、判断力、联想力等，并不随年龄的老化而减退。——译者注

[②] 一套通过运动促进身心脑整合、发展全人智慧的独特方法，源于1969年，创始人是美国的保罗·丹尼逊博士（Paul Dennison, Ph.D.）。——译者注

体会更加协调、统一，从而推动更高效的学习。这些动作以提高以下三个方面为基础：偏侧性，或左、右脑进行运动或思考的协调性（例如通过演讲、阅读、写作等）；集中，或者为增进理解，协调前后脑信息的能力；中心意识，或大脑上下平衡理性思维和情感的协调能力（Dennison 和 Dennison, 1994）。

健脑操®已在许多国家得到广泛推广，然而，健脑操缺乏支持性的可靠研究（参考 Hyatt, 2007）。缺乏研究支持的理论基础已引起人们的担忧，进行深入的文献综述之后发现，只有五篇类似期刊论文对健脑操进行了有效性分析，而且这五篇论文均出自同一期刊，对采取的运动方法也进行了分析（Hyatt, 2007: 120）。

但这并未阻挡健脑操®在学校的广泛采用，海厄特（Hyatt, 2007: 23）提醒道，"如果老师们想要最大程度地使用科学的、有研究基础的练习方法，他们必须接受充分的培训来学习健脑操的研究内容，也需意识到健脑操是一种从未过时的流行运动"。

尽管健脑操®存有争议，但近期研究提出一个更加简单的方法来提高学习能力，即涂鸦。研究表明，进行涂鸦的人（就这个研究而言，涂鸦指的是在一张纸上画出不同的形状）比未曾涂鸦的人回想记忆的能力高出29%（Andrade, 2009）。可能老师们最不愿意对学生们说的是"放下笔，听我讲"。如果老师基于环境依赖记忆的原理，利用这些方法，当学生处于学习的编码阶段时，手里拿着一支钢笔或铅笔，可能意味着当他们需要高效回忆时，同一支钢笔或铅笔会成为"提示"或"触因"。当然，我们不提倡使用可伸缩笔，因为课堂经验告诉我们，不断的"点击"会分散注意力！

6.5　认知理论在课堂上的应用

在过去的几年里，认知理论已经在课堂上流行开来。也许得到最广泛运用的是罗森夏因（Rosenshine）的"教学的原则"（principles of instruction），这是一个17个阶段的组合，后来罗森夏因将其减少到了10个阶段（1995, 2012）。

- 以对之前学习内容的简短回顾开始一堂课。
- 以小步骤呈现新材料，每一步之后都让学生加以练习。
- 限制学生一次所接受的材料数量。
- 给予明确和详细的指示与解释。
- 提出大量问题并检查理解情况。
- 为所有学生提供高水平的练习。
- 在学生开始练习时，对他们进行指导。
- 自问自答并示范步骤。
- 提供已解决问题的模型。
- 要求学生解释他们所学到的东西。
- 检查所有学生的回答。
- 提供系统的反馈和纠正。
- 用更多的时间来提供解释。
- 提供许多例子。

- 必要时重复进行讲授。
- 为学生的独立练习做准备。
- 当学生开始独立练习时，监督他们。

罗森夏因的模型已经被收录在信息图或海报中，并经常被展示在教职工办公室中。然而，与布卢姆的学习分类法或德威克（Dweck）的"GROW"模型一样，这些模型具有简化性特点，并不能详细说明有效嵌入这些做法所需要的工作深度。比如，"给出清晰而详细的指示和解释"可以根据认知负荷来考虑（这一点很快就会讨论）；再如，"提出大量问题并检查理解情况"需要了解有效的提问策略，如开放式和封闭式问题，或要求学生提出他们自己的问题（见 Rosenshine 等，1996）。

最近认知心理学的最新发展得到了关注，例如认知负荷理论（cognitive load theory）（Sweller, 1998）。认知负荷理论认为工作记忆（working memory）在任何时候都只能处理有限的信息量。

认知负荷理论并不是一种新理论。事实上，该理论的基础源于米勒（1956），即一般人在短时记忆中能接受的数量为 $7±2$ 个。例如，一个人可能记得一个九位数的电话号码的前五个数字，而另一个人可能能够记住所有的九位数。因此，认知负荷理论是早期理论的延伸。具体来说，在认知负荷理论中，有三种类型的认知负荷：内在、外在和相关（Paas 等，2003）。内在认知负荷与记忆信息的难度有关，尽管之前的学科知识可能会有所帮助。这就是为什么课程（比如数学）要定期重温并扩展概念的原因之一。外在认知负荷与信息的呈现方式有关。信息呈现方式的变化会影响人们对信息的记忆程度。相关认知负荷与帮助学生建立与信息有关概念框架的方式有关。

该理论的重点是减少内在和外在认知负荷，比如，内在认知负荷可以通过将学习任务分为多个小步骤来减少（见上文罗森夏因的原则），同时要注意适当的顺序（再次参考罗森夏因）。外在认知负荷可以通过提供清晰明确的指令来减少，这些指令要与具体学习任务有关，并在以前的学习基础上有所发展，从而建立起明确的关联。同样，这与罗森夏因的原则相关，但也与更多的建构主义理论相关，比如布鲁纳和维果茨基的理论。因此，虽然认知负荷理论看起来是一种席卷教育领域的新理论，但它真的是新理论吗？或者说它是对现有理论的再包装？

另一个受到重新关注的应用认知理论是佩维尔（Paivio）的双重编码理论，该理论认为在学习新事物时，视觉信息和语言信息的相互作用至关重要（Paivio, 1971）。在该理论中，由于视觉信息（或模拟编码）和语言信息（或符号编码）的处理方式不同，大脑会对信息进行不同的表征，从而会在记忆中形成一种二者共生的信息处理方式。例如，一个孩子在听到"汽车"这个词时，给他看了一张汽车的图片，他的大脑就会同时做出视觉和语言的表征，并在适当的时候进行提取。不用说，学习外语也可以很好地利用语言和视觉的双重编码，与只用一种方式编码（如语言）信息相比，这可以提升记忆的可能性。

一些研究支持双重编码理论，包括，在研究中对玩具组装的顺序以图片、文字或多媒体的形式呈现，要求学生回忆并组装玩具（Brunyé 等，2007），或在研究中让学生学习拼写（Sadoski 等，2004）。相反，也有其他的理论观点，比如命题理论

（propositional theory）认为大脑中存储的是概念意义而不是视觉或语言表征（Anderson 和 Bower，1974；Pylyshyn，1973）。

6.6 小结

如第 5 章所述，人类神经系统的生理发展，开启了增长或发展感知、认知功能的能力。儿童开始此奇妙征程时，随着新功能的出现或原有功能得到提升，对环境的认识会有所改变。在一定时期内，成年人对教室的印象可能相同，但这并不等同于孩子会以同样的方式去感知教室。作为老师，我们应当尝试"以孩子的视角"探索世界，此处"孩子的视角"指的不仅仅是孩子的眼睛。

6.7 拓展阅读

Baddeley, A.D.（2002）'Is working memory still working?', *European Psychologist*, 7（2）：85–97.

巴德利是记忆领域卓有成效的研究者。他的任何书籍或论文都值得一读。该篇是简单易懂、值得阅读的文章之一。

Gibson, J.J.（1979）*The Ecological Approach to Visual Perception*. Boston：Houghton Mifflin.

本书是关于感知的经典，也是研究视觉信息处理方式的经典著作。

Miles, A.N. and Berntsen, D.（2011）'Odour-induced mental time travel into the past and future：Do odour cues retain a unique link to our distant past?,' *Memory*, 19（8）：930–40.

该优秀论文强调味觉记忆的有力影响，使用嗅觉线索或气味，激发老师的想法，帮助学生在课堂上实现主动学习及回应。

Mulrine, C.F., Prater, M.A. and Jenkins, A.（2008）'The active classroom：Supporting students with attention deficit hyperactivity disorder through exercise,' *Teaching Exceptional Children*, 40（5）：16–22.

这篇文章是关于对注意力缺陷多动障碍的学生进行身体活动检查的。该文章就如何将各种方法应用到教学中提出了实用建议，不仅对多动症的学生有帮助，对所有学生都大有益处，值得一读。

第7章 社会化、情绪发展与个性

> **本章目标**
>
> - 理解儿童成长过程中如何实现社会化发展和情绪发展。
> - 理解儿童的发展阶段如何影响他们的学习能力。
> - 增强促进儿童社会化和情绪发展的意识与能力。

7.1 本章简介

第7章的核心主题是社会化和情绪发展，这与第6章的内容密切相关。学生的人格在人生经验的积累中不断形成并固定，当然这种经验也包括他们学习和获取知识的方式。孤立地探讨人格是局限的，且毫无效果，因为一个人人格的形成会受到智力、记忆和学习方式的影响。

7.2 儿童的社会化发展

社会化发展是一个复杂的过程，在这一过程中儿童观察、理解、采取社会所接受的行为。在这里需要指出的是，每个人对"社会"的定义不尽相同。在成人看来，社会是我们所生存的大环境，例如全球性的社会或西方社会。然而我们也可以进一步缩小社会的概念。作为大学生，你是大学这个社会的一部分，我们所说的不是你在大学中所加入的任何一个社团，而是说大学存在于"自己的世界"中，它有自己的运行规则、章程以及行为规范。同样，学校也是这样一个社会。校长在大会上提出"学校社区"的概念，指出学校也是一个独特的社会。这个社会是独特的，因为每当教育系统提出一个通用的愿景时，每个学校都以不同的方式予以实践。教职工、学生和管理者所组成的动态而复杂的群体使每个学校之间产生了微小的甚至明显的差异。学校不仅是地域社会的一个部分，也是有自身运行法则的一个独立社会。这个社会的"成员"仅限于这所学校的教职工和学生。

当学校被看作一个社会或社区时，孩子必须学习这个学校的基本规则以及行为规范。事实上，那些移民到其他国家的孩子可能要"重新学习"社会规范，而且有必要作出文化调整（Purdy 等，2014）。从广义上来说，这是社会化的过程（Haralambos 和 Holborn，2008）。尽管我们主要用社会化的概念来解释儿童融入社会所经历的过程，但不可否认社会化过程会持续一生。社会化涉及学习社会价值、社会观点与态度（改变自己的态度，使社会能够接纳）、社会技能、社会敏感性以及社会认可的语言知识（尤其是在"零不文明用语"的学校）。可以说，儿童必须在两个场所经历社会化过程，一个是在校内，一个是在校外。孩子的大部分童年时光都在学校度过，因此儿童的大部分社会化过程在学校体系中完成也就不足为奇了。

教师对学生社会化的促进作用体现在尽可能地确保孩子们通过学习学校的规范来理解社会规范，在学校中尽可能地强化这些规范，帮助学生在离开学校踏入社会后能够掌握社会的行为准则。通过掌握这些社会规范，儿童在将来成人时，能够更好地担任社会角色，即一个人在社会中所扮演的角色及其担负的职责，例如母亲、父亲、律师、医生或者技术工人。

社会化过程最主要的三个方面是：重要他人、社会环境、自我约束。重要他人指的是有影响力的人，他们通常是知识的传授者和推动者。我们在这里没有用"教育者"这一概念，是因为尽管这些人的确教给孩子社会运作的规律和规范（Ametepee等，2009），但是他们并不能成为合格的教师。任何一个传授社会化知识的人都可以勉强称作老师，但是为了避免概念混淆，这里我们使用"促进者"一词。社会环境指的是社会化可能发生的"环境条件"，人们去强化、重构或适应环境。社会化过程无法脱离外部环境。社会环境可能会对儿童产生积极的影响，但当儿童进入到一个不良群体中时，不良的社会环境也会对儿童的社会化产生不利影响。自我约束指的是儿童自身的行为倾向。例如患有自闭症的儿童和正常儿童的行为倾向有较大差异（Rose和Anketell，2009）。一些自闭症儿童会对社交行为有极端反应，这必定会对他们的社会化产生影响。如果再加上认知和情绪发育上的缺陷，那么儿童将在多个方面出现发展障碍。这些内容会在第9章进一步探讨。

社会规范、社会价值和社会态度都与社会控制有关。完成社会化后，个体会将社会规范、价值观和处世态度内化于心，而且以自己的方式来适应社会。那些拥有社会权威来促进或变革社会规范、社会价值的人控制着社会。虽然社会控制是通过个体的社会化来实现的，但当足够多的人认为社会需要变革的时候，这种社会控制也会随之动摇。"柏林墙的倒塌"（Gaab，2011）和东欧解体（Kramer，2011）就印证了这一点。

社会控制可以采取两种手段：消极手段和积极手段。人们普遍认为消极的社会控制是通过惩罚以及惩罚的威慑力来实现的。对于违反了规范、章程或法律的人，惩罚措施会促使他们"更正"自己的行为。不管是因触犯法律而遭到审判，还是因违反校规而受到惩处，都属于消极的社会控制手段。然而，消极的社会控制也不必如此正规，还可以通过一些负向行为来实现，如我们都经历过的"老师的怒视"或者我们有时在学校经历过的"嘲笑"，当已经习得社会规范的孩子取笑那些违反社会规范的孩子时，有时是更为残酷的方式。

相比之下，积极的社会控制通过奖赏、认可、某种形式的好处等方式来发挥作用。行为主义理论中的"奖励"很好地概括了以上三种方式。奖赏通常是物质上的，直接给予金钱或者提供一些具有经济价值的物品。教师给课上表现良好的学生发放糖果，学年结束时老师向班上的学生赠送小礼物等，都属于"物质"奖励，因为糖果和礼物都具有经济价值。正如我们第 1 章的内容，认可也是一种"奖励"，是对我们自尊心的一种满足。因此，教师表扬进步大或用功的学生，就是一种"奖励"。积极社会控制的第三种方式是某种形式的好处。老师为在学校表现良好的学生播放一段 DVD 影片属于某种形式的好处，至少在这些看了电影而且不用多做一倍数学作业的学生眼中，这就是一种好处。

社会控制，顾名思义，意为"控制"，但这并不意味着"剥夺"，也不意味着控制者能够通过牺牲其他人的利益而使自己受益，近代很多专制政权被推翻恰恰说明了这一点。社会控制是一种促进社会成员习得社会规范的管理机制。人们只有习得、内化社会的规范，才能够更好地适应他们所生存的社会。儿童习得和内化社会规范的方式之一就是游戏。

游戏是促进儿童社会发展和认知发展的一个非常重要的途径。实际上，游戏也是社会行为的一种形式。儿童会模仿他们从父母那里或者电视上所看到的行为。在游戏中，小孩可以扮演"母亲"，或者一个 7 岁的孩子扮演"老师"的角色，通过这种方式，儿童可以更好地理解社会对他们所扮演的各种角色的期待（Barbu 等，2011）。在一个 7 岁儿童的眼中，老师有其特定的行为方式。实际上，这种角色期待和理解可能会延续到成年时期而且持续多年。

> **活　动**
>
> 给你班上的孩子提供以下职业：警察、教师、司机、体育教练、医生，让孩子们从这些职业中选取一种，并列出这一职业的 10 个特征。当然，孩子们也可以选取这个清单以外的其他职业。
>
> 如果你安排不同年龄的孩子分组完成这项任务，那么你会发现不同年龄组的孩子们所列清单的变化。
>
> 接下来，在课间一次选 1~2 个孩子（事先不告知其他学生）在全班同学面前来扮演他们所选择的角色。观察并且记录孩子们的行为，与孩子们在课上列出的清单进行对比，你了解孩子们在他们所处的年龄段，对于成人职业角色的理解。

皮亚杰并不认为游戏是一种模仿，而是一种角色认知。根据皮亚杰的理论，儿童并不是在表演成人世界中的角色，而是在根据自己的理解扮演这种角色。在游戏过程中，儿童"成为"了老师或消防员。日常事物用来代替或象征游戏中需要的物品。皮亚杰认为，游戏是一种认知活动，而不是社会活动，儿童需要通过游戏来提升认知经验。皮亚杰将这种游戏称为"象征性游戏"（Piaget，1955）。不管游戏是否有助于强化认知基础，我们需要肯定的是，在社会环境中也有游戏，游戏是一种社会活动。游戏中包含了儿童的社会化过程，在这里争论游戏究竟促进了儿童的认知发展还是社会发展，并没有多大意义。从现实角度来看，教师可以利用游戏来了解儿童对于成人世界的认识和理解，对于更大一些的孩子而言，还可以了解他们对角色的理解。从本质上讲，这是皮亚杰的认知发展理论和维果茨基社会文化发展理论之间的根本分歧（Vygotsky，1978）。本章我们也提到，在儿童的生活和成长过程中，文化是促进儿童发展的重要因素。维果茨基认为认知发展是儿童与其所处环境互动的结果，这与纽威尔的理论相似。皮亚杰和维果茨基都把认知发展看作形成对外部世界的内部表征。要证明维果茨基的社会文化理论，我们可以检测在缺乏外在刺激或机会的情况下，儿童的社会认知发展是否会受到影响。假设孩子处在一个外在刺激多元化的环境中，有很多去看、去听，以及与家长、朋友、同伴、教师等交流的机会，在这种情况下孩子的认知发展和社会发展水平会比在缺少外界刺激环境中（如20世纪90年代的罗马尼亚孤儿院）的孩子更高（Audet 和 Mare，2011）。在缺少外界刺激的情况下，儿童的认知发展、社会化发展以及文化发展都会受到消极影响。他人的存在会帮助儿童学会应对问题情境。维果茨基认为，儿童的社会化发展是在问题情境中他人对儿童进行引导的结果。言语发展也是如此，在面临问题时，儿童如何让他人理解自己，如何有效地表达自己的需求，这是需要关注的问题。

在第1章中，我们在梳理心理学视角时，提到过达尔文主义及其适者生存理论。现在我们将介绍社会达尔文主义理论。在社会达尔文主义理论中，社会充满竞争和冲突。那些在竞争和冲突中生存下来的个体是社会的强者，是成功者。成功会带来更大的社会期望，这又孕育了更大的成功，这就是社会达尔文主义所强调的观点。同样，失败导致社会期望降低，从而导致了进一步的失败。

> **活动：在教室中存在社会达尔文主义现象吗？**
>
> 对照班级花名册，评价每个学生的"社会成功度"（0~10，10为最高）；
> 然后，看每个学生的学习成绩，并评价每个学生的"学业成功度"（0~10，10为最高）；
> 根据以上评分绘制散点图；
> 然后，画一张教室座位图，包括每个学生的座位和名字；
> "社会成功"与"学业成功"与学生的座位有关系吗？思考这在社会达尔文主义理论中意味着什么？你是否要改变教室的座位安排？

7.3　儿童的情绪发展

在探讨情绪发展之前，我们有必要先确定情绪发展概念的内涵。"情绪"与心情、情绪反应是一回事吗？在文学作品中，这些概念可以表达同样的含义，但这些概念之间有着细微的差别（见图7.1）。

图 7.1 情绪、心情和情绪反应之间的细微差别

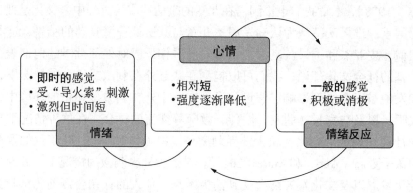

如图 7.1 所示,情绪是由某些"导火索"(如一辆车从你面前驶过)引发的短暂性的感受,是一种短暂而强烈的感受,也可能会改变一个人的心情。我们都听过有人这样说"……让我一早上心情不好"。糟糕的心情一般会随着时间慢慢消失。但有时糟糕的心情会一直延续,并且导致长时间的消极情绪,如果是好心情则会延长成为长期的积极情绪。这些区别比较细微,但我们仍然有必要理解这几个概念之间的差异,即使只是表面词义的差别。

我们已经明确了这几个概念之间的差别,那现在就来更加深入地探讨一下"情绪"的内涵。我们先来考虑"究竟什么是情绪?"通常说人有六种"基本"的情绪:怒、惧、哀、惊、喜、乐。乐、喜、惊属于积极情绪,而怒、惧、哀属于消极情绪(Niedenthal 等,2006)。深入思考,人们会发现这些基本的情绪可以衍生出其他很多种情绪,就像两个不同品种的葡萄通过混合可以制作出不同风味的葡萄酒一样,普拉奇克(Plutchik,2003)提出将不同的情绪混合在一起,会产生出"情绪变体"。如图 7.2 所示,在普拉奇克的情绪轮中,外圈的情绪就是内圈情绪的混合体。

如图所示,情绪轮中包含了基本的情绪以及衍生的情绪:反感、接纳、期待。当相近的两种情绪混合在一起时,就会产生一种新的情绪。例如,愤怒和厌恶混合在一起就产生了鄙视,快乐和期待混合在一起就产生了乐观。通过思考情绪的混合形式,我们得到了更多有意义的情绪类型。

图 7.2 普拉奇克的情绪轮

> **活动：在课堂中辨别情绪**
>
> ● 将普拉奇克的情绪轮画到一个记录本上，然后把你观察到的一种情绪在情绪轮中作出标记。
> ● 在上学期间找个适合的机会或者是在你的课堂上，记录任何一种你记录本上出现的情绪。
> ● 如果你觉得能够将情绪混在一起，那么就这样去做。
> 提醒：在开始混合之前，你必须知道每种情绪是什么样的，并能够用可观测的属性来定义。如果你没有"看到"这种情况，就不用记录。

早在婴儿阶段，情绪发展就开始了。一个刚出生的婴儿会快速地与自己的母亲建立联系，然后是那些与婴儿关系最近的其他成员。约翰·鲍比（John Bowlby，1969）认为，从进化论的角度来看，这是动物界的自然现象，作为人类，在这方面我们与其他物种一样。鲍比用"依恋"这个概念来形容这种现象，他指出儿童会尽可能地与他们的母亲建立亲密关系，这将成为儿童与他人建立亲密关系的第一次体验。未来各种情绪的发展都是以亲子关系为基础的。

图 7.3　认知、情绪和社会化发展三角图

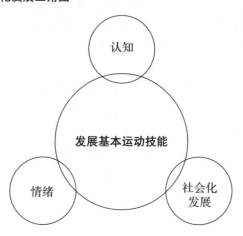

认知（大脑皮层）、情绪（边缘系统，位于皮层下）和社会化发展有着紧密的联系（见图 7.3）。我们已经探讨过认知发展和社会化发展，在讨论儿童的发展时，这两个概念无法孤立分析。

探究情绪的方法之一，是研究荷尔蒙与自主神经系统在反应和行为上的交互作用。任何一种"原料"（事件）在先前经验、当下实践的相互作用中，都会产生一定的情绪反应，人们也会判断这种情绪反应是否适当。这种混合模式在后面还将作进一步阐述。迈尔斯（Myers，2010）提出情绪具体表现在生理活动和行为上。这一观点是在沙赫特和辛格（Schachter 和 Singer，1962）的经典模型基础上提出的，今天仍然适用。沙赫特和辛格模型的重要意义在于提供了理解和体验情绪的方法。

除了以上这些理论与图示帮助我们理解情绪的概念，我们还需要提出更加科学的理论模型。上文中已经探讨了情绪的种类，关于对情绪的其他认知，拉扎勒斯（Lazarus，1991，1999）作出了如下总结：

- 系统性：情绪是一个有组织的过程。
- 持续性：情绪可能会在持久的环境中，以相同的模式反复发生。
- 发展性：生物和社会因素影响情绪。
- 独特性：每种情绪体验都是独特的。
- 理解性：情绪的含义是通过认知评价来构建的。

认知关系模型有五个原则：系统性、持续性、发展性、独特性、理解性。系统性原则指的是情绪有组织和结构。持续性原则指的是如果人与环境相对稳定，那么会产生相似的情绪。发展性原则指的是情绪会受到生理和社会因素的影响，这两个因素随着儿童的不断成长而发生改变，所以学习总是"为不久的将来而学习"，为下一个"变化"而学习技能。独特性原则指的是每种情绪体验都是独特的，我们可以回顾一下六种基本情绪以及普拉奇克提出的情绪轮，这些能够印证这一点。理解性原则指的是需要通过认知方面的评价来确定情绪的内涵。因此，一种特定情绪的意义基于人们对它的理解。

有研究表明新生儿喜欢母亲的乳汁胜过"婴儿奶粉"或其他母亲的乳汁（Aoyama等，2010；Schaal等，1980；Marlier和Schaal，2005）。这一研究说明婴儿可以通过嗅觉与世界建立联系，对婴儿来说，母乳的气味比陌生人的气味更加熟悉。这种行为是双向的，母亲同样能通过气味来辨别他们的孩子。这可能是一种遗传现象，也可能是熟悉的缘故，学习在其中并没有起到重要作用，亲子关系已经天然形成。下面我们继续探讨这种关系。

我们应该提醒自己，大脑结构在建立亲子关系的过程中起到了作用。我们在第5章讨论了大脑的进化历程（爬行动物、古哺乳动物、新哺乳动物），并且指出古哺乳动物的大脑已经具备了情绪：这一结构位于大脑皮质下面，现在称之为大脑边缘系统。大脑中情绪系统和嗅觉系统之间有着非常紧密的联系。嗅觉（对气味的感觉）与我们的记忆和情绪联系密切（Castle等，2000）。人类非常善于把特定气味与特定事件或经历关联起来。下面我们通过活动中的例子来加以说明。

活　动

去你的学校，闭上眼睛，深呼吸，感受学校一天当中各个地方不同的气味，包括你的教室的不同角落。例如：

08:30 — 咖啡 — 教师休息室
11:30 — "体味" — 体育课后的走廊或体育馆
12:00 — 午餐味道
13:00 — 如果下雨了要把淋湿的衣服挂起来
14:30 — 氯—游泳课后的泳池
16:00 — 消毒剂或其他清洁用品

（当然，这些很大程度上取决于你所教学生的年龄。中学科学课后的走廊里可能会有硫磺的味道；在森林学校中工作的你可能会闻到烟味）

把你闻到的气味列出来。

看一下你在这次活动中写下的气味，你在自己家里能创造出这些气味吗？这可能需要一些物质资源的辅助。例如，坐在家里，削一根铅笔然后靠近闻一下。闭上眼睛，想象一下教室的情境。你可能会产生幻觉，感觉自己处在教室中。气味对你的大脑产生了暗示，让你觉得自己真的在那里。

反 思

如果你希望加强教室内的或其他的学习活动，想想你能否用一种气味来创造活动所需的环境。例如，英国德罗伊特维奇的一位老师，尼基（Nikki），来向我们寻求帮助，试图通过嗅觉来加强英语课的教学。我们指导她运用心理意象，把日常的味道加入到这一理念中。尼基通过阅读一篇文章引出了写作任务的主题，并选取了一些物品让她的学生去闻，例如剥了皮的橙子或者是巧克力蛋糕等。她在后面的讲解中用到了这些气味而且鼓励学生从这些气味中获得想法和情绪上的启发。这次活动开拓了孩子们写作的思路和情绪，收到了以往课堂中从来没有的效果。

考虑一下，你能不能运用气味来优化你的课堂？

在研究记忆（大脑颞叶的功能）这一概念时，我们发现认知发展、社会化发展和情绪发展之间有着紧密的联系，而且记忆与其中任何一种发展都交织在一起（Kolb 和 Whishaw，2015）。已有经验会存储在记忆中，或者至少当这种经验"非常值得纪念"时，它会在记忆中存储下来，当下的行为很大程度上取决于个体对于现有情境中应当做出何种行为的评估。因此，记忆引导了后续的行为，不管这些行为是认知方面的还是社会化方面的。情绪倾向于为一个人的行为添加"色彩"，一个人的情绪状态会影响他所做的事情及做事的方式。例如，你班上一个平时很温和的孩子，因为同学不小心把水杯打翻在他的作业本上而突然表现出带有侵略性的行为。这种"与个性不符"的行为可能是由于这个孩子因为家里发生的事情而带着"愤怒"的情绪来到了学校，这种情绪在学校中没有消散而导致了消极的影响。

有时控制情绪很困难，甚至成人也无法做得很好。社会不仅仅需要儿童掌握情绪控制的技能，而且需要他们快速地掌握这种技能。情绪智力（Emotional Intelligence，EI）是近年来出现的一个心理学概念，它可以用来衡量一个人的情绪控制能力（见 Roberts 等，2008）。情绪智力指的是人在情绪驱动的情境中的反应能力，具体可以定义为："一个人感知情绪并运用情绪来引导思维、理解情绪、调节情绪，以此来促进个人成长的能力。"（Salovey 和 Mayer，1990：185）在实际运用中，我们需要理解情绪反应的"触发器"，并且在采取行动之前，重新思考在这种情境中应该如何做出反应。

同样，皮亚杰也提出，儿童在认知发展的过程中不断习得技能，其中重要的一项技能就是情绪智力。然而情绪智力并不是一种"全有或全无"的技能，也不是一项今天不具备而明天就可以具备的技能。成人世界中情绪智力的运用相对稳定。

作为成人，在各种人际关系中，社会对我们的行为都会有某种特定的预期和要求。但是对于儿童来说，情绪智力并不稳定。当然，我们对儿童的行为有一定的预期并且希望儿童能够运用情绪智力做得更好。然而在现实中，儿童或许发现模仿很容易，但是他们做不到"移情"，就像婴儿很早就能够模仿成人的行为但他们并不理解这种行为的含义。在教室中，老师能够运用情绪智力了解学生的思想，以便预测在某种情境中学生会做出怎样的反应。同样，随着年龄的增长，儿童也能够运用他们不断增长的情绪智力知识来预测其他学生或者老师在特定情境下会做出何种反应。这种理解能力会随着年龄的增长、经验的丰富而不断完善。然而，自闭症儿童缺乏这种评估和理解他人行为的能力。吉克（Geake，2009）提出了"镜像神经元"的概念，即在人的大脑中有一个镜像神经元系统，通过模仿的方式帮助人们获取信息。尽管镜像神经元在实践中得到了印证（Heyes，2010），但是这一概念能否解释情绪发展的过程、能否解释记忆和知识习得的过程，尚待进一步的讨论。

如前所述，情绪和认知之间有着紧密的联系。在探讨了儿童的各种发展之后，我们发现情绪和认知发展具有不可分割的联系。看看下面这个活动，思考你有怎样的情绪色彩，你的认知对这种情绪的形成起到了什么作用。

> **活　动**
>
> 假设一个情境，你心情很好，具有积极和"兴奋"的情绪状态。例如，你刚完成一次体育锻炼，或一次愉快的散步或者一次愉快的社交体验，然后，你开始批改作业，或者做你"工作清单"中的其他任务。当你做这项任务的时候，感知一下你的情绪状态以及这种情绪对自身表现的影响。你的结论可能是这种积极的情绪让这项工作更容易、更轻松。接下来，假设你处在消极的情绪状态中，比如你刚开完一个无聊的会议，或开车回家的路上遇到拥堵，或需要在明天之前给领导撰写一份文件等，然后开始批改作业。你可能会发现完成这项工作非常困难，你的情绪状态影响了你工作时的方式。

如前所述，皮层组织（认知）和皮层下组织（情绪）都位于大脑中，所以我们无法假设认知与情绪之间没有联系。在大脑进化发展的过程中先出现了边缘系统，因此边缘系统可能在大脑中发挥了非常重要的作用（也许并没有），至少我们不能忽视这种作用。从出生到成年，在大脑的发育过程中情绪也在逐步发展，因此进入21世纪，人们更加重视情绪发展。回到教室情境中，多少次你看到人们建议在愤怒的时候深呼吸5次或数到10？即时的情绪反应是支配性的，这是进化留给我们的。理性的、基于认知的反应，需要思考、信息处理和决策，这些都需要较长的时间才能完成。因此，关于"深呼吸5次""数到10"的建议是为我们提供冷静下来的时间，这是一种中间状态的行为，我们应该这样应用：在做出反应之前给自己一点时间从情绪化的情境中抽离出来。在课堂管理方面，毫无疑问，老师尽力想要让学生处于自己的掌控之中，这种策略也同样有效。

完成刚才的活动以后，你可能会问，"如果你不能定义或判断自己的情绪状态和感受，那么又如何去判断其他人的呢？"一个人要想理解情绪状态和感受如何影响行为，他需要自我反思。感知自己的情绪状态和感受，可以帮助人们换位思考，对他人的感受产生"共情"。在学校里，当学生犯错误时，我们经常会对他们说"你有没有想过，当你弄坏Jane的书时，她是什么感受？"也许我们还不太知道"情绪智力"的概念，但我们经常教给学生相关的技能。有趣的是，有研究表明情绪智力和学习成就之间有着密切的联系（Qualter等，2012；Mavroveli和Sánchez-Ruiz，2011）。

> **反 思**
>
> 发展是一个广泛使用但极其复杂的概念。你应该经常思考这样的问题："发展什么？"这让你能够关注特定的领域，例如运动发展，并且能从特定的视角来看待发展问题。

在社会化和情绪发展之外，这一节我们来探讨儿童发展的时期。我们列出了儿童发展过程中各种行为或能力形成的时间表。尽管这张时间表是基于标准的数据或依据而得出的，但这些时间并不是完全固定的。在发展过程中，个体差异会起到非常重要的作用。同样，如前所述，环境条件也对儿童发展有重要作用。尽管如此，探究儿童各个年龄段的发展状况可以帮助我们理解儿童的能力是如何形成并逐渐发展成熟的。在当前教育体系中，儿童各个年龄段的发展状况也需要予以关注。当然，各个国家在这一点上有不同的规定。

在第5章中，我们通过生理系统发展的状况探究了学生个体是如何发展的。显然，我们讨论的每一个系统之间都会产生交互作用。这种变化是每个学生形成独特个性的基础。没有两个完全一致的指纹，同样也没有完全相同的两个人，即使双胞胎也是如此。图7.4显示了学生个体的四个组成部分：个性、智力、记忆和学习风格。

图7.4 学生个体的影响因素

7.4 个性

每个人都有个性[①]，这是"我之所以是我"的一个组成部分。即使我们曾经听到有人说"某某没有个性"，这并不意味着他们没有个性，相反，这句话的意思是这个人不够活泼。人们开玩笑说会计和图书管理员没有个性，事实当然不是这样。这类人可能比较安静，全身心投入到自己的"日常工作"中，这种状态也许会带入到个人生活中，但这并不代表这些人没有个性。

儿童不是生下来就有个性的。个性是后天形成的，是人与环境交互作用的结果。个性的形成开始于婴儿期。有人会说婴儿已经具有一定的个性，也有很多人说个性在童年时期才开始形成，个性还可能在青春期发生变化，事实的确如此。每个家长都有关于孩子"双重个性"或"青春期"的故事。这些并不意味着"不好"，而仅仅反映出孩子个性的发展处在一个特殊的时期，这是个性会随时间发生变化的一个缩影。当儿童进入成人时期，他们的个性逐步稳固下来并且延续多年，尽管有些时候，生活的变故或压力仍然会导致个性发生变化。

以上的这些介绍并不能给个性下一个确切的定义。在不明确个性是什么的情况下，一个人又如何形成个性呢？因此，我们在深入探讨个性之前，首先应该对"个性"进行定义。定义"个性"是非常复杂的过程。个性包含哪些内容呢？哪些东西不属于个性？到1927年，对"个性"的定义就已经有50多种（Allport，1927）。回顾一下第1章我们对视角的探讨，任何一种定义都是从个人视角出发的，都可能带有个人色彩，因此当理论研究者或专家从他们自己的视角来探究这个概念时，以往提出的概念可能都存在不妥之处。在定义"个性"的时候，必须包含某些要素。一个人的个性特征具有一定的稳定性，不会随着时间的推移而发生变化（大的变化），定义中必须包括这一点但不局限于此。个性是可以预测的，因为人们在不同的情境中也会表现出基本相同的个性。个性的另一个要素是差异性。显然，在我们周围，每个人的个性各不相同。不存在单一的个性类型，个性不是一个"全有或全无"的概念。如果人们的个性都是一致的，那么世界会变得索然无味。

我们现在对个性有一个简单的定义：人们不随时间和情境而变化的、区别于他人的、特有的行为和思维模式（Carlson等，2004：582）。迈克尔·艾森克（Michael Eysenck）在此基础上，参考早期蔡尔德（Child，1968）的定义，对个性的内涵进行拓展：塑造一个人不同于他人的行为模式，且相对稳定的内在因素（Eysenck，2009：287）。艾森克指出，"内在"这个词非常重要，因为它将个性定义为一种显示在外在行为中的内在主观化的过程。

[①] Personality，可译为个性、人格、性格，后文根据语义和惯常用法选择用词。——译者注

> **活动：辨别个性特征**
>
> 在你的班上，结合你的教学经历以及对学生的了解，列出学生的个性类型。思考这些类型之间有什么异同。
> - 在你列出这些个性类型的时候，它们有没有任何共性的特征？
> - 在这些类型中有没有你所欣赏的个性特征？
> - 有没有你不喜欢的个性特征？

完成这个活动以后，你应该已经知道了下面我们将要讨论的内容。你能根据自己对个性特征的评估，将班上的学生进行分类吗？在安排座位时你会将个性类似的学生安排在一起，还是不同个性的学生混合在一起？个性可能影响课堂教学，这里有一个例子。我们的建议是请你验证一下自己的假设，当然这不是硬性要求。记住，对于其他老师而言这可能并不起作用，也许对明年的你而言也不一定奏效，所以你需要掌握的是利用个性理论（人格理论）充实并提升教学。

回到刚才活动中你所列的清单，或许你已经注意到了其中的一些主题，或者说特征，这些特征涉及我们下面要探讨的人格理论。让我们回顾一下早期的心理学理论，那时的理论家已经试图去解释个性特征。在公元2世纪，希腊医生盖伦（Galen）基于四种液体（盖伦称其为体液）提出了一种人格理论。表7.1显示了这四种体液，并对其相关的个性特征进行了描述。

表7.1 盖伦的"四种体液"及其相关的个性特征

体液类型	主要成分	个性特征
多血质	血液	乐观，快乐，充满激情
胆汁质	黄胆汁	暴躁，易怒，脾气不好
黏液质	黏液	缺乏激情，安静，没有活力
抑郁质	黑胆汁	悲观，抑郁

尽管你运用过表7.1中提到的概念，但你可能不会把这些特征与体液关联在一起。我们认为人格不会与这些物质有过多的联系，但在某些人身上，由于有过多或过少的神经递质、神经元，或神经内分泌系统产生波动，这些可能会在一定程度上影响其人格，但这完全是另外一回事。盖伦对心理学的贡献在于建立了一系列的人格类型。此外，鲁道夫·斯坦纳（Rudolf Steiner）将四种体液作为区分不同学生需求的方式（Steiner, 2008）。然而，在现代心理学中，我们更需要去探讨这些特征影响个性发展的深度和广度。从这个意义上来看，我们可以更好地了解和探究人们之间的人格差异。

特征（trait）是可以在人身上观察到或推断出的特点。身高和体重是特征，正如我们在图5.2a和5.2b（第5章）中所看到的，尽管只是身体上的特征。我们建议你在进一步阅读之前，先简单回顾一下。为什么这很重要？

之所以重要，在于它为人们提供了一种有效和可靠的方法，使他们能够在身高和体重的连续体上进行定位。因此，对于像身高和体重这样的特征，二者都受到某种区间范围的影响，但从诸如肌肉组成等方面看，却可以将一个橄榄球前锋归到"肥胖"类别中，尽管他非常健康。因此，对于任何这样的特征，无论是生理还是心理方面，都有一些外在的影响因素，可能会在特定的时间节点影响一个人。此外，虽然心理测试被用于心理评估，但它们不能被孤立地使用，而只应该被用来为更广泛的讨论提供信息。此外，心理测试的结果只在六个月内可靠，超过期限则需要重新测试。

不同的学者对个性的定义不同，他们提出的个性特征少的有 3 种，多的有 16 种。而奥尔波特和奥德波特（Allport 和 Odbert，1936）则认为有多达 4000 种的个性特征，这也从侧面反映了我们之前提过的观点，即界定"人格（个性）"这一概念难度巨大。下面我们就从雷蒙德·卡特尔（Raymond Cattell），汉斯·艾森克（Hans Eysenck），罗伯特·麦克雷（Robert McCrae）和保罗·科斯塔（Paul Costa）这四位学者的观点来进行探究。

这四位学者在人格特征选取的过程中都用到了因素分析法，我们需要通过问卷这种调查工具来进一步解释因素分析方法。问卷中通常会以一些标题或主题来对所有的问题进行分组，一份有 50 道题目的问卷可能会将问题划分为 5 个主题，相关的问题分别属于这 5 个主题。因素分析是一种把问题进行归类的技术，而且编制问卷的研究人员需要确保这些问题确实可以划归到不同的主题中。因此，因素分析是确保问卷有效性的方式之一。人格测验问卷也是如此。奥尔波特和奥德波特（1936）并没有提出 4000 个因素。雷蒙德·卡特尔等 4 位学者将多个问题划归到 3~16 种主要因素当中。

雷蒙德·卡特尔是当时开发 16 种人格因素问卷的第一人，这些因素也被称为"源特质"（而不是那些无关紧要的表面特质）。表 7.2 列出了卡特尔总结的 16 种人格因素（16PF）（1956a，1956b，1956c，1956d），PF 指的就是人格因素（Personality Factors）。填答这份问卷的人，需要在每个问题上给出一个评估等级（共 10 级），最后折算出表 7.2 中的因素，并形成一个大致的结论。当得出结论后，也可以与他人进行比较，这就是人格测试的主要内容。值得注意的是，我们并没有评价任何一种因素是积极的还是消极的。例如，"服从"是消极特征，而"支配"一定是积极特征吗？一个警官在工作中需要有威严，而王室的管家或其他成员则需要谦逊而服从。在警察和管家身上体现出的"支配"和"服从"这两个特征都分别符合他们的身份要求。同样，在教室中，一个服从型的教师面对支配型学生时，必须努力去形成一种控制力。从另一个例子来看，有些人认为"自律"是优点，而"任性"是消极的人格特征，那么一个不惧怕"做出独特行为"的人是否更能够摆脱权威的束缚？

表 7.2　卡特尔 16 种人格的源特质

低分者特征	人格因素	高分者特征
缄默、矜持	合群性	热情、外向
迟钝	聪慧性	聪慧

续表

低分者特征	人格因素	高分者特征
情绪激动	稳定性	情绪稳定
随和、顺从	支配性	独立、好强
严肃、审慎	兴奋性	轻松、兴奋
权宜敷衍	有恒性	有恒、尽责
畏怯退缩	敢为性	冒险敢为
理智、现实	敏感性	敏感、细腻
信赖、随和	怀疑性	怀疑、刚愎
务实	幻想性	富于想象
坦率、朴实	世故性	精明能干、世故
沉着、自信	忧虑性	忧虑、抑郁
保守	开放性	积极进取
依赖	独立性	自立自强
散漫	自律性	自律严谨
放松	紧张性	紧张

现在卡特尔的16种人格因素理论仍旧得到广泛应用，但是在现实中这种运用需要更加严谨和谨慎。如表7.2所示，一些因素非常相似，例如，"放松""忧虑""情绪稳定"都是与焦虑感相关的因素。在使用16种人格因素理论的过程中会产生一些问题和矛盾，这使得心理学家对这一理论的运用逐渐减少。尽管存在这样的问题，但卡特尔的理论还是为其他心理学家提供了进一步精简这些因素的方向。

汉斯·艾森克（1916—1997）提出人格可以用三个因素来概括：外倾（外向）、神经质和精神质。与卡特尔的理论相似，这三个因素都具有两极性：有两个相反的极端。由艾森克和他的夫人一同开发的艾森克人格问卷（1975）可以来评估人格特征。

我们通过图7.5可以看出，一个人在这三个因素上可能表现出不同的状态。外倾反映了一个人外向的程度，相反，内倾反映的是一个人小心、孤僻和离群的程度。神经质反映的是一个人焦虑的程度。在神经质方面得分高的人，其焦虑感较强，经常会出现紧张或情绪波动。相反，在这个方面得分低的人更加放松，而且情绪稳定。在班级中，你认为"敏感"的孩子可能会在艾森克人格问卷的神经质方面得分较高。精神质集中反映的是人的侵略性、自我中心主义和反社会性。在精神质方面得分高的人侵略性强、缺乏人情味、冷漠且以自我中心（过度关注自我），相反，在这方面得分低的人是非侵略性的、温和的、照顾他人的。我们需要强调的是，艾森克在人格问卷中所使用的"精神质"概念与临床心理学中的精神病是有区别的。精神质指的不是精神病患者（那些存在精神错乱，甚至用极端暴力手段来表现自己的人）。精神质主要强调的是一种非社会化的人格特征，即不会用社会所认可的方式去表达自我。因此，那些隐士在这方面的得分会比较高，因为他们会尽量避免社交活动。

图 7.5　艾森克的人格特质的极端化性质

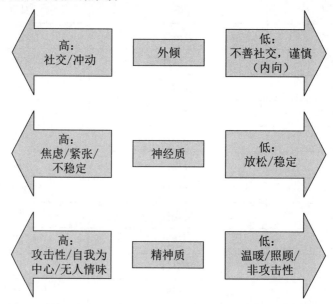

艾森克的人格理论的前提是：人格在本质上具有生理属性。因此他强调中枢神经系统生理刺激对人格形成的重要作用，这在第 5 章也有提及。艾森克认为大脑的活动影响了人格，那些大脑皮层活跃的人不需要更多的外界刺激。根据艾森克的理论，这些人在内倾指标上得分较高。相反，那些大脑皮层活跃度低的人需要增加外部活动来提高他们的活跃水平，这些人在外倾指标上得分较高。这种思维是直观形象的，并且为人格理论提供了基因学基础。艾森克认为，我们的基因在很大程度上影响着我们个体人格的形成，因为基因决定了我们的活跃水平。在神经质方面也是同样的道理，那些在这方面得分高的人不需要再寻求外界的刺激。而在精神质方面，这一点表现得不是很明显。但是，作为一种人格理论，艾森克的理论解释了为什么有的人希望从事一些极端的活动，如蹦极或者赛车，而对另一些人而言，这些活动会引起恐惧和害怕。

构成我们独特个性的是不同维度的混合体。一个例子是，相比于我们"是否"喜欢风险和刺激、"是否"外向和善于交际等，更加真实的情况是，我们可能善于交际，但在内心更倾向于规避风险。这种"混合"就像任何食谱：稍微多加一种成分就可以改变一道菜的整体感受。同样，艾森克的人格因素也可以通过混合而形成新的组合。例如，悲观主义是一种人格特征，我们在日常都会时不时接触具有这种人格的人。然而，悲观主义并没有出现在图 7.5 中。事实上，它确实存在，但我们需要稍微深入地看一下。根据艾森克的说法，悲观主义是外向性和神经质的混合体。更具体地说，如果一个人在艾森克人格测试（EPQ）中，内向性和神经质维度上的分数较高，同时呈现出较高的不稳定性，我们认为他就具有悲观主义人格特征。

艾森克认为，基因在形成人格的个体差异方面起到了 67% 的作用，但关于这一点的依据尚不充分。实际上，一项综合性的研究结果显示，基因对外倾性人格的影响比例约为41%，对神经质人格的影响比例约为31%（Pederson等，1988）。尽管如此，艾森克已经把卡特尔的16种因素进行了整合，形成了更容易操作的类型（在一小部分因素上可能操作性还不够强），而且通过大脑皮层活动的研究推动了人格形成潜在机制的探究。遗憾的是，神经质因素并没有像艾森克最终认为的那样起到重要作用，而且生理因素影响人格这一观点仍缺乏支撑。

近年来，心理学家普遍采用"大五人格"理论来研究人格（Costa和McCrae，1985），尽管这一理论的准确性遭到质疑。那么什么是"大五人格"理论？为了方便记忆，可以用OCEAN来表示这五种人格（不是大海的意思，而是五种人格名称首字母的缩写），具体见表7.3所示。

表7.3　麦克雷和科斯塔1985年定义的"大五人格"特质（引自Eysenck，2009）

人格特质	具体描述	学习特点
开放性（Openness）	创造性/想象力/好奇	对学习感兴趣；超越预期；好奇
尽责性（Conscientiousness）	勤奋/坚持/有抱负	关注任务的细节；希望做到最好
外倾性（Extroversion）	善于社交/乐观/健谈	愿意与同伴分享和讨论观点
亲和性（Agreeableness）	合作/温和/乐于助人	以建设性的方式与其他学生合作；乐于帮助其他学生
神经质（Neuroticism）	焦虑/缺乏安全感/情绪化	脆弱；不明确老师的要求和学习任务；情绪化

大五人格特质是从一份含有181个项目的问卷中抽离出来的，这份问卷被称为神经质、外倾性和开放性人格测验（NEO-PI），设计这份问卷时采用了利克特5点量表的形式，选项是从"非常同意"到"非常不同意"的五个级别（McCrae和Costa，1990）。NEO-PI量表将成人的社会地位与人格关联起来，那些在外倾性指标上得分较高的人，不管是男性还是女性，一般都具有较高的社会地位。我们认为人格特质在童年时期就开始形成，作为老师，你需要观察学生人格的发展变化，这无疑也是一项特殊的任务。

> **活动：你可以看到大五人格吗？**
>
> 从你的班上选5名学生。根据表7.3中的描述，看看你能不能说出你的学生具有哪些人格特质（用是或否来表示）。然后，思考学生表现这些特质的程度，用1~10来进行等级评估。
>
> 在这里必须强调，这个活动并不是要演示NEO-PI量表的操作方法，而是要帮助你通过儿童可观测的行为来理解他们人格特质。我们必须承认，处理含有181个项目的问卷数据非常不现实，也不合适（NEO-PI并不是为儿童而设计的）。

"大五人格"特质与卡特尔、艾森克提出的人格特质存在潜在的重叠，虽然它提供了一种人格测量的有效手段，但或许所测量出来的因素是相互交叉的，而并非相互独立的。不管这个问题是否能够解决，它都反映了人格这一概念的复杂性。

前面介绍了一些人格理论，我们似乎面临一个困境。人格的发展是非常个性化的，我们都可以自由地发展自己独一无二的人格。事实是这样的吗？社会有没有在我们身上强加一些人格特征？正如我们在第6章所提到的，个体在"塑造"过程中有诸多影响因素。机会可能会青睐一部分人，而其他人则没有，或者说没有同等的机会。这些机会或挫折塑造了现在已经成年的我们，虽然在我们身上形成了一系列的人格特质，但它们并没有全部发挥作用，反而是那些社会所"渴望"人们具备的人格特征逐渐显现出来。

人格测验作为心理测验的一种，多年来已经在一些著名公司广泛使用，例如可口可乐、必胜客等（Psytech International，2013）。这些公司通常要雇佣那些"适合"公司运转的员工，而这种判断在一定程度上以心理测验为基础。

在学校中，儿童可能会被贴上某种人格特质的标签（见第9章）。这并不完全是一件坏事，这是人类希望把看到的任何事物进行归类和分组的天性，那么其中重要的一点是"规则"。作为教师，你需要或者认为自己已经认识到，教师职业应该适应学生和他们的童年。毫无疑问有时这些事情与你毫不相关，但作为教师你会发现这会促使你在职业生涯中变得更加成熟。

确定具体的特质只是探究人格的方式之一。虽然已有证据表明，人们会对不同的情境做出相同的反应，也会在不同的时期对同一情境做出相同的反应，但我们仍然不能简单地认为人们相同的反应折射出的是相同的人格。从不同的角度来探究人格可能会有不一样的收获。在前面的章节中我们已经总结了一个结合所处环境、已有经验以及人与环境互动的情况来对人进行分析的理论模型（如第5章中纽威尔的理论模型）。社会学习方法并不需要建立具体的人格特征，然而，心理学家则坚持社会学习理论需要理解认知和环境对人格的影响作用（见图7.6）。

图7.6 人格发展影响示意图

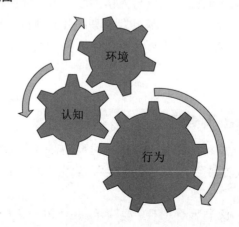

通过这个示意图，我们接下来一起探讨班杜拉关于人格的社会认知理论（Bandura，1986，1999）。班杜拉认为，交互决定论在人格形成过程中起到非常重要的作用。交互决定论并不陌生，如上图所示，纽威尔的理论模型就是交互决定论的一个例子。可以通过海德尔的平衡理论（Heider，1958）来理解交互性，社会吸引力是一个双向的、相互的概念。举个具体的例子，孩子 A 喜欢孩子 B，在很大程度上，孩子 B 也会喜欢孩子 A。同样，在图 7.6 中，认知影响了行为，同时也会受到行为的影响，而认知和行为又同时会受到环境的影响。脱离其他因素而去谈某个因素是不全面的，就像没有两条健全的腿便无法正常行走一样，举这个例子没有贬低的含义，只是想要解释交互决定论的含义。

班杜拉同时也强调动机。在他的理论中，一个人在特定任务或活动中想取得成功的期望，决定了这个人能否适应不断变化的环境或者能否在特定情境中表现出平时的状态。你可能注意到，你班上的一些儿童在很多情况下都表现稳定，当你让他们换到一个新的环境中，可能会引发他们的困惑。情境的转化可能会测试出儿童的技能。那些拒绝技能测试的孩子可能是为了避免失败，而另外那些接受挑战的孩子则把这当作一次学习的经历。这两种选择都体现了自我效能，即我们对于自身能力的感知。那些逃避测试的儿童是为了保护自我效能，因为不想失败，不想得到"愚蠢"之类的评价。接受测试的儿童则能够发现自己的短处，发展并习得技能，即使失败了，这次经历也会对今后的发展有益。思考一下，当一个孩子在尝试一次富有挑战性的任务中失败了，你会有什么感受？你可能会对这个孩子勇于挑战的精神给予表扬，同时告诉他下次尝试的时候可能会更容易一些，因为通常最初的尝试会充满困难。同样，你肯定也会发现这样的情况，一个孩子在富有挑战性的活动中很快就放弃了，而且在其他情境中也会出现这种问题。你可能会对这种行为进行归类，认为这是人格上的缺陷。对于那些屡屡失败但仍然坚持的孩子，你会认为这种行为是一种财富（在成功之前永不放弃尝试）。

自我效能基于四个因素而形成：儿童的已有经历（在上次类似的活动中是否取得了成功）、可借鉴的或间接的经历（儿童是否看到其他孩子在活动中取得了成功，关键时可以模仿其他孩子的行为，并坚信"如果他们能做到，我也能"）、口头说服（他人说服儿童，使他们相信自己有能力在活动中取得成功）以及生理刺激（即儿童是否具备完成这项活动的生理条件）。太高的刺激水平会引发紧张和焦虑感。这四个因素会影响儿童的自我效能。成功动机或者参与动机，也是决定儿童行为表现的重要因素。

在班杜拉的理论中，决定行为表现的另一个重要方面是"自我调节"。自我调节与认知控制机制有着密切的联系。自我调节是一种基于内部或外部资源的调节或控制自我的机制。自我调节还是一种"认知道德"，由三个主观阶段组成。第一是自我观察，在这个阶段，人们对自己进行观察，不是直接的观察（没有录影设备的情况下无法进行直接的观察），而是通过行为结果来观察，例如儿童的优秀作文或者是测验成绩。第二是判断，人们通过将自身的表现和成果与他人或社会标准进行比较来判断自己的表现，例如一个孩子在一次测验中的班级排名。第三是自我反馈，是对活动的感性评价。当人们认为自己的表现达到了自己的标准时就会表现出自满或骄傲，例如，一个孩子表现得比自我预期的更出色。通过自我调节，人们可能会设立新的目标，自我效能感得到满足，成功动机提升，希望达到更高水平的需求也变得更加迫切。在第 8 章探讨通过认知重构来认识不同情境以提高自我效能和自我调节能力的时候，我们还将继续探讨自我效能和自我调节的概念（如第 16 章）。

米歇尔（Mischel，1984）也认同班杜拉提出的交互决定论，然而，米歇尔认为认知差异导致了人们之间的个性差异。米歇尔把这称作"认知变量"，并总结出以下 5 个变量：

- 竞争力
- 策略应用与自我塑造
- 预期
- 主观价值
- 自我调节机制和规划能力

米歇尔认为，能力是我们所拥有的"技能"，是一个人运用这些技能应对挑战的能力。策略运用和自我塑造与个人的信息处理能力相关。米歇尔认为人们处理信息的方式各不相同，而且人们处理信息的方式与他们理解信息的方式密切相关。一个孩子可能认为一次数学测验富有挑战和乐趣，也有的孩子可能认为数学测验"让人恐惧"。同样，我们对所接收的信息的理解不尽相同。预期和能力的区别在于，预期是一个人基于他的已有知识和对相似情境的经验而希望产生的结果。成功不仅仅取决于能力，也取决于一个人对自己行为的预期。米歇尔认为，主观价值与一个人的信仰相关，人们更希望在他们所信仰的领域挑战并取得成功。从这个意义上讲，米歇尔提出的最后一项——自我调节机制和规划，是一种自我监测行为。作为人类，我们需要对自己的发展进步进行监测，这使得我们能够更好地适应社会，尤其是在教师行业，自我监控与外部监控都非常有意义。因此，一个人在实现目标的过程中，可能会用自我奖赏或自我惩罚这样的主观方式来监测个人的进步与发展。此外，人们也会建立"行动计划"来实现既定目标，我们将在第 14 章讲目标设定时进行进一步的探讨。

7.5　小结

本章介绍了社会化发展、情绪发展和发展的时间阶段。我们列出了各种行为或能力发展的时间表。这些时间表根据规范的数据和材料得出，但并非固定不变。在人的发展和能力习得过程中，个体差异和环境条件起到了非常重要的作用。尽管如此，研究儿童发展的时间顺序可以帮助我们理解能力如何得到发展、如何成熟。作为教师，你也应该了解教育体系中各个阶段与儿童发展阶段的对应关系。当然这与你所在的国家相关。

我们可以在一个大的表格中将本章的内容涵盖进去，包括各种发展的年龄阶段。然而，这不是帮助你总结这些知识的最有效的方法。我们建议你从年龄时段的角度重新回顾本章的内容，从而根据你自己的需要进行总结。例如，你可能想要了解皮亚杰认知发展理论的某个阶段儿童会形成哪些能力（如前运算阶段，在这个阶段儿童的视觉灵敏度得到快速发展、获得了基本的运动技能）。这些内容有多种组合的方式，这取决于你自己的兴趣。

7.6 拓展阅读

Baker, J.A., Dilly, L.J., Aupperless, J.L. and Patil, S.A. (2003) 'The development context of school satisfaction: Schools as psychologically healthy environments', *School Research Quarterly*, 18(2): 206–21.

本研究报告表明,如果学校声明并满足孩子的成长需要,那么这所学校可以构建心理健康的环境。

Mavroveli, S., and Sánchez-Ruiz, M. (2011) 'Trait emotional intelligence influences on academic achievement and school behaviour', *British Journal of Educational Psychology*, 81(1): 112–34.

该研究报告为研究情绪智力、成就和行为三者之间的关系提供支持。

Niedenthal, P.M., Krauth-Gruber, S. and Ric, F. (2006) *Psychology of Emotion*. Hove: Psychology Press.

一本引人入胜和易读的书,阐述了情绪的认知和社会方法。

Qualter, P., Gardner, K.J., Pope, D.J., Hutchinson, J.M. and Whiteley, H.E. (2012) 'Ability emotional intelligence, trait emotional intelligence, and academic success in British secondary schools: A 5 year longitudinal study', *Learning and Individual Differences*, 22(1): 83–91.

本研究报告详细展示了在一段相对较长的时期内关于情绪智力如何促进成功的研究内容。

第三部分
满足学生的需求

第 8 章考察学生的特殊需求。首先探索了自我概念、自我的组成部分，以及如何提高自我感觉。接下来第 9 章着眼于划分学生的方式，质疑其合理性，拓展了关于个人独特性的讨论，随后，探讨了传统上有"特殊教育需求"的学生的各种需求。第 10 章着眼于探索动机问题，讨论动机将如何有效促进学习，并研究了传统视角，随后又介绍了自我决定理论。第 11 章整合了前面的章节，同时介绍了学生"需求"阻碍有效学习时的解决方法。

第 8 章 理解自我

> **本章目标**
>
> - 理解不同理论关于自我概念的认识，理解自我的概念仍处于发展中这一现状。
> - 认识自我的组成和自我的独特性。
> - 思考自我意识如何受到影响，同时了解一些提高自我意识的策略。

8.1 本章简介

教学中的基本要素和生活要素一样，在相互影响、不断竞争中达到平衡。比如，作出晚饭吃什么的决定。也许你现在并不饿，可是经验告诉你，也许晚些时候就会饿。在决定吃什么之后，你或许还需要作出很多其他决定：

- 你计划什么时间吃饭？
- 你是否准备了做饭的原料？（它们在保质期内吗，数量够吗，多少人会来吃饭，需要再买点烹饪材料吗？如果需要，何时何地买何种材料，以及你是否有足够的钱？）
- 你有足够的时间做饭吗？（如果准备得太早，吃饭时也许你还不饿；如果准备得太晚，也许你会选择做些简单的或者弄点快餐。）
- 吃饭的时候要喝点什么吗？
- 食物的卡路里和营养价值能满足你吗？
- 你吃餐后甜点吗？
- 叫外卖是不是简单些呢？如果叫外卖，叫什么类型的外卖，在哪家店叫呢？

这种与做饭相关的决定显示出，我们的大脑通常会无意识地作出复杂的决定。现在我们把伙食开销等财务因素考虑在内，要作出平衡财务资源的决定，以确保在一周剩下的时间里有足够的钱。随后我们要作出更多决定，思考如何获得资金，比如，通过工作。工作需要我们进一步作出更多决定，健康、家庭、兴趣、房子，甚至社交生活等因素都需要考虑和平衡，它们可能在同时期处于初生、发展、消退和兴旺等不同阶段——你或许会感谢生活的多姿多彩。

回到教学上，教学中也有许多相似的决定，如果不是每分钟都需要平衡，也需要每天平衡。从长期规划到中期规划，再到实际课程的短期规划和课程设计的思考，难怪作为教师的我们会在一天结束时筋疲力尽。

那么我们是如何进化为人类，并且能够出色地进行多维信息收集、决策并采取行动的？通过理解这种变化如何发生在我们的生活中，我们可以将这种理解运用在学生身上。

我们将延伸上一章的主题，欣赏自己的独特性是本书开展的基础。那么自我的独特性体现在哪里呢？

8.2　自我

"自我"是一个美妙的词，它同时意味着万物和虚无。心理学家通常把自我作为一种假设性结构或理论，我们自己探索我们是谁，以及我们在社会中的位置（比如，哈耶斯，2010）。在这种情况下，这是一种"我们"创造自己身份的理论，不过，谁是真正的"我们"，"我们"如何区分彼此？

很多文献对"自我"一词的实际定义避而不谈，而是通过一个连字符连接一堆其他词汇。毕竟，它是很多其他心理术语的前缀，包括自我概念、自我认同、自尊、自我效能、自我动机、自我激励、自我实现、自我决定、自我意识、自我形象和自我肯定。下面的活动将介绍自我概念的外延。

> **活动：闪电约会采访**
>
> 设想你参加一个闪电约会活动，你需要在有限的时间内向其他人描述你是谁，让他们对你有一种积极的印象。你需要在一分钟内回答这个问题：
>
> "跟我说说你自己。"
>
> 你表达了多少信息？你的描述中是否包括了以下问题：出生地、家乡、爱好、兴趣、音乐偏好、食物偏好、以前的工作经历、最喜欢的学科、最不喜欢的学科、最近的工作经历、喜欢的书、度假目的地、兄弟姊妹、宠物，或其他信息？

如果让你再次参加这个活动，区别是需要在工作面试中给人留下深刻的第一印象，结果会不会不同呢？如果有人要求你提供关于自己的"素描"，也许你会意识到，就这个主题你可以写出一本书。不过，如果你读过一些自传，有多少信息被你过滤掉？为了给读者留下最好的印象，要包括什么，排除什么？在闪电约会或者一场面试中，你会留下或排除哪些信息？实际上这是我们将讨论自我及其组成时的第一个方面。

回顾这个活动，你会发现你用到的术语可以用不同的方式分类。简单层面上，有一些以你真实的生理属性作为参照，比如，性别、年龄或出生地。另一种分类方式会涉及你和他人的关系，你是姐姐或弟弟吗？你加入什么团体了吗？你在音乐、食物、鞋或电视节目方面有什么特别的品位吗？所以，自我同时是"作为个体的你"和"作为社会实体的你"。这种二元性最早由可称为现代心理学之父的威廉·詹姆斯（1890）提出。他讨论了主体自我（人本身是知觉者或主格"我"）和客体自我（他人了解的对象或宾格"我")(Damian 和 Robins，2012；Klein，2012)。而且，詹姆斯主张自我是心理学体系中的核心概念：一切都围绕人类这一中心展开。

8.3 主体我

一个孩子出生后，呼吸了第一口空气，清洗、检查、包好，然后递到了妈妈的怀里，他来到了这个世界，开始了人生旅程。在最初的几周里，父母不停地被问到相同的问题：男孩还是女孩，体重，他/她还好吗，妈妈是如何保持（身材）的，当然还有名字。运用现代科技，如果父母早知道了孩子的性别，可以在孩子出生之前就把名字取好，取个名字会花上好多天。名字由出生及死亡登记处人员进行登记后，孩子自由地来到这个世界了。从被赋予名字起，孩子就发展出身份意识。不过越来越多的研究声称，孩子的自我意识从他在子宫中就开始发展了，之前许多研究者也这样讨论过（Assagioli，1968；Grof，1985）。

> **活动：名字里有什么？**
> - 想想你的名字。它展现了你的什么信息？你希望它展现什么？
> - 你名字的真实含义是什么？在姓名网站上查一下。
> - 你的姓来自哪里？
> - 网络社交媒体中有多少人跟你重名？你是第一个拥有这个名字人的吗？
> - 与跟你同名的人相比，你的独特性体现在哪里？

我们的名字也许最能够定义出我们是谁。当然，其他人会跟我们同名，如果你在网上搜索名字的话就能发现。我们的名字最初只是一个参考。为了避免说一些稍微有点啰唆的句子，比如，"斯科特·巴克勒想要一杯卡布奇诺"，我们用人称代词"我"来代替名字。进一步说，单词"我"的使用关乎我们的自我意识，或是我们借以交流思想、感受和欲望的客体（Damian 和 Robins，2012）。主体"我"也能拥有"执行"功能。有鉴于此，自我不只是一个"存在"，还是一个"行动者"，通过对信息的反应，作出选择和执行行动（Baumeister，2011）。

> **活动：使用"我"**
> 非常简单的任务：一天中（或一节课中）避免使用"我"这个词。

如果你能在两三分钟里达成这个活动目标，那你已经做得相当好了。从科学视角看，我们仅仅是细胞和化学选择的结果，所以没有必要用"我"。这种想法由帕菲特（Parfit，1984）提出，他认为人们不能存在于在大脑和身体的结构外，这一理论称作"还原论"（reductionism）或"羁束理论"（bundle theory）。详细来说，羁束理论认为，我们的生活是经验和感知的"束"，通过记忆把一连串的印象捆在一起。相应地，自我是一种错觉，尽管电影是由一连串图像连在一起的，但生活也许和电影的"真实"相似，也是一种错觉（Bach，1977/1998）。羁束理论家或还原论者进一步提出的主张是，科学有待探索心灵或灵魂这些让我们真正有活力的属性。

不过，仅仅因为形而上学"自我"的存在有待科学判断，并不能说明自我不存在。这与在自然界中寻找希格斯玻色子粒子（"上帝"粒子）相似，这种粒子说五十年前被提出，据说2012年使用大型强子对撞机时发现了这种粒子（大型强子对撞机是一种价值约70亿欧元的科学设备，据说是地球上最快的跑道，能够产生比太阳温度高10万倍的高温，并且使用世界上最先进的巨型计算机：欧洲核研究委员会，2009）。所以随着足够多的支持和调查，有一天科学可能会"证实"让我们生气勃勃的"自我"这一"事物"的存在。

相较于还原论者，羁束理论学者都是反还原论（或整体论）的自我理论家，他们主张部分的总和大于部分。打个比方，一幅莫奈的画作，从还原论者角度看只是"颜料"和"帆布"，从整体方法角度看却蕴含丰富的内容。因此自我理论家主张自我是单独的、持续的存在；自我是一个持久的结构。换句话说，某事或某人拥有想法并以此来作决定，这是一种意识（Blackmore，2005；Lancaster，2004）。

心理学的意识是一个复杂的领域。就像你已经通过阅读了解的那样，心理学和哲学有一些倾向于融合之处，意识就是其中一个领域。比如，我们生存于连续空间/时间的定量现象世界中：事物有重量、体积和形状。物理规律使我们在这个星球上落"下"而不是升"起"。不过我们也有个人的想法和经验，这些是自然中的主观因素。我感受到的蓝色也许在其他人看来是绿色，我耳中的音乐也许对他人而言只是噪音，我正在享用的咖啡也许并不符合你的口味。事实上，这些经验难以向他人形容：我可以尝试描述我品尝到的咖啡，但词汇并不能准确描述我的体验。（见鬼！这毕竟是一杯好咖啡！）这关系到查尔默斯（Chalmers，1996）提出的"意识难题"，"意识难题"可以简单定义为询问我们从感知过程中获得如此丰富经验的原因，以及获得的方法。事实上，我们知晓自己与查尔默斯称为"哲学僵尸"的生物的区别，"哲学僵尸"是与人类相同的一种假设性生物，在特定的刺激下以规定方式运作，但却不能和人类一样以相同的方式感觉到这些刺激。这些"哲学僵尸"在碰触到烫的东西时或许会移动他们的手或者喊"哎哟"，但是不会真的感觉到痛。他们也许会说"那是一杯香浓的咖啡"，好像他们对于咖啡存在这样的既定反应，却没有从主观上体验到"香浓"的口味。你可以通过在咖啡里加盐品尝一下来判断你是不是一个僵尸，但也许恰好你习惯于此，以特殊的方式刺激味蕾时，你会觉得很开心。早上品尝的第一杯咖啡并不能唤起你品尝肯尼亚精磨新鲜咖啡豆时相同的诗意和主观体验。

进一步把心理学从哲学中分离出来有赖于詹姆斯的主张，我们很少想到这一点。詹姆斯认为，我们可能有一种错觉，认为思想能够一成不变，但事实上我们生活在一个不断变化的世界中，我们的反应也将不断变化。这种主张使我们能够远离"哲学僵尸"。

> **活动：咖啡**
>
> 记录你一天中喝的每一杯咖啡。你感觉到品尝每杯咖啡的不同之处了吗？比如，你的思考模式相同吗？喝第一杯咖啡是不是你早晨做的第一件事？你在匆忙中喝完，而之后的一杯你也许能够更悠闲地享用？
>
> 你和不同的咖啡之间有何关系？它们每次喝起来都一样吗？你思考的过程一样吗？
>
> 詹姆斯（1890）提出的观点是否有效：我们的反应不断变化，虽然我们可能有一种错觉，认为思想能够一成不变？

关于"我"，涉及教育最重要的方面是，这是一个主观构想：也许我们跟其他人获取经验的方式不同，也许我们看待自己的方式跟其他人看我们的方式不同。当然，在一起学习的学生中，存在一个真实问题：对一个学生有效的，可能对其他学生无效。学生们认知的方式有所不同（正如第 6 章讨论的），他们对学习经验的看法可能有别于其他同学，或者有别于我们最初的计划。

总的说来，研究"主体我"可能帮助我们理解，我们都是不同的个体。标准化进程的教育体系期望所有学生一致行动、采用一致的学习方法、达到相同的成就水平等等，在发展这一体系的过程中，有些事情会受到忽视。我们将自我作为一个独特的部分来介绍，自我的另一个概念是我们在社会中应用的那个。通过互动，我们在与其他人的联系中发展了自我意识，这种联系引导我们讨论"客体我"。

8.4 客体我

"自我"作为"主体我"时涉及我们独特的主观经验，作为"客体我"则涉及我们跟其他人的人际关系。詹姆斯（1890）对这一点有所描述，他认为"客体我"是被他人知晓的对象。根据达米安和罗宾斯（Damian 和 Robins，2012）的说法，"客体我"的理解可以分成不同的层级（图 8.1）。第一个层级与"主体我"相似，是个人或个体自我。在这个层级上，我们关于个人自我的信仰和价值观都已成形。这一点受到第二层级的影响，即关系自我。在这个层级上，我们感知到自己跟别人有不同的个人关系，比如，我可能感觉到跟朋友在一起和跟同事在一起时不一样。在社会自我层级，我们感知自己处于一般的人际关系环境，比如，我们作为教师的社会角色和我们的名誉。最后一个层级是集体自我，在这个层级上，我们的个人身份是与不同的团体相关的，比如，国家、种族或教师团体。对"客体我"的感知和"生态系统理论"共同起作用，儿童通过不同的环境系统受到影响（Bronfenbrenner，1979）。

图8.1 "客体我"层级概览（根据达米安和罗宾斯，2012）

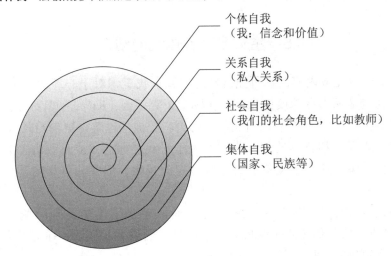

这种"环境"可以称为微系统，由儿童与他们的朋友、家庭、同伴或学校的直接经验组成。这可关联到达米安和罗宾斯的"关系"层级。一个间接环境是中间系统，两个微系统在其中联结。比如，儿童的父母也许对学校没有很高的评价，这种态度影响着儿童对学校的态度。外部系统对儿童来说是外部作用，但可能会影响儿童，比如，父母如果在工作中有压力，这种压力可能会在家庭环境中显现。与集体自我平行的是布朗芬布伦纳（Bronfenbrenner）的宏观系统，或儿童所处的文化。文化会影响国家、种族或社会经济地位。布朗芬布伦纳的最终层级是时间系统，即在时间的维度上，一切都会变化。比如，随着时间的推移，儿童时期疾病的影响会得到改善。再比如，离婚对儿童有直接影响，随着生活变得更安定，影响又会有所改善。

我们可以将布朗芬布伦纳的模型类比为涟漪穿过池塘的过程：一个地方的一个小的变化可能会波及完全不同的地方。比如，想想最近的事件如何影响经济的：经济衰退可能导致个人收紧可用资金，比如减少网络购物。如果许多个体都感觉到财务上的压力，商店的生意会变少，进而导致管理干预和商店关张。为此，一个雇员有可能被解雇，这会增加他们的财务压力，继而影响家庭，而家庭中的一个成员就是儿童。在一个30人的班里，因为有课程方面的压力和一系列相关因素，那些影响儿童的波动可以被忽略。

因此，从教学的视角看，清楚地意识到有各种各样的因素影响儿童发展和自我意识的形成具有重要意义。布朗芬布伦纳的模型以及达米安和罗宾斯的模型中的任何区域都可能影响儿童的自我意识。我们如何保证儿童的自我意识得到最好的发展呢？

- 在个人层级上要保证儿童的自我感知真实发展。本章将详细探索如何进一步发展这一点。
- 在关系层级上要保证儿童有能力与他人成功确立卓有成效的关系，理解如何与他人互动（见第7章）。
- 在社会层级上要保证儿童意识到自己归属于一个团队、班级和学校（见第9和13章）。

- 在集体层级上要使儿童懂得欣赏自己所处的文化和其他文化的多样性和相似性。

8.5 主体我和客体我的结合

读完本章前面几节内容，你可能已经意识到自我意识对于心理学来说至关重要，也可能意识到这是相当有深度的领域。实际上，克莱因（Klein，2012：363）评论说"在心理学领域的概念中，没有比自我使用得更广泛但但理解得更少的概念了"。这是真实的评价。心理学和哲学的相互作用使关于自我的概念（或自我概念）在许多心理学分支产生共鸣。这些分支都有其领域特定的视角，但在相互影响下，界限逐渐模糊。

有的心理学家已经尝试将自我的模型整合起来，尤其是阿萨鸠里（Roberto Assagioli）和肯·威尔伯（Ken Wilber）。下面是他们研究的概要，你可以将其作为一份参考，在后面的阶段进行更加深入的探索。

8.6 阿萨鸠里和心理综合

阿萨鸠里（1888—1974）创立了心理综合运动，他曾在弗洛伊德和荣格门下研究。事实上，在阿萨鸠里的理论中，弗洛伊德的影响体现在无意识方面，荣格的影响体现于原型的概念。心理综合的核心是自我实现：通过直接经验来理解真实自我，以发掘一个人最大的潜力（Firman 和 Russell，1993）。一定程度上，心理综合的焦点是通过发展主体自我进而发展真实的个体自我。与荣格的"原型论"（交错的性格组成我们的人格，或第二自我）相关，阿萨鸠里认为自我由不同部分组成，比如，儿童、父母和评论者。不同的时期会浮现出不同的原型：如果我们的自我意识感觉到了威胁，我们会采用其中一个角色，比如，被攻击的"受伤的小孩"，或者告诉别人应该做什么的"父母"（事实上，这类儿童/父母角色类似于"人际关系的心理分析"）。

阿萨鸠里认为自我由更大的集体构成：通过哲学和宗教的作用，自我会受到文化、社会、环境的影响。这跟布朗芬布伦纳较早前关注的内容相似。不过心理综合尝试更进一步地将自我部分地运用于治疗或"辅导"（使人们接受和理解自己生活中的事件），并运用于成长过程和"教练"过程（达到和超越我们的潜力）。事实上，由于关注发展个人潜能及超越潜能，通过人本主义心理学或超个人心理学阿萨鸠里处于跟罗杰斯和马斯洛相同的领域（尽管阿萨鸠里的模型在时间上早于这些心理学分支）。

8.7 心理综合与教育

如果我们的个人教育哲学是尽可能使学生发展，我们可以将心理综合运用于教学，因为罗杰斯和马斯洛在达到并超越个人潜能方面的观点极其相似。

> **活动：阅读**
>
> 阅读下面的引文，思考在什么情况下可能写出下列文字。
>
> 夸大新教育方法导致了糟糕的后果，由此而采取的行动，并没有解决问题。所有试图采用"过去的好办法"的尝试都无效，并注定要失败，这是因为，事实上这些方法并不是真的"好"，并且新一代的心理和环境条件都发生了变化，因此过去的做法并不适合现在的情况。同时，学生数量急剧增加，以义务教育为形式的"大众教育"（很受期待也很必要）混乱扩张，以及因此造成教师无法胜任、学校短缺，这些都造成了新的困难和严重混乱。这些都说明了教育领域正发生着危机，新旧危机以不同的比例存在，并且经常尖锐地相互矛盾。
>
> 下一段中能找到答案。

阿萨鸠里特别讨论了教育中涉及的创造、想象、思想和意志等方面的重要性。阿萨鸠里（1968）也讨论了教育处于"危机"中（是的，50多年前！），因为他认识到教育是通过教师和课程的控制，用权威"从外部给予"的过程，相反地，教育应该以学生为中心。阿萨鸠里认为两种极端都是有害的，应该建立新的平衡，通过老师小心地引导使儿童发展其自主性，这也是维果茨基和其他建构主义理论学者的核心思想。

另外，阿萨鸠里（1968）主张心理综合应该促进个体综合（内心的发展）和个体间综合（人际关系发展）。对于前者，阿萨鸠里讨论了个体发展中的心理发展不足和过度发展之间的平衡，以及如何"明智地管理和使用"，使其最大化地发挥作用。另外，阿萨鸠里讨论了发展儿童内在认同的必要性，尤其是培养儿童意志。对于人际关系发展，阿萨鸠里强调个体和团体之间，合作比竞争更重要，此外，还强调需要发展关系科学和人际交往技能（见第7和13章）。

在过去上百年时间里，心理综合一直持续发展：其根源早于马斯洛和罗杰斯的成果，并且影响至今。正如前述，心理综合里的许多主题跟当今的教育密切相关。

8.8 威尔伯与 AQAL

威尔伯是近期多部著作的作者，他尝试通过结合心理学、哲学、宗教和治疗的视角来将自我理论带入21世纪，以使人们得到发展。本章的一些主题会与威尔伯的成果产生共鸣。举例来说，根据威尔伯的研究，所有实体和概念都可以视作"子整体"（holon）（2000a，2000b）。一个子整体存在于双重角色中，既是单独、自我独立的单元（整个实体），也是一个系统或更多系统的组成部分。举例来说，字母表中的一个字母对于其自身是一个单独、全部的实体，但它可以跟其他字母合并成为词汇，词汇进入句子，句子进入段落和章节，等等。

根据威尔伯的研究，每一个子整体都有一个内在和外在的视角，这跟詹姆斯的自我概念非常相似，"主体我"对自我来说是内在的，而"客体我"在与他人的关系中是外在的。于是，这引出了一个简单的图像，也就是威尔伯的 AQAL 模型的基础（图 8.2）。

内在个体（"我"）涉及个人的思想、信念、情绪和价值，内在集体（"我们"）涉及特定文化的价值，外在个体（"它"）涉及其活动和行为体现出的个体反应，外在集体（"它们"）涉及集体外在结构，比如教育体系。

根据这个模型，威尔伯（2000a，2007）认为，作为个体，我们通过不同的视角感知现实，但这四个视角在本质上是互补的。这就是该模型被称作"全象限，全等级"（AQAL，All Quadrants，All Levels）的原因。在图 8.2 中，象限有明确的定义，"全等级"隐含地表明，在每一个象限中，我们都处于不同的发展阶段。比如，我们可能在内在/个体象限中处于上升状态，也就是我们关于教育的思想、信念和价值正在不断发展；不过这可能跟一个发展中的外在/集体象限存在不一致，在这个象限里，教育体系需要彻底改变。在人际关系层面，我们的自我感觉（内在/个体的象限）可能不同于其他人。

图 8.2　AQAL 模型（改编自威尔伯，2000a，2007）

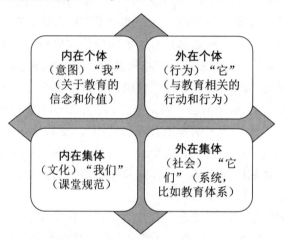

该模型是威尔伯的"元理论"，他的很多其他模型都在此基础上建立。实际上，AQAL 模型已延伸为考虑"全路线"，即我们拥有的不同水平的技能间如何相互平衡。比如，一个人可能智商高但人际交往技能差。此外，该模型也可以被视为"全状态"：情绪状态可以在不同水平和不同路线上有所显现。比如，如果我们工作的学校与自己的价值观不同，那么越是发展教学技能和教育思想，我们会愈加不满，这会影响我们的情感。最后，"全类型"指出象限、等级、路线和状态以不同的方式影响人们：全类型的人以不同的等级、路线和象限处在不同的点上。

作为教师，我们能从威尔伯的成果中汲取什么？简单说来，没有两个完全相同的学生，这是本章反复提及的，尽管我们都认同这一点，但本章尝试解释我们为什么不同，以及如何不同。另外，我们通过不同但互补的视角来运转，因此我们需要保证学生意识到这些视角，并利用它们健康地发展自我意识。关于自我有很多理念，这里只列举了少部分。我们可以用一句话来概括中心概念，从这些视角看来，自我是一个关联的"事物"：关联意味着自我成长、发展和进化，包括自我激励和与环境互动。尽管本章的主题将自我与教育关联，但接下来这一章，关于学生的自我意识，将把读者带入更加熟悉的领域。

8.9 元认知

苏格拉底说"认识你自己"，自这句话出现那天起，人们就开始研究它。从解释学角度看，今天的我们如何解释距今大概有2500年的这句话？他的意思是发展一套指导我们生存和理解生存意义的存在主义哲学吗？他是向哲学家和心理学家发起挑战，使自我认识在过去两千年沉浸于谜团之中吗？他真的是在詹姆斯、弗洛伊德和其他人之前的"哲学之父"吗？或者他的意思是像鲍迈斯特（Baumeister, 2011）建议的那样，我们应该花时间去理解我们的个人能力？

弗拉维尔（Flavell, 1979）将元认知定义为对认知的认知，而李（Lee等, 2012: 23）将其修订为"学习者思考过程中的意识和规范"。很多对元认知的定义都涉及发展思考能力和问题解决能力，但李等人的定义提供了一个更广的范围：学习者的思考不仅仅关乎学习技能，还包括他们对于自己的思考。学生的自我认识是他们发展的基础，换句话说，学生对自我能力的认识可以帮助或阻碍其自我发展。

学校内的元认知研究已经取得了一定进展。例如，洛佩斯-瓦加斯（López-Vargas等, 2017）研究了元认知脚手架（metacognitive scaffolding）和认知风格对学习成绩的影响，研究认为使用元认知脚手架的学生比不使用的学生取得了更好的成绩。邦尼特（Bonnett等, 2017）的研究发现元认知反思可以提高数学的学习动机。此外，卡伦（Callan）和他的同事的研究调查了65个国家学生的学习策略。他们认为，虽然知识的记忆和加工策略受到了极大的关注，但二者与更高成就之间不具有相关性，相反，他们主张元认知策略能够带来更高的成就（Callan等, 2016）。

四种核心概念可能对自我发展产生影响：自尊、自我效能、自我归因和自我决定。

8.10 自我形象和自尊

尝试一下由奥尔波特（Allport, 1955）提出的心理实验。阅读此书时，唾液会在你口中不断聚集。想一想，如果是柠檬的话会多产生多少唾液。现在吞咽一下，没问题！现在，思考同样的事情：唾液在一个人的口中聚集，想到柠檬时也许会产生更多，将其吐到一个杯中，然后从杯中将其吞咽下去。奥尔波特在这里讨论的是，这个思考实验中涉及视为"我"（宾格）和不是"我"的区别。我们的身体随时都在以某种方式变化，我们的自我形象也一样。

我们的自我形象是根据自身感受描述自己作为"自己"的样子。如果受到不同的影响，我们就会陷入矛盾中。也许我们注意到，过去几天里有一个粉刺在鼻子上越长越大，我们每次经过镜子，或者从窗户中看到自己时，都会感到困扰：我们不是同一个人，我们以不同的方式在改变。也许你会把胳膊放在吊带里，或在腿受伤之后依靠拐杖跛着走路。我们的身体形象可以准确描述我们自身，尤其是生理方面。

我们对"自我"的评价指标可以分为不同的维度：尽管之前已经讨论过粉刺等生理方面，但却没讨论过其他组成我们学术能力、运动能力、社会接纳和行为的维度（Harter，1999）。如果我们开始"评估"自己，这就是"自尊"。如果我们给自己的生理状况添加标签，就是在以某种方式影响自尊。回到粉刺上，自我认同会反应为"哦，我长了粉刺"，而自尊会反应为"呀，这个粉刺长在我鼻子上，我看起来像是一个巫婆"（消极自尊）。或者，我们也可以说，"哇，漂亮的痘痘，它会使所有人都看我并且看到我的内在美"（积极自尊）。

詹姆斯（1890）的研究成果表明，我们的自尊可以作为潜力和真实能力之间的平衡：如果我们设定的目标太高（"我将永远不再年轻，我永远不会理解心理学，我永远不会停止喝咖啡"），我们就永远不会完成这个目标，但当我们决定有意识地放弃这样的目标时，我们就能有"轻松的心情"（见 8.3 图）。

图 8.3　自尊：现实自我和理想自我间的平衡（改编自詹姆斯，1890）

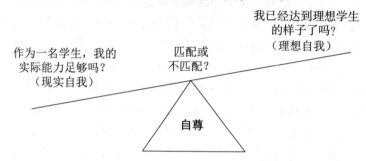

正如詹姆斯所说，我们每放弃一个"幻觉"，就少对一件事情失望，并且少一个通向"真实"自我的阻碍。布兰登（Branden，1969）讨论了根据理性和原则生活，并且以自己的视角为中心时，自尊是如何产生的。通过这种视角，布兰登认为命运由我们自己掌握，他认同情绪会影响努力程度，头脑甚至会决定是否继续坚持一套行动方案。但如果我们不能理智地评价一个想法，而是让情绪下指令，就是在限制我们的自尊，这样会导致沮丧、自我怀疑和恐惧（Branden，1969）。

> **活动：静思**
>
> 留出几分钟时间来反思。
> 通过镜子注视你自己。反思自己，使用 5W1H 提出下列问题：
> 你是谁（Who）？将来你会成为谁？
> 你干什么（What）？将来你会干什么？
> 你在哪儿（Where）？将来你会在哪儿？
> 你何时（When）知道上面所提问题的答案？
> 你如何（How）做到？
> 为什么（Why）是你，不是别人？

布兰登（1969）也认为，应该将心理痛苦与身体痛苦放在同样的范畴内，二者都是阻止我们伤害自己的生存机制，由此我们应该理解心理痛苦，比如愧疚和焦虑，是告诉我们自己正无意识地处于不健康状态，我们应该将自己视为个体，重新思考自己的信仰和价值。联系到学生，他们对自己能力的自信也许需要我们的鼓励：如果一个学生认为自己在阅读上没有希望，或许就会停止努力阅读，这会使他更为坚信自己的想法。学生说他们"在阅读上没有希望"，他们真的在说"他们确实不喜欢阅读"吗？或更明确些，"他们确实不喜欢阅读某种特定的书"？也许他们发现其中的新词很难理解，而且没有学会查字典。所以，学生是告诉我们他"没有希望"还是在试图告诉我们别的什么东西？面对这样的"自证预言"，我们作为教师，需要发现维护学生自尊的方式，比如更深入地理解他们为什么有那种感受。如何从根本上使自尊得到发展？我们可以采取什么策略？在我们理解了其他几个与自我相关的、会阻碍学习的理论之后，我们就会逐渐明白。

8.11 自我效能

我们将自尊定义为对"自我"的评估：这在本质上是主观的，给出的证据也许真实，也许虚假。不过，对于这种对我们能力的主观评价，我们自身能做什么呢？我们的性格由我们对环境的反应方式刻画，因此我们对一个活动的投入程度、完成任务的动机或坚持程度，都受到主观评价的影响。事实上研究已经表明，在教育中，自我效能高的学生比自我效能低的学生更能坚持，会展现出更大的动力和更多兴趣（Zimmerman 等，1992）。

班杜拉（1986）的研究表明，有两个因素会影响自我效能：任务要求的实际竞争力（或技能）和我们对自身竞争力的估计，后者在本质上是主观的。换句话说，这是学生选择做的事情与他们完成任务所花费的精力和努力程度之间的平衡（见图8.4）。

图8.4 自我效能的平衡（改编自班杜拉，1986）

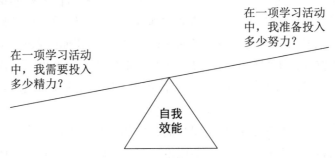

由此，班杜拉提出了四种影响自我效能的因素：直接经验、替代经验、言语劝说和情绪调节。

直接经验

直接经验与学生行为成功或失败（或两者之间）的结果有关。从老师的角度看，任务对特定学生的难易程度是否合适？这与去五金店买工具类似。你买的工具对于手头的工作合适吗？你是不是只有螺丝刀来锤钉子？即使你有锤子，它是长柄大锤、木锤、小木槌（法官通过决议时用的），还是更像羊角锤？如果你有合适的工具，你能正确使用它吗？所以，学生能否达到期望取决于老师设置的任务和他们个人"工具箱"之间的平衡。也许老师需要指导和教授学生正确使用工具，因此可以联结元认知，让学生明白在任务中需要的工具和任务流程，以及如果他们没有即刻获得成功，应该如何尝试其他工具和流程。这里有情绪调节因素：如果学生持续地经历失败，我们如何确保他们坚持下去并最终获得成功？我们如何帮助他们调节失败情绪？我们将在自我归因章节中进一步讨论这一方面。

替代经验

替代经验涉及学生与其他人对表现情况的比较。你是否好奇过，为什么其他人觉得很容易的事情你却做不到？像前面提到的，或许是你使用的工具并不合适；或许与你比较的人在某些任务方面有着与生俱来、不可思议的天赋，而你擅长的领域不同；又或者是由于一系列生理方面的原因，比如缺少睡眠和食物。

在将我们的努力及成果和他人进行比较的过程中，我们可能会对自我效能或自信产生消极影响。想想以前在学校的考试，你就会意识到这一点。毋庸置疑，全国学生从考场出来之后都会讨论考试内容的难易程度。学生可能都会比较作业拿到的等级，他们仅仅关注等级而不是自己的优点和对未来发展有帮助的反馈。因此，虽然教育体系可能鼓励通过排名、标准化考试和资格考试来比较学生，但学生不是应该将自己的能力与自己的标准和对任务的投入程度来对比吗？本书接下来就会涉及过程目标同表现目标的对比（第 14 章有讨论）。作为教师，我们可以帮助学生欣赏自己的能力，欣赏自我是在与他人交流和互动中不断完善的（Argyle 和 Henderson，1984）。

言语劝说

在言语劝说方面，他人的话语是如何影响学生努力程度的？这些话是鼓舞人心还是令人沮丧的呢？其他学生、父母，甚至教师都可以进行言语劝说，但是，只有学生将其内化并且相信其真实性时，或者在我们"融合"了其他信息时，才会有所影响。毋庸讳言，作为教师，我们给予学生鼓励了吗？即使我们这么做了，这些话语被学生内化或融合了吗？我们需要权衡自己的引导词和行为来帮助学生发展直接经验和间接经验吗？

一个很重要的因素很少被提及，即我们常使用自我打击的行为方式，比如，说自己一无是处，或者责怪自己，说"我不应该""我必须"。这样的内部认知对话将在第 16 章深入讨论。

情绪调节

完成任何任务，都可能经历从无聊到恐惧的不间断的情绪变化。尽管我已经沿着同一个路线上班上千次，但这项任务从来不无聊。每一趟行程都不同——收音机里的音乐、树木体现的四季变换、日光，以及上班时寻找的停车位等都不同。不过，在特定的时间里，这项任务可能让我们感到恐惧，尤其是下雪、有冰或者路被淹的情况下。所以，我们应如何确保一项任务能够最大程度地引领学生，而不会造成恰恰相反的结果？

> **活动：自我效能**
>
> 回忆一个你以前工作中遇到的学生。针对下面每一个方面写出三个能够使你帮助学生发展自我效能的做法：
> - 直接经验
> - 替代经验
> - 言语劝说
> - 情绪调节

简单回顾一下，班杜拉（1986）的自我效能概念是一种主观评价能力的方式，直接经验方面（一项任务的成功）、替代经验方面（与他人对比）、言语劝说方面（他人评论，自身融合）和情绪调节（连续地从无聊到恐惧）都会对其产生影响。不过，我们还可以考虑一个新的模型，根据该模型可以得出我们成功或失败的原因。此模型叫作自我归因（Weiner，1974）。

8.12 自我归因

归因理论是将一项任务的成就"归因"于一种解释的过程，换种说法，即我们对成功或失败作出的解释。我们作出的解释可以决定我们对未来经历相同结果的预期。如果我们认为我们将再次失败，动机就会降低（Weiner，1974）。通过讨论个人对成就的认知与内在或外在原因的关系，以及这种关系的本质稳定性，韦纳（Weiner，1986）拓展了这一模型。这些都是连续统一体，一个是水平延伸，另一个是垂直延伸，产生四个象限。个人可以决定其中各成分的比例。

高成就者将成功归因于内在稳定的原因，比如，他们的能力。如果失败了，他们可能将结果归因至外在/稳定的原因（任务的难度）或者内在/不稳定的原因（自身努力）（图8.6）。关键是他们将成功归因或关联于自己的个人能力。相反，低成就者不会将成功直接跟自身能力联系起来，反而把任何成功都归因于外在/不稳定原因，比如运气，或者内在/不稳定原因，比如努力或投入程度。在内在/不稳定原因方面，高成就者归因于努力会激励他们走得更远，而低成就者虽然相似地归因于努力，但这种归因可能会导致这些人动机下降，因为他们学术能力不足的信念（自尊）得到了证实（Dweck和Leggett，1988）。这种证实被称为"习得性无助"，这种学生相信自己无法掌控环境（Dweck，1978）。

图 8.5 自我归因的三元组（改编自德韦克，1978）

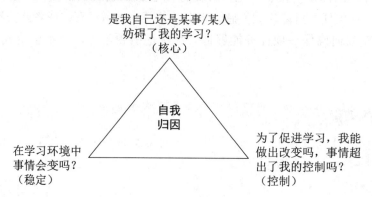

与自我归因相关的一个方面是罗特（Rotter，1966）的"控制点"理论。控制点讨论一个人的行为结果与自我角色之间的关系。这个"点"取决于个体认为行为结果是在他们的掌控之内（一个"内控点"，比如，自身能力和坚持不懈），还是取决于环境（一个"外控点"，比如，他人或机会）。如果一个学生被视为低成就者，则可以得到支持，通过发展元认知、自我效能和提高自尊来反复训练其归因方式。

图 8.6 自我归因理论的应用实例（改编自韦纳，1986）

8.13 培养自我

从我们出生的那一刻起（有的心理学家甚至主张从子宫中开始，比如阿萨鸠里和格罗夫），我们的自我意识就开始持续发展着。精心培养自我意识最为重要，因为这是我们自身最脆弱的组成部分。在这一章，你已经理解到自我如何受到如此多的威胁，因此我们作为教师，应该保证学生的自我意识得到健康发展。这比课程中任何内容都重要得多：缺乏健康的自我意识，学习会受到妨碍。

我们可以拿一粒种子举例。提供合适的条件，如温度、养分、水，种子变成了幼苗。在最关键的阶段需要对幼苗进行进一步的培育以确保其继续发展和成长，扎下牢固的根基，同时持续向上生长。进一步培育要确保为种子持续不断地生长提供坚实基础：如果这粒种子是一颗橡子，那么它会变成一棵高大的橡树、一棵能够抵抗生命中的外部压力并保持其牢固姿态的树。也许这粒种子是一个会茂盛生长、有开花结果潜质的樱桃核，培育它会让人们感到愉快：樱桃的味道，每个春天盛开的景观、香味，风轻轻吹拂树叶的沙沙声。

8.14 小结

本章提供了自我的概述（尤其强调其独特性）、自我不同模型和不同结构的关联元素，比如自我形象、自尊、自我效能和自我归因。你可能会沉浸于本章以理解某个特定主题，但我们强烈鼓励你完整阅读这一关键章节，因为它确实为其他"应用"问题定下了基调。

自我也许是心理学中最少为人理解的概念。克莱因（Klein，2012）认为这可能是因为心理学尝试发展成为一门科学，这种方式独立于其他主观方式和经验驱动方式。但从人际关系心理学家（比如阿萨鸠里）给出的关于自我的讨论来看，自我扎根于哲学讨论。实际上，贯穿本书的核心主题是心理学和哲学的联系，也许心理学不应该忽视其概念起源。正如克莱因（2012）指出的，自我是人类社会过去2500年中的核心难题。

8.15 拓展阅读

Baumeister, R.F. (2011) 'Self and identity: A brief overview of what they are, what they do, and how they work', *Annals of the New York Academy of Sciences*, 1234: 48–55.
这篇期刊文章提供了关于自我结构的详尽讨论。

Blackmore, S. and Troscianko, E.T. (2018) *Consciousness: An Introduction* (3rd edn). Abingdon: Routledge.
布莱克摩尔在意识研究方面有着深厚的功底。这部著作是一本关于意识的入门介绍，书中纳入了许多不同的观点。

Chalmers, D. (1996) *The Conscious Mind*. New York: Oxford University Press.
关于意识的清晰概述，写作易于理解。

Firman, J. and Russell, A. (1993) *What is Psychosynthesis*? Palo Alto, CA: Psychosynthesis Palo Alto.
菲尔曼和拉塞尔对心理综合的概述是这个领域的入门著作。

Nocelli, P.G. (2017) *The Way of Psychosynthesis: A Complete Guide to the Origins, Concepts, and the Fundamental Experiences, with a Biography of Roberto Assagioli*. Easton, MA: Synthesis Insights.

一本清晰、全面的心理综合指南。

Wilber，K.（2018）Integral Vision：A Very Short Introduction. Boston，MA：Shambhala Publications.

威尔伯的作品融合了东方灵性与西方科学。他关于自我和自我发展方式的讨论广受推崇。这本书是他的作品概述，使他的作品更加通俗易读。

第 9 章　理解特殊教育需求、残疾和全纳（SENDI）

> **本章目标**
> - 理解特殊教育需求的部分分类。
> - 辨析特殊教育需求的主要分类的原因、指标和支持策略。
> - 鉴别哲学层面的全纳和实践层面的全纳的不同。

9.1　本章简介

根据研究显示，义务教育的目的是为了将儿童分类和分组（Freire，1996，2005；Gatto，2002，2011；Harber，2009；Holt，1995；Howarth，2012；Illich，1995）。事实上，考虑到与年龄相关的课程、考试、阅读等级、能力分组等，你会明白他们的说法：教育部门在将儿童分类。当然，一个孩子可能会被分到不止一类中，而不是一个"统一"的分组，比如儿童"有"特殊教育需求（SEN, Special Educational Needs）、特殊教育需求或残疾（SEND, Special Educational Needs or Disability）。实际上这个"标签"代替了儿童的身份，这样儿童和标签可以被视作同义词。尽管这只是说法的微妙变化，但这一点在忙碌的学校环境中渐渐被人们所忽视。

事实上，本章的标题可能使这种常识性的误解一直存在，本章将仅仅关注"有"特殊教育需求的儿童，但是在标题中强调"个人"的概念是很重要的：每一个儿童都是独特的、独立的、有创造力的，没有两个相同的儿童，即使是双胞胎。

以思想／身体分离（Schick 和 Vaughn，2013）的思维实验来说，如果我们可以完全克隆你，原子到原子都是一样的，这样就有一个真的完全相同的第二个版本的你，那个版本会在特定时刻跟你有相同的思想吗？你们会在完全相同的位置、完全相同的时间点，去体验完全相同的经历，并且用相同的方式解释这些经验吗？考虑到这种极端的思维实验，可以说同一个班级中怎么会有两个相同的儿童呢？

进一步说，学生在学校的平均时间大约一天是 6 小时，每周 5 天，一年中在校共 190 天。粗略计算是 8670 小时（一年）中的 1140 小时，大约是儿童一年时间的 13%。一年中余下的 87% 的时间，儿童会受到大量刺激的影响。所以即使是相同的课程，相同的老师，相同的环境，但众多影响儿童及其发展的因素是外在的，是在学校以外发生的。反对意见是：如果没有相同的两个儿童，我们为什么用一样的方法对待他们，用相同的方式教他们？教育中的这种争论并不少见，但在 30 人的班里，平衡每一个儿童的个体需要，是教学"艺术"的一个主要方面。

因此，本章将讨论把儿童当作个体的"传统"方式，然后进一步讨论如何在课堂里使其成为可能。

9.2 儿童个体的传统视角

什么是"正常"？什么是"正常"儿童？如果你读到这里，想想"你为什么问我这个？"然后你会意识到这个问题没有明确的答案。我们仅仅能够在脑中根据我们对儿童全部经验的总和形成一个组合图像：我们小时候的玩伴、家人亲戚、我们教过的学生。我们过去常常用这个组合图像去分类学生，这样我们可以参照相应组别的标准来教学。不过，在英格兰和威尔士的国家课程评估、美国的SAT，甚至一百年前由比内发明的IQ测量之前，人类已经根据设定的标准来分类了。2500年前，柏拉图通过对"贵族"的研究讨论了这种分类，"贵族"被分类为"金"（哲学王，统治阶层）、"银"（统治阶级的附属，比如士兵）和"铜"（其他人）(Cahn, 2002; Plato, 2007)。这一点在当今社会中是如何应用的呢？我们有社会分层吗？毋庸讳言，在这种分组中，与庞大的底层相比，只有极少数会被分到顶层。这种分类法（分组方式）本质上是分等级的，经常被描绘成一个三角形；但是为了使这种分级更加"人性化"，就使用了平均的、正态的或钟形分布曲线（图9.1）。

图9.1 正态分布曲线或"高斯曲线"

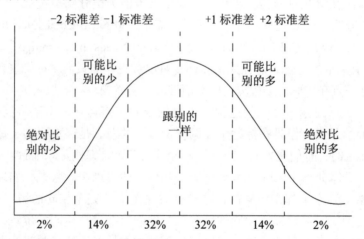

这条曲线正确的名字是"高斯分布曲线"。这条曲线是通过确定对一系列反应的"平均反应"而得到的。这样一来，就能确定标准差，换句话说，就可以预测其他多数人的反应。举例来说，你去测量班里儿童的鞋码，班里大多数学生将集中在一个或两个不同的鞋码周围，再少些的数据应该是小三个尺码和大三个尺码，也许会有一两个儿童的鞋码非常小或非常大。

当然这可以延伸到测量身高、体重、头围等所有能测量的属性，这些数据呈现"连续性"，或换句话说，呈现阶段性上升趋势。正如第5章阐述，这与儿童的成长图也有关，在学校里这可以应用于测验分数：有的分数将要高些，有的低些，多数会是"平均数"。

尽管在高斯曲线中的绘图数据没有错误，或者使用数据得出的结论也没有错，但是这些数据到底能"做"什么，这是本书和本章要讨论的中心主题。换句话说，我们可以根据数据决定我们应该把班级当作一个整体来教，还是当作三或四个组（顶层、高于平均水平、低于平均水平、底层）。我们也可以根据数据知道我们应该如何对待班里的每一个个体。但是，这些数据可能仅仅是由数学或英语决定的，我们能根据一个孩子在数学统计表中的位置，就推断出他们在不同统计表中也是同样的位置吗？当然不行，这是非常糟糕的推断。

在连续体的任意一个终点，两个术语被频繁用于描述一些特定儿童："特殊教育需求""天赋和才能"。本章中将讨论这两个术语，但是有一点需要重点说明：所讨论的实践应该成为所有特殊儿童的教学模型，全书的主题都在说明这种方法。

9.3 SEND 操作规程

在英国，该领域最重要的发展之一是出版了最新的《SEND 操作规程：0 至 25 岁》（英国教育部/卫生部，2015）。毫无疑问，不同国家都有类似的立法和指导。与以前的立法相比，其核心变化有：扩大了所涵盖的年龄范围；特别明确了在决策过程中，要清楚儿童和青少年以及家长的意见；更加注重提高期望值；强调教育、健康和社会护理服务之间的合作；健康和护理的综合评估；以及学习障碍评估。

对学校来说，这就有了一套识别和支持有 SEND 学生的操作性办法，学校更加注重于支持儿童成功过渡到成年，同时也能让家长了解他们孩子的发展。此外，还有一份法律义务清单，以确保学校根据《平等法》（2010 年），不歧视儿童。对教师来说，最重要的是，如第 6.1 节所述，所有儿童和青少年都有接受适合其需求的教育的权利，并在他们能够发挥自己的潜力的同时提高发展标准。

有"特殊教育需求"的儿童被定义为"如果儿童或青少年有学习困难或残疾，需要为他/她提供特殊教育，那么他们就属于特殊教育需求者"（英国教育部/卫生部，2015：15）。具体来说，如果义务教育阶段的儿童或年轻人"在学习上比大多数同龄人有明显的困难，或者……因有残疾而阻止或妨碍他/她使用主流学校为其同龄人提供的各种设施"，则被视为有学习困难或残疾（英国教育部/卫生部，2015：16）。

需要指出的是，不能因儿童的母语与本国主要语言不通导致的学习困难，而将其视为有学习困难者。

这个定义将特殊教育需求或残疾分为四组：沟通和交往，认知和学习，行为、情感和社会发展，以及感官和身体发展。在小学，针对获得"对儿童进行特殊教育评估认定"（意味着获得帮助他们学习的特殊权利）的儿童，英国教育部（2011）提供了有不同需要的儿童的百分比。

- 5.1%　特殊学习障碍
- 16.2%　中等学习障碍

- 12.1%　行为、情感和社交障碍
- 22.5%　语言和沟通需求
- 7.2%　听觉、视觉或多种感官损伤
- 17.6%　自闭症
- 9.7%　身体残疾
- 9.5%　其他（严重学习障碍，深度多重学习障碍）

需要说明的是，以上所涉及的评估认定的儿童的百分比，不是整个学校人口中儿童的数据。因此，一个儿童可能有学习需求，但这并不必然等同于他们得到了评估认定。

进一步说，另外两个术语需要更多考虑到，学习障碍是"整体的"还是"特定的"。整体学习障碍影响到儿童学习的所有方面，特定学习障碍被视为一个异常事件，只影响到儿童学习的某一个方面。不过，特定学习障碍何时会变成整体学习障碍？比如，阅读障碍被定为"特定学习障碍"，但是儿童可能觉得自尊心受到伤害，所以这可能影响其学习的其他方面。但是，由于教育要把学生分类，因此下面详细描述了特殊教育需求或残疾的不同类别。

关于分类的提醒

2013年5月，《精神障碍诊断与统计手册》（Diagnostic and Statistical Manual of Mental Disorders，DSM-5）的第五版出版。这是由美国精神病学会用来定义和分类不同障碍的主要手册。更新第四版花了13年，第五版有一些明显的变化。比如，亚斯伯格综合征在第四版中被定义为一种独立的障碍，在第五版中已经与自闭症合并起来，涉及注意力缺陷多动症，诊断学标准将此综合征的年龄从7岁以下调整为不到12岁，或最小4岁、最大17岁。类似出版物是《ICD-11精神和行为障碍分类》（ICD-11 Classification of Mental and Behavioural Disorders），该书为特殊条件提供了一系列国际认定标准（世界卫生组织，2018）。尽管DSM-5是一本美国出版物，但被人们广泛使用。作为咨询期间的一项内容，DSM-5的作者回应：本书收到了13000条评论、12000封电子邮件和信件（www.dsm5.org）。其中一份回应是由英国心理协会（BPS）写的长达26页的报告，该协会为分类作出了贡献（Allen等，2011）。我们承认这种状况，并且要求教师在适合的框架内确保分类风险和分类益处之间的平衡。

9.4　自闭症系列障碍

自闭症是什么？

"自闭症"一词最早由列奥·坎纳（Leo Kanner）在1943年使用，不过，自从开始使用这个术语之后，就产生了更加常见的"自闭症系列障碍"（Wing，2003）。自闭症被视为是一种复杂神经元发展障碍，会影响到个体与他人的社会和情感交往，比如，理解他人的情感状态和做出社会视为合适的反应。自闭症影响社会交流，包括口头和非口头交流，还会影响社会理解，这方面主要表现为重复的思想和行为，当面对不同的情况时不能做出他们自己的反应，与人相处可能只是重复一种行为和语言。因此，这三种症状被当作"三重障碍"（Terrell 和 Passenger，2011）。

不过，应该强调的是自闭症系列障碍中的"系列"一词，它指的是个体间差异：一个症状可能比其他症状更明显或更不明显。

什么导致自闭症？

最初，人们认为自闭症是养育的结果，换句话说，是儿童成长的环境和教养方式。但是，近期的研究（Silverman 等，2002；Ronald 等，2005）表明自闭症更像是因为"天生"：换句话说，是通过上一代传递给儿童的基因。

从历史的视角看，在1998年，自闭症被认为与童年接种疫苗有关，就是麻风腮（麻疹、风疹、腮腺炎）。研究显示，注射麻风腮疫苗的儿童发展成自闭症的可能性很高。这项研究以12名儿童为样本，其研究方法受到其他科学家的质疑，但这种"迷信"一直存在，而且导致儿童不愿意接种疫苗，使这三种疾病的患病率增加。最近有报道称，2013年春天，在南威尔士患麻疹的人数空前，最终导致英国启动了一项针对全国一百多万名儿童的疫苗接种项目。研究原文被《柳叶刀》杂志（2010）撤销，这项研究被视为过去一个世纪中最具破坏性的医学骗局（Flaherty，2011）。

一般指标

自闭症儿童会在2到3岁之间显示出"三重障碍"症状，不过，不能确认这些症状是否是儿童发展所"特有的"，或者它们是否表明儿童患有自闭症（Terrel 和 Passenger，2011）。重复玩耍的玩耍"模式"，是正常儿童发展的一部分，比如，把汽车和其他东西放整齐，把东西连在一起，或者持续藏东西。这种重复行为可能被视为三重障碍。不过，近年来这种行为不会受到检测，尤其当自闭症特征更加微妙时。

如果我们单独研究三重障碍，其他行为就会变得很普遍。比如，涉及社会互动时，一个儿童在班里可能没有很好地对其他儿童做出回应，这可能通过被班里其他儿童孤立显示出来，或者这名儿童没有采用跟其他儿童一样的方式。有自闭症的儿童也许能模仿其他儿童的社交反应，但可能不适用于当时的情境，比如，不知道何时结束谈话，或者不知道什么是合适的身体接触。这样的儿童也许不能跟来自相同文化的其他人一样理解和回应社会交往。在交流中，自闭症儿童也许不能表达他们的想法、感情，也不能移情。

对于自闭症儿童，运用想象力的能力同样不明确。这可以通过对小说缺乏投入来体现，比如，理解故事中一个角色的动机，或者针对一本书或一部电影提出他们的观点。想象力受损也会导致一个固定的玩耍模式，比如，持续玩同一个玩具，或重复相同行为（比如，敲打、摇摆、触摸特定物品）。这也可以体现为对某种特定物品的迷恋，把物品摆放一致，收集某类物品。重要的一点是，孩子（和成人）都会有对物品的依恋。比如，集邮家收集邮票、钱币收藏家收集硬币、昆虫学家收集蝴蝶和飞蛾，以及啤酒杯垫收藏者收集啤酒杯垫。因此，能把所有集邮者或收集足球贴纸的儿童都看作患有阿斯伯格综合征（自闭症的一种）吗？

应对变化也是一种症状，但这可能会产生一些问题。事实上，根据赫里茨（Hritz，2008）的研究，只有20%的人确实喜欢变化，这是否意味着80%的人都被视为患了自闭症？但对于学校的儿童来说，微妙的变化会产生巨大的影响，比如，他们的座位、他们用什么铅笔和钢笔、他们跟谁一起上课、课程表变化。从某种程度来说，这解释了自闭症儿童在特定方面和属性上的特点。

自闭症的其他症状包括语言障碍、精细动作和大动作运动协调困难、极端情绪（激动、苦恼）、处于焦虑或沮丧等精神状况。这一点很重要，作为教师，我们不论是医学博士还是心理学家，都不是临床医生，所以，如果你发现一名儿童表现出了自闭症特征，而之前又未被确诊，首要建议是联系特殊教育需求协调人，他将会做一个更加正式的评估，也会联系相关专业人士。

支持策略

需要指出的是自闭症是终身的：有这种情况的儿童会成长为有这种情况的成人。但是，重要的是在早期阶段通过恰当的干预来帮助儿童，这将使儿童发掘出他们全部的潜能。因此，作为教师，我们只能提供支持来帮助儿童。

一般来说，有自闭症的儿童大多是视觉型学生，所以提供形象化的教学和演示，比如一种手势学习系统（Makaton），或图片交换沟通系统（PECS），在特定任务上对接收口头信息有所帮助（见图9.2）。

图9.2　图片形式的沟通范例

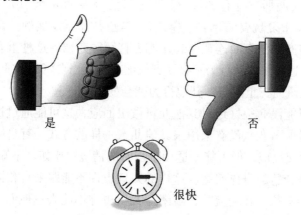

例如，提供具体活动的提示清单，帮孩子了解活动内容、地点和时间，能够帮助他们理解活动要求。此外，在小组活动中提供具体的提示也有帮助，例如，列出需要问别人的问题，提供小组合作的书面规则，或通过角色扮演来演绎具体事件（如游戏的输赢），以及类似的，讨论适当的行为和个人空间使用。

以前那种发展儿童的社会理解的支持策略跟沟通之间存在明显的重叠。但是作为教师，重要的是确保儿童知道你在跟他们说话，因此在上课时喊他们的名字有利于确保儿童意识到教学是特别为他们开设的。另外，确保教学指导要简洁，可以使儿童照着做，而不是消化那些抽象信息。在教学之后让儿童来复述并以此来评价儿童的理解，这非常有用，能够帮助你了解他们是否完全理解。开放性问题对儿童来说也同样会成为问题，因此尽管开放式问题可以促进思考，但为自闭症儿童提供封闭式问题更合适。另外，使用反语和比喻性语言对这些儿童的理解也会成为问题。

> **活　动**
>
> 回顾以下支持自闭症儿童的做法：
> - 眼神接触
> - 使用儿童的名字
> - 教学之后让他们重复
> - 使用封闭性问题
> - 避免有比喻性语言，比如直接说"抓住铅笔"
>
> 一天结束，孩子们准备回家时，你会如何鼓励他们？

有组织的行为会对儿童有所帮助。尽管我们已经讨论过视觉提示和清单，但其他支持策略也能够帮助儿童。比如安排好他们的上课素材（铅笔、钢笔或书），或为特定的儿童提供清晰可见的资源。组织好他们的功课，为这些儿童提供写作框架，做一个关于要做什么和需要完成多少的短教学视频，这些会提供额外的帮助。让他们自己列出想法、把想法用自己的语言写下来的要求，一样会产生问题，所以让抄写员（比如，教学助理）来帮助他们把想法写下来可能会有所助益。

不用说，这里提供的策略都是通用的：本章着眼于确保个体能够获得针对他们的教育机会，无论他们是否有自闭症。

9.5　阅读障碍或特殊学习困难

阅读障碍或特殊学习困难是什么？

想一下这些演员：安东尼·霍普金斯[1]、西尔维斯特·史泰龙[2]、基努·里维斯[3]、凯拉·奈特莉[4]。再想一下这些著名的科学家，比如托马斯·爱迪生，艾尔伯特·爱因斯坦；还有一些艺术家，约翰·列侬[5]、达蒙·阿尔伯恩[6]、乔斯·斯通[7]；运动员如史

---

[1] 英国演员，在电影《沉默的羔羊》中扮演汉尼拔，1992年因该片荣获奥斯卡最佳男主角。——译者注，下同。
[2] 美国演员，好莱坞动作明星代表，主演《洛奇》《第一滴血》等。
[3] 美国演员，电影《黑客帝国》系列电影男主角。
[4] 英国女演员，主演电影《模仿游戏》《安娜·卡列尼娜》《傲慢与偏见》等。
[5] 英国摇滚乐队"披头士"成员，摇滚音乐家，诗人，社会活动家。
[6] 英国音乐人，创作歌手，音乐制作人，演员，英伦摇滚乐队Blur的主唱兼主要作曲人。
[7] 英国当代灵魂乐歌手、创作歌手、演员，80后，已获得两座全英音乐奖和一座格莱美奖。

蒂夫·瑞德格雷夫[①]和穆罕默德·阿里；商业领袖：比尔·盖茨、理查德·布兰森[②]和史蒂夫·乔布斯。这份名单可以继续写下去，正如你想的那样，这些只是众多被视为有阅读障碍的名人的一小部分。（详细名单，请登录 http://www.dyslexia.com/famous.htm）

事实上，这些人可以被视为有"天赋"，他们有看待事物的新方式，新的思考方式和工作方式，或是创新元素——一种"天才"的元素。不可否认，上面的部分名字只是你听说过的一小部分：他们都在尽力利用他们的力量和处理信息的独特技能。实际上，这就是阅读障碍者，他们的信息处理方式有别于他人。根据英国阅读障碍协会（2012）的报告，阅读障碍是优势和局限的结合体，其优势和局限会影响他们阅读、写作、拼写，有时还会影响计算能力，由于处理信息的方式不同，短时记忆和排序可能同样存在问题。

根据本章的主题，阅读障碍不是一种"困难"：只有当教师不能对儿童的特殊需求提供恰当的活动时，它才是一种困难。实际上，尽管人们普遍认为阅读障碍与"特定学习困难"是同一个意思，但是英国阅读障碍协会喜欢用"特定学习差异"这一术语，即有阅读障碍的儿童跟其他儿童学习方式不同。但正如本章和本书中我们不断指出的那样，所有儿童的学习方式都不同，因为他们都是独特的个体。

什么导致阅读障碍或特殊学习困难？

在回答这个问题之前，请花一点时间来看看下面的"反思"。

反　思

一头驯鹿长什么样？实际上，让一个小孩画一幅驯鹿的画，你几乎可以保证它看起来像是 9.3a 和 9.3b 中的东西，其中既有相似的特征，又有独特之处。

图 9.3a　一个儿童画驯鹿的例子（来自卡梅伦·巴克勒，已获授权）

---

① 英国赛艇运动员，历史上最伟大的赛艇运动员，唯一一位连续五届奥运会夺取金牌的赛艇运动员。
② 英国企业家，维珍（Virgin）品牌的创始人，全世界最引人注目的"嬉皮士资本家"。

图 9.3b　另一个儿童画驯鹿的例子（来自克洛伊·巴克勒，已获授权）

然后，设想让两个不同的建筑师画一栋房子，他们也许来自不同的国家或来自不同的时代。如果你把建筑材料限制成一样的，你会期望他们的房子看起来一样吗？他们两个都会让房子有四个面吗？会不会有一个大胆些，另外添加了两面，或者让房子是三角形的，甚至是圆形的？

现在考虑你认为什么是平板电脑最好的属性。你会将其优化用来玩游戏、用来社交、用来提高数据处理速度吗？然后用世界上最出色的电脑——我们的大脑，你会如何"造"一台？需要连接什么字节？如果你连接的一个字节跟别人的不一样，会发生什么？实际上，这就是"阅读障碍"：在胎儿阶段的发展中，大脑的神经学发展有细微的不同。

对阅读障碍的一个解释是，大脑结构的"架构"差异导致了不同的信息处理方式。在心理学家看来，信息传输分为四个阶段：输入、整合、存储和输出。所以，阅读障碍也许影响这些过程中的一个或者更多，参考表 9.1。

有证据表明阅读障碍通过基因遗传。尽管阅读障碍早在 1881 年就已经由奥斯瓦尔德·贝尔汗（Oswald Berkhan）确定，鲁道夫·柏林（Rudolf Berlin）在 1887 年发展了这一概念（Wagner，1973），但在你父母那一辈人看来，阅读障碍可能被视为一种"时髦的中产阶级疾病"，而且并非真的存在，除了那些阅读表现确实不好的孩子的父母可能对此有所了解。因此，即使有的孩子已经确诊为患有阅读障碍，但其父母可能仍没有意识到他们自己也有阅读障碍倾向。尽管原因还在调查中，这里再次提醒，作为教师，确保使每个孩子取得成功是我们的责任。

表 9.1　阅读障碍的影响过程

输入：信息通过感觉（尤其是视觉和听觉）而感知。
视觉的困难在于识别形状、位置和大小，以及排序。
听觉的困难在于不能从众多声音中识别出一个并加以关注，比如教师的声音。
整合：对感觉中感知到的信息进行解释、分类、排序，并与先前经验关联。
有这种整合问题的学生可能不能以正确的顺序记忆信息，比如一周中的日子、乘法表等。
他们也许能够理解一个新思想和概念，但他们不能将这些跟先前的学习联系起来。
存储：和记忆困难有关。
短时记忆困难表现在若没有大量重复，学习新知识存在困难。

长时记忆困难表现为学生不能提取存储的信息。
输出：这涉及信息通过口头词语/语言或肌肉活动从大脑中传出的方式。
语言：由于在检索信息、组织想法和说话前将想法转换成语言存在问题，于是出现回答问题的困难。
写作：检索信息、组织想法和将想法付诸行动给写作带来困难。

一般指标

可以说，没有两个相同的阅读障碍学生，就像没有两个相同的儿童，但也许有一些体现阅读障碍的指标。比如，一个儿童可能在一个小组活动中表现出敏锐的洞察力并能提供有价值的想法，不过若要他以一种有意义的方式为老师记录下来，可能会是一个问题。再比如，以书面写作的形式，如果你让一个儿童去编个故事，有阅读障碍的儿童可能会编出一个成熟的、思考透彻的故事片段，但落实到纸上的却只有名字和日期。如果这个故事要求在课堂内完成，谁的作业会被老师用红色钢笔批注显眼的"F"（不合格）？所以，尽管有迹象表明阅读障碍儿童可能看起来跟他们的同伴一样聪明（或更聪明），但却无法体现在纸上。另外，这样的儿童更可能在写作之外有出色表现，比如艺术、戏剧、音乐或体育（实际上，只需要参考本节开始时提到的那些名人就能理解）。尽管笨拙可能会跟阅读障碍联系在一起，但这也许不能作为这类活动中阅读障碍儿童表现不出色的证据。

在教育系统中，只有"写下来"才会被视为学习优秀。因此，在这方面，有阅读障碍的学生可能会尝试通过分散注意力的活动（比如课堂玩笑或其他破坏行为）来"弥补"他们感知上的限制。这样一来，这些儿童可能会显得孤僻和沉默，这些可能随着更严重的欺凌事件而恶化。学生也许会在处理信息方面也存在问题，尤其是当信息快速呈现时，他们不能记住信息中所包含的所有条目。另外，儿童也许会因为他们需要在探索他们的学习方面投入更多精力而变得容易筋疲力尽。

在儿童小时候，有阅读障碍的儿童可能显示出注意力不集中、语言发展迟缓，以及在给事物命名、正确穿衣和穿鞋等方面有问题等迹象。此外，儿童可能喜欢听故事，但对学习写字和单词没有任何兴趣。随着儿童的发展，这些迹象可能变得更加明显，比如穿衣服分不清左右，或记不住教学内容。尽管通常认为阅读障碍儿童可能会有阅读困难，但不是所有人都有阅读困难。可以发现的明确迹象包括阅读时不知道读到哪儿了，多音节单词的发音，阅读迟缓，对相同字母组成的单词感到迷惑，比如 was/saw、on/no、of/off。另外一个迹象可能是这类儿童对阅读的内容存在理解问题。在这些儿童的作文里，也许最明显的事情是书面语言和口头语言的差异。其他迹象包括，根据发音来拼写单词，比如将"more"拼作"moor"或"mor"，把"fly"拼作"fli"。此外，在写作业时他们可能会有问题，比如书写凌乱、表达不清。随着孩子的发展，他们可能避免使用更长的词汇，或者在计划和书写更长的书籍摘要时有困难。不过，最显著的是，这些儿童的自信和自尊可能会降低，因为他们知道自己跟别的学生不同：涉及概念时他们可以理智地"坚持立场"，但由于他们在组织和展示方面的问题，导致他们不能表现出同样的学习成就。

支持策略

对教师来说,核心问题应该是发挥出学生的个人特性。事实上,读完一般指标,你可能已经在思考某些提供公平教育的方式。有些策略对任何学生都有好处,比如,提供清晰、明确的指导,或者用很多不同的方式解释一件事。尽管在表9.2中有明确的策略大纲,但需要指出的是,这不是一个最终的清单,重点在于跟儿童探讨,寻找提高他们个人能力的方式。

表9.2 帮助阅读障碍学生的策略

写作	● 关于写作,你可以挑战他们的智力,并且把他们的想法记录下来,不过你应该对他们的"写作成果"保持一种合理的期待。 ● 用书写来记住字母的顺序。 ● 文字处理。
批改作业	● 使用不同颜色的笔来标记可以帮助儿童更好地理解,一些被标注的地方是涉及内容的,其他颜色标注的是关于拼写和结构的。另外,仔细查看儿童的作业,可以帮助你理解他们是如何出错的,为何会出错,也能帮助你在课程教学中发展特定的方法(比如,特定的拼写结构)。 ● 鼓励学生努力和让他们获得成就感都是必要的。这为学生拿到客观的分数创造了更好的机会。创造性写作应该在作业中被标记出来。 ● 查找拼写错误应该适合儿童的拼写水平。应该用铅笔标记,同时给予积极的评论。 ● 尝试不用红色钢笔批阅阅读障碍儿童的作业。当这些儿童比同伴更困难地完成作业时,没有什么比看到布满红色墨水的作业反馈更让人沮丧的了。 ● 只让学生重写将要展示的那部分作业。完全没有理由的重写会让人心灰意冷,通常他们已经在第一次作业中投入了很多精力。
疲倦	● 正如前面讨论的,有阅读障碍的儿童可能更容易疲倦,所以教师需要考虑如何恰当地处理这种情况,或许要确保儿童的活动都根据实际情况来组织。
多重感官	● 鼓励通过多重感官方法去学习:比如,在沙子中做造型、数字和字母,这样儿童就可以通过发展其动觉来练习如何书写。
教学	● 花时间教学是重要的,不过仍然有必要"教"儿童特定的技能,比如如何整理他们的东西或穿衣服。
环境	● 靠前坐。 ● 靠近其他表现良好的儿童、学习伙伴、空间组织和资源。 ● 控制白板的使用,因为它是平面的而非立体的。通过影音材料来呈现信息会更简单。 ● 在单词和符号上作标记。
元认知	● 鼓励儿童发展适合他们自己的学习策略。
组织	● 检查清单。 ● 停顿、注视和倾听。 ● 概念地图。 ● 画图表。

	续表
理解	● 重复和再定义单词。
阅读	● 有组织的阅读计划相当重要，比如重复和慢慢介绍新单词。这让儿童在阅读时能够树立自信和自尊。 ● 不要让学生阅读超过他们当前水平的书，否则将很快使他们失去兴趣。要求不太高时，儿童能够确实享受这本书，这时他的兴趣要高得多。如果他看每个单词都很费劲，他会把所阅读到的内容都忘掉。 ● 不让阅读障碍儿童受到"在班上大声读"的折磨。也许可以让他们在其他时间选好阅读材料，而且前一天在家练习，这会确保儿童可以跟其他儿童一样能够大声阅读。 ● 当阅读真正的著作时应该保证跟一个成人搭档配合，这样常会激发阅读障碍儿童对著作的热情。听故事录音对他们享受故事和提高词汇有很大的益处。没有孩子会否认他知道印刷文字意思时的喜悦，即使他不能完全理解。 ● 为理解而阅读。 ● 记住阅读应该是愉悦的。
拼写	● 很多用来教正常班级拼写的技巧对阅读障碍儿童没有帮助。但班里所有学生都可以受益于此：对能够加强语言基础的规则和模式以结构化和系统化方式展现出来。 ● 拼写规则可以教给全班。课堂拼写测验通常是很基础的单词，而不是词组。如果班里有一两个阅读障碍儿童，为他们的每周拼写测验提供一份简短的结构化词汇表，将比随机呈现单词表有帮助得多。每周可以包括3~4个不规则单词，这可以提高他们的自由写作技巧。 ● 鼓励所有儿童自己校对，这种做法在开始拼写时就十分有用。阅读障碍儿童似乎不能更正他们自然写下来的拼写内容，但通过训练，他们可以发现他们经常犯的错误。 ● 记住，拼写错误不是低智商的象征。
书写	● 任何年龄段的书写错误都可能是这些原因导致的：不良的手部控制，紧张，潦草的字母，速度等。自由书写对阅读障碍儿童最有帮助。鼓励儿童学习书写，并且自我评判。让他们确定自己错在哪，有什么可以提高的，这样就不会因为别人抱怨他们的作业而产生怨气。 ● 讨论好的书写的优点和课内需要达到的目标。课堂上通过在黑板上写一些精挑细选的单词，分析书写的一般性错误。 ● 确保提供参照图表，用于时刻提醒大写和小写。 ● 如果需要书写练习的话，必须使用阅读障碍儿童能够理解和拼写的单词。 ● 提高书写技能可以提升自信，进而有利于学生的学习。

相关方面

有另外两个与阅读障碍或特殊学习困难相关的术语：动作协调能力丧失症（dyspraxia）或运动障碍，以及计算障碍（dyscalculia）或算术困难。实际上，前缀"dys-"源于希腊词"badly"。人们常把动作协调能力丧失症理解为儿童"笨拙"，比如，撞翻东西、难以抓球或踢球、难以单腿站立。动作协调能力丧失症儿童可能不能够安静地坐着，而是坐立不安，或者玩弄他们的手，或者玩弄从周围环境中拿来的其他东西。

计算障碍常与数学运算有关，比如搞混加法和乘法符号，或者减法和除法符号，难以理解时间、尺寸或空间。据估计大约 90% 有阅读障碍的儿童会在数学的某方面有问题。计算障碍儿童可能对数字有困惑，比如把 35 读成 53，或者不理解 2+6=8 和 6+2=8 是一回事。他们可能在数学推理方面有类似的问题。

9.6 注意力缺陷多动障碍

注意力缺陷多动障碍是什么?

注意力缺陷多动障碍是最普遍的神经发育障碍，影响着全世界 5% 的不同文化和种族的儿童（Polanczyk 等，2007，Tannock，1998）。根据世界卫生组织（1992/2010）的报告，这种情况属于"多动性障碍"。注意力缺陷多动障碍对男孩的影响比对女孩更显著，二者比例为 3∶1（Tannock，1998）。与注意力缺陷多动障碍相关的因素有三个：注意力不良（注意力不足）、活动过度和易冲动（多动）（图 9.4）。看注意力缺陷多动障碍（AD／HD 或 ADHD）这个术语，你可能发现它有或者没有斜杠，同样你会发现术语"注意力不足症"（ADD）。不过目前这里倾向于用 ADHD（美国精神病协会，2013）。当尝试去分析这些关联的症状时，困惑随之增加：学生可能是明显不能注意的（ADHD-I）、明显多动的（ADHD-H），或者两者结合的（ADHD-C）（Graetz 等，2001）。

图 9.4 注意力缺陷多动障碍

根据比德曼（Biederman 等，1991，1996）的研究，20%~30% 的注意力缺陷多动障碍学生有与阅读、写作、拼写和算术相关的学习障碍。先不说注意力缺陷多动障碍对教育成果的影响，研究发现有注意力缺陷多动障碍的学生存在情绪和焦虑障碍、更差的社会和职业表现以及药物滥用等表现（Sciberra 等，2013）。另外，注意力缺陷多动障碍比智商（IQ）水平在更大程度上导致学习成绩不良的现象（Barry 等，2002；Daley 和 Birchwood，2010）。

尽管注意力缺陷多动障碍仅被视为一种儿童时期的失调症，但现在发现它可能会持续至成年时期（Chronis-Tuscano 和 Stein，2012）。实际上希伯瑞（Sciberra 等，2013）认为有 50% 的注意力缺陷多动障碍儿童受到影响而持续到成人时期。在涉及刑事司法案件的人中，成年人中有注意力缺陷多动障碍的情况有所增加：研究表明将近 2/3 的青少年违法者和 40% 左右的男性成人监狱中的人在童年时期得过注意力缺陷多动障碍（Ginsberg 等，2010；Young 等，2011）。

> **活 动**
>
> 考虑下列关于注意力缺陷多动障碍的标志性行为：
>
> | | | |
> |---|---|---|
> | 不能关注细节 | 过分大声和吵闹 | 难以持续注意 |
> | 活动匆忙 | 难以组织任务和活动 | 打扰他人　　　坐立不安 |
>
> 用你对心理学的理解，尝试解释这些行为，而不只是说这些行为是注意力缺陷多动障碍的症状。比如，注意力缺失能根据第 6 章中所列的因素来解释吗？

什么导致注意力缺陷多动障碍？

导致注意力缺陷多动障碍的原因在本质上很复杂，可能包括基因和环境因素（Grizenko 等，2012）。从基因方面看，有注意力缺陷多动障碍的父母更容易生出有注意力缺陷多动障碍的孩子。在患注意力缺陷多动障碍的儿童中，有 17% 的人的父母在童年时符合注意力缺陷多动障碍标准（Barkley 等，2002；Mannuzza 和 Klein，2000）。另外，对注意力缺陷多动障碍学生的神经影像学研究显示，其大脑前额皮质区域减小：这会影响特定的执行功能比如反应受到抑制，这也许解释了注意力缺陷多动障碍中的冲动情况，也影响短时记忆，这可以解释注意力缺陷多动障碍的注意不足情况（Hill 等，2002，Tannock，1998）。

从环境因素方面看，剥夺、家庭功能紊乱、养育中的逆境和损伤（比如养育方式和父母情绪障碍）都可能造成影响（Biederman 等，1995；Grizenko 等，2012；Hinshaw 等，2000；NCCMH，2008）。涉及养育方式的，否定的、批判的、过度反应和父亲的专制都可能导致注意力缺陷多动障碍（Arnold 等，1997）。其他导致注意力缺陷多动障碍的因素可能集中在怀孕期间，比如母亲吸烟和喝酒，最显著的是怀孕期间的压力（Grizenko 等，2012）。

一般指标

尽管注意力不足、活动过度和易冲动都是注意力缺陷多动障碍的指标，但这些特定的术语是什么意思？比如，如果一个学生睡眠差，他们可能白天缺乏注意力，但这能证明是注意力缺陷多动障碍吗？另外，如果一个学生非常想学习，总是在举手之前就说出答案，会因为课程很有刺激性变得激动，他就可能被视作易冲动的。

在《精神障碍诊断与统计手册》（DSM-5，美国精神病协会，2013）中对于注意力缺陷多动障碍情况列出了五个标准：这些症状都在 12 岁之前表现出来；症状在两个或更多环境中表现明显（比如学校和家里）；症状妨碍或降低了社交、学习和职业等方面的质量；这些症状不是由其他障碍导致的；最后，按照表 9.3 的分类，在至少 6 个月的时间内体现出 6 个或更多症状（12 岁以下），或者 4 个症状（17 岁以上）。此外，这些症状不是由于对抗行为、挑战、敌对或一次教学理解失败造成的。

表 9.3　DSM-5 中对注意力缺陷多动障碍症状的识别（美国精神病协会，2013）

注意力不足	1. 不能密切关注细节。 2. 难以保持注意力。 3. 跟他当面说话时看起来没有在听。 4. 课堂上不跟随教学指示。 5. 难以组织任务和活动。 6. 躲避，看起来不喜欢、不情愿做需要保持精神注意的任务。 7. 经常弄丢任务和活动中必需的东西。 8. 容易被外来刺激吸引。 9. 在日常活动、杂事和差遣中经常忘事。
活动过度和易冲动	1. 常常坐立不安，或拍手跺脚，或在座位上来回动。 2. 常常在活动中焦躁不安，而其他人都在端坐。 3. 乱跑，或爬上家具，或在不合适的地方过多跑动。 4. 常常在玩耍、休息或社交活动中过分大声和吵闹。 5. 总是"忙个不停"。 6. 常常说话过多。 7. 常在问题还没问完时就未加思索地说出一个答案。 8. 难以按顺序等待或排队。 9. 常常打扰和打断他人。 10. 倾向于不思考的行动，比如没有充分准备或不读、不听指导就开始任务。 11. 常常没有耐心。 12. 慢慢地、系统性地做事会不舒服，常在活动或任务中仓促行事。 13. 难以抵制诱惑和机会，即使这意味着风险。

支持策略

药物干预

正如第 5 和第 6 章讨论的，治疗注意力缺陷多动障碍的医疗模式是使用处方药物来减少症状的影响。像利他林这种品牌的都是非安非他命兴奋剂（哌醋甲酯），或者有安非他命兴奋剂（右旋安非他命），能够刺激中枢神经系统。这些药物会促使大脑寻求刺激，因为注意力缺陷多动障碍致使大脑缺乏刺激，这就导致学生通过他们的外在表现寻求更多的刺激。或者相反，也会开一些抑制中枢神经系统（比如杂环类抗抑郁药）等药物（Zsigmond 和 Benga，2009）。关于注意力缺陷多动障碍儿童药物治疗的影响，要说明的是，会对父母—孩子的互动产生影响。尤其是在治疗时，观察发现父母对孩子的控制会减少，积极性会增强。

其他干预

在治疗注意力缺陷多动障碍症状方面，有一种不同于药物模式的方法，就是提高兴趣水平。最显著的是使用认知行为治疗（CBT），有证据显示这种方法可以同时改善儿童（NCCMH，2008）和成人（Ramsey 和 Rostain，2011；Weiss 等，2012）的症状。认知行为技术强调发展新的应对方式，比如，通过计划、时间管理和减少拖延等方式帮助学生，我们会在第 11、13 章详细讨论认知行为技术。

认知行为治疗的一种方法是重建认知（第 16 章中有讨论）。这是基于"如果—那么"的方法来提高自我控制（Gollwitzer，1993，1999；Gawrilow 等，2011）。"如果—那么"方法关注形成"执行意图"：作出关于"如果"一个特定的事件发生或者遭遇一种情况的声明，后续的"那么"随之产生。"那么"涉及行为和目标导向的反应。比如，不说"我将专注于我的工作"，最好说"如果我被某人说话打扰了，那么我会闭上眼睛、深呼吸，然后聚焦于我的工作"。拉吉和科罗尼斯（Raggi 和 Chronis，2006）提出了更多为注意力缺陷多动障碍儿童和青少年提供的干预和帮助策略，表 9.4 是概要。

表 9.4　干预和帮助策略（引自拉吉和科罗尼斯，2006）

策　略	描　述
同伴辅导	注意力缺陷多动障碍学生可以跟一个同伴结对，合作完成学习活动。同伴根据注意力缺陷多动障碍学生的速度提供一对一的辅导和帮助。
计算机辅助教学	将特殊目标和内容分成更小的元素，如果需要对回应做出即时反馈，通过计算机程序、游戏等可以保证准确性。
任务/教学的修改	可以为注意力缺陷多动障碍学生做一些修改，比如，减少任务长度、细分任务、设置目标、增加对任务的激励、提供更清晰的教学等。这些方法增加了学生环境的结构性和组织性，使目标和任务显得更加可控，这样可以在减少挫折的同时增加学习的持久性。
材料的视觉展示 vs 听觉展示	前面已经说过注意力缺陷多动障碍学生有语言内化的困难，这会影响短时记忆。所以，鼓励学生口头回应比安静地学习更有用，能使知识得到更好的整合和记忆。
提高任务的组织性	提高课内活动的组织性和可预知性，比如，保持一天清晰的结构组织，一次提供一个教学。
作选择	应该使学生的个人决策和任务控制在适当的水平。（这与自我决定理论有关，该理论将在第 10 章介绍）
自我监控和自我强化	让学生为准确完成课堂作业设定目标，监督这些目标的实施，并且在成功达成目标后有所奖励。
策略训练	教给学生特定的技巧，让他们在学习中使用，继而提高他们的表现（元认知相关）。
干预作业的完成	为家长提供关于他们如何辅导孩子家庭作业的指导（比如，建立流程、提供安静空间、需要时提供帮助、设定目标）。
基于课堂的功能性评价程序	识别并控制在特定情境下引发、保持和（或）增加儿童问题行为的环境变量，在此基础上展开对学生特定的干预。座位位置、活动分组、一天中的时间、主动/被动的回应、任务组织、特定的结果等。

> **反　思**
>
> 有一种说法是把注意力缺陷多动障碍当作"行为、情感和社交困难"（9.8 节将讨论）的涵盖性概念中的一部分，请你反思这种关联的有效性。

9.7　言语、语言和交流需求

言语、语言和交流需求是什么？

正如在第 5 章讨论的，由于学习的建构主义性质，语言发展是认知发展的关键。在这个意义上，语言是儿童进入全部课程的基础（Rose，2006）。另外，如果儿童不能跟同伴恰当地交流，可能会影响他们形成友谊的能力。所以，有言语、语言和交流需求的儿童会经历学习、社交和情感困难。言语、语言和交流需求会因为一些不同的因素而发生。比如，一些人可能只在语言方面有特定的困难，没有任何普通学习困难或身体和感觉障碍，这经常指"特定型语言障碍"。

什么导致言语、语言和交流需求？

言语、语言和交流需求的本质主要是由于其他需求的结果，比如，孤独症。如英国教师培训处（1999）和学习困难者基金会（2000）强调的，大多数有特殊教育需求的儿童都有某些言语、语言和交流需求方面的障碍。

一般指标

有言语、语言和交流需求的儿童可能存在其他损伤，它们导致了言语、语言和交流需求，比如孤独症。一个孩子有言语、语言和交流需求的指标可以通过语言的运用来体现，他在这方面可能不如他们的同伴，这可能导致他对别人说过什么缺乏理解，不管是老师还是其他儿童说的。同样，儿童可能不能准确说出他们的需求。

支持策略

尽管一名有言语、语言和交流需求的儿童可能需要额外的专业帮助（言语和语言临床医学家），但在课堂环境中，教师可以确保满足这些儿童的需求。实际上，贯穿本书和本章的是，什么是好的教育实践，比如，调整你使用的语言，保证教学简洁和明确。另外，确保环境布置合理，这样儿童能够同时看见你并听见你说话（更多环境策略将在第 20 章中介绍）。但是，也许最重要的方面是确保专业人士提供完整信息：比如，如果一个儿童从言语和语言临床医学家那里收到一份最新报告，这可能被直接送至特殊教育需要协调员，但是最重要的是特殊教育需要协调员要跟教师说明。这种报告应该详细说明学校和教师如何为儿童提供最好的帮助。

教师也可以实施其他策略，比如，语言处理缺失的有效目标可以通过音律学教学来实现。提供让儿童使用语言的机会，比如通过发展儿童的语法知识或通过阅读理解，或者通过在不同上下文中使用语言的活动，如角色扮演。

9.8 行为、情感和社交需求

行为、情感和社交需求是什么？

行为、情感和社交需求是另一个涵盖性术语，将儿童分组在某个特定标签下。正如该术语所隐含的意思，儿童在跟他人交往时会存在一些"障碍"。实际上，如果没有人看见儿童的行为，儿童在隔绝状态下会表现糟糕吗？这好比禅宗里的一个比喻："如果没有人出现，一棵树倒了会有声音吗？"所以，他人的出现意味着儿童可以表达情绪，从愤怒和沮丧到孤独、破坏和扰乱行为（影响他人做事情），或者社交障碍，比如不能以恰当的方式交往。

什么导致行为、情感和社交需求？

行为、情感和社交需求是天生或养育的结果。从养育的角度看，儿童的生活环境可能影响他们跟他人交往的方式。而从天生的角度来看，可能存在神经功能缺损，比如，抑郁、焦虑、注意力缺陷多动障碍，或表现为自闭症或阅读障碍。其行为在第19章有更详细的讨论，此处不作赘述。

一般指标

任何影响儿童跟他人（无论是同伴还是成人）交往的一般行为都可以视为行为、情感和社交需求。事实上，在9.6节，我们曾经请你思考注意力缺陷多动障碍是否应该包含在行为、情感和社交需求分类之下。如果所表现的行为是否定的，就可以认为儿童"有"行为、情感和社交需求，同样的，这些在第19章有进一步讨论。

支持策略

除了本章中的帮助策略，其他策略可能同样有效，特别是遵循程序的。比如，确保恰当地组织课程，特别是在分组任务中，这里可以用SMART原则设定目标（见第14章）。另外，可以增加辅导，有行为、情感和社交需求的儿童如果有问题需要咨询，可以找特定的人。辅导所强调的是儿童跟他们信任的和能吐露秘密的人说话：这个人不一定是教师。

这里强调程序，同样重要的是，减少任何无组织的时间。不过，在一天中可以给儿童两三个明显的无组织时段，比如"玩耍时间"和"午餐时间"。这时教师可以"逃"到教员办公室的"避难所"，暂时远离各类事件，直到下一节课开始。在无组织的时间段里让儿童投入有组织的活动，反而是有帮助的。另外，为儿童提供一个"避难所"形式的地方也很有好处：有需要的儿童可以逃到这个安静的地方，反思一下他们自己和所处的状况。

9.9 中度学习困难

中度学习困难是什么？

中度学习困难是一个定义不清的术语（Norwich 和 Kelly，2005），难以分类，以前是指一个儿童"低能""迟缓""白痴"，或者其他此类在教育中已被完全接受的说法。实际上，过去斯滕伯格（Sternberg，2000）讨论了为何一个"傻瓜"智商是 51~70，一个"低能"的智商是 26~50，一个"白痴"的智商是 0~25。这里作一个更明确的定义，中度学习困难是指儿童有一般性发展延迟的表现，一般比他们的同伴大约晚 3 年。

因此，中度学习困难不是由任何一种特殊需要而导致的，比如自闭症或阅读障碍，事实上其本质是多层面的（Fletcher-Campbell，2005）。这就是为什么不同的研究者都怀疑它是否应该包含在涵盖性术语"特殊教育需求"之内的原因。另外，像阅读障碍这种特殊需要会影响某方面的课程，比如，英语或数学，但不会影响儿童的智力，而中度学习困难儿童在课程学习中持续经历着各种困难。

什么导致中度学习困难？

很难明确阐述该术语，一个相对有效的理解应该是，它是两种或者更多情况的交互作用。

一般指标

有中度学习困难的儿童在课程学习中经历着各种困难：尽管幼儿教师和小学教师可能意识到儿童应该学习全部课程，而特定科目的中学教师却可能没有意识到在各门课程中儿童的表现并不相同。当然，可能有其他因素，比如，儿童可能会自卑以及没有学习兴趣。另外，这些儿童可能对成功的学习经验总结得很少，也许在课堂上注意力不集中、社交技巧更差、听觉和视觉记忆困难，或者是在自主性更强、更高水平的活动（比如解决问题）中，他们过度依靠其他儿童、助教或教师。

支持策略

教师可以使用本章和本书中讨论的很多策略。比如，多重感觉的学习方法；确保把活动向学生解释清楚，确保活动是精心设计的；使用视觉提示、写作框架或清单来帮助儿童组织他们的作业；鼓励用不同的方式记录作业，比如图形或概念图，而不是过度依赖于书面文字。

9.10 天赋和才能

本章的主要内容已经讨论了学习障碍导致的问题，而教师通常没有注意到个体的这些需求。我们很容易假设这些需求象征着由于一系列原因而导致的孩子低学业成就。

不过，除了中度学习困难（不是一种分类）的儿童以外，必须公平地指出，没有迹象可以表明自闭症儿童或阅读障碍儿童比他们的同伴能力更低，他们甚至有可能取得更高的成就。另外，没有受到有益的挑战的儿童也可能出现行为、情感和社交需求。这里引出了本章的一个核心主题：教育体系给儿童"贴标签"会导致很多问题，教师的焦点应该是通过提供结构化的挑战，确保每一个儿童获得相应水平的成功。

在高斯曲线中，人们常把"天赋和才能"归到该曲线中另一个极端。加涅（Gagné, 1985, 2003）把术语"天赋（gifted）"定义为学生在智商、社交、身体或创造性方面中的一项潜力（或更多）超过平均水平。也许关键词是"潜力"：儿童需要支持和指导来达到他们特别的天赋潜力。不过，术语"天赋"常被归于在学业方面表现出色，比如英语或数学，而术语"才能（talented）"被归于实践项目，比如运动、音乐或艺术。

辨别天才儿童没有确定标准：可能更多的是出于直觉，而非精确测量。比如，儿童比他们的同伴有更高的语言水平吗？他们学得很快吗？他们提出或解答很多问题吗？他们很好奇吗？也许最基本的问题是这些儿童是否接受过挑战，或者他们是否很容易地完成布置的作业。

在你的课堂里每一个个体都有不同的需求，因此很容易忽略那些有天赋和才能的儿童。但是，要使全班参与到一个全纳课程中，这样的儿童也应有权使他们的需求被满足。教师的挑战是确保为儿童提供拓展学习的机会，可以通过设置更多挑战性的问题，或者通过开放式、拓展性的任务来实现。

9.11 全纳

教育文献中经常讨论全纳（inclusion），但通常解释得不清楚。全纳是我们应该做到让每一个人都得到平等的学习机会吗？或者体现在我们所做的所有事情上？它是实践的集合吗？或者它是一种哲学？尽管这些问题很微妙，但是实践中的全纳和哲学上的全纳有着天壤之别。比如，作为实践的全纳，这可能是指一个阅读障碍儿童可以在课堂外获得来自助教的一对一的额外辅导。不过，作为哲学的全纳，是指儿童是课堂的一部分，跟所有其他儿童一起在课堂上课，使用不同的促进理解的资源，完成作业，这些作业是跟他们的成果相关的、有意义的表现。因此，我们在本书中主张教学，以及相似的全纳，应该是一种通过研究和实践来了解的哲学（见第4章和第18章）。

> **反　思**
>
> 尽管我们可能认为可以通过满足儿童的特别需求而做到全纳，可以提供额外的策略去支持他们写作文，但在每一节课上他们都去找一个特定的人寻求额外支持，这会培养他们的自尊吗？举另外一个例子，如果我们向全班介绍课程，然后只关注一个儿童，同时向他提供额外教学，这也能叫"全纳"吗？再比如，我们能让助教跟课堂内的一群孩子（其中有一个阅读障碍儿童）玩一个文字游戏吗？我们能确保给儿童提供的所有的指导都被陈述清楚了吗——通过简洁的口头和书面形式？

作为一种哲学方法，我们真能看见"全纳"在起作用吗？或者它仅仅是使所有儿童成功的有效实践？在整个班级中我们可以通过面向一个有特殊需要的儿童提供特别的策略来体现全纳。实际上，根据英国读写困难协会（BDA，2012）所说的，"如果他们不按我们教他们的方式学，那我们必须按他们学习的方式教"。我们认为，在真正意义上的全纳中，对任何儿童都应如此。

这一章里术语的使用比较微妙，也就是没有说儿童"有"一个"特殊需求"，或者"特殊教育需求"。"标签"的使用会把儿童分类到特定的组别。本章中强调了儿童是"被视为"有特殊教育需求的。微妙的是，这意味着有的儿童没有被贴标签，但实际上他们是有需求的，是需要被考虑的，并且所有儿童都有他们自己的个人需求。因此，这种术语永远不能被当成借口来使用，比如，"那个孩子有'特殊教育需求'""他/她有阅读障碍"。取而代之，对这个短语更加准确的使用是，"这个儿童的经验特点跟阅读障碍有关联，这意味着我的教学需要适合他特殊的学习特点"。这个"条件"不是原因或责任，相反，是为了我们用保证每一个个体都能达到他们全部潜力的方式去教学。

> **最后一个反思**
>
> 下面这段写于1977年，它与今天还有多少关系？
>
> 全纳的概念不设定参数……相反它是有关于接受的哲学；它是指提供一个能够让所有儿童获得同等价值的框架；怀着敬意对待儿童，同时在学校内提供同等的机会……简而言之，接受全纳意味着从"痴迷于个人困难转移到人权议程上"。（Thomas，1997）

9.12　对实践的重新认识

我们要接受每个个体需求的多样性和自然性，教学的核心是我们有责任帮助儿童从A前进到B。从A到B是儿童前进的基本指标，但是一个儿童的进步可能明显不同于另一个儿童，本章和本书已讨论过很多原因。但是，政治家以其政治视角设定了以不切实际的水平让一定比例的儿童达到需要的等级，这一点尚待商榷。在没有名次表、持续评价和目标的世界里，或许教师们会被允许去做能够展现他们的事情——他们的教学能力。不可否认的是，教学确实需要教师针对学生在特定任务中的表现作出评价，这样教师才能计划将来的学习活动。

9.13　小结

儿童看起来是什么样的？他们都一样吗？如果不一样，我们为什么将儿童分类到零散的标签里？一个分类有多少标签才算够？顶部、中间和底部？高于平均、平均、低于平均？特殊教育需求？特殊教育需求相当于低于平均吗？一个类别里使用三个、五个，或甚至十个标签算够吗？我们使用的是谁的分类？或许我们唯一应该使用的分类是儿童的姓名，承认每个人在能力上是有差异的，能让他们不同于其他人。

本章内呈现了很多策略，尽管这些策略都是提供给"贴了标签"的儿童的，它们可能被当作"教师工具箱"的一部分，所有儿童都能从这些策略中获益吗？本章探讨了我们作为教师如何进行全纳教学的问题，以及全纳是我们在做的事情，还是我们所体现的某些东西。

记住这些策略，下一章我们将讨论如何确保个体成功。

9.14　拓展阅读

Frederickson, N. and Cline, T. (2016) *Special Educational Needs, Inclusion and Diversity: A Textbook* (3rd edn). Maidenhead: Open University Press.

本书从理论角度对各种原则和概念进行了清晰的讨论，为有效实践提供了有价值的洞见。

Hodkinson, A. (2019) *Key Issues in Special Educational Needs, Disability and Inclusion* (Education Studies: Key Issues) (3rd edn). London: Sage Publications.

作者在教育领域深耕多年，他的书从历史、社会和政治领域等不同角度探讨了SENDI。

Thompson, J. (2010) *The Essential Guide to Understanding Special Educational Needs: Practical Skills for Teachers*. Harlow: Pearson Education.

本书提供了有关特殊教育需求的历史梳理，也讨论了支持不同需求的操作技巧。

第 10 章　动机

> **本章目标**
> - 了解动机在课堂中所扮演的角色。
> - 理解教育实践中经典条件反射和操作性条件反射之间的区别。
> - 识别特殊需求和存在需求的区别。
> - 理解自我决定理论如何应用到课堂上。

10.1　本章简介

这一部分前几章已经讨论过一系列影响学生发展的因素。第 8 章从不同的视角，通过讨论自我发展的方式，明确了自我的组成。第 9 章讨论教育如何将学生从一种或更多方式上进行分类，并理解个体的复杂性和独特性。学生不同的需求可以归于一系列身体、认知和社交方面的差异，这样会导致儿童被贴上一个特定标签而归入某一类，比如自闭症、学习障碍或阅读障碍。

尽管心理学视角强调关注个体，但同一种策略并不能适用于所有学生，强调这一点很重要。回到本书的核心主题，教学是一种"艺术形式"，没必要只用一种方法。作为专业人士，我们应该继续思考、实施、反思、评估和提炼我们的教学方法。

上述讨论为心理学如何影响发展中的儿童提供了更多的解释，从这一点向前推进，思考心理学的应用实践非常重要。换句话说，在心理学的"工具包"中，可以拿出哪些有用的工具，以确保充分挖掘学生的潜力。

因此这一章节，我们将启用"潜力"这一概念，解释如何挖掘潜力，使学生走向成功。回到种子的比喻，如果我们能保证给学生提供正确的条件，就可以激发出他们的潜力。通过提供最佳条件，我们使学生的内在资源得到开发，结出硕果。这种最佳条件涉及"动机"的话题。

10.2　动机是什么

如果给予了最佳条件，学生的潜能将得到挖掘。但是，如果你考虑这样一个比喻：森林中有很多不同的树木，对其中一棵来说是最佳的条件，可能对其他树来说并不是，比如，柳树需要靠近水源，而橡树则要远离水源。有的树木喜阴，另外一些树木向阳。

一些树木喜欢这种类型的土壤，另外一些树木喜欢其他类型的土壤。有些树木是落叶树，需要进行休眠，而其他的则是常青树。对每一棵树来说，适宜的环境平衡是一定量的水、阳光、空气、空间和温度的混合。动机是一样的：尽管动机内有很多核心条件，但对每一个个体来说就是要达到基本的平衡。

因此，动机在此可以简单定义为"确保每一个个体都能挖掘其潜能的最佳条件"。不幸的是，对于动机的研究已经数不胜数，上述定义也不过是众多定义中的一种。

> **活动：定义动机**
>
> - 从网上（或杂志、书籍）找出3种关于动机的定义。
> - 将这些定义复制并粘贴到同一个文件里。
> - 关注每一个定义的核心属性：该定义的特征是什么？
> - 这些定义之间有重叠的方面吗？它们有区别吗？
> - 将所有你认为与"动机"有关的关键词汇整合成一个句子。
>
> 这个"学习技巧"练习使你能分析不同来源的资料，识别其关联性和局限，然后综合而成一个新的定义，这比你最初了解的定义更为深入。
>
> 如果你没有参与这个活动（由于你缺乏动机？），你可以参考下面提供的一些定义。
>
> 在一项活动中，我们愿意投入多少精力（Brehm和Self，1989）。
>
> 人们做事时采取某种行为方式的原因。有动机的行为会受到激励、指导且有持久性（Santrock，2001）。
>
> 唤醒、指导和保持行为的内在状态（Sternberg和Williams，2002）。

回到前述的定义，"确保每一个个体都能发掘其潜能的最佳条件"，怎么跟其他人比较呢？实际上，随着本章的推进，我们会鼓励你不断回顾和提炼你自己对动机的定义。

既然已经对动机有了明确的定义，下一步是在讨论方法之前从不同视角理解动机，这样有助于你将动机应用到课堂上。

10.3 动机的心理学视角

这虽然是老生常谈，但心理学内部存在很多不同的视角，动机也不例外。从不同的视角出发，对不同个体的行为方式就会有不同的解释。事实上，每一个视角都可以帮助我们加深对人的全面了解。里夫（Reeve，2008）就这一主题进行过相关研究（著书长达600页），在他看来，仅有关动机的理论就超过24种。不过，由于篇幅限制，本章我们只讨论跟教育有关的核心视角：行为主义方法、人本主义方法和自我决定理论。

10.4　动机的行为主义视角

行为主义视角把动机跟外部环境事件关联起来，比如，一个刺激的发生（环境中的事件）随之而来的是某个特殊的行为（个体的反应）。简单来说，如果你摸的水壶很烫（刺激），你就不太可能再去摸它（行为）。在此，这个过程是线性的：某些事件发生后，人就会做出相应的反应。因此，行为主义心理学家主张，要想得到期望的反应，就要提供正确的刺激。历史上，有四个心理学家在这个领域有过卓越贡献：巴甫洛夫·伊凡、约翰·华生（经典条件反射）、爱德华·桑代克和约翰·斯金纳（操作条件反射）。

经典条件反射

巴甫洛夫的研究结果表明，当狗看到食物或喂食的碗（刺激）时，它就会分泌唾液（行为）。食物是一种"非条件刺激"，唾液分泌是一种"非条件反应"。当狗看到、闻到或吃到食物时自然会分泌唾液，做到这一点不需经过训练。

如果当食物出现的同时响铃，铃声被视作"条件性刺激"，换句话说，这种刺激有助于确保狗能够把铃声和食物联系在一起。正常来说，一条狗听到铃声时不会分泌唾液。不过，通过铃声与食物的配合，这条狗会开始把铃声与食物联系起来。因此，这条狗在经过训练后，听到铃声就开始分泌唾液，这种训练是一种"条件反射"。形成"条件"之后，仅仅是听到铃声，小狗就会分泌唾液。

巴甫洛夫通过将铃声与其他刺激相结合来将此研究拓展至更远。比如，如果铃响的同时出现一个黑色正方形，小狗很快会把黑色正方形这一条件与期望的条件反射联系起来：分泌唾液。这被称为次级条件。直到今天，这种方法还被拿来训练小狗：如果一条狗在主人举起手说"坐下"时能够按既定要求"坐下"，它就会得到奖赏（点心）。不久之后，即便是没有奖赏，小狗也会跟随"坐下"的命令或举起手的动作而"坐下"，这正是"条件反射"的应用实例。

活动：思维实验

狗能够训练他们的主人吗？

波比是一只牧羊犬，它知道包装盒独特的沙沙声就意味着美味的食物。在这种情况下，波比就会冲进厨房，看着主人卡梅伦打开一包全麦饼干。在心爱的狗面前吃了饼干，出于某种愧疚，卡梅伦让波比坐下，然后扔给它一小块饼干。

波比自然而然地将饼干包装盒的沙沙声与卡梅伦提供的美味零食联系起来。下一次卡梅伦拿饼干时，波比就坐在他脚边，用一种可怜巴巴的眼神看着他。卡梅伦通过向波比提供饼干来强化它坐的行为，波比因此得到了"奖励"。然而，到底是谁在训练谁？是波比通过表现出之前被奖励出来的行为来"训练"卡梅伦？还是卡梅伦在波比身上引起了一种既定性反应？

华生把巴甫洛夫关于狗的"条件"应用于人类，行为主义理论由此建立，但在此领域争议颇多。华生和他的合作伙伴因为"小艾尔伯特"实验而知名。在他们的研究中，华生和雷纳（1920）对一个9个月大的婴儿——小艾尔伯特进行实验，提供一系列的刺激（兔子、狗、猴子、白鼠、面具、燃烧的报纸和在他身后发出锤子敲打木条的声音）。小艾尔伯特非常害怕锤子敲打木条的声音。

之后的两个月，华生和雷纳让小艾尔伯特跟白鼠一起玩，然后华生在孩子的后面用锤子敲打木条。在超过七个星期的时间里，这个实验在七个不同的场合实施，通过这种方式使小艾尔伯特处于对白鼠反应的条件（条件刺激）中产生害怕印象（条件反射）。不幸的是，这种害怕的条件反射迁移到了其他项目，比如狗、兔子和棉绒等。5天之后这种关于害怕的条件反射还在，10天、1个月之后变得少一些。

> **反 思**
>
> 尽管华生和雷纳的实验存在伦理问题，但这种条件反射正在教育体系中大行其道。
>
> 思考一个条件刺激如何成为条件反射——例如鼓励儿童举手回答问题。
>
> 如果一个学生举手回答问题，并且给出了正确回答，老师可能提供奖励，这会鼓励学生尝试去回答更多问题。但是如果学生没有举手就回答问题，回答正确后老师会奖励吗？如果学生举手却回答错误呢？老师会鼓励他们继续尝试吗？或者还有其他的方式吗？

操作性条件反射

桑代克通过猫的迷笼实验而在心理学领域取得一席之地。一只饥饿的小猫被放进带门栓的笼子里，笼子外是一条鱼。打开门栓，小猫就可以跑出笼子并吃到鱼。小猫或抓或咬，尝试了各种方式，偶然打开门栓并获得自由。每次成功"逃离"之后，猫又被抓回笼子，但下一次它会用更短的时间打开门。在这种"试误"学习中，出错的次数越来越少。

尽管食物"奖赏"在桑代克和巴甫洛夫的研究中均出现过，但不同的是，对巴甫洛夫来说，提供奖赏是为了得到期望得到的行为，尽管这可能被用作"负面强化"，就像在小艾尔伯特的例子中，为了得到预期的反应，提供给他不想要的东西。实际上，想一下类似的情况，快速相机抓拍超速，并给超速的司机开出交通违规的通知单，这位司机将来就有可能降低其速度。但在桑代克的研究中，行为结果来自奖励（在上述例子中，小猫从笼子里放出来），如果行为没有带来相应的奖励，那么这种行为就会终止。这被称为"影响力法则"。如果你考虑如何在课堂上应用"影响力法则"，"帮学生保持好的状态"，下面的方法或许可以有所帮助：当学生投入学习，像所有老师所希望的那样主动学习时，就要给予他们奖励。如果他们没有按照老师所期望的那样投入到学习中，他们的名字便会从奖励名单中划去。

斯金纳用老鼠和鸽子拓展了桑代克的研究，使它们逐渐适应按压杠杆和获得食物之间的关系。实验人员可以根据不同的行为进行不同的奖励（比如鸽子按压杠杆之前转圈）。类似地，这种操作性条件反射可以应用于教育，尤其是管理学生行为方面。这种管理方法叫作 ABC 方法：前因（antecedents）、行为（behaviours）、结果（consequences）。如果学生 A 转过身用铅笔扎向学生 B，学生 B 也许会发出尖叫，这就会引起老师的注意。"结果"出现了（比如，学生 A 受到责备或课间罚站）。不同的行为会产生相应的结果（这在第 19 章中有更多讨论）。但是，造成学生这种行为的首要原因是什么？他们是不能自控、习惯性的"铅笔扎人者"，还是学生 A 发生了什么事情造成这种结果？也许是学生 B 从桌子底下踢了学生 A，也许学生 B 之前用铅笔扎过学生 A。实际上，只有当我们了解造成某种行为的前因，才可以完全理解学生如何和为什么有这种行为方式。在学校通常有 4 个小时的学习时间，作为教师，我们是否对在其余 20 小时内发生的事情有着清楚的认识？是什么导致学生表现出这样的行为？也许学生难过是因为他们的宠物仓鼠早上死了，内在的悲伤直到某一个时刻表现出来。

对行为主义进行总结，我们可以发现，行为可以通过强化而改变。提供给人们所想要的（常见的"奖赏"），积极强化就会产生强化效果，而人们也会避免消极的强化（人们避免不希望的某些事情，比如，穿得体的制服以避免不停地被抱怨）。惩罚是给予人们不希望的某些事物（如负强化）。

习得性无助

过去几十年中，心理学家在这方面的研究非常有趣。比如，"积极心理学之父"马丁·塞利格曼最早提出了"习得性无助"的理论。在教育环境中，习得性无助指的是，学生面对反复的失败，无论怎么尝试都不能成功，于是选择放弃。这个概念来自塞利格曼的"50 秒电击"研究。在这个研究中，小狗被捆住，接受电击，通过这样的方式"训练"其习得性无助。然后，它们被关进一个笼子，蜂鸣器响后，就对狗实施电击，如果狗跳过格栅就可以逃避电击。那些之前经过"电击训练"的狗不会尝试跳出格栅以躲开电击，而没有受过电击的狗很快就会发现可以做什么来逃避电击。根据塞利格曼的研究，有些狗需要从格栅中被拖出上百次之后才能抹消它们习得的无助感。在之后的研究中，米勒和塞利格曼邀请人类作为参与者（还好不是电击，而是对抑郁和不抑郁的大学生施以不可避免的噪声）。他们的结论显示，一个人如果对他们面临的状况无法掌控就会变得沮丧、消沉。

根据对前文中饼干狗波比的描述，从超个人心理学的角度来看这个有趣的案例研究，探讨塞利格曼做实验的最初动机，以及他是如何发展出积极心理学的。

习得性无助的模式后来被提炼为与自我归因关联（见第 8 章），也就是试图查明一个人为什么会无助（Abramson 等，1978，1980）。从习得性无助，塞利格曼已经进展到心理学的积极方面，并发展出了积极心理学的主要理论（见第 2 章）。

> **反 思**
>
> 通过习得性无助，马丁·塞利格曼从所谓的消极研究（对狗实施电击）转向了积极心理学，此后又有许多人发展演变他的理论。从个人视角来看，虽然这样的实验过程无可厚非，但牺牲少数人的"生命"去服务于大多数人不会造成什么负面影响吗？这引出了下文的思想实验。

正如本书中再三提到的，心理学（起源于哲学）与哲学主题重叠。同样，每一种情况都没有所谓的正确答案：我们通过经验来感知，经验形成我们的视角。如果重新考虑行为主义方法在教育上的应用，简单来说，行为主义方法指的就是通过提供给学生想要的东西（比如为一段精彩的作文提供奖励或积极强化），来鼓励他们按照自己期望的去做，或避免一些他们不想要的（他们知道需要完成任务，否则他们只能接受批评或者被留在家里直到完成任务，这是负强化），或避免他们不按要求做就会被给予不想要的东西（例如，被留在家里完成任务，或其他惩罚），来使学生按要求行事。由此我们很容易注意到，学生的行为与老师的奖惩强化有着直接的关系。如果在高速公路上被抓到超速，你可能会被拦下来，并接受罚款或扣分（处罚），将来你可能会减少超速行为。罚款或扣分的处罚，也可以看作一开始就不超速的原因。如果你的乘客不断地抱怨你超速，你只有把车速降下来，乘客才会停止抱怨，这是负强化避免了某些事发生的例子。但是，如果你遵守限速规定，你会得到什么奖励？事实上，这种推理可以应用到学校当中。我们是不是在学校中过度关注不好好学习的学生，而忽视了努力学习的学生？此外，如果学生对奖励习以为常，当他们贸然进入"外面的世界"，意识到与奖励有关的负强化或惩罚有限，会发生什么？

> **活动：学校的奖励和处罚**
>
> - 思考学校内的奖励（一些例子包括：奖励图，赞美大会，贴纸，"精心时刻"）。
> - 思考奖励是否使学生聚焦于奖励本身，而不是学习体验。
> - 思考奖励是否与年龄相关：对13岁和5岁的孩子来说，贴纸的效果是否一样？
> - 运用你对心理学的理解，思考本部分中奖励与惩罚的相对优势和局限性。

胡萝卜还是大棒？

2004年，由三部分组成的纪录片在第4频道（英国电视台）播出。节目把12个人分成两组，让他们面对一系列军事性挑战。其中一组，他们面对的只有"大棒"，不管怎么努力，他们的领导人只会惩罚，并不奖励（或者如果他们表现出色，就不会对他们进行处罚，换言之，采用的是负强化）。而"胡萝卜"队伍，他们所经历的是赞美和奖励。尽管最后"大棒"小组赢得了最终挑战，但在整个系列纪录片中，两队赢得挑战的次数难分伯仲。这个节目揭示了什么？这两个小组（均为军队背景）的军事领导人评论说，从本质上讲，无论是"胡萝卜"还是"大棒"都是必要的，二者需要达到平衡。

也许人类最好的经典条件反射的例子是在《发条橙》（*A Clockwork Orange*）一书中（Burgess，1962/2011），少年犯亚历克斯接受厌恶疗法，被迫边听贝多芬（他最喜欢的音乐）边看图像，还得服用诱导恶心的药物。其结果是，每当他听到贝多芬的音乐，或者想要实施暴力，他就感到恶心。这个故事的结论是厌恶疗法可以产生戏剧性的结果。事实上，针对药物滥用的厌恶疗法以前更多地表现为使用催吐药（恶心诱导药物）或电击，但近期内隐致敏已经取代了这种外显致敏。引起恶心或焦虑的图像与不受欢迎的行为同时发生时，内隐致敏就会出现（Cautela 和 Kearney，1986）。例如，如果你希望自己戒掉在教工休息室吃饼干的习惯，你可以想象走进教工休息室时恶心感增强，当你走近饼干罐时恶心变得更严重，在你吃饼干之前简直要呕吐了。出于道德上的原因，请记住，关于内隐致敏的一点小说明：没有内隐致敏治疗师在场时，不要在家里尝试这个！在一个更微妙的（和更愉快）的基础上，思考一下广告如何使我们买某品牌的巧克力、咖啡或香水。

10.5 人本主义视角

如果让教师说出一个关于动机的理论，恐怕他们中的大多数会提到这样一个心理学名词：马斯洛的需要层次理论。马斯洛的需要层次被年复一年地使用于众多的学位课程、教学、护理学、心理学、社会学和商业研究中。此外，相类似地，许多以心理学为基础的教材将此理论概括为一两页纸，然后将其引用到一个新的话题上去。事实上，许多心理学家一生的工作成果都会被归纳为一两个核心概念。

关于马斯洛的需要层次理论，我们在第 1 章提供模型概览时已经讨论过。本章会将需要层次理论跟动机放在一起讨论。正如图 1.5 呈现的那样（在一些心理学教材中会有类似的图示），该模型首次将马斯洛的研究成果以这种方式呈现：他仅仅讨论了模型的层次，其他人则将其转化成了三角形式。分层次相对于其他概念显得更有结构性，以体现其重要意义（如公司的结构中，人数更少的经理在比例更大的行政人员之上）和时序（比如一个家族树）。此外，层次可以用垂直或水平状来呈现（比如网球选手在比赛中的次序），还有其他的比如树形图或放射状图（一系列的同心圆，见图 10.1a 和 10.1b）。

图 10.1a 马斯洛的需要层次理论：不同的版本？

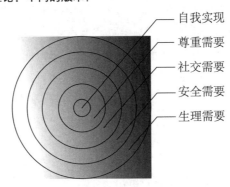

图 10.1b　马斯洛的需要层次理论：不同的版本？

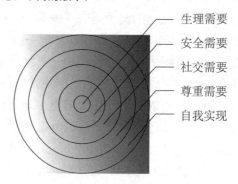

> **反　思**
>
> 参见图 10.1a 和 10.1b。
>
> 哪个对你更有意义：生理需要是所有需求的外围（10.1a），还是说生理需要是核心部分（10.1b）？给出你的理由。
>
> 你能想出另一种体现需要层次的方式吗（例如通过维恩图①）？

根据马斯洛的研究，人类会主动地去满足一系列需求（或动机），低层次的需求，或匮乏性需求（D-Needs）被满足后，就会发展到更高层次，或者是存在性需求（B-Needs）。我们需要满足低层次的需求以保证生存，而存在性需求则指的是我们要将自己变得更好。从概念上讲，这非常合情合理：一个人在满足其安全需求之前，得先满足温饱等基本的生理需求。安全不仅指人身安全（不处于危险中），而且涉及健康和幸福、财务安全，比如，要有足够的资金来购置生理所需要的食品、住所和水。基本的生理需求被满足之后，人们就需要通过友谊、家庭或亲密关系来寻找归属感。由此看来，自尊感的发展与信心、尊重、独立或自由、能力相关联，这可以通过工作或爱好来实现。一旦上述需求得到满足，就会向更高层次的需求发展，即自我实现，这是个人发展的最高需求，也是最难理解的。

自我实现这个概念最初由戈尔茨坦（Goldstein, 1939/1995）提出，用于说明有机生物体实现其内在能力或功能。换句话说，该有机生物体发掘出了其潜能。虽然这个词非常模糊，但我们可以借助之前用到的一个比喻来帮助解释，即如果提供了合适的条件，拥有潜能的橡子能够长成参天大树。罗杰斯（1961）采纳了戈尔茨坦对自我实现的定义，而马斯洛对自我实现的定义在研究过程中也发生了变化（Daniels, 1988, 2005; Engler, 2006; Heylighen, 1992; Leclerc 等, 1998; Weiss, 1987）。也许最完善的定义是，自我实现是"个人成长的巅峰，我们从基本需求和缺乏动机中解放出来"（马斯洛，1996：206）。马斯洛的定义和罗杰斯、戈尔茨坦的定义的不同之处在于，马

---

① 也叫文氏图，用于显示元素集合重叠区域的图示。

斯洛设想只有当自身缺陷被克服时才会达到自我实现，视角有些消极，而罗杰斯和戈尔茨坦的视角本质上是更积极的自我实现，即自我实现的能力是与生俱来的，只要在合适的条件下将其释放并表达出来。

尽管研究者对自我实现的具体含义进行了很多探索，但报告显示它的特征是巅峰体验（马斯洛，1971/1993；Rowan，1983）。根据研究报告，巅峰体验指的是人生中最幸福的时刻，由当下专注的投入组成，包括投入地工作、看书或看电影（马斯洛，1971/1993）。虽然上述需要层次仅仅分为五级，但对马斯洛的研究的不同解释产生了六个、七个甚至八个级别的层次，后续的层次是先前层次的细分。还必须指出的是，马斯洛（1954/1987）表示，各层次之间相互重叠，不能完全割裂开来，这表明一个人可能需要把自己的人身安全放在第一位，然后是获取食物。举个例子，当你打算进入高速公路服务区用美味、营养的食物消除饥饿感的时候，你的车子在到达之前的几英里坏在了路上，你可能会把你的个人安全放在第一位，站在高速公路的路堤上等待救援，而不是为了丰盛的食物而走上几英里。

然而，马斯洛（1954/1987）先前已认识到，正是这种被忽略而又重叠的方面衍生出对需要层次的许多批评。奈尔（Neher，1991）指出，艺术家或科学家全身心投入到自己的工作中，他们可以长时间不进食或远离亲密关系（当然，这可以适用于任何专注于工作的人）。索尔（Saul，1993）指出舞蹈家以创造性表达或审美需要的名义而将自己的身体置于风险中。任何通过身体活动伤到自己的人，都应该等自己的身体完全康复之后（安全的需要），再投入到他们的审美需要当中去（这可能也涉及团队运动中的归属或尊重的需要）。类似地，一些作者报告说，"巅峰体验"可以通过剥夺低层次需求来实现（Neher，1991）。就拿一些宗教所倡导的禁食期来举例：为了精神的发展，饥饿这一基本的生理需要被忽视。同样的，放弃社交需要的隐士追求的正是精神发展，这是另外一个剥夺了归属和爱的较低层次需要的例子。此外，巴蒂斯塔（Battista，1996）报告说，个人的成长可能来自与疼痛或困难的对抗，这一点马斯洛（1962/1999）曾通过"失落体验"介绍过。

一些研究者还提出，追求"巅峰体验"是将自我实现视为匮乏性需求（Daniels，2005；Rowan，1999）。人们追求他们没有的东西，正如他们会追求食物、住所、安全或尊重一样。事实上，这是马斯洛（1970）曾经提到（伴随其他11个对自我实现的批评）的一个方面，最终马斯洛指出，需要层次已不再适合这个目的。让我重申一遍：早在1970年，马斯洛报告称，需要层次不再适合目标，建议今后这个领域所有的研究都直接针对自我超越，它以"高原体验"为特征（Buckler，2011）。

那么为什么有关需要层次的书还在不断印刷出版？就基础层面来说，它使概念变得有意义。比如，如果学生饿了、感觉病了或没有归属感了，他们就不会全身心地投入学习。事实上，在更深的层面上，通过阅读前面两章，我们可以理解为什么从理论上讲，需要层次是有效的。

以第8章的一个例子来说，当学生的自我意识薄弱时，其学习潜力是有限的；此外，如果他们与同伴或者老师相处得不是很融洽（第12、13和19章有讨论），那么学生的学习潜力也将同样受到限制。因此，可以把需要层次整合进自我或动机的模型，这也许可以保证在未来许多年里，需要层次理论在心理学中占据一席之地。

10.6 自我决定理论

1979年出版了《一万五千小时》（*Fifteen Thousands Hours*）这本书，书中讨论孩子花在义务教育上的时间，并从获得的成就、参与、行为和违法等方面评估了其影响（Rutter等，1979）。这本书从这四个方面详细讲述了具有相同社会背景（特别是"内伦敦[①]"）的初中学校之间的差异如何变得巨大。他们的研究结果表明，有明确的期望和规则的学校更加成功。成功学校的属性包括：一个核心的学术学习课程，以及音乐和艺术学习、良好的资源、学生的高水平参与，同时还提供职业工作经验和课外活动。其结论是，那些提升了学生自尊的学校，同时使学生的学术和社交能力得到了发展，也就减少了学生们的行为及情绪问题。

虽然这本书讨论的是中学教育，但从前面的章节看，这本书的主题显然至今仍适用于各个年龄段：自尊应该得到发展，同时还应该提高自我认知和人际交往能力，同时发展人格健全的学生。我们可以大概统计一下学生花费在学校的时间，每天在校时长（6~6.5小时）、每学年在校天数（190天），以及义务教育的年数（12年），计算下来，15，000这个数字相当准确（基于6.5小时算是14，820小时）。

从历史的角度看，这个"经典"教育研究如何与动机相联系？根据德西（Deci）等人的研究（1991），学校对人们起到了首要的社会性影响，其次是社会。学校能够促进学生的学习热情，使学生投入到学习中，并提供最佳的学习体验。从理论上讲，这些促使学生向他人学习，进而促进个人成长。的确，这给自我决定理论奠定了基础。自我决定理论包括三个方面：胜任、关系和自主（图10.2）。事实上，尽管自我决定理论由这三个方面构成，但这些方面与前面章节中所讨论的心理学理论的其他领域有并行之处。例如，胜任指的是一个人利用技能完成任务的能力，换一个词就是元认知（见第8章）。关系是指与他人发展安全的、令人满意的连接（在第7、8和19章中讨论过）。自主指的是选择，或者换句话说，是一个人对自己的行为进行自我启动和自我调节（Deci等，1991），最后一个方面同样在第14~16章和第19章中有所讨论。

学校是孩子们成长的基本环境，因为孩子们在这里度过的时间很长，受到的影响很大。为了将学校打造为一个积极的心理环境，我们应该通过自我决定理论施加积极的影响（Deci和Ryan，1985）。该模型的三个方面是：

（1）学生应该在他们的学习中有选择的能力（自主）；

（2）学生应该认为自己有能力胜任不同的学习任务（胜任）；

（3）学生应该在学习中能够与同伴和成人建立良好的关系（关系）。

[①] 指的是靠近伦敦中心的行政区。——译者注

图 10.2 教师应用自我决定理论模型示例（改编自德西和里安，1985）

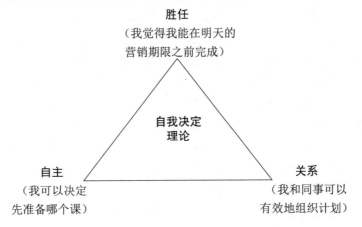

如果这三个方面都在教学环境中得到适当的应用，学生就可以"成长"，因为他们能够自我控制。为了说明自我决定理论以及它是如何运作的，现在请回想一下你是如何备课和教学的。能够与他人讨论自己的计划，并且能够开诚布公地讨论课程的老师会体验到"关系"。依照他们的计划，教师拥有一定的自由来决定如何将计划付诸行动，这时体验到的是"自主"。教师发挥自己的能力，实施教学计划，确保通过课程促使学生投入学习（"胜任"）。通过备课和上课的典型例子，我们可以发现，自主、胜任和关系这三个方面是统一的：当然，问题的关键是发展学生的这三个方面。下面提供了一些发展建议。

自主

- 开始教授新的课程时，征求学生的意见，看他们想要学习这一主题的哪些方面。可以准备一个概念地图，或学生希望在课程中解决的问题。
- 鼓励学生确立目标，制订学习计划，然后思考如何达成这些目标。这种计划要符合 SMART 原则（具体的、可测量的、可实现的、现实的和有时间限制的）。
- 鼓励自我反思，使学生思考如何改进自己后续的学习。

胜任

- 使学生了解自己的能力、长处和不足，自己的具体需求、具体利益、学习偏好等。如果学生都能意识到这些，他们就可以利用自己的长处来帮助自己学习。
- 提升学生解决问题的能力，这将帮助他们在遇到问题时，能够对问题有清楚的判断，然后寻找解决的办法。

关系

- 确保学生能够开诚布公地与他人讨论问题，鼓励学生在与别人分享自己的观点之前，将自己的想法写下来。
- 确保课堂上积极的学习关系，可以建立课堂行为准则。

- 促进相互认真倾听。

如果自我决定理论的三个方面是平衡的，那么这又促进了内在动机，内在动机使人们出于兴趣、自由选择而参与活动，有自我的控制感，而无需从活动中得到任何物质奖励（Deci 和 Ryan，1985）。与此相比，行为主义方法的动机是外在刺激，也就是由外部提供奖励或惩罚。

德西和里安（1985）讨论的是，如何使外在刺激通过四个阶段的调节后作用于内在动机——外部调节、内向投射调节、认同调节和整合调节。这四种形式的调节是基于内部的概念，换句话说，一个学生最初仅仅受到外部奖励或惩罚的激发，但通过内化，学生调整自身与学习的关系，外在刺激变成内在动机。举个例子，一个学生学习阅读时可能首先需要奖惩措施或外部激励（或外部调节），但在此之后，学生将阅读的动机内化，这样他们就可以自主管理时间来享受阅读的快乐（内在动机）。

仍以阅读为例来说明调节的其他阶段。如上所述，学生可能最初需要强制（外部调节）学习阅读：他们会得到好评或贴纸，或拿一本书回家与父母共同阅读。由此看来，学生明白他们必须阅读，有一种学习阅读的压力，因为大家都这么做。通过这样的举措，学生理解和内化了阅读的必要性，即使他们不情愿——带书回家阅读并不是他们发自内心的选择，而是他们必须这么做来避免不好的感受。这样的内在强制可以被视为内向投射调节。

当学生认为带书回家的行为能够发展自己的阅读能力，他们就认定这种行为有用（认同调节）。由此学生就会理解，学习阅读对个人有着重要价值，这将使他们为了达到学校设立的成功标准而努力读书，因为阅读所提供的价值观、需求和认同使他们的自我意识得到发展（整合调节）。德西等人（1991）强调，整合调节和内在动机之间的微妙区别在于，后者追求的是对活动本身的兴趣，而前者更加重视的是有价值的结果。

> **活动：你与课程的内在关系**
>
> 想想你的学生生涯。想一个你觉得困难的课程，你是否发展了自己的内在动机，还是保持之前的调节水平？
>
> 想想自己的教师生涯。是否有什么课程，并不是出于你的内在动机而教？你怎么跟这种课程建立良好的关系？你与课程的关系是否受到了你作为一个学生时经验的影响？

自我决定理论已经积累了大量的研究成果，表明在课堂上内在动机和积极情绪之间存在正相关，比如享受工作和喜欢学校，以及取得更大的成就。（Brouwer，2012；Daniels 和 Perry，2003；Gottfried，1990；Guay 等，2010）

回到自我决定理论的三个方面，即胜任、自主和关系，我们如何营造一种环境来促进自我决定以及内在动机？德西等人（1991）建议，要让学生感到自己是在积极参与，而且他们必须重视所有科目的学习、成就和成绩。因此对教师而言，要确保学生了解课程之间的联系，一个课程的技能如何与另一个课程相对应（比如在不同科目里运用数学技能,或解决问题的能力),以及个人对课程知识的运用,通过联系真实的情境,提供明确的目标,为学生提供有选择的活动和认可学生的视角都是确保自我决定的重要方面。说起来容易做起来难。下面的内容整合了所有这些元素。

活 动

通读下面内容:

在科学课上,与7岁学生相关的代表性课程就是种子生长的最佳条件。这样一个"典型"课程的内容是,将种子放置在相同的盆里,提供等量的水,但将这些盆置于不同强度的阳光照射下。这种方式使得除光照强度外其他的变量都相同。随着时间的推移来测量植物的高度。当然,不同的变量可能会发生改变,比如,每个盆中水量会变化,而其他变量都保持一致。

这个课程的问题是学生并没有太大的自主权:他们纯粹听从老师的指示。课程可以做些许改变,来确保学生有更多的自我决定。

老师可以用不同的方式介绍种子,比如将其与"杰克与魔豆"[①]结合起来,或者在"设计与技术"课程中介绍如何制作面包。老师还可以让学生调查帮助种子生长的因素,这些知识在他们未来的课程(比如点缀沙拉、三明治或披萨)中也用得上。老师在黑板上展示两个标签:"我们能改变的"和"我们能测量的"。要求学生们在每一个标签下列出尽可能多的想法。举个例子,在"我们能改变"的标签下,学生们可以列出水、土壤、盆、位置或温度。在"我们能测量的"标签下,学生可以列出植物的重量或叶子的数量。

一旦选项太多了,就可以将学生进行分组,鼓励每组从每一个列表中选择一个词。一个小组可能选择改变水的量,并统计叶子的数目,另一个组可能选择改变土壤类型,同时测量植物的高度。需要提醒的是,在"我们能改变的"标签下的其他所有变量都需要保持相同,以确保测量的公平性。学生们不仅需要共同决定选择哪个实验,还要计划如何进行该实验。

通过这样组织课堂,学生会受到鼓励,他们会思考如何将实验关联到其他课程中(如英语、设计和技术),以及如何借助其他课程的技能来实施本实验(这个例子中涉及的是问题的解决、测量)。此外,该实验还可以跟实际生活结合起来,比如,学生可以种植一些他们可以用来烹调的植物。学生自主挑选变量和测量方法,老师鼓励学生们进行合作,与小组内的其他伙伴友好相处。同样,学生与老师的关系也会得到发展,因为老师信任学生们,允许他们去实施自己的实验。

考虑一下如何将这种方法应用到不同的课程中去。

在上面的课程中,无论学生的年龄多大、能力如何,或课程内容有何不同,各个

[①] 一则著名的英国童话故事。——译者注

方面都会有所涉及。在教师与学生、学生与学生，以及学生与课程之间（关系）已然形成一种信任的共生水平，这为探索学习提供了基础；活动促进了学习，但是在有结构化选择的情况下由学生直接参与的方式（自主）才有效果；最后，学生能够利用自己掌握的技能，管理自己的学习（胜任）。在胜任和第2章所讨论的关于"心流"的理论之间还是要作一些对照，确保学生的技能与合适的挑战活动相匹配，促进心流体验的活动，要求不是过高（会导致焦虑）也不是过低（会导致无聊）。

那么自我决定理论作为一个模型如何应用到教育中？德西等人强调，一般来说，这个理论与教育体系是不一致的。事实上，他们指出，教师的行为需要在对自主的控制和支持之间寻求平衡。研究表明，当老师感觉到压力和被别人（比如学校、社区、社会或教育体系）控制时，他们更有可能控制他们的学生。因此，如果让老师对学生的成绩完全负责，这会适得其反，因为这将导致老师更大的控制欲，而这可能会对学生造成限制，进而影响他们的个人成长（Deci等，1991）。近年来人们对自我决定理论的关注度越来越高。例如，弗雷茨（Fretz，2015）讨论了自我决定理论对创造最佳学习环境的贡献，维尔丁（Wilding，2015）讨论了自我决定理论如何用于帮助经常挑衅的学生，安德森（Anderson，2016）则利用该理论开发了一个"学习奖励项目"（Learning Incentive Programme，LIP），通过形成性测验来提高学生的学习成效。此外，研究还拓展到了讨论自我决定理论与加拿大学校教师幸福感的相关性研究（Collie等，2016），而埃莫里（Emery等，2015）调查了该理论如何被用来帮助表现出抑郁症状态的学生。这些关于教师和学生幸福感的话题将在本书后续部分进行讨论。

10.7　小结

动机涉及完成一项任务投入的精力和方向。教师可以影响动机，但动机不是我们可以"给予"的：教师可以引导每一位学生，来确保他们使用了内在能量并将其投入到学习当中去。

教师可以使用各种强化刺激或惩罚措施，鼓励学生参与到学习活动中去，但这些外部动机不如内部动机那么有效。学生是否投入一项活动取决于这项活动有趣与否。

需要注意的是本章所涉及的动机模型与本书中许多其他心理学理论相关联，例如，与发展自尊和促进关系相关。动机是一种应用的视角，这种视角本质上是多维的。

或许本章最显著的方面是意识到如果提供了最佳条件，学生可以发挥自己的潜能（人本视角）。发掘这种潜能的方式之一是，确保学生的自主性，让他们了解自己的技能（或知道如何发展技能），确保他们与其他人一起工作，包括同学们和老师们——这也就是自我决定理论的三个组成部分。

10.8　拓展阅读

Deci, E., Koestner, R. and Ryan, R. (2001) 'Extrinsic rewards and intrinsic motivation in education: Reconsidered once again', *Review of Educational Research*, 71

（1）：1–27.

该篇文章讨论了有关教育的自我决定理论，详细阐释了德西和里安写于 1985 年的最初版本中的理论。

Gilbert，I.（2013）*Essential Motivation in the Classroom*（2nd edn）. London：Routledge.

书中提供了有关动机如何影响教学、学习和儿童思考的精彩讨论，写作风格引人入胜，书中有许多增强动机的切实可行的建议。

Watson，J.B. and Rayner，R.（1920）'Conditioned emotional reactions'，*Journal of Experimental Psychology*，3：1–14.

华生和雷纳关于经典条件反射的研讨论文，对"小阿尔伯特"的案例进行了深度讨论。

Wentzel，K.R.（2020）*Motivating Students to Learn*（5th edn）. Abingdon：Routledge.

本书专门为实习教师而写，根据大量研究成果，提供了很多操作性建议，非常实用。

第 11 章　将心理学融入课堂

> 👉 **本章目标**
>
> - 思考关于自我、特殊教育需求及动机的主题之间的相互作用。
> - 阐释这些相互影响的主题如何在班级层面及个人层面应用。
> - 提出对学习者产生积极影响的策略。
> - 评估焦点解决模式,及学习者如何应用该模式。

11.1　本章简介

本章将会介绍许多不同的理论和观点,理解这些内容的内在联系有一定的难度。确实,你可能会想到提升孩子的自尊,却迫于课程的需要及成绩的压力而忽视个别孩子。因此,如何将这些理论应用于教学实践,使每个孩子受益?

自我意识会受到不同方式的伤害,此外,如果我们学习过程中遇到的问题与他人相同,我们的自我意识就会被"贴标签"。多数动机来自追求奖励同时避免惩罚,我们为满足某种需求而努力。这会引发两个问题:这些主题如何与个体重叠起来(宏观层面)以及我们如何以积极的方式影响他人(微观层面)?

11.2　宏观视角:主题重叠

第8、9、10章强调了许多主题,纵观每一章,其内容可简要总结如下:第8章讨论个体的"自我",以及我们如何将一种价值归为自我意识(自尊),我们看待自身能力的方式(自我效能),分析某些事情发生的原因(自我归因)。第9章探索如何通过身体、认知及环境因素进一步区分个体,这些因素以多种方式影响学习,还特别讨论了对学习需求进行某种分类的方式。但是第9章明确指出,我们不应以传统的观点来看学生的"问题":相反,教育体系应该想方设法帮助学生,无论学生的能力或感知的局限性如何。倘若自我意识在学习需求中受限,作为老师,我们要探索鼓励学生发展其潜能的方法,如第10章介绍的动机。尽管教育体系一般采用行为主义方法,以奖励和惩罚作为主要的激励手段,我们也可以采取其他的激励方式,如鼓励学生跟他人相处时了解自身能力、寻求自主(自我决定)。

为建立自己的教育哲学,你可参考下列活动,回顾前面三章的各个主题。

> **活 动**
>
> 思考下列问题:
> - 你如何定义"自我"?
> - 哪些因素可以抑制自我,使其难以健康发展?
> - 你如何定义"全纳"?
> - 你认为全纳是一种实践还是理念?
> - 你如何看待在课堂中的奖励和惩罚?
> - 你如何将自我决定理论应用到一门课中?

回顾前面三章介绍的主题,图11.1解释了将这三章内容进行整合的一种方法。比如,我们来分析胜任,这跟我们自身能力有关,而且胜任也是自我决定理论的一部分。胜任的本质是我们对自身能力或自尊的衡量:我们可能拥有技能,却认为我们不善于使用它们。自我决定的另一个内容是我们自主的程度,换句话说,我们是否有选择或感受到逼迫感?在图中三角形的左端,胜任和自主之间的联系是控制,控制是自我归因理论的一个方面。如果我们认为自己的能力有限,考虑到形势需求,我们会感到失去对情况的控制。而且,如果我们感觉到在某种情况下我们没有自主时,就会感觉自己正受到控制。

图 11.1 各视角的整合

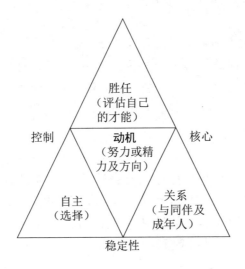

自主也与我们和他人相处的方式相关:我们是否按照自己的意愿、自己的选择做事,或者在别人的指导下工作?如果与同事的关系紧密,我们会感觉到自己是学习团体的一部分,能够与他人协商工作方式。如果这种关系以互信为基础,工作关系会比其他关系都稳定。在该图中,三角形的底端是自我效能的另一部分内容:稳定性。稳定性与我们觉得某种因素是否稳定相关:无论我们做什么,结果是相同的;或者我们是否可以改变结果。自主和人际关系的联系在于我们是否有选择的余地,是否拥有可以与他人协商的控制感，这样我们才可以控制稳定性。如果在人际关系中，我们感受到胁迫，或者意识到我们只有有限的自主性，我们可能会感到不稳定，做事基础不牢固。能力中的自我决定部分与人际关系之间存在某种联系，即控制的核心点，或我们是否感受到在这种关系中存在内因或外因。如果认为自己没有参与某项活动的能力，我们有机会培养这种能力，那么控制点就在自身内部。如果无论怎么努力，在其他人看来都不会成功，这就是外部控制点或外部因素。

最后，如果我们能确保学生知道自己的真实才能并知道如何培养这些能力；学生在学习过程中有选择感或控制感；学生与学生、老师之间已建立学习关系；学生知道通过自己的能力可以控制某些事情——那么，我们应该采取多种方法帮助他们取得成功，帮助他们以一种积极、有益的方式管理自己的精力。我们通过培养学生的自主意识，激励他们。

> **活 动**
>
> 下列课程整合了之前的段落中提到的所有内容。你能找出这些内容是在何处以何种方式出现的吗？
> - 本节课的内容是利用报纸制作纸桥。
> - 学生可以验证自己的想法并就各自的想法进行讨论，或许他们会利用网络、书籍或其他一系列相关资料研究桥梁。
> - 学生可以就如何最大程度地利用手头的报纸材料进行小组讨论：每一页是折叠还是卷起来。
> - 学生可以决定桥的设计，以使结构完整性增至最大限度，并通过承重检测。
> - 以某种方式将桥记录下来，如绘图、照片、书面说明或其他方式。
> - 接下来，鼓励学生做第二座纸桥，要比第一座更加坚固。
>
> 作为一项拓展活动，设计一堂你自己的课程，将已掌握的内容融入其中。

通过参加以上活动，你会理解如何安排课程，使每个学生尽其所能，参与其中。课程的成果不是学生能否在课堂上制作出最坚固的桥，而是他们是否可以在随后的环节中，提炼自己的想法。从这一角度看，学生在不断提升和改进自己的技能的同时，也是在与自己的能力展开竞争。如果建桥课程中包含的内容可以应用到不同情境中，学生的学习能力和积极性将得到持续提升。

11.3 微观视角：对个体的积极影响

从个体开始

如果你认为，教育的目的是抹杀学生的个性，使学生接受至少12年同样的教育，并希望他们以期待的高分走出教育体系，那你没必要接着读下去。实际上，无论你以何种方式得到这本书，你可以把它物归原主，我们很抱歉浪费了你的宝贵时间，因为你的哲学观可能更适合奥威尔式①的教育环境。然而，我们不想将自己的教育理论强加给读者：切记你需要掌握自己的教育观点，而不是让别人来掌控。本段可以简单概括为苏格拉底提出的两个词"认识自己"。

正如你作为个体获得发展提升那样，教学的关键在于发展学生的个人能力，挖掘学生的潜在能力。回想一下你之前作为学生或老师时相处过的学生，你会回想起谁，原因是什么？他们有什么特别的地方？一般来说，如果一名教师有40年的教学生涯，每年教授一个有30名学生的班级，那么这位教师可能在教学生涯中有1200名学生。当然，如果你成为校长，学生的数量还会增加。你如何保证每个学生作为独有的个体让你记住，就如同现在你作为独有的个体为学生所知一样？事实上，你的老师会记住你的哪些特征呢？

活动：学校鉴定

一名成功的老师，需要具备对自己的教学表现进行评价和反思的能力。检查、观察等方法有助于促进这一进程。然而，你多长时间回想一次母校对你的鉴定？即使你最近找不到过去学校对你的鉴定，回想一下，从老师的观点来看，你如何看待自己？

- 你的优势是什么？
- 你的兴趣是什么？
- 你在哪些方面能力有限？
- 在班上，你的独特之处是什么？
- 他人建议你未来追寻的事业是什么？
- 你如何发挥自己最大的潜能？
- 他人会因什么而记住你？

如果你查看学校之前对名人的鉴定，你会发现爱因斯坦的老师曾写道，"他将一事无成"，而约翰·列侬的学校曾鉴定称，他"肯定会走向失败"（Hurley，2002）。作为老师，我们真的知道学生将来会变成什么样的人吗？我们的老师会不会因为我们追随了他们的脚步而感到惊奇？

---

① 英国左翼作家乔治·奥威尔在作品《动物庄园》和《一九八四》中描写了极权主义社会，小说中创造的"老大哥""双重思想"等被收入英语词典，而由他的名字所衍生出的"奥威尔式的"一词也成为通用词汇。——译者注

> **反 思**
>
> "把自己当作一棵树!"我们很喜欢这句话。举国上下,多少位老师曾在戏剧课或体育课上说过这句话?这句话很经典,我们也将其用在此处!
>
> 尽管这样,我们应该慎重考虑树木的众多品种:
> - 长得高而直,整年葱绿的树,如欧洲赤松;
> - 长得有一点粗糙但很结实,可以抵挡任何风暴的树,如橡树;
> - 带有一丝微妙的香气,长得很美丽的树,如木兰;
> - 开花结果的树;
> - 风吹摇摆,适应生存环境的树,如柳树。
>
> 第9章和第10章均使用以下类比:应把每个孩子视为一粒不同的种子,各种因素间需要平衡发展,使他们成长为不同的树。事实上,两粒完全相同的种子就一定会长出相同的树吗?环境是否会影响其生长?将这个类比放在自己身上想一想,你已成为了哪种树?
>
> 此外,哪些因素帮助你成为了代表自己的树?
>
> 你潜意识里是否一直都想成为这种树?或者是否有哪些事情影响你这棵树的成长?

11.4 积极与消极

塞利格曼(2011)认为,我们花太多时间关注生活中的不如意之事,而很少思考生活中积极的方面。学生也可能花费过多的时间思考自己的缺点。作为老师,我们可以在数个不眠之夜或周末焦急地关注某一突发事情的结果,或关心有可能发生的事情。关注生活中的那些消极方面,已成为人们生存的一种方式,如塞利格曼所说,我们为了生存需要考虑生活中的威胁和风险,鉴于每天生活中可感知到的风险,我们需要解决自己最基本的生理和安全需求。塞利格曼认为,我们应该更多地关注积极的方面。说来容易做来难,因此,如果有一条积极信息和一条消极信息摆在我们面前,消极信息会形成强烈的印象,这形成一种理论——"消极偏见"(Baumeister 等,2001)。消极事件较积极事件而言,对我们情绪的影响更持久(Baumeister 等,2001)。

将这种消极偏见与教学相联系,我们一天中会考虑多少次消极的方面,而非积极的方面呢?在教室待了一天之后,回家时我们是否会一直"回顾"这些消极的方面,而忽视学生们取得成绩的那些时刻?此外,如果我们更习惯于这种消极性,当收到教学反馈时,我们会更倾向于忽视那些积极的意见,而选择关注那些消极意见。

活动:老师的经典言论

期刊文章《坏事比好事的影响力更大》(Baumeister 等,2001)指出,较积极的事情而言，我们更习惯于选择那些消极的事情或经历。

试想一下，这对你的学生产生了哪些影响。

你如何将一个消极的评论转述为积极的评论？比如，"坐下，保持安静"这句话，你可以改为"如果你尽可能安静地坐在那儿，看上去会很好"。

尝试改述以下老师的"经典言论"：
- 保持安静，看这边。
- 你又忘记做作业了！
- 错误答案！
- 我已经跟你说过几百次了：不要再夸大其词了！

进一步来说，学生会听到并关注多少"信息"？鉴于第8章对自尊的介绍，如果学生仅能听到并关注消极信息，我们如何调整这种平衡？

11.5 焦点解决模式

尽管消极偏见会使人们细细思考问题，但有一种相对较新的研究方法主要关注解决方案：焦点解决疗法。该方法的主要理念是：个体具有适应性，可以利用自身的优势和能力解决问题，而不是受他人鼓励来探索新的方法。此方法的关注点在于构建解决方案，而不是解决问题（Iveson，2002）。

焦点解决模式从建立理论、进行研究到临床实践，历经20年的发展历程（Trepper等，2010）。鉴于该方法注重解决方案而不是问题，毫无疑问其适用于积极心理学领域。一些原则或法则的重点总结如下（援引自Cepeda和Davenport，2006；Trepper等，2010）：

- 关注希望得到的未来，而不是过去的问题。
- 个人有其自身固有的优势和资源可以实现改变。
- 解决方案未必与指定的问题相关。
- 鼓励个体提高其有益行为的频率。
- 问题不会时时发生，总存在一些例外，比如，某个问题本可能发生却未发生。
- 鼓励个体探寻针对目前的想法、行为或者与他人交流的替代方法。
- 细微的变化可能引起巨大的改变，进而产生解决方案。
- 如果某些做法没有作用，那就停止这种做法，并尝试其他的做法。
- 如果某种做法有效果，可更大程度地采取这种做法。
- 未来是创造和协商出来的。

德容和伯格（De Jong和Berg，2008）认为，焦点解决模式有五个关键阶段，如图11.2所示。

图 11.2　焦点解决模式的五个阶段应用示例（援引自德容和伯格，2008）

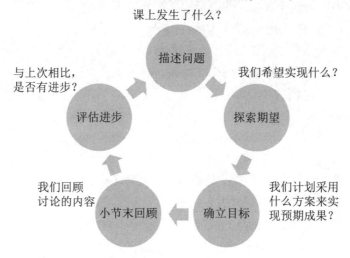

通过这五个阶段，可以按照下列活动中的内容组织会话。

> **活动：焦点解决模式的应用**
>
> 阅读下列方法，在实际行动中区分这五个阶段。
> - 要求某人明确问题。
> - 询问他，他希望发生什么，或者问题得到解决时，事情会发生什么变化。
> - 要求他为自己所处的阶段打分，分数范围为1~10。
> - 询问他处于该阶段而不是更低级别阶段的原因。
> - 询问他为了提升等级可采取的措施。
> - 询问他认为什么迹象能表明最初的成功或事情已向好的方向发展。
> - 询问他所处阶段达到10分时，将发生什么变化。
> - 要求他将这些变化转为"论断"：积极的陈述是一种暗示。
>
> 谈话内容的核心是确保采用积极的方法，通过提出一系列相关的问题而找到解决方案，使每个个体关注未来而非关注过去。提问的重点在于保证谈话不受引导。为了确保采用积极的方法，当个人找出有效的解决方案或方法时，需要对其进行表扬，有时受到鼓励后个体会发掘出更多的潜力来解决问题。这个谈话需要将重点放在焦点解决的目标上，即个体通过提问确认了该目标，而且权衡了目标可以达成的满意度。

> **活动："神奇的问题"**
>
> 焦点解决模式潜在的困难之一便是确保个体明确地知道问题是什么，或者他们希望改变什么。可以提供帮助的方法之一就是向他们提出这个"神奇的问题"。该问题有助于进一步提升他们在不同的背景下思考问题的能力，如下所示（援引自 Berg

和 Dolan，2001：7；De Jong 和 Berg，2008：85）：

　　我想问你一个很奇怪的问题（停顿）。这个奇怪的问题是：（停顿）

　　我们的对话结束后，我希望你能坚持把自己每天的活动记录下来，如：回家、吃饭，或者看电视，然后睡觉。你慢慢进入深度、放松的睡眠。午夜，奇迹发生，你的问题消失不见了。然而，因为这发生在你的睡梦中，你无法知道奇迹发生而问题得到了解决。

　　早上醒来时，你会注意到这个细微的变化，说："哇，奇迹发生了，我的问题已经解决了吗？"

　　你还会注意到什么？

　　泰勒（Taylor，2009）认为，这个神奇的问题使人设想没有问题的生活会是什么样的，因此这个问题的答案就成为了解决方案的焦点。

　　思考一下其他类型的"神奇"的问题。

　　基于我们对自我决定理论的理解，我们知道焦点解决模式能够鼓励人们认识自己现有的能力以及有待发掘的能力。这就显示出个体掌控解决方案的自主意识。此外，鉴于焦点解决模式是进行相互交谈，这不同于"治疗师"的建议：人们能做什么及应该做什么。这种相互交谈可确保一种更好的人际关系，这是自我决定理论的第三个内容。

　　不少研究者都认为，焦点解决模式对儿童、青少年及成人均有效（Corcoran，2006；Franklin 等，2001；Nims，2007）。尽管所采用的样本相对较小，但是对该方法的运用目前在学校更为常见，尤其是在美国的学校（Gingerich 和 Wabeke，2001）。回顾已有的相关研究或元分析，焦点解决模式对解决"内在的"问题更有效，如焦虑、压力或自卑；该方法对于"外在的"问题效果不明显，如行为及行为问题或攻击性问题（Kim，2008）。

活动：个体对焦点解决模式的审视

　　找人参与焦点解决的会话可能会比较难，但是下列活动可能有助于激发你的想法。
- 我的问题是什么？
- 我希望发生什么事情？
- 当事情真的发生时，问题会有什么变化？
- 此时，我处于哪个阶段？（1~10，1 代表最差的情况，10 代表完全实现目标）
- 我为什么处于这一等级，而不是更低的级别？
- 我做过的什么事使我不再降到更低的级别？
- 我还可以做什么？还可以采取哪些小举措？

- 进步时会有哪些表现?
- 哪一阶段使我比较满意?（6、7还是8？）
- 达到10时，我将会有什么变化?
- 我可以对目标作出哪些"主张"或"陈述"?

尼姆（Nims，2007）认为，在儿童中探索焦点解决模式，可采用动觉资源帮助儿童提高注意力。例如，孩子可以将其想谈论的内容、目前的状态或他们想改变的事画成一幅画。同样，我们也可以在沙盘中画画或者在沙子上记录之前讨论的数字等级。或者，也可以使用木偶来表达孩子的想法。无需进行过多的思考，该活动可在不同年龄段的学生间开展，例如，使用不同的表情表示取得的成功（见图11.3）。

图11.3 焦点解决法的可选标准

11.6 认知行为疗法

1.11节中指出，"认知"是一种想法、主意、观念、信念或者态度。认知行为疗法的主要观点认为，我们的行为很大程度上受思维过程控制，即如果思维过程适应不良（难以胜任或难以适应环境），则会导致适应不良的行为。对此，一种解释是思考笛卡尔的一句名言，"我思故我在"（见1.5节）。认知行为疗法的观点认为，如果我们总在思考某件事，则它一定会发生。如果我认为自己会经历糟糕的一天，那这一天很可能会过得很糟糕。实际上，我们的思维、情感及行为都会相互影响。

例如，我们可能不希望教某个特定的班级或某一特定科目，我们可能会这样想，"唉，我今天要教＿＿＿＿课"。这样，我们的思维就已经接受了一种恐惧的观念。因此，我们的行为就会从本质上表现得很恐惧。如果认为自己不喜欢做某事，很可能就不会享受到做事时的愉悦，我们的行为也会藉由思维或认知所代表的价值观的改变而改变。因此，我们可以说"我今天已准备好教＿＿＿＿课，课程会进行得很顺利，因为我已对教学做好了计划"。

认知行为疗法是在连续的过程中分析特定的困难。这种疗法的具体方法之一是"ABC"模型，其本质上具有内在关联性（Bernard和Wolfe，2000；Ellis，2001）。

- A 指催化因素（已真实发生的"外部"事件，或者你认为未来可能发生的"内部"事件）。
- B 指你的信念（想法及意义）。
- C 指结果（情感、行为、身体感觉）。

回到前述的感知教学恐惧的例子中，运用 ABC 模型分析如下：
- A：你想象课程进展不会顺利。
- B：你确信课程进展不会顺利。
- C：你很紧张，这使你情绪焦虑，最终导致身体紧张和心理/认知不安。

无须多言，焦虑及身心紧张导致你无法以最佳的水平进行教学。可以说，11.5 节讨论的焦点解决模式是对认知行为疗法进行的一种调整。此外，第 12 章中的许多策略也与认知行为相关。

11.7 保持积极

根据本章的内容，人们易于关注消极方面，而非积极方面，尽管思维是有机运转的整体，但实际上它也很懒惰。相较于直面改变而言，有时坚持做已经做了的事并将其作为一种保护策略更为简单。然而，本节已指出，我们可以采取一些方法激励大脑作出改变。从认知的角度来看，大脑根据我们所处环境作出相应变化的方式称为"神经可塑性"，即我们可以改变自己对环境的看法和反应（Arden，2010；Begley，2009；Doidge，2007；Pascual-Leone 等，2005）。

因此，积极心理学的重点在于鼓励个体"重新武装"自己的大脑，更多地关注积极的方面。尽管本章及本书提出了某些建议策略，但是塞利格曼（2011）曾用一个简单的首字母缩写词 PERMA 总结了幸福的五方面内容：积极的情感（Positive emotion）、参与（Engagement）、积极的关系（Positive Relationships）、意义（Meaning）及成就（Accomplishments）。

简单地说，我们可以对 PERMA 模型的众多元素进行如下描述：积极的情感与真正的幸福和满足的生活相关，或与可使人感觉快乐的乐观心态、情感有关。参与，指参加对自己意义重大的活动，从中可感受到"心流"（见第 2 章内容）。形成积极的人际关系与我们和他人的接触或人际关系有关。确保自己有明确的方向，参与自己认为重要的事务，这是意义的重点所在。最后一点，成就是指我们实现预期设定目标的成就感，或在实现设定目标的过程中获得成功感（Grenville-Cleave，2012）。

> **反　思**
>
> 思考塞利格曼的 PERMA 模型，及该模型如何与自我决定理论的内容相联系。这两种理论的本质是否类似？

11.8　小结

本章重点在于将前面几章的主题结合起来，使读者掌握如何将其应用于课堂教学中。本章所提到的活动和反思旨在使读者掌握这些不同的理论和模型，使读者思考如何将其应用于所教授的专业内容，以及如何应用这些理论和模型提高自己的专业能力。

与个体相关的领域很多，然而就目前已经了解的这些内容而言，读者应该已经具备了扎实的基础，能够去探索自己感兴趣并和自己相关的内容。

> **反思：三件事**
>
> 关于本书这部分的内容，哪三方面的内容给你留下的印象最为深刻？
> 你想继续了解哪三方面的内容？
> 你将把哪三方面的内容应用到自己的课堂教学中？

11.9　拓展阅读

Gatto，J.T.（2011）*Weapons of Mass Instruction：A Schoolteacher's Journey Through the Dark World of Compulsory Schooling.* Gabriola Island，Canada：New Society Publishers.

加托的作品对传统教育进行了批判性的、生动的介绍，鼓励读者思考教育的目的。

Peters，S.（2018）*My Hidden Chimp.* London：Studio Press Books.

本书借鉴了一系列神经科学研究成果，提供了大量支持学生的策略。

Illich，I.（1995）*Deschooling Society*（new edn）. London：Marion Boyars.

本书类似于加托的作品，对义务教育进行了批判。

Seligman，M.E.P.（2011）*Flourish：A New Understanding of Happiness and Well-Being and How to Achieve them.* London：Nicholas Brealey Publishing.

马丁·塞利格曼更新了积极心理学的许多主题。

Stallard，P.（2018）*Think Good-Feel Good：A Cognitive Behavioural Therapy Workbook for Children and Young People*（2nd edn）. Chichester：John Wiley & Sons Ltd.

关于对不同学生如何运用认知行为治疗方法，本书提供了许多操作性建议。

第四部分
心理健康、幸福感和韧性

心理健康和幸福感（mental health and wellbeing，MHWB 或 MWB）已成为近十年来最重要的问题，自 2015 年以来，相关研究进展迅速。尽管心理健康问题已困扰了人们数年，并且许多相关研究工作已经开展，但目前心理健康问题已在全球蔓延，至少在西方社会情况不容乐观。近年来，因焦虑、压力或是抑郁就医的患者越来越多，英国制定了"心理治疗普及化"（IAPT），国际上也有类似的项目以应对日益严峻的挑战（Kuhn，2011）。在教育方面，小学、中学、专科学院以及综合性大学都面临着这种问题，并开始采取措施应对挑战。解决问题的关键在于培养韧性，本书将会从"教师韧性"和"学生韧性"两个方面研究心理健康问题。

注：我们对 MHWB 这一术语进行了调整，将 H 删去，以打破"健康的对立面就是疾病"这一观念，"精神疾病"（mental illness）一词并不恰当，也为整个社会所摒弃。如果您能够理解我们，选择采用 MWB 这一非污名化概念，我们将不胜感激。

第 12 章　心理健康

> **本章目标**
>
> - 概述教师可用的心理健康资源。
> - 了解改善个人心理健康的必要性，并促进课堂上的心理健康发展。
> - 区分一系列帮扶系统及其在教育系统中的融合情况。

12.1　本章简介

　　心理健康问题在各个年龄段都越来越普遍。如今，生活节奏飞快，我们常跟不上节拍，因此需要运用技能、策略或通过思考，来应对生活中的种种压力。我们该如何恰当地运用技能和策略，如何培养思考能力？这并非一蹴而就，而是要用一生的时间去积累。但是，快节奏的生活是否会阻碍我们能力的发展？与 50 年前的人们相比，我们是否需要尽早掌握各种技能？这一代年轻人在童年时期应该如何掌握必要的技能，来为步入成年做准备，同时还能满足小学、中学、大学的教学需求？他们具备适应当今社会的能力吗？我们作为教育工作者，又能为他们做些什么，帮助他们平稳度过"成长期"？本章从临床表现及分类系统出发，对有关心理问题的研究展开介绍。心理学从业者认为，主动的早期干预效果优于被动的反应性治疗，且培养自控力是自主学习取得进步的重要因素。早期干预是教师常用的方法，但作为教师，必须意识到自身在该过程中发挥的重要作用。

12.2　英国国家医疗服务体系下的儿童与青少年心理健康服务（CAMHS）

　　英国国家医疗服务体系提供的心理健康服务非常多样化，面向所有人开放。具体包括：儿童与青少年服务、成人服务、老年人服务、学习障碍者服务、药物滥用者服务，以及法医服务。在本章中，我们将重点介绍英国儿童与青少年心理健康服务（Child and Adolescent Mental Health Services，CAMHS），其他国家也有类似的服务。虽然重点探讨的对象是儿童与青少年，但我们也关注了影响大学生心理健康的各项因素。诚然，所有教师在正式开展教学工作前都会考虑到这些因素，但本章中提及的有关心理健康的内容同样具有参考价值，因此我们仍然希望读者能够仔细参详。

CAMHS 是一个涵盖性术语，涵盖了为患有情绪障碍或行为障碍的年轻人和儿童提供的各种服务，这类群体的心理健康一般都会受到影响。父母和护理员也可以参与进来，以便在必要时提供适当支持。除了地方当局、国家医疗服务体系信托基金或学校给予的支持外，包括心理学家和心理治疗师在内的多领域专家团队也会提供帮助，如家庭治疗师、游戏治疗师、职业治疗师、精神病学家、护士、社会工作者和药物滥用防治专家。为方便人们了解更多，英国国家医疗服务系统提供了一个网站，如果有需要的话，可以在该网站上找到可利用的资源。（网址如下：www.nhs.uk/NHSEngland/AboutNHSservices/mental-health-services-explained）

要获得进一步的帮助，可以由全科医生转诊，或者以校长为代表的相关工作人员也能推荐。虽然转诊是获取心理健康服务援助的常见途径，但遇到一些涉及酒精或是毒品问题的情况，则无需由全科医生转诊，也可以获得帮助。国家医疗服务系统网站为需要帮助的人们提供了更多的网址链接。这一服务体系中包含许多群体，如儿童、学校、全科医生和社会工作者，不仅引起了人们对心理健康问题的持续关注，还确保了孩子们能够一直得到帮助与支持。然而，英国国家医疗服务体系也无法避免财政预算削减问题。由于英国政府削减了财政预算，儿童与青少年心理健康服务所获得的资金至少缩减了五千万英镑，近四分之一的儿童与青少年因此无法获得支持服务。

在下面给出的网站中，提供了一些为儿童和青少年提供帮助的链接，可供参考：www.nhs.uk/conditions/stress-anxiety-depression。

12.3 定义心理健康

在给心理健康下定义时，我们参考了部分以促进社会心理健康为目标，且影响力较广的机构对它的表述。例如，世界卫生组织（WHO）作出如下定义：心理健康这一概念包括主观幸福感、自我效能感、自主性、胜任力、代际依赖性以及对个人智力和情感潜能的认可度（WHO，2003：7）。同时，心理健康也可被定义为一种幸福状态，即：

个人能够认识到自己的能力，可以应对正常的生活压力，保证工作效率，为社会作出贡献（WHO，2009：10）。

在许多西方国家，心理健康问题在人们的日常生活中备受关注。实际上，心理健康问题影响了全球 30% 以上的人口，世界卫生组织已将其视作一项重大公共卫生挑战，并打算在"健康 2020"这一欧洲健康政策框架下，制订合适的计划以改善整个欧洲地区人民的健康状况（WHO，2013a）。世界卫生组织列出了会对心理健康产生不利影响的各种社会心理因素，这一点值得我们关注，因为这些因素对教师、见习教师、儿童都会造成影响，例如收入方面、失业问题、药物滥用、违法犯罪、教育成效等，其重要性不言而喻，但这些问题并非孤立存在，而往往会集中爆发。上述问题不是本章讨论的重点，因此我们仅作概述。作为教师，我们要守望学生心灵的田园，相关研究数据可以帮助我们加深对问题的认识，更好地承担起肩负的责任。在本章的下一节还会针对这个话题展开讨论。世界卫生组织针对各个年龄段提出了一系列措施，同时兼顾了儿童、成年人以及老年人的需求。在本章中，我们会提及世卫组织的举措之一——"最优起跑线"（best start），即促进对合宜的家庭生活和养育子女的支持，鼓励父母认识到家庭作为恰当学习环境的重要性，尽量避免不幸的童年经历影响孩子的发展。为实现这一目标，人们越来越重视学校对孩子心理健康的积极作用，识别情绪问题的意识有所提升，同时，对于校内外的霸凌行为也采取了相应的措施（WHO，2013a）。该举措卓有成效，按时间顺序并具有"自下而上"的特点，旨在让儿童具备必要的心理适应力，在步入成年后能够过上幸福的生活。

　　由此我们顺利过渡到"社会"这一概念。在本节中，我们探讨的是西方社会。但"社会"是一个非常广泛的概念，并且教育系统本身就是一个社会。事实上，基础教育、中等教育和高等教育在教育社会（educational society）中属于不同的"层级"，并且就实践层面来讲，每个中学、专科学院或是综合性大学同样也都属于不同的社会。认识到这一点很重要，因为心理健康问题普遍存在，无论在哪一个"教育社会"中，我们都应该重视心理健康问题。无论我们从事何种职业，我们都有责任去强调该职业中的心理健康问题。我们需要与志同道合的专业人士进行沟通，不过他们的专业可能不在我们所说的"社会"范围之内，但二者之间必定会有相通之处，从专业的角度来看，学科间有明显的界线，我们需要了解对方的专业知识，就要多交流。一个非精神科专业出身的教师可能会遇到存在严重心理健康问题的学生，我们将在本章其他几节针对"转诊"（referring on）展开讨论。

　　许多本科生接受培训想从事教师职业，然而人们越来越关注本科生的心理健康问题。英国皇家精神科医学院已经承认该风险不断攀升的趋势，"学生服务管理员、辅导员和心理健康顾问均表示存在心理健康问题的人越来越多，其严重程度也有所增加"（Royal College of Psychiatrists，2011：20）。英国大学对相关研究进行了补充，发布了高等教育学生心理健康（Student Mental Wellbeing in Higher Education，MWBHE）良好实践指南（Universities UK，2015），旨在根据学校内部政策和程序的审查、修订，促进心理健康在高校中的融合。据 MWBHE 工作组主席估计，目前高校中约有 115000 名学生有心理健康问题。报告中包含了心理健康意识及心理健康报告程序方面的培训内容，目前已被高等教育机构广泛采用。中央兰开夏大学（University of Central Lancashire，UCLAN）于 2006 年发起"健康大学"的倡议，旨在为大学健康发展提供支持。截至 2017 年，该倡议已吸引了 87 所英国高等教育机构（www.healthyuniversites.ac.UK）。高等教育机构已在内部进一步加强了体制和机制建设，以应对挑战。之所以用到"挑战"一词，是因为部分人认为这些机构无法提供"专业心理健康服务"，提供这些服务不在其职权范围内。然而，在某些方面，高等教育机构自成一体，构成了一个社区，因此提供心理健康服务非常重要。在过去，心理健康服务一直是在大学咨询服务范围之内的，如今学术导师也需要处理一些较为简单的心理问题，因此教职人员也要对心理健康问题有所了解。事实上，高等教育机构着手解决的学生心理健康问题越来越多（Musiat 等，2014a）。

12.4 校内心理健康

世界卫生组织报告称，约 50% 的心理障碍出现在 14 岁之前（WHO，2013b）。心理健康周期模型（cycle of mental wellbeing model）（WHO，2013a：18）包含了社会经济、社会心理和政治因素，心理障碍、风险因素及现有健康服务等受上述因素影响并反作用于这些因素。该模型非常实用，可以将其打印出来并贴在学校布告板上，以简洁、高效的方式提醒人们复杂的心理健康问题。或许人们觉得该模型主要针对成年人，但事实上对于儿童也适用。虽然将儿童与成人划分开来并非绝对合理，但我们的确身处于一个以分类系统为基础而运转的社会中。在心理障碍的临床分类上尤为明显，例如本章中提到的第五版《精神疾病诊断与统计手册》（DSM-5）和第十一版《国际疾病

图 12.1 健康循环模型（改编自 WHO，2013a）

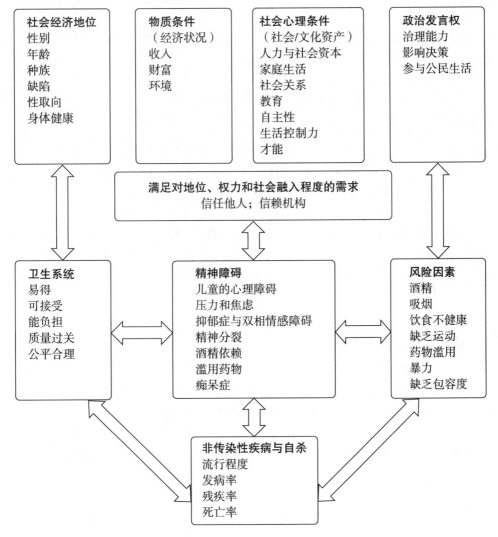

第四部分 心理健康、幸福感和韧性

分类》（ICD-11）草案。对于儿童，主要以发展阶段、关键阶段和 SATS[①] 成绩为依据，还有许多其他形式进行分类，该模型如图 12.1 所示。我们建议从两方面来研究这一模型：第一，"从外向内"，即观察每一个格子里的内容，思考与其他内容之间的关系，以及同校内现有系统的联系；第二，先观察孩子在校内的行为，再将其与模型中的内容联系起来，具体操作方法可以参考以下案例。

> **案例研究　詹姆斯（James）**
>
> 詹姆斯是一个七岁的男孩，来自单亲家庭，住在市中心的高层建筑。他的父亲在他出生前因涉嫌枪支罪而入狱，现已出狱，但由于长期对妻子施暴，他被判不允许与妻子接触，这意味着詹姆斯与父亲没有任何联系。
>
> 詹姆斯的母亲 25 岁，有吸毒史，目前正在接受康复治疗。她 16 岁辍学后一直没有工作，靠卖淫赚钱吸食毒品，目前在领取失业救济金。
>
> **解读**
>
> 回顾一下健康循环模型（图 12.1），就会发现该模型适用于詹姆斯所有的家庭成员。
>
> 在该模型中读者应该关注的因素有：
> - 社会经济地位：性别、年龄、身体健康状况。
> - 物质条件：收入、财富（不足）、环境。
> - 社会心理条件：人力和社会资本、家庭生活、教育（受阻）、自主性（不足）、生活控制力（不足）、才能。
> - 风险因素：饮食不健康、缺乏运动、潜在滥用药物的可能性、潜在暴力。
> - 精神障碍：潜在压力、焦虑、抑郁、酒精依赖、药物滥用。
>
> 当然，需要强调的一点是，我们无法断定詹姆斯会有严重的心理健康问题，这也不是重点。教师和学生都应该意识到潜在的中介因素、风险因素以及它们之间的关系。在此基础上，该模型能够帮助我们将注意力集中于上述问题。

> **活　动**
>
> 在进一步研究詹姆斯的案例时，通过处理模型中的各种因素，便可以想象出詹姆斯可能产生的行为方式以及在校内的表现。这将有利于对其外表和行为模式的构建，即詹姆斯在教室和操场等场景下所表现出的行为迹象（见 12.5 节）。
>
> 写出 5~10 个自己的案例研究应该不难。这可能是一个很好的集体活动，所有人都能参与到培训课程中来，也可以积累更多的案例。案例研究的大致结构为：
> - 儿童背景资料简介。

---

① SATS（Standard Attainment Tests），是英国小学生在特定年级时必须参加的全国统一考试，旨在检测学生在关键阶段对核心科目的掌握情况，检测科目包括阅读、写作、数学和科学。——译者注

- 征兆及症状简述。
- 解决方案简述（包含案例中提到的所有人员）。

事实上，根据校内程序，你应该向校长或系主任汇报上述内容。作为教师，对家庭医生（或全科医生）、教育心理学家和临床心理学家的工作内容都应有所涉猎，将其作为保障自身专业持续发展的一部分，通过这种方式，能够对自身的心理辅导服务有所助益，还能够在接受来自其他机构的帮助后，对存在的不足之处进行补充。

12.5　观察并识别"征兆和症状"

下面列出了学生在校外的个人情况发生变化的可能指标（无特定顺序），这些变化可能会影响到学生在校内的活动、表现和行为：

- 与之前相比，校服的清洁度或整洁度发生变化，超出了公认的"标准"。
- 卫生状况发生明显改变，即头发乱蓬蓬，身上散发出"成熟气息"。
- 出现黑眼圈或眼袋，说明睡眠不足，还会在上课时打瞌睡。
- 上课时难以集中精力，无法专注于学习任务。
- 迟到现象增加。
- 在校期间偷吃食物或向同学讨食，说明家中的饮食情况发生了变化。
- 面对教职员工或同学，情绪激动或攻击性行为增加。

试图从构成幸福的各个组成部分而非一般层面来定义幸福，有人对此提出批评（Dodge等，2012）。他们认为存在反映平衡态幸福的"设定点"或"支点"，它会受到变动的资源和挑战的影响。因此，幸福感被他们定义为"个人资源库与面临的挑战之间的平衡点"。当一个人拥有的心理、生理及社会资源足以应对相应的挑战时，就会达到稳态；当资源不足以应对挑战时，幸福感便会下降，反之亦然（2012：230）。

也有人用"兴盛"（flourishing）一词指代这种平衡状态（Ramachandram，2016；Seligman，2011），指的是"个人生活积极向上，进展顺利（Huppert和So，2013：838）"。于佩尔和索（Huppert和So）的研究表明，"兴盛"与学习能力增强、生产力和创造力提高、有效人际关系和亲社会行为增加、健康改善和预期寿命延长有关（2013：838）。他们的研究目的是依据国际分类法（见12.8节）研究抑郁症和焦虑症的症状，并确定其镜像反应。他们建立了反映享乐主义（hedonic，H）和幸福主义（eudemonic，E）维度的十个特征，即积极情感和积极功能：能力、情绪稳定、参与度、意义、乐观、积极情绪、积极关系、复原力、自尊和活力。于佩尔和索（2013）在研究中列出了3个欧洲地区及22个欧洲国家在这些要素上的排名，结果显示，生活在丹麦的人在积极情绪、积极关系、复原力和情绪稳定性方面排名第一，而对于生活在英国的人来说，在同样的特征上排名分别为第10、3、6和19，且英国在这些特征中没有任何一项排名第一。

12.6　心理健康机构

社会倾向于将事物、思想、概念和现象进行分类、编码和区分，以便对它们进行适当的、标准化的理解（见 12.8 节）。如今，社交媒体和互联网使用广泛，其提供的电子信息质量差异极大，因此确定材料的适用性非常重要。例如，如果我们建立一个维基网页，声称"地球是个平面，只有边缘略微上翘，以防止船只和人从边缘坠落"，这完全可以做到，且一定会有人浏览这个页面，并完全相信我们说的话，因为我们有"资质"，是"专家"。虽然这天真得可怕，但当人们查阅现有的心理健康资源时，会发现"灰色地带"的确存在，因此我们在本章及全书中提供的资源都是符合一定标准的。如英国心理学会（British Psychological Society，BPS）和皇家精神科医学院（Royal College of Psychiatrists，RCP）等专业机构，受专业和道德原则的约束，因此都是"安全可靠的"。同样，下面选择的网站，都是经过英国国家医疗服务系统（NHS）认证的，并达到了"信息标准"，该标准致力于提高公众、患者和医疗及护理行业从业人员所能获得的健康和护理信息的质量（www.england.nhs.uk/tis/about/the-info-standard）。

健康和护理专业委员会（Health and Care Professions Council）是另一个保障各种健康和护理职业质量的机构。其注册从业人员在委员会监督下执业，并受其规则、条例和纪律程序的约束，因此，接受其服务的公众可以得到与其职权范围内专业期望相称的适当保护。通常情况下，从业心理学家都是英国心理学会的注册会员，也是健康和护理专业委员会的成员。精神病学家不仅要接受医学培训，同时还要专攻精神病学，因此他们有别于临床心理学家。英国皇家精神科医学院作为重要的信息来源，其在心理健康方面的信息与心理学有相当多的重叠部分，因此我们将其纳入本章内容。

Mind（mind.org.uk）是另一个通过信息标准认证的组织，作为一家注册慈善机构，旨在为有心理健康问题的人提供建议和帮助。Mind 于 2012 年发布战略性文件，认为公众对于心理健康的看法有所改善，据此他们制定了 2016—2021 年新战略——"在变革中发展"（Mind, 2016）。这份文件指出，目前心理健康领域仍存在六项基本挑战：一年中，约四分之一的人会遇到心理健康问题，其中约 25% 的人能够得到帮助；目前已经开出 5700 万张抗抑郁药处方，与 2012 年相比，增长了 46%；50% 的人需要等待三个月以上才能开始"谈话治疗"；因心理健康问题住院的人数超过 105,000 人；与 2012 年相比，2013 年英格兰和威尔士的自杀人数有所增加，约 5140 人因自杀身亡。

除此之外，还有心理健康基金会和查理·沃勒纪念信托基金会，它们是为解决心理健康问题而设立的慈善机构，旨在为儿童和成年人提供帮助。心理健康基金会（www.mentalhealth.org.uk）在过去的 60 年里一直在该领域进行开创性的研究，例如，近期该基金会对"数字心理健康"或"电子心理健康"概念进行了探索，为那些花费大量时间上网的成年人（Musiat 等，2014b）和儿童（Stallard 等，2010）提供帮助。虽然线上治疗的案例越来越多，但斯托拉德等人（Stallard 等）在论文中强调，上述两项研究都反映了用户对线上治疗的谨慎态度。据报道，8~17 岁的参与者中有 49% 的人更喜欢面对面的接触，而非线上治疗。卡普（Capp, 2015）呼吁让心理健康服务能够"存在"并融入学校社区,而不是采用"非现场访谈"的形式。这再次表明人们更青睐面对面接触。我们将在本章的其他部分更详细地讨论数字心理健康。

查理·沃勒纪念信托基金会旨在为年轻人提供心理健康方面的支持,特别是抑郁症方面的帮助。基金会为工作人员设计了一个电子学习包,其中包含六个20分钟的课程,可以在网上免费获取资源(www.learning.cwmt.org.uk),用户可以按照自己的节奏进行学习。指导内容包括:掌握帮助学生的主要原则,以便在专业范围内提供有效帮助;对心理健康恶化迹象的认识及应对方法;为存在问题或情况越来越糟糕的学生提供所需的各项技能;对进入高等教育的学生,从家庭到大学的过渡问题;在学生对自己或他人心理健康造成风险的情况下,提供危机干预支持;上述技能整合与关键内容总结,以及优秀实践案例。每一节课程中都提供了一组案例研究式场景以及测试,供学习者了解对知识的掌握程度。

该基金会的一个相关项目促成了"学生抗抑郁"网站的创建,该网站会为面临情绪低落、抑郁和自杀想法等问题的学生提供经临床验证的信息、策略和资源(www.studentsagainstdepress.org)。重要的是,它还提供了相关学生面对问题克服挑战的经历,其目的就是要通过这种方式来鼓励学生对抗抑郁症。组织者巧妙地结合实际,为学生提供了包含十个模块的指南,每个模块都有一个可下载的工作簿,可以用来写笔记,记录自己对关注内容的感觉,还可以作为监测与反思的工具。工作簿能帮助学生回顾自己的心路历程,好处不言而喻。具体模块结构,如表12.1所示。

表12.1 学生个人抗抑郁步骤总结

1	制订安全计划
2	建立帮扶网络
3	迈出艰难的第一步
4	养成一个更健康的日常生活方式
5	增加对抑郁症的了解
6	改变思维模式
7	培养良好的生活技能
8	从不同角度看待抑郁症
9	努力克服抑郁症
10	写一篇战胜抑郁症的个人报告

来源:改编自 www.studentsagainstdepression.org/take-action/take-action-in-your-own-life

尽管上述资源主要针对的是综合性大学的本科生,但大部分也可以适用于中学生、专科生以及研究生,他们在学习生涯中的任一阶段都可能患上抑郁症。关键的是,只有打牢基础才能取得进步,我们建议按顺序推进表12.1中的各个步骤。模块1–3针对的都是紧急情况，因此将这部分内容安排在一起，作为短期规划（也可以参考第14章的变化阶段模型）（Prochaska 和 DiClemente，1982）。模块 4-6 侧重于提高人们对抑郁症的理解，改变人们对抑郁症的看法，同时开始做出改变。这部分内容是现阶段需要做的工作，重点在于具体行动而非计划，并试图让人将注意力集中在积极改变其活动模式上。模块 7-9 提供的是长期计划，帮助人们过好未来的生活，认识并承认自己的情绪，了解如何表达这些情绪，了解社会的期望，以及如何保持自己对心理健康的真实看法，这是向"下一阶段"的过渡，也可以与变化阶段模型做对比。最后，第 10 模块是对之前的经历、活动以及取得成就的反思。

有两件事需要注意。第一，尽管第 10 模块是最后一个部分，但"最后"这个词并不恰当，实际上，这是一个人新的开始，与上面提到的变化阶段一样，需要持续进行监测并作出必要调整。这不是一种负担，而是获得满足感、激励自己、建立自信心的过程，是一场"生命运动"，抑郁症只是作为其中的一部分，让生活经历更加丰富。第二，利用上述一揽子计划，或结构类似的心理健康服务，想要让有心理健康障碍的人恢复到最开始的状态，几乎是不可能的。这些计划的目的是通过适当的指导，建立一个帮扶网络，并借助挑战来培养患者的自控力，从本质上来讲，就是要让抑郁症患者摆脱目前的状态。

类似的心理健康组织还有很多，本书中会提供一些网站链接或是文件路径，这些资源内容可以相互补充。本章篇幅有限，接下来简要介绍 Young Minds 和 Heads Together 两个慈善机构。

Young Minds（www.youngminds.org.uk）是一家非常知名的慈善机构，成立于 1993 年，旨在通过特定的早期干预方法改善儿童和年轻人的健康，提升幸福感。Heads Together（www.headstogether.org.uk）是由剑桥公爵和公爵夫人殿下[①]以及威尔士亨利王子（哈里王子）共同发起的，与 Young Minds 等组织协同合作，旨在提高人们对潜在的、未解决的心理健康问题的认识，这些问题会对患者和社会造成许多影响，Heads Together 成立的初衷就是为了减少这些问题的发生。

12.7　心理健康问题是否获得大众关注？

相关资料显示，近年来，心理疾病的污名化问题受到了抨击，因患病而产生的羞耻感正在逐渐减少（Murman 等，2014 年；Yau 等，2011 年）。心理健康问题在 30 年前往往难以启齿，而现在年轻人在讨论这些问题时更加从容、开放。我们上述提及的以及其他未被提及的各种心理健康机构，对祛除心理疾病污名化起到了非常重要的作用。此外，早期意识是帮助人们克服心理健康挑战的一个关键因素，本书认为，特别是对于儿童来说，早期意识更为重要，这也能解释为什么越来越多的学校纷纷引入心理健康相关课程。而工作人员的早期意识对确保教育系统中儿童心理健康十分必要。专项培训在促进校内心理健康方面很受欢迎。教师其实并没有必要通过培训成为一名

---

① 指英国威廉王子和凯特王妃。——译者注

专业的心理辅导员，除非想要改行，但有一些重要的课程，只需要投入一点精力来学习，就可以受益匪浅，还能与同事分享经验。

心理健康急救课程（Mental Health First AID，MHFA）就是其中之一，该课程最初于 2000 年在澳大利亚开发，在国际上得到 23 个国家的认可，并于 2007 年由英国卫生部国家心理健康研究所（National Institute of Mental Health in England，NIMHE）实施，作为改善公共心理健康的国家政策的一个要素。该课程适用范围广，无论什么职业的人都可以参与进来，对于教师，特别是对中学教师来说，有很多益处，因为中学生出现心理健康问题的情况比较多。此外，该课程通过苏格兰国家医疗服务体系（NHS Scotland），由教育心理学家实施青年心理健康急救课程（MHFA-YP），该项目得到了积极评价（Currie 和 Davidson，2015），在该课程的发起国澳大利亚也取得了不错的反响（Hart 等，2016 年）。此外，英国的中等教育幸福感（Wellbeing in Secondary Education，WISE）项目考察了 MHFA 课程对学生和教师幸福感的影响（Kidger 等，2016）。

心理健康急救课程旨在根据物理急救原则，在第一时间为患者提供帮助。课程介绍了如何识别与心理健康相关问题发生的征兆，以及如何帮助患者，让他们平静下来，或是针对具体的症状，应该避免哪些言语及行动。"花 10 分钟在一起（Take 10 Together）"是为 2016 年世界心理健康日开发的工具包，已由心理健康急救课程进行改编，可供各年龄层使用（https：//mhfaengland.org/mhfa-centre/resources/take-10-together）。教师可以使用教师专用版，还有一个校园版供年轻人使用，我们将对该版本展开讨论。现代校园生活中充斥着各种压力，如霸凌行为、学业压力以及社交媒体技术带来的挑战等，年轻人感受到这些压力，其心理健康问题也越来越多，该现象并不罕见，也是现代西方社会无法避免的，年轻人只有得到充分的帮助，才能解决问题并从中受益。工具包的出发点在于，以非对抗性的方式与学生相处 10 分钟，探讨心理问题。这种形式过去被称为"聊天"，当然现在仍是如此，但不同之处在于潜在目的，这决定了我们提出的问题，以及通过这些问题探究具体心理健康问题的方式。在 MHFA 英国网站上有一个信息图表，可供教职员工下载使用，表 12.2 将该信息图表进行了整合，简洁明晰，以供参考。

表 12.2　MHFA "花 10 分钟在一起" 改编版

提供"安全"空间	● 教室可能会让人感到紧张，所以应在教室外设置一个区域，例如心理辅导室。 ● 坐下来可以让谈话更加轻松。 ● 留出充足的时间，不限于 10 分钟。
如何进行提问	● 使用非对抗性的语言风格和肢体语言。 ● 让对方保持积极向上的状态。 ● 表现出同理心，认真对待对方的问题和答案。 ● 不要给出不相关的建议，如"振作起来"。 ● 关注潜在的文化差异，要有眼神交流。

要问的问题种类	● "你现在感觉如何？" ● "你有这种感觉多久了？一直都有这样的问题吗？" ● "你认为可以向谁寻求帮助？" ● "你认为怎样可以帮助到你呢？" ● "是否有学校之外的因素影响到你呢？" ● "我能帮助你做什么呢？"
如何倾听	● 学生在讲话时，要全神贯注，不要分心或者打断他们。关注他们的语言、语调以及身体语言的"蛛丝马迹"。 ● 学生的态度、价值观、信仰和感受可能与你存在差异，尊重他们非常重要。 ● 真正关注他们所说的话，不要做出任何道德判断或批评。 ● 设身处地对他们给予同理心，建立融洽的关系。
后续行动方案	● 确保对话可以持续开展，直到双方都明确下一步应该做什么。 ● 将后续的行动记录下来（可以记录一小时、一天或几天，具体取决于问题的严重程度）。 ● 对学生做出保证，您及其他员工会根据他们的需求对咨询内容进行保密。确保学生了解学校可以提供的咨询服务、校内咨询师以及家庭医生。 ● 适时按照学校的常规程序进行报告。

来源：改编自 MHFA（2017）"花 10 分钟在一起"

12.8　临床背景下的心理健康

　　分类的做法能让我们根据一套商定的标准来评估事物，标准的适宜程度决定了被评估事物的准确性和可复制性。虽然心理健康问题也许不像身体问题那样具体直观，但其中仍存在一致性的因素，让我们能够以一定的洞察力和适当的干预方式，对人类行为进行分类。但从哲学的角度来看，有一种观点反对以这种方式对心理健康进行分类，因为试图将各种行为贴上已有的相关标签，不可避免会存在一些混淆性因素。例如，一个孩子有类似行为管理障碍的非临床问题，按上述原则分类，则会被归为更严重的问题。本章认可分类，且倾向于从积极的角度使用分类。尽管有反对的声音存在，但人们采用的一直是分类法，并且随着时间的推移，分类系统也会根据前沿的思维方式进行改进，为大众提供保障。目前有两个主要的分类系统：美国精神病学协会编写的《精神疾病诊断与统计手册》（DSM-5），以及在欧洲各地使用的第十一版《国际疾病分类》（ICD-11）。ICD-11 包含超过 55000 个关于伤害、疾病和死亡原因的代码，并对一些条目进行了重新分类，如取消"性别不一致"作为心理健康状况的分类标准。

　　我们将 ICD-11 作为临床参考资料，通过临床描述和诊断指南为读者提供指导。虽然 ICD-11 一般用于初级卫生保健环境和通用医疗实践，对我们来说了解这些知识还是很重要的，以便在需要时为我们的行动方案提供参考。需要特别说明的是，在不超出咨询或临床资格专业界限的情况下，你应该了解自己能为学生提供哪些帮助。对于界限的划分仍是一个灰色地带，所以一旦有疑问，不要超出你作为教师的本分就好。如果想学到更多，可以去查看相关资源，如英国心理咨询与心理治疗协会（www.bacp.co.uk，www.itsgoodtotalk.org.uk），英国心理学会临床心理学部（https://www.bps.org.uk/division-clinical-psychology）和英国皇家精神科医学院（www.rcpsych.ac.uk）的网页，每个网站上都包含不同的资源，可以培养直觉思维，帮助学习者平衡提供帮助与责任义务二者之间的关系。

英国国家卫生服务系统（NHS）提供了五个通用步骤来保障心理健康：建立良好关系、保持积极、坚持学习、不吝付出、专注当下（详见 www.nhs.uk/Conditions/stress-anxiety-depression/Pages/improve-mental-wellbeing.aspx）。以上步骤均基于可靠的文献，已被证实适用于儿童和成年人。建立良好关系，即建立和发展与同事、同辈、家人和朋友之间的关系，有助于打造帮扶网络（Ponce Garcia 等，2015）。找到一种自己喜欢的体育运动，对生理和心理方面都有益处（Christie, Cole, 2017; McNaughton, Meldrum, 2017; Thum 等，2017）。学习新技能或掌握新领域的知识可以为自己注入动力、提升信心、获得成就感。不吝付出也很简单，例如对人微笑，帮别人开门，或是参与有组织的志愿服务。无论做什么，都可以获得满足感。专注当下，即专注于目前的事情，而不是一直沉溺过去或思考未来，适当停下脚步，让自己放松一些（Zeidan 等，2014）。上述步骤之间也有重叠部分，例如参与体育锻炼或学习新技能，可以增加身体素质，更有可能遇见其他志同道合的人，从而建立良好的人际关系，使帮扶网络更加强大；让别人搭自己的便车，也是在付出、给予。在这个过程中，未来和过去都没有什么意义，你便会理解活在当下的重要性。热爱散步、跑步、骑自行车的人往往会认同这一种观点（见第 17 章）。

12.9　测量心理健康

如上所述，我们可以使用沃里克 – 爱丁堡心理健康量表（Warwick-Edinburgh Mental Well-Being Scale，WEMWBS）（Tennant 等，2007）中的十四项指标来测量成人的心理健康状况。与积极和消极情绪量表（Positive and Negative Affect Scale，PANAS）（Watson 等，1988）和心理健康量表（Scale of Psychological Well-Being，SPWB）（Ryff, Keyes, 1995）相比，该量表构架效度较强。如果全科医生怀疑患者存在潜在抑郁风险，则可以利用患者健康问卷（PHQ-9）（Kroenke 等，2001）进行测试，该问卷是一种抑郁症和潜在自杀风险的筛查工具，快速且有效，被健康卫生专业人士广泛应用。

任何一种调查问卷的难点都在于效度和信度。效度是指问卷调查结果反映所想要考察内容的程度是否准确，同时还涉及生成数据的准确性。信度是指生成数据的可重复性，即采取同样的方法对同一对象重复进行测量时，所得结果是否一致（Denscombe, 2010）。打个比方，一个标有"焗豆"字样的罐子里就应该有焗豆，如果里面真的有焗豆，那就表示效度很强；若是罐内装了豌豆，那么效度就很差。如果一个人打开十个罐子，每罐装的都是焗豆，那么说明信度很高，但若是其中有七罐（随机挑选的数字）装有豌豆，则信度较低（见第 18 章）。

上述问卷已经过同行评审，信度和效度均已达标。随着时间的推移，问卷会逐渐改进，新的思维方式也会对问卷产生积极影响。我们发现调查问卷有一个非常严重的潜在问题，那就是这些问卷都是面向成年人的，用它们来调查儿童的情况，则信度和效度都不会达标。那么问卷适用的年龄范围该如何划分呢？16岁？14岁？还是12岁呢？另外，问卷的语言类型也存在问题，特定年龄的儿童是否能够接受问卷语言呢？作为一名教师，无论面对的是8岁还是14岁的学生，无论我们讲的是一段优美的散文，还是指令、方针或规则，都要善于评估听众的接受程度。有些语言可能会让人们无法获取信息，往往需要通过自身的判断力做出衡量。此外，不能单纯地认为针对成人设计的问卷一定不适合儿童，我们可以上网搜索来确定问卷是否合适，并且根据各种期刊文章进行后续研究，为自己的观点提供学术支撑。表12.3中的示例向我们展示了这个过程能有多高效。

表12.3 "搜索"示例表

搜索引擎	搜索内容	搜索结果及建议
谷歌	患者健康问卷（PHQ-9）是否能用于儿童？	11至17岁儿童抑郁症严重程度测试：www.psychiatry.org/psychiatrists/practice/dsm/educational-resources/assessment-measures. 点击"特定症状严重程度测试"，接着点击"11至17岁儿童抑郁症严重程度测试"（[PHQ-A]是PHQ-9针对青少年的改编版本）。 用于监测治疗的进展。在初次治疗时进行问卷调查，之后将其作为监测工具。DSM-5提供了更多的背景资料。改编自PHQ-9（Johnson等，2002），可用于11~17岁的儿童。 措辞上存在细微差别，应该具体到"学校"而非"工作场景"。 原版PHQ-9可用于13岁以上的群体。 PHQ-9也可以检测自杀风险，因此针对"生活满意度"进行测试很合理，例如学生生活满意度量表（SLSS）（Huebner，1991a，1991b，1991c），是一个7项自我报告量表，可用于评估8~18岁学生的整体生活满意度（参见Proctor等，2009）。
	优势与困难调查问卷	优势与困难调查问卷（SDQ）：www.sdqinfo.com/a0.html 这是一份针对于3~16岁儿童25项行为的调查问卷，有许多不同语种和年龄组的版本。由儿童、教师和家长根据观察到的行为共同完成（见下文关于三角测量的介绍）。 针对3~4岁儿童的"早期"版本，只需要由家长和教师完成，具体原因不做解释。

一旦确定问卷符合要求，那么就有必要考虑问卷调查的对象。如果问卷语言及相关术语比较恰当，那么儿童应该能够独立完成调查，然而，这只是部分现象，例如，在将三角测量概念迁移到运动心理学时，情况会更加明显（Thelwell和Maynard，2002）。在运动过程中，通常会有三种利益相关者：运动员、运动员的家人/伙伴/配偶、教练，通过从他们身上获取数据，就可以清晰地看出这些数据是否一致。例如，运动员可能对自己的能力不自信，但是他的伙伴或是教练也许并不认同；同样，当事人也可能认为自己的能力要比实际上更强，而教练则会从现实层面评估他的能

力。通过三角测量从不同的角度获得数据，看待能力差异得到的效果更加显著。因此，将这一概念迁移到学校中，参与的角色变成了儿童、教师和家长（见 Handley 和 McAllister，2017）。比起寻找相似之处，我们建议通过三角测量数据寻找差异，通过这种方式，我们就可以思考这个问题：为什么某某（儿童/家长/教师）会产生这样的想法，而其他人不会？

12.10　情绪与表情符号

近年来，除了被广泛应用的利克特量表，还出现了其他类似的心理测试，即使用表情符号（emojis）的"儿童友好型"测试。这种简单的形式加强了沟通（Hickson，2013）。一个标准的利克特量表对于孩子来说过于复杂，然而在里面加上"笑脸"等表情符号，孩子理解起来就会更容易。事实上，成年人也吃这一套，且这种现象不仅限于心理测试。最近我们前往英国伍斯特郡的一个小村庄时，在很显眼的位置有一个限速 30 英里/小时的标志灯，看到它之后我们便开始放慢速度，但一辆离我们稍远的车却没有充分减速，这时另一个标志突然亮起，用红色的"皱眉脸"来表示车辆超速；如果没有超速的话，则会显示绿色的"笑脸"，如图 12.2 所示。我们认为表情符号的应用效果很好，而我们遵守交通规则也让当地村民很满意。表情符号不仅很实用，还能将我们当时的情绪及感受联系起来。

图 12.2　表情符号的使用

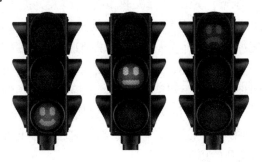

来源：iStock.com/vladru

因此在心理健康方面，表情符号的应用也会产生很好的效果。请看下面的"表情符号式利克特量表"（图 12.3），并说出你的感受，谈谈你是否能用百分数来形容你的感受。在真正的利克特量表中，你只能选一个选项，所以量表可能会不太准确，比如你觉得读这段话很无聊，但又因为很快就可以去吃东西而感到高兴。在这种情况下，需要思考自己的主要感受是什么。

图 12.3　表情符号式利克特量表

许多文献提到了表情符号或表情符号背后的心理学及其潜在机制。在数字化时代，电子通信方式常因缺乏情感表达或表达易被误解而受到抨击。表情符号的使用已被视作一种表达情绪、强化信息和展现幽默的方式，有人认为，表情符号将日常面部表情融入了这种以计算机为媒介的交流形式中（Derks 等，2008）。也有人认为，互联网用户已经越来越熟悉这种以计算机为媒介的交流，并且能熟练使用它（Lo，2008）。在这项研究之后的九年里，我们可以放心地假设，除了日常交流之外，一无所知的年轻一代会完全适应将表情符号作为一种语言形式。尽管目前调查的样本群体为 18 岁以上人群，但趋势就是如此（Fullwood 等，2013）。

其中一项研究针对与"幸福"这一表情符号相关的大脑激活状态，指出其潜在机制与表情符号的形状有关，需要使用大众普遍认可的形状（圆脸）而非部件（如冒号+半括号），才能够激活大脑（Churches 等，2014）。该研究为感知方面的大量实例提供了神经科学依据，在这些例子中，人类创造的物体和面孔等与感知恒定性、图形背景、虚幻轮廓（边缘检测）以及对象模糊性有关。

12.11　学校环境下的心理健康

结合 ICD-11，我们可以探讨学校环境下的心理健康问题。从本质上讲，这可以反映成人世界的机构和企业环境，二者的不同在于人员差异。我们可以联想到教师和专门的心理咨询师在学校护理系统辅导方面发挥的作用。每个学校都有一位工作人员或是一个团队来履行这一职责，并制定相关政策为工作人员提供指导（Roffey，2015）。所有工作人员都必须熟悉学校的政策，这是最低要求。因为在这个充满官司的时代，保护自己免受潜在的纪律处分是十分必要的。说到这里，帮助指导年轻人克服他们所面临的一些挑战也是非常有意义的，这些挑战在当时看来是不可逾越的，但在你的帮助下，他们可以克服困难。青少年和年轻人是自杀等严重问题的"高危"群体（Zanus 等，2017），而且学校似乎是严重心理问题的孵化地和爆发区（Onieal，2017）。因此，我们必须思考如何在年轻人进入这个"高危"群体之前给予他们最好的帮助，而且现在"高危"群体可能已经开始更加年轻化。

12.12　学年周期：遵循季节性模式？

人类受制于自身内部的生物节律或周期，从生理学角度来讲，这决定了我们身体的运作规律。睡眠—清醒周期决定了我们在 24 小时之内的生活模式。90 分钟的"超昼夜"节律① 决定了我们在整个晚上（或白天）的特定时间点的睡眠深度；体温在 24 小时内有节律地波动，蛋白质的合成也是如此，并在我们每天面临挑战之前、期间和之

---

① 这种节律在人类和其他生物中都存在，涉及各种生理过程，如心率、呼吸频率、血压、激素分泌和脑电活动等。在睡眠过程中，人类会经历多个这种节律的循环，包括快速眼动睡眠（REM）和非快速眼动睡眠（NREM）的交替。每个循环大约为 90 分钟。——译者注

后帮助我们修复身体。粪便的排泄也遵循类似的规律，你的身体知道什么时候需要排出之前的食物。通过进一步观察可以发现，心理健康的波动也遵循季节性模式。例如，季节性情绪失调（seasonal affective disorder，SAD）或冬季抑郁症（winter depression），正如人们所预料的那样，以上症状在冬季更为普遍，当光照水平较低时，天空中布满了"50度灰"①，黑暗也会过早降临。

学年也同样包含了我们所说的"节点"：学生的焦虑和压力往往会集中于学年中的某段时期。我们发现在大学里，11月前后学生的压力和焦虑感通常会增加。9月开学，在11月之前参与心理辅导的学生很少，而第一批作业的截止日期一般是在11月。4月、5月的情况也差不多，但在毕业季，学生的论文截止日期迫在眉睫时，申请心理辅导的人数就会有所增加。表12.4展示了小学、中学、大学的各个"节点"，其中设计了一些留白，以供学习者填入。如果你不在英国的话，那么也可以复制该表。

表 12.4 整个学年的通用"节点"

月份	小学	中学	高等教育
9月	新起点，新班级 新学校	新起点，新班级 新学校	在全新环境或城市，在新的教育系统下的新起点
		10年级和11年级学生开始两年制 GCSE② 课程	可能出现社会焦虑感
10月			
11月		模拟 GCSE 考试	第一批作业截止日期
12月	冬日庆典活动		
1月	"蓝色星期一"	大学申请截止日期（仅针对高三学生）	"蓝色星期一"
		"蓝色星期一"	
2月	教师评估第一阶段		返校，重新适应期
3月		GCSE 课程	
		BTEC 课程	
4月		GCSE 课程	毕业论文截止日期
		BTEC③ 课程	

---

① 色彩学中的灰度，介于全白和全黑中间。——译者注
② GCSE 是 General Certificate of Secondary Education 的缩写，即普通中等教育证书。GCSE 是英国学生完成第一阶段中等教育所参加的主要会考，相当于国内的初中毕业考试文凭。——译者注
③ BTEC（Business & Technology Education Council）是英国商业与技术教育委员会的简称，它是一种职业资格认证，被全球广泛认可。BTEC 课程内容涵盖了商业、技术、管理等多个领域，通过课程学习，学生可以获得相应的职业资格证书，为未来的职业发展打下坚实的基础。——译者注

续表

月份	小学	中学	高等教育
5月	SAT考试	考试复习	毕业论文截止日期
			考试复习
			考试和评估（包括继续教育中A等级的学生）
6月	撰写报告	考试，特别是学习GCSE课程的学生以及高三A等级的学生	考试和评估（包括继续教育中A等级的学生）
		撰写报告	
7月	六年级学生进入中学的过渡期	毕业生离校	得知考试结果，确定未来的课程和职业发展的开始
8月	无	无	无

就表中的具体时间而言会有一定差异，但原则是一致的，我们建议根据自己所在学校的情况进行修改。同时，国有机构和私有机构之间存在不同之处，或者如果你在其他国家任教，也会有差异。最重要的是，需要建立起一种意识，这样就算问题不可避免，你也能保持警觉。当然，也会存在一些情况不适合制作这样的表格，但如果你能够专注于识别各类问题，这些情况也就没那么重要了。

表中的"蓝色星期一"通常指一月的第三个星期一，是一年之中最沮丧的一天，至少在北半球是这样。在这一天，白昼很短（虽然不是最短的），天总是灰蒙蒙的，天气寒冷、潮湿；圣诞节和新年都已经过去了，短期之内不会放假；一张张账单开始提醒你之前参加节日活动欠下的债务。总之没什么高兴事！2008年《泰晤士报教育副刊》（*Times Educational Supplement*）上刊登的一篇文章（Frankel, 2008），为教师提供了如何战胜"蓝色星期一"的建议。八月的第二天、九月的第四天，甚至在圣诞节，都会有人感到沮丧，关键在于抑郁症并非会按照日历或时间表发作。为了避免将抑郁症列入你的年度清单，可以通过寻找相关证据来验证它的真伪。将"抑郁症"和"蓝色星期一"作为关键词，在学术数据库内进行检索，很快就能发现，目前根本没有经过专家评议、以数据为导向的研究。我们不能将"蓝色星期一"与"冬季抑郁症"或季节性情感障碍相混淆，后者是真实存在的现象，在更广泛的意义上来说，确实与一年中的某个时间段有关，由于日照减少，褪黑素分泌水平有所下降，易导致抑郁。在学术数据库内进行检索，可以找到大量经专家评议、以数据为导向的相关研究来证实这一观点，同时还有文章对潜在的干预措施以及解决方案进行研究，旨在减少其有害影响。

12.13　国家课程与心理健康

在英国，新的国家课程基本上是在2014年9月推出。英语和数学在一年后开始实施于 2 年级、6 年级和 10 年级的学生，而 11 年级的学生从 2016 年 9 月起开始实施。个人、社会、健康和经济教育（Personal, Social, Health and Economic Education, PSHE）新课程于 2013 年 9 月引入。该课程未获得授权，但出版社认为"学校应纳入这些课程，酌情将毒品教育、金融教育、性与人际关系教育，以及体育锻炼及饮食习惯对健康生活的重要性等内容纳入国家课程、学校基本课程以及法定指导中的概述部分"（英国教育部，2013）。人们期望能够将心理健康相关内容也引入其中，然而尽管具有潜在关系，但该部分内容未被明确准许引进。

鉴于此，有人呼吁将心理健康正式纳入国家课程。2015 年 7 月有人在网上发起了一项请愿，旨在将心理健康教育引入学校，培养儿童所需的技能，应对生活给他们带来的挑战，同时减少由心理疾病产生的耻辱感（https：//petition.parliament.uk/petitions/10545）。与所有政府请愿书一样，该请愿书为期 6 个月，于 2016 年 1 月结束。按照惯例，需要有 10 万人签名，议会成员才会对该话题展开讨论，然而该请愿书上只有 51234 个签名，因此没有取得成果。虽然请愿失败，但政府却向 PSHE 协会提供了资金，该协会就如何将心理健康内容纳入课程这一主题，为 PSHE 专业人员提供专门的支持、资源、培训和指导（PSHE 协会，2015）。其中一份文件为每个关键阶段的心理健康和情绪健康提供了建议，表 12.5 对原文件中四个独立表格进行改写，建议感兴趣的读者详细阅读原文件。早期属于关键阶段，可以为发展提供稳定的基础——这是学生在后续关键阶段学习的前提。

表 12.5 英国 PSHE 协会心理健康教师指导文件中的范例

	健康与幸福感 学生应有机会学习：	人际关系 学生应有机会学习：	生活在更广阔的世界 学生应有机会学习：
第一阶段	积极与消极的感受、如何描述这些感受以及对待这些感受的策略	与他人交流感受、了解他人的感受、通过适当的方式回应他人的感受	其他人的需求、每个人需要满足这些需求的责任
第二阶段	通过学习描述不同感受以及强度来增强学生对自身感受的理解	识别积极健康关系的构成要素、如何发展和维持这些关系	社会中的心理健康与幸福感，研究不同观点、挑战及热点问题并提出相关建议
第三阶段	自信、自尊和态度、个人品质、成就、获得技能之间的关系以及他人对此如何理解	通过提升基本的沟通技能来发展和维持关系，如积极倾听、提供以及获得建设性反馈	通过研究性别、性别认同、文化和种族、思维定势和偏见、歧视和欺凌，培养对相似性、差异性及对社会影响的认识和理解
第四阶段	心理健康的原因和特征，以及有效管理策略的制定，例如焦虑、压力、抑郁、自残和自杀	培养对关系中存在的欺凌、骚扰和剥削（包括网络上的欺凌）的认识，以及应对这些问题的有效策略	通过设定目标等干预策略，对个人的优势和挑战进行评估

来源：改编自 PSHE 协会（2015）：6—10

12.14 何时"转诊"?

当考虑学生是否需要"转诊"时,我们有两点建议,而这两点建议恰似硬币的正反两面。首先,你所提供的服务内容要在你的专业范围内;其次,要保证自己处在"舒适区",这样的说法虽然主观性很强,但却直观有效。第二点存在较多争议,我们先对此展开讨论。在这里是否使用"舒适区""直觉"或"本能"这类专业术语并不重要,重要的是你是否觉得是在自己力所能及的范围内行事。一旦上述两点中有一条没有做到,你就应该迅速将学生转诊。表 12.6 中的案例对此进行了具体说明。我们没有选取三个完全不同的案例进行研究,而是想阐述随着症状不断加重,相应的策略应如何变化。表中选取的对象是一名 14 岁、刚刚进入初中的学生。

最终你的专业级别决定了你的服务水平。根据自身需求,可以选择在专业范围内,通过恰当的方式为学生提供服务(教师标准,英国教育部,2013)。在专业持续发展方面,可能会缺乏某些领域的专业知识,你可以将其作为发展目标,以此扩展自己的能力,进而扩大技能范围,这样你便创造了一个更宽、更广、更深的"舒适区"。

针对心理健康的案例,我们需要记住一句话:"无论如何,都要有所行动。"或者就两个字:"行动!"

表 12.6 学生转诊注意事项

	问 题	思 考	转 诊
1	在学校的社交遇到困难,经常因为小分歧而发生争执;学习成绩下降;无其他现象。	根据学生的年龄判断是否为青春期常见问题。 与教师交流确认,是否学生所有科目的成绩都在下降。 是由于霸凌造成的问题吗? (注:此处观点是针对"未遭受霸凌"的情况提出的)	无需转诊。 为学生提供心理帮助。 适时让其他工作人员参与进来。
2	在学校的社交遇到困难,经常因为小分歧发生争执;与社交群体、同龄人以及校外的朋友断绝联系;所有科目的成绩都明显下降;不交作业;每周缺课超过一天。	参见上文并且: 邀请学生到心理咨询室进行个人辅导,对问题进行讨论。 与学生身边的人交谈,了解他们对于这种情况的看法。 邀请父母到学校谈话。	需要转诊。 通知校长、系主任和学校辅导员。 如有必要,向教育心理学家进行咨询。
3	与学校和社交群体完全断绝联系;经常缺课;上课时胳膊和腿上有自残痕迹;跟老师说"活着没有任何意义";向老师倾诉时常常流泪;不讲卫生,衣服很脏,对外貌不自信;经常在卫生间呕吐。	参见上文并且: 高度重视这类情况,组建帮扶团队,向学生提供联系电话,或主动为他们打电话。	需要转诊。 迅速联系医生、教育心理学家、临床心理学家。

这是一个对学生及其问题进行评估的机会，同时也能评估自身处理问题的能力，最后相关人员应掌握以上评估结果。如果有学生私下告诉你一些问题，你可以为他保密，但同样，如果这些问题可能对学生本人或是他人造成伤害，那么你有责任将它们上报。

上面的每个话题都讲了应该"做什么"，但没有涉及"何时去做"。原因在于，虽然可能已经找到了专业人士作为转诊对象，但在短期内（具体时长要根据情况判断），学生可能还需要你的帮助。你也可能在转诊中途参与进来，或是由于专业或保密等原因无法参与，你需要掌握相关信息，对于这种情况，我们建议与学生签署一份"自由公开信息权限"表，这样心理咨询师能够与你及时沟通相关进展。与20年前相比，人们对心理健康问题的包容度有所提升，大多数受高等教育的学生都不会拒绝签署这样的协议。

12.15　数字（电子）心理健康：益处、挑战和影响

我们在本章前几节提到，成人和儿童在数字媒体上花费的时间越来越多，现在这种情况已经司空见惯了。数字媒体在高等学校中也很常见，教师站在讲台上，下面的学生用的都是笔记本电脑或是平板电脑，几乎没有人用纸和笔做笔记。但在五年前，这种现象却很罕见，人们甚至认为用电子设备做笔记会分散注意力，影响学习效果。众所周知，在上课时使用社交媒体不利于学习，但有一种观点认为，技术不能从学习环境中被剔除出去。一些追求创新的教师在课上利用电子技术保持学生的注意力、鼓励学生，活跃课堂气氛，这种现象也很常见。利用电子设备，可以随时查看或下载与心理健康有关的期刊文章和书籍，有助于提升学习效果。员工开会时也更加青睐于使用平板电脑，不仅能提升效率，获取资源也很方便。在小学和中学课堂上，平板电脑的使用量也在增加。以前我们一直认为对于一些地区的儿童来说，用平板电脑学习是一种奢侈，但现在这一现象却很普遍了（Kim等，2016；Korenova，2015；Van Hove等，2017）。

以前如果想要获取大学图书馆里没有的期刊文章，就必须填写一份馆际互借表，这需要签字批准，然后往往要等上两周的时间才能读到这些文章，且每次最多只能申请六篇文章。不仅需要提前做计划，等待的过程也漫长难熬。如今，只需要在图书馆数据库上进行检索，或是用搜索引擎就可以获取想要的信息，形式多样且便利快捷。我们无需提前规划，也不用经历漫长的等待。即使找到的文章质量没达到自己的需求，也没有浪费过多时间。

数字技术的益处不仅仅在于单击鼠标就可以获得信息，它就像一位电子助手，能够提供关于心理健康方面的材料、帮扶平台还有论坛。我们在前面讲到，在某种程度上，人们不愿意用数字技术替代面对面支持。通过接触，可以对帮助自己的人有大致了解，也会更安心，但"电子助手"就不会让人有这种感觉，老年人（这里没有对年龄范围做出限定）往往会这样想。随着技术的不断进步，人们可以通过视频会议平台进行面对面交流。比如我（保罗·卡斯尔），作为一名学生，会定期与奥列佛老师上

"线上"法语课,她住在360英里外的布鲁塞尔,上课的时候我们在各自的家中,舒适地在笔记本电脑前坐上一小时。课程难度很大,每堂课对我来说都是一项挑战,虽然上完课后很疲惫,但收获颇丰。宽带速度很快,一般情况下网络都很稳定,没有延迟(偶尔会有延迟几秒钟的情况,我可以趁机喘口气)。作为一名执业心理学家,我将视频技术也应用到了咨询工作中。通过视频平台我可以为距离很远的客户提供心理健康帮助;可以通过电子邮件发送材料、图像和工作表,接收材料,在会议期间讨论。这种方式能够将客户与工作人员联系起来,例如他们可以同时在两个电脑屏幕上进行问卷调查,就像是在对话一样,得到结果的速度也很快,并附上总结,对结果进行阐述。一个具体实例是我在网站(www.16personalites.com)上完成了一次人格问卷调查(既有英语版也有法语版)(见 Cattell 等,1993),该问卷为我和客户之间进一步讨论心理健康问题奠定了基础。

我们在前面谈到,面对面交流要比远程的电子互动更受欢迎。然而问题在于,视频会议形式是否会被视为"疏远的"(remote)。不言而喻,我们不建议教师与学生一起使用电子心理健康平台,而是作为个人心理健康的一个可选工具。

12.16　小结

在本章中,我们通过各种渠道介绍了心理健康的重要性,并提供了一些机会供您探索自己的心理健康需求,我们建议您将这种体验式学习融入课堂,以培养学生这方面的能力。在下一章中,我们将探讨教练心理学和韧性。在不具备心理健康能力的情况下,培养韧性是非常困难的;但如果具备这些能力,则会容易得多,这部分内容是下一章的难点。

12.17　拓展阅读

有关目前在英国实施的 IAPT 计划的信息,请访问 www.England.nhs.uk/montal-health/adults/IAPT(2017 年 10 月 6 日有效)The Psychologist,22(5)包含另外两篇与 IAPT 计划相关的论文,可以与 Marzillier 和 Hall 论文配合阅读(2009a 和 2009b)。

Roffey, S.(2015)Becoming an agent of change for school and student well-being, *Educational & Child Psychology*, 32(1):21–30.
该文探讨了教育心理学家在改善学校心理健康方面的作用。也与下一章"韧性"的内容有所联系。

注:我们建议您先阅读所本章中提供的链接内容,找出您的兴趣所在,并与同事分享资源,在校内建立一个知识库。

第 13 章　教练心理学与韧性培养

> **本章目标**
> - 理解关于韧性的不同定义和概念。
> - 理解心理健康和韧性在不同情况下的关系,并将这些知识与课堂联系起来。

13.1　本章简介

上一章我们探讨了心理健康问题,本章将会讨论心理健康、韧性培养以及这一过程中教练心理学所发挥的作用。在下一节中,我们将探讨关于心理技能训练的应用技巧,为本节的"怎么做"问题提供指导。

13.2　语境化的韧性

教师离职已成为全球性问题。调查发现,在加拿大,就职后五年内选择离职的教师占 70%,就职后两年内选择离职的占 50%(Carsenti 和 Collin,2013)。卡森蒂和科林(Carsenti 和 Collin)将这一结果与其他国家的调查结果进行了对比,数据显示,美国教师就职后五年内离职的比例为 46%,而英国教师就职后三年内离职的比例为 40%;法国和德国的教师离职率则明显较低,这可能是因为法国和德国的教师无需对成绩不及格的学生负责(Carsenti 和 Collin,2013)。

另一方面,在受过高等教育的学生中,有 92% 的学生表示自己经历过所谓的"精神压力",有 20% 的学生称自己有心理健康问题(Macintosh 和 Shaw,2017)。这一现象受到了高校的关注,但同时也是一种时代的标志,让我们了解到对于教师这个极具挑战性的职业,初入职场的教师需要具备多强的韧性。更多细节将在本章的其他部分展开讨论。

13.3　教练心理学的起源

随着心理学学科的发展,心理学的分支学科也延伸到了更多领域。在英国,教练心理学论坛(Coaching Psychology Forum,CPF)在 2014 年成立了教练心理学特别小组(Special Group in Coaching Psychology,SGCP),以提高心理学行业标准。

特别小组为教练心理学家和希望在辅导中应用心理学的教练提供了一个平台,用于分享和传播教练心理学各方面的研究和实践知识。在2017年6月修订的《教练心理学家》(Coaching Psychologist)中,教练心理学特别小组发表了近期的研究案例,其中一篇是关于教练心理学中"正念"的文章(Passmore,2017);另一篇是关于"对话映射"(conversational mapping)的文章,旨在以非技术性的方式简化理论,促进教练和客户之间的有效沟通(Grant,2017);还有一篇文章讲的是教练在处理心理健康问题时所扮演的角色(Corrie,2017);然后就是关于格式塔(Gestalt)心理辅导的书评(Laughlin,2017)。情感辅导是学校提升学生心理健康的一种策略,它通过感知孩子们的情绪,根据情绪找出合适的教学机会,与学生共情并倾听学生内心的想法,让他们的情绪恢复正常,同时为他们提供安全边界,这有助于在成人–儿童关系中培养共情(Gus等,2015)。如果你在英国以外的其他国家,你可以去了解你所在的国家或地区教练心理学的产生和发展情况。

对于教练心理学,我们现在有了清晰的认知,但同时也会把它与其他学科相混淆,或者感觉到有重叠的地方。如果真的有重叠之处,那应该如何区分?也就是说,在什么情况下,一个完全属于某个子学科的主题会变成另一个子学科的主题?下列案例研究将给予我们另一种思路。

> **案例研究 约翰**
>
> 约翰是一名13岁的学生,他对朋友说自己感到非常抑郁、情绪低落,这个情况已经持续了近三个月,但他一直没对别人提过。约翰的老师们说他在学校的表现大不如前了,很多科目的成绩出现了退步。他朋友说他病得很厉害,饭后经常在厕所里呕吐。过去两周,他在学校开始变得孤立,大家也都觉得他看起来比以前更邋遢了。
>
> 那应该去寻求谁的帮助呢?临床心理学家?教育心理学家?教练心理学家?健康心理学家?运动心理学家?社会心理学家?还是认知(神经)心理学家?在理想情况下,当然是求助越多的人越好!考虑到现实因素,我们建议在预算范围内,尽可能多地去寻求这些人的帮助。多学科的工作总比单一学科的工作更有效。假设在这种情况下,约翰本身没有任何神经或神经心理缺陷,那就需要一个人来找出约翰的症状,倾听他的诉求,这十分关键。如果约翰尚处于问题的早期阶段,那就不应该去看临床心理医生,看了也没有效果。教育心理学家也一样,学生只有在学校提供免费心理辅导的时候才能接触到他们。运动心理学家可以通过运动或体育活动为约翰提供心理健康指导,大量研究表明这种方法或许能奏效。
>
> 我们对抑郁和大脑中神经递质之间关系进行了简要的文献搜索,发现了大量研究内容。在这些文献中,有一项关于益生菌补充剂对中枢神经系统和胃肠道之间双向交流通道(俗称"肠脑轴")影响的元分析研究(Wallace和Milev,2017)。这种干预方法对约翰来说是否有效?其他心理学专家是否了解益生菌补充剂可以改善抑郁症状?我们如何把这个知识与约翰的呕吐症状联系起来?或者,我们可以查阅

> 体育活动的抗抑郁效果，比如，在系统性综述文章中检索活动类型和数量或"剂量"（Nyström 等，2015）。更多细节内容我们将在本章其他关于体育活动的部分展开讨论。

教练心理学旨在提供专业知识，而这些知识并非严格意义上的临床心理学知识，也就是说并非是心理障碍方面的专业知识，它只是一种预防措施，防止问题进一步发展为临床问题。例如，最新一项调查数据显示，98%的教练心理学家强调要识别出客户不良的心理健康状况，88%的人希望接受与心理健康问题相关的专项培训（Corrie，2017）。就本章而言，我们无法将心理健康定义为积极的或是消极的，开端或是结束，好的或是坏的，心理健康是一种波动的状态，每个人在生命的不同阶段，甚至在一天之内，心理健康都会沿着或围绕不同的"点"移动。用"清醒"来打个比方，有时候我们觉得自己比别人更清醒，或者一天中的某个时刻比另一个时刻更清醒。而且有意思的是，即使在睡眠期间，我们某个时刻的睡眠也会比其他时刻的睡眠更深（搜索词条："超昼夜节律"）。

13.4 教练心理学与咨询、临床和教育心理学的融合

如上所述，心理学的学科分支之间似乎多有重叠，为了找出解决问题的方案，我们必须考虑将每个学科分支与其对应的学科相结合。为了加强人们对"心理保护"和"保护层"的认识，通过学习心理相关知识，人们可以了解到"韧性"一词的由来，尤其是在体育、商业和军事领域。下面我们将通过教学、教师培训以及儿童韧性技能训练等不同话题，对"韧性"这一主题展开讨论。在这些话题中，研究对象的日常生活都很严格谨慎，需要培养韧性。若不具备韧性，他们就无法应对生活中的挑战，从而不断挣扎，逐渐变得疲惫，最终束手无策，被问题"淹没"。

13.5 何为韧性？

这个提问非常简单！但遗憾的是，问题的答案却并不简单，但我们可以假设你对情况已经做出正确判断。不同的人对韧性一词的理解不同。韧性是什么？它是指我们在面对日常生活中的压力时，仍然坚持不懈吗？是指在逆境中仍然选择逆流而上吗？我们扮演的角色越来越多，承担的责任越来越大，韧性是指我们在面对这些时仍保持从容而不会"崩溃"吗？是指毅力、耐力和对成功的坚定决心吗？是指经历重大挑战后重新振作的能力吗？是指以积极的态度面对失败吗？

我们将简要讨论韧性的含义，但简而言之，以上表述可能都属于韧性的含义，也可能得把其中几条结合起来。那么问题来了，什么样的人具备韧性？或什么样的人具备更强的韧性？优秀的运动员和表演者？处在生死线上的军人？做手术救人的医疗人员？追名逐利的商业人士？还是奔走在教书育人一线的教师？……你是否在纳闷为什

么"教师"一词会出现在这里？你产生这个疑问是对的。但在某种程度上，上述这些人物确实极为相似。想一想，是谁日复一日地努力将最好的状态展现给大家？这些人都是啊！谁在努力扮演并接受自己所处的社会角色，努力解决对方所面临的问题？这些人都是啊！关键在于，这些人身上都有一些相同的品质，当然社会上的其他职业也具备这种品质（这里不再举例赘述），然而教师们却往往看不到自己身上的这些品质。其实正是这些品质才让他们取得了今天的成就。

13.6 通过培养韧性来应对心理健康挑战

为了弄清楚韧性的定义，我们将从上述提到的职业入手，找寻其中的相似之处和细微差异。要从学生转变为一名合格的教师，以下说法会对你很有帮助。美德威尔和庞塞－加西亚（Madewell 和 Ponce-Garcia）认为，韧性是指一个人在应对风险时，行为保持规范、积极寻求发展的能力（2016：250）。由此可见，当你选择了承担风险之后，保持镇静极为重要。顾和戴（Gu 和 Day，2013）则认为韧性属于一种能力，他们从磨炼韧性的角度出发来定义韧性。因此，韧性被视为教师需要具备的一种能力，以达到教育目的。并且，韧性还能帮助教师解决该行业一直存在的一些难以避免的不确定性问题（Gu 和 Day，2013：22）。

2017年，优先学生公寓①（Unite Students）、舆观调查网（YouGov）以及舆情调查公司（YouthSight）联合发布了一项报告，该报告参考了2016年的数据，研究了影响高校学生学习的关键非学术性因素（Macintosh 和 Shaw，2017）。报告指出，韧性是其中一个影响因素，而非涵盖性术语。但同时，该报告也指出了关于生活满意度的积极因素和消极因素，这些因素之间都有相关性。积极因素包括自信心和支持网络，即来自朋友、家人、导师和辅导员的支持，以及大学提供的支持服务等。与之相对的是孤立感和绝望感、社会生活压力、大学（学习）生活压力以及早先的心理健康问题。作者呼吁高校要进一步加强对韧性的研究，并采取措施。比如，将韧性贯穿到与学生的日常互动中；创建"韧性工具包"，在所有高校中推广使用；研究培养韧性的潜在领域，如教师、家长、同龄人、生活和学习环境，以及前面提到的教学和支持服务；采取与中小学教育发展相协调的综合方法，增强成年人的韧性。

韧性强的学生身上有一些特质（内部因素），他们可以利用韧性克服困难和挫折（Macintosh 和 Shaw，2017：8）。由于自我管理和情绪控制（内部）可以与社会融合、社会支持以及支持网络共存，因此内部和外部因素之间存在相互作用。而正是由于这种相互作用，人们才得以克服困难与挫折。该报告指出的意志力和自控力这两大因素同样值得关注。

这个报告还指出，广义上讲，其研究数据主要涉及与学生生活相关的非学术性问题，而较少关注课堂以外的韧性培养相关文献。这似乎有失精准。在研究韧性时，我

---

① 这是英国一家为学生解决住宿问题的公司，该公司通过与大学合作，为在伦敦地区大学攻读学士学位和硕士学位的海外学生提供住宿服务。——译者注

们至少应该考虑到学术与非学术因素之间的相互作用。该报告建议我们要从新的角度研究韧性，事实上伍斯特大学近年来一直致力于此（见下文 13.11）。

劳顿-史密斯（Lawton-Smith，2017）根据一项综合讨论韧性、教练心理学和领导力的研究，对韧性作出了明确阐述。该研究具有前沿性，它详细分析了"具有韧性的高层领导"这个短语的语义，并研究了韧性是如何融入现有的领导和组织框架的。这篇论文值得花时间讨论。

史密斯认为，除非人们清楚文献中的细微差别，否则很难准确定义韧性一词，这些文献几乎都涉及资源分析法、系统分析法和发展分析法这三种不同的方法。在搜索相关期刊文章时，这有助于引导读者识别所采用的方法类型。资源分析法应该是最常见、第一眼最受欢迎的一种方法，它将韧性视作一项清单，就像关于蛋糕制作的配料清单，比如黑森林蛋糕。如果完全按照清单使用配料，那么做出来的蛋糕也和预期的一样。如果没有樱桃酒，那下次记得加上樱桃酒就好了！同样，它还可以识别出任何一种缺失的韧性成分，比如自尊。然后就可以进一步培养或提升自尊，以填补韧性缺口。这看似合理，但实际上它没有考虑到其他内部和外部因素。

培养韧性不只是要培养一系列特质。同样，培养特质后并非一劳永逸。韧性远不止于此。史密斯认为，系统分析法通过考虑内部因素、心理因素和生物心理因素，并与社会支持等外部因素相结合，满足了这种从静态资源转向动态因素的需求。发展分析法是系统分析法的延伸，但被视为一种"相对的、不断变化的新方法，用于处理特定的环境和挑战"（Lawton-Smith，2017：10）。史密斯在此处指出，一个人不仅要适应新的挑战，而且要随着每一个挑战变得适应性更强。但只有适应还远远不够，更重要的是要学习。在这种情况下，韧性可能类似于不同情况下的灵活性，而一旦具备灵活性，就会不断学习使用可迁移技能来增强灵活性，从而更容易适应。

13.7　体育和商业中的韧性与教育中的韧性类似

在商业领域，韧性通常是指受挫后重新振作起来，并抱有积极的心态。在体育运动中也是如此，运动员和表演者从失败中获得经验教训，从而以更强大的心理面对未来的比赛项目。这些领域的人被击倒后会再次站起来，这是一种"永不放弃"的心态。挑战不会消耗资源，反而会增加资源。每个实习教师或新入职的教师应该都能够认同这种思维方式，或者经过上述对比之后，应该都能认同。就像一个耐力项目运动员有良好的耐力一样，你也拥有应对挑战的资源。如何最佳分配这些能力是持续发展并最终走向成功的关键。我们将简要研究这些领域，并深入研究关于韧性的军事心理学文献，以帮助我们对这些领域中的主题有一个更清晰的认识。

13.8　商业中的韧性

在商业领域，韧性属于个人范畴，但同样也有"组织韧性"（organisational resilience）这个概念（Chen，2016）。组织韧性是指一个组织应对挑战时所具备的适应性。组织韧性彰显了企业的人格化，这种人格化赋予了企业生命力。在理想化情况下，学校与企业极为相似，人们希望组织韧性在学校也能同样奏效。陈（Chen）列举了研发团队组织韧性的五大因素，分别是共同愿景、学习意愿、适应能力、合作意识和工作热情。这些都适用于小学、中学和高等教育。这些因素共同作用，从而形成了组织韧性。正如陈所强调的那样，组织韧性类似于组织成员的自我评估，有助于整个团队发展（Chen，2016）。人们逐渐认识到韧性的重要性，与此同时，随着个人韧性不断增强，人们的心理健康状况变得更好。韧性训练出现在近期关于工作场所韧性培训的系统综述中，这一点不足为奇（Robertson等，2015）。

职场韧性这一主题应运而生。社会支持、社会关系和社会融合等外部因素的共同点在于，每个人都能参与其中。如果从塞利格曼"习得性无助"（Seligman，1973）的角度考虑，那么你会误解我们的观点。这并不是说每个人都经历了被认为是压倒性的工作要求，而是对要求我们投身其中的工作要有共同的欣赏和理解。因此，工作伙伴给予的支持非常重要，因为他们能感同身受。这种支持网络对于培养韧性十分关键，并且与关系协调理论（relational coordination theory）提出的韧性和关系的双重属性相吻合。关系协调理论源于社会心理学，它综合考虑了与支持相关的心理社会因素以及与工作相关的技术因素（Gittell，2016）。公司企业部门纷纷雇佣"福利经理"或"福利主管"，如今这一现象并不罕见，英国教育部门通过纳菲尔德卫生保健公司也正在进行试点（Paton，2015）。

一项关于不同的韧性培养形式的有效性研究引起了人们的注意，研究发现一对一培训课程比小组培训课程更有效，而小组培训课程又比培训师的培训课程或线上培训课程更有效（Vanhove等，2016）。

伍德（Wood，2016）建议，学校对学生提供支持时要适度，他强调，今天的学生不同于过去的，学生的压力源已发生改变，提供过多的支持不一定有利于学生培养韧性和真正的独立性。虽然这是一个有争议的问题，但我们知道，一个有利于自我发现和自我帮助的灵活性的支持框架，或许更有利于培养韧性。伍德关于支持性学习环境的观点与时兴的教育行业中的一些重要观点相呼应。

13.9　运动和体育活动中的韧性

人们通常觉得体育运动最能体现韧性。比如，我们知道职业运动员"挑战极限"，赢得金牌，创造新的世界纪录，表现出前所未有的耐力。同样，从事娱乐性体育运动的人也会展现出不同水平的韧性，可能程度不同，但肯定都是类似的。半年前才开始尝试慢跑，但却能完成半程马拉松的人具有韧性；通过骑自行车来帮助恢复的心脏康复患者具有韧性；正在减肥的孩子以及使用任天堂Wii健身游戏的孩子具有韧性；为平衡工作与生活，整个学期都坚持锻炼的教师也具有韧性。

拉塞尔（Russell，2015）认为韧性是运动和生活中的核心品质。关于对韧性的理解，拉塞尔认为体育运动对幸福感和文化的贡献显而易见。从哲学的角度来看，他认为韧性体现在极其艰苦、充满挑战和不利的环境中。他在论文中引用了几则球队或个人战胜挫折、重振旗鼓的体育轶事。如果对韧性的哲学角度感兴趣,非常推荐阅读他的这篇论文。拉塞尔指出,逆境中有九大因素能帮助培养韧性,分别是训练技能、表现状况、竞争策略、破坏性情绪、协调团队、受伤、运气不佳、丢分和痛苦,以及能力下降(2015:168)。经历过这些挑战的人心理会更强大。

拉塞尔认为,韧性始于失败。这句话同样适用于教育行业,无论是对于学生还是教师,在逆境中都应该牢记这句话。有一句口诀很管用:"这将使我更强大……这将使我更强大。"这与第2章的积极心理学以及第16章的自我对话可以很好地联系起来。塞卡德斯等人(Secades等,2016)的论文也体现了这一观点,他们指出,不经历逆境或者不积极适应(应对)逆境,韧性便不可能产生。这表明,经历逆境是值得的。从某种意义上讲,这与接种疫苗,甚至与应激预防训练的原理(Stress Inoculation Training)(Meichenbaum,1977)区别不大。

加瓦纳(Gabana,2017)提供了一个很好的建议,他说渴望在运动中培养韧性的人,也会想在生活中培养韧性。同样,渴望在生活中培养韧性的人,也可能会通过运动来实现这一目标。技能是可迁移的,这一性质广泛应用于其他领域,而不只专门针对于特定领域。同样,龙卡利亚(Roncaglia,2017)承认运动心理学的作用,他用塞利格曼的PERMA模型(Seligman,2011)对患有自闭症谱系障碍(ASCs)的儿童进行了研究,研究表明,韧性不仅对运动员有帮助,而且还能为其他群体提供可迁移技能。塞利格曼的模型提出了一系列与积极幸福感相关的"美好事物",包括积极情绪、投入、人际关系、意义和成就。龙卡利亚的论文详述了运动心理学与积极心理学如何综合作用于个案研究,以便适用于教育心理学领域。

在体育和军事领域,做好改变的准备、积极参与训练被视为基于优势的方法的关键要素。意志力、积极情绪、习得性乐观、韧性、创伤后成长、自我调节和情绪调节是极限运动者或军事从业者的重要品质(Wagstaff和Leach,2015)。研究强调,人们越来越关注运动心理学和军事心理学的共性。可以看出,在运动心理学中,以前最受欢迎的术语是"意志力"(mental toughness),在各类文献中均有体现(如Connaughton等,2011;Gucciardi和Gordon,2011)。意志力是在运动员职业生涯的不同阶段发展起来的。之前,丹尼尔·古恰尔迪(Daniel Gucciardi,2009)测量了板球运动员的意志力,开发了板球运动员意志力量表(CMTI),然后测量了澳大利亚和新西兰青少年板球运动员的意志力状况(Gucciardi和Jones,2012)。如今人们普遍认为,韧性是意志力的一个组成部分。实际上,"意志力"这一概念更为模糊,而"韧性"这一概念概括性更好。有趣的是,体育界裁判员等的离职率不断提高,并逐渐演变为全球性问题,由此人们展开了对韧性、动机以及运动团体感知支持水平的研究。对这一主题的分析表明,除了那些韧性水平为中度到高度的裁判员外,裁判的韧性水平是他们有效履行职责的关键因素。该分析还强调了经验以及其他裁判提供的支持对提高韧性水平的重要性(Livingston和Forbes,2017)。强有力的支持是必要的,承担这一角色所必需的保护因素与本章所讨论的类似。

在本章中,我们把锻炼或体育活动中的韧性看作总括性术语,涵盖所有形式的非久坐活动,这种韧性也许可以通过研究阻碍韧性的因素作出很好的推断。其中一个因素就是抑郁症。可以说，韧性水平很高的人不会患抑郁症；同样，抑郁症患者的韧性水平不会很高。一个人要消除抑郁，应该提高自己的韧性水平。因此，这一小节侧重于体育活动及其与韧性的间接关系。因此，我们查阅了这方面近期的系统综述，里面有大量重要资料，无论是自己使用，还是给别人使用，教师都可以以不同的方式使用这些重要信息。

本章开头部分提到，尼斯特罗姆等人（Nyström等，2015）对体育活动的文献进行了系统综述，讨论了活动类型和所需的量（"剂量"），对减轻抑郁的影响。散步、慢跑和骑自行车都属于最常见的有氧运动，举重是仅有的两个无氧运动之一。作者发现，在12~16周内，30~45分钟的运动最为常见。有趣的是，研究发现与短时间运动相比，持续运动90分钟并不能更好地缓解抑郁。这对于忙碌的教师来说是好事，他们经常说自己没时间锻炼。但这不是运动时长的问题！如果读者有意获取更多关于这篇综述的内容，我们推荐阅读上述期刊文章。雷巴尔等人（Rebar等，2015）指出，许多综述已经探讨了临床人群中的抑郁问题。关于非临床人群的系统综述显示，体育活动可以适度改善抑郁，但无法有效缓解焦虑。另一项单独、特定的系统综述研究表明，对于心脏康复患者来说，抑郁症是冠状动脉疾病的潜在并发症，体育活动可以或多或少地缓解抑郁症（Janzon等，2015）。

最后，我们发现了李等人（Li等，2016）发表的一篇有趣的综述，他们研究了有关体育活动和电脑游戏技术的文献，题目很抓人眼球——"体感游戏（exergames）对抑郁症的影响"。这篇文献综述包含两重基本信息。首先，体感游戏是属于年轻人的一种技术，可以提高运动量。其次，老年人可以进行更多的锻炼，从而摆脱久坐的生活方式，这种久坐的生活方式要么是因为他们当地缺乏锻炼设施，要么是老年人出于安全、限制或禁止运动方面的考虑。这些文献综述都有共同之处。锻炼或体育活动有利于缓解抑郁症，同时也能培养韧性和幸福感。当然，许多体育活动也涉及社会支持、人际关系和社会融合，而体感游戏可能是个例外（虽然它可能会涉及关于社会融合的多人游戏理念）。

13.10　军事环境中的韧性

在教师心理学读物中加入一节关于军事领域的内容是否有必要？我们认为，虽然课堂和"战场"几乎毫不相干，但从概念层面上讲，二者的保护因素却极为相似。此处我们不会列出详尽的文献综述，只是举些例子证明这一观点。同时也请大家思考，我们所面临的挑战是否真的是个难题。

韧性在军事领域极为重要，韧性能保证军人在极端不利的条件下仍能有效执行任务。在执行作战任务之前，他们都会接受严格的训练，获取必要技能。美国军方已经实施了军人综合健康计划（Comprehensive Soldier Fitness Program，CSF）（Casey，2011），该计划部分参照了全面评估工具（Global Assessment Tool，GAT）。全球评估工具是一种基于互联网的心理测量工具，每年测量人数达100万（Peterson等，2011）。此外还有康纳-戴维森心理韧性量表（CD-RISC）（Connor和Davidson，2003），该量表主要衡量五大要素：个人能力、标准和韧性；信任、对负面影响和压力的容忍度；对变化和牢固关系的接受度；控制；灵性。这一心理测量工具最近已进行修订，可供中国军人使用，因为原先的版本不适用于中国文化。因此，五大要素变成了三大要素，即能力、韧性和适应性。该工具具有良好的效度和信度（Xie 等，2016）。对于军人综合健康计划实施效果的另一种极具启发性的观点，可以关注 2011 年《美国心理学家》（*American Psychologist*）特刊拒绝的一篇文章，但现在为了平等起见，该文章已在其他地方发表（Pilisuk 和 Mahr，2015）。

卡乔波等人（Cacioppo 等，2015）侧重于研究个人韧性，而忽视了社会韧性，即通过军队中存在的积极关系和友情来培养韧性。社会韧性训练（Social Resilience Training，SRT）旨在减少不当的社会认知，减少孤立感和孤独感。卡乔波等（2015）发现，社会韧性训练确实改善了社会认知，增强了人们的同理心和耐受力，有助于个人采纳他人观点，同时让人们更擅长使用社交技能，减少了孤立感和孤独感。在某种程度上，这些要素都可以迁移到其他职业中。从涉及军事研究的文献中可以学到很多东西，然后可以将这些研究成果迁移到其他领域，尤其是心理学领域。布莱恩和赫伦（Bryan 和 Heron，2015）基于缓解军人抑郁这一情况探讨了归属感的重要性。构建一个有共同目标、有凝聚力的群体，社会支持是其中一个重要因素。社会支持有利于培养个人韧性和社会韧性。

在一篇关于自我效能、家庭支持和威胁应对（threat engagement）的论文中，研究强调了在不同威胁情况下家庭支持的重要性。在服役期间，军人面临着一系列压力。遭遇敌军、炮火袭击、路边炸弹以及其他危及生命的情况，这些是显而易见的情况。然而，军人在服役期间还会面临百无聊赖、受交战规则限制、与大后方分离，以及组织官僚主义等问题（Delahaij 等，2016：78）。虽然敌军、迫击炮、路边炸弹和其他危及生命的情况看上去与教师无关，但如果将其视作教育的隐喻，那么重新解释这些定义就变得相当有趣了。德拉海伊等人（Delahaij 等）发现，在极端压力下保持高水平的自我效能有其积极作用，而来自家庭的支持有助于实现这一目标，工作投入也会提高（更有成效）。这是我们得出的一个重要信息：军事领域的研究可以应用于教育领域的研究。如果你是单身一人，家庭给予的支持少之又少，那也不用担心。我们建议，根据自身情况，重新理解"家庭支持"一词，并创建或获取适应自身需求的支持网络。实际上，如果我们这些教师都不参与我们创造的"共享社会"，那整个教学行业将会崩溃，人们只需要看看互联网上类似的例子即可。

一项关于女性军人断肢后社会心理适应的质性研究表明，有几个保护性因素有利于培养韧性，包括：积极的态度；社会支持，特别是军事领域的支持；对未来的预判；幽默感以及从失去中找寻意义（Cater，2012）。通过自我反思，可以建立起适应性的、随机应变的应对策略。系统性自我反思是澳大利亚军队新兵的一项重要策略，它不会消耗个人心理资源，反而可以促进个人在逆境中的成长与发展（Crane 和 Boga，2017）。克兰和博加（Crane 和 Boga，2017）提出了五种系统性自我反思的措施：回忆关键事件；处理价值观和目标；效果评价；有效性分析；设法应对潜在压力源。通过这一系统性自我反思，个人在逆境中的韧性会得到增强，并且"通过这种自我反思，可以更多地接触压力源，从而影响动机系统"。这与教育领域有些相似之处，只需重新定义"回忆关键事件"这一术语，便可将其应用于教育领域。

考特尼（Courtney，2015）在其论文引入了"心数"（HeartMath）这一概念，实在有趣，吸引了我们的注意。心数是指面对压力时，通过平衡心理和生理反应来培养韧性的一种方法。从本质上讲，通过改变心率变异性，心理会随生理变化而变化，若心理层面达到稳定，则生理层面也会达到稳定。有趣之处在于，我们的心理需要在"战区"和"平民生活"之间进行转换，要保证这一转换有效，并且要最大程度地减少破坏。在教育领域，这指的是在工作—生活、家庭—生活，或者学期—假期之间，需要进行转换，以尽量延长恢复期，为下一阶段的工作做好准备。考特尼建议，除军队外，其他机构也应该采用这一理念。教育机构似乎是再适合不过的。

在本节的最后，我们介绍一篇论文，该论文研究的是在实施风险和韧性评估的军队中，启动和继续心理健康治疗的感知障碍（perceived barrier）问题（Naifeh 等，2016）。奈菲等人（Naifeh 等）探讨了感知需求、结构性原因和态度性原因等感知障碍。正如人们所预期的那样，感知需求是指参与者是否需要寻求支持。我们可能会觉得，这不就是"把头埋在沙子里"吗？结构性原因通常是指日常问题太多，如预约时间安排或经济条件限制。态度性原因是指对心理健康支持有负面看法，或认为需要或获得心理健康支持有耻辱感。研究者发现，在744名受访者中，认为没有必要寻求支持的人占70%。同样，在208名认为有必要寻求支持而实际上并未寻求支持的受访者中，态度性原因占80.7%，结构性原因占62.7%。简而言之，受访者在寻求一定支持的过程中存在障碍，因为在很多人看来，寻求精神健康方面的支持让人感到耻辱。作为教师，我们应该多关注此类文章，设法克服这些障碍，这样我们就可以利用现有的支持，助力我们的教育生涯发展。

13.11　教育中的韧性

在教育领域，培养韧性可以提供适应性应对策略，孩子们可以通过教育取得进步，进而增强心理健康。普莱斯等人（Pluess 等，2017）近期进一步研究了 SPARK 韧性计划（Boniwell 和 Ryan，2009），该计划也涉及对抑郁症的研究。参与者为438名11至13岁的女孩，她们都来自伦敦最贫苦的社区，这些社区的抑郁症发病率极高。教师经过两天 SPARK 的强化训练后进行授课。每节课1小时，共12节课，课上的干预方法旨在将认知行为治疗与积极心理学结合起来。在假设场景下，教给孩子一种基于技能的应对策略，也就是 SPARK 所对应的首字母缩写，即情境（Situation）、感知（Perception）、自主（Autopilot）、反应（Reaction）、知识（Knowledge）。相应地，自动情绪反应由儿童对情境的感知触发，这意味着他们要从对自动情绪反应的行为反应中获得知识。为了与针对这一年龄群体的特定语境元素保持一致，我们使用了鹦鹉作为隐喻，鹦鹉有很多伪装，如责备、悲观、评判，绝对真理，小题大做。这只鹦鹉被"审判"了，证据被审查以用于支持或反驳解释。它通过放松和深呼吸等策略来分散注意力。所有这些都涵盖了"复活节十字面包"模型[①]中所包含的认知行为疗法因素，即情绪、行为和生理反应在特定情况下相互作用。在干预后 6 个月和 12 个月的随访中，韧性评分得到显著而持续的改善。干预前后抑郁症评分下降水平相近，但在干预后 6 个月和 12 个月的随访中，这一数字都有所升高（Pluess 等，2017）。

这里值得注意的是，SPARK 韧性计划并非儿童运动、游戏和主动性娱乐计划（Sports，Play and Active Recreation for Kids，SPARK），后者是美国和加拿大 20 世纪 90 年代末的健康体育活动计划（Marcoux 等，1999；Sallis 等，1997）。文献检索显示这两个计划都没有发表其他期刊文章，因此亟需普莱斯等人来探索发现，并且可以激发许多其他的研究想法。（这个机会太难得了！）

前面提到皮特森（Peterson）在积极心理学方面的研究已应用于军事领域，而如今正如我们所假设的，这些研究已渗透至教育领域。怀特和沃特斯（White 和 Waters，2015）在《积极心理学杂志》（Journal of Positive Psychology）纪念版中向皮特森致敬，将他的方法应用于澳大利亚一所大规模学校作为案例研究。研究人员在案例研究中重点关注了"赋能机构"和"性格优势"。赋能机构不仅追求学术成就，还同样关注性格、道德和幸福的发展。而这不应只局限于个人，还应该关注机构这个整体。性格优势是指人一生中所希望拥有的内在品质，如智慧、知识、爱心、宽容、谦逊、毅力和诚实。通过分析皮特森和塞利格曼（2004）关于性格优势和品德的论文，可以更详细地研究这些例子。学校引入积极教育的课程，可以根据每个孩子的需要在课程中建立性格优势，他们不仅要思考自己的优势，还要思考同学和老师的优势（这是一所私立男子学校）。怀特和沃特斯（2015：75）描述了在积极教育课程下，一个典型的男孩会有怎样的经历。这篇论文非常值得一读，但除了简单描述外，该文没有提供任何其他数据。

塞萨尔和卡迪梅（César Dias 和 Cadime，2017）研究了学校、家庭、社区和同伴（即外驱性保护因素）对中学生自我调节和韧性培养的影响，研究表明，女孩以及参加非职业课程的学生所具备的韧性水平更高。

科茨和尼曼（Kotzé 和 Niemann，2013）对 789 名工业心理学专业本科生的心理健康状况及其第一年的学业成绩进行了调查。调查结果表明，乐观者学业成绩并不一定优异，但其中韧性的三大要素发挥了重要作用，即正向解释、经历逆境以及宗教。值得注意的是，研究者指出成人韧性指标（Adult Resilience Indicator，ARI）（Kotzé 和 Niemann，2013）专为南非设计，在文化层面上可能仅限于南非大学系统。

在研究教学人员的韧性时，帕雷克和拉索尔（Pareek 和 Rathore，2016）对印度一家高等教育机构的 60 名教师进行了优势行动价值问卷调查（Values in Action Inventory of Strengths，VIA-IS）（Peterson 和 Seligman，2004），对皮特森和塞利格曼（2004）所假设的性格优势和品德进行了分析。他们发现男女之间存在差异，女教师表现出的性格优势和美德比男教师更多。优势行动价值问卷里有 240 个问题，结果有 24 个性格优

[①] 此名称来源于基督教会在复活节前烘焙的小圆面包。小圆面包内有馅料，最好趁热吃；上面划有十字，分割出四部分，代表一年四季。此处表示认知行为疗法中的情绪、生理、认知和行为四个分析维度。——译者注

点和 6 个品德。表 13.1 简要概括了这些数据，其中还包括一项实际任务，供您花一点时间思考。

表 13.1　皮特森和塞利格曼所述性格优势和美德的总结

品　德	性格优势	品　德	性格优势
智慧与知识	创造力	公正	团队协作
	好奇心		领导力
	热爱学习		公平公正
	洞察力	节制	宽容
	判断力		谦逊
勇气	勇敢		自我调控
	毅力		审慎
	诚实	超越	追求卓越
	热心		感恩
人道	爱		希望
	善良		幽默
	社会智力		灵性

来源：改编自皮特森和塞利格曼，2004

活　动

看一下下面的性格优势清单，逐项给自己打分，满分 10 分。听从自己的直觉，判断每个性格优势的含义，或者您如果想要获取每个性格的定义，可在 www.viacharacter.org/www/Character-Strengths/VIA-Classification 网站搜索查看。我们将提供给您一个自我评价的主观近似值。如果您有 15 分钟空闲时间，建议您通过此链接进行免费在线查询。如果想获得一份详细的报告，可选择"付费选项"。该网页是皮特森和塞利格曼价值观行动问卷，因此值得信赖。参与测试，去看看你最初的自我报告有多准确。

然后根据自己的分数，思考如何继续优化自己得分低的性格优势项目。这是一个探索和建立短期、中期和长期目标的绝佳机会。这个过程会进一步提升你的韧性水平。但要记住，培养韧性可能是一个相当漫长的过程，所以不要指望一周就能完成！

在本章结尾，我们将学生视为"未来的专业人士"。在伍斯特大学对本科生展开的

韧性追踪研究中，巴伯、卡索、罗伯茨和布里斯（Barber、Castle、Roberts 和 Breeze，2017）指出了麦金托什和肖（Macintosh 和 Shaw，2017）研究中的五个内部领域和外部领域，以及庞塞－加西亚等人（2015）研究中的四个保护因素。初步研究结果于 2017 年 6 月在伍斯特大学的学习和教学会议上公布，与庞塞－加西亚等人的研究对象相比，新生的韧性水平有所下降。庞塞－加西亚等人的研究主要针对北美两所大学的学生。但这一问题不仅限于这几所大学，而是全球高校日益关注的一个问题（例如，印度：见 Balgiu，2017；罗马尼亚：见 Patil 和 Adsul，2017；马来西亚：见 Narayanan 和 Weng Onn，2016；美国、中国大陆和台湾省的跨文化比较：见 Li 和 Yang，2016）。

巴伯等人的研究属于追踪研究，跟踪调查样本学生的学位课程进展。通过将韧性培养引入各级课程，未来我们还会将研究拓展到研究生教育领域。当然，我们下一步关注的是学校教育系统中的韧性培养。该领域的摘要见表 13.2。

表 13.2　韧性：领域与因素

内部领域	内驱性保护因素	外部领域	外驱性保护因素
情绪控制 自我管理	目标效能感 计划与优先顺序	社会融合 社会关系 支持网络	社会支持 社交技能

如果我们将韧性这个领域和其中的因素视作食谱中的食材，那么构建这个领域和因素就为教师提供了一套韧性资源。为了提供每个部分可能包含的资源类型，我们将在下面讨论一些示例。从内部来讲，情绪控制是指继续向前而不为困难所羁绊的能力。并且，情绪控制还指在困境中保持沉着冷静的能力，以保持理性思考，始终以目标为导向，始终追求目标效用。自我管理既反映了追求和完成任务的毅力，也需要目标设定，例如，通过自我管理实现预期目标。这实质上就是人们通常所说的"有驱动力"的人。在这种情况下，从外部来看，社会融合是指融入新的学生群体所需的感知能力。从本质上讲，这是一种对"良好契合"的感知方法，即我到底能融入这群人吗？这群人可以是班里的其他同学、室友或者俱乐部和社团的成员。年轻学生也这样，不过他们在住宿方面有明显差异。社会关系可以很好地帮助你成功融入群体，因此社会关系之间是相互关联的。家人和身边的朋友有助于培养韧性，就像培养新的友谊一样。这种互动交流可以发展和完善社交技能，并且支持网络变得很重要，特别是在经历情感困难的时候。的确，老话说得好：分享问题就解决了问题的一半。这句话在这个例子中再合适不过了。

我们现在似乎更清楚实力（capability）与能力（capacity）的问题了。资源法侧重于实力、特征列表和因素等，这确实非常好，并且都是必要的。能力（capacity）则既是系统法和发展法研究人员的研究对象，也是一项关于不同时间点实力发挥的指标，这项指标不停地波动。劳顿－史密斯（Lawton-Smith，2017）用 F1 赛车进行类比，很好地说明了这一点。这款车拥有所有必要的"成分"，技术十分先进，并且在设计、制造和驾驶方面都是顶尖的。然而，如果没有燃料，它就跑不起来。从另一个角度来看，韧性就是"燃料"。要减速吗？要再加速吗？什么时候维修？是不是快没燃料了？这样的例子不胜枚举。这本质上是能力问题。现在不考虑F1赛车，只考虑教案设计。我们应该如何明智地利用韧性资源或"燃料"来度过每一个学期，直到年底的学期末？我们应该有所保留吗？我们应该调整自己的节奏吗？如果资源耗尽会如何？你明白了吧。我们同意史密斯的建议，在考虑韧性的时候不应该忽视能力。

13.12　小结

如果把韧性看作一种与生俱来的特质，那就大错特错了。除此之外，我们还应该考虑日常生活中的相关问题，以及学年中的波动、能量水平、睡眠模式、身体的营养和水分、身体活动水平以及当前或近期的压力源。与家人、朋友和同事建立强大的支持网络，并与之建立良好的关系，同时，再进行自我管理，设立明确的目标，培养情绪控制能力，这都会为我们提供一些所需的"食材"。本章所讨论的多个领域的研究文献也表明，主动地寻求挑战要保持谨慎，这对我们来说是考验，并且还有可能会导致失败。而正是这些失败能帮助我们培养韧性。为了赢得战争的胜利，往往可能需要输掉一些战役！

13.13　拓展阅读

Gus, L., Rose, J. and Gilbert, L.（2015）'Emotion coaching: A universal strategy for supporting and promoting sustainable emotional and behavioural well-being', *Educational & Child Psychology*, 32（1）: 31–41.

这篇文章讲述了针对学生的情感教练在学校开展的方式，值得一读。

Macintosh, E. and Shaw, J.（2017）*Student Resilience: Exploring the Positive Case for Resilience – Unite Students Insight Report*. Bristol: Unite Students.

这份报告主要讲述了高校中的导师如何帮助学生培养韧性。它涉及高等教育领域，内容针对研究生教育课程或者新入职的教师人群。早期干预是关键，这篇文章能指导和帮助受高等教育的人在早期培养韧性。

Swainston, T.（2019）*Outstanding Coaching in Schools: A Step-by-Step Coaching Manual for Teachers*. Harrogate: Tony Swainston Ltd.

有关校园内的教练心理学书籍种类有限，但这本书通篇提供了清晰、有序的指导，从中你会有所收获。

第五部分
心理技能训练

本部分介绍了一些应用心理学方法，供教师提高自身教学能力。要实现这一目标，需保证教学活动能引起教师和学习者的兴趣。具体的方法有：目标设定、心理意象、自我对话/认知重组及松弛法。教师要了解如何以及何时运用这些方法。此类心理学方法需经过长期运用才有成效，因此，教师需花费一定的时间和精力，才能得心应手。本部分旨在提供有效培养心理健康和韧性的技能。本部分介绍的几种心理学方法与本书其他章节的内容密切相关。

第 14 章　目标设定

> **本章目标**
> - 理解目标设定的重要性。
> - 区分结果目标、过程目标和表现目标。
> - 思考制定 SMART/SMARTER 目标的策略。

14.1　本章简介

　　作为教师，我们在为学生设定目标时往往游刃有余，但纵观职业生涯，我们又为自己设定过几次目标，并以此来鞭策自己成为一名合格的教师呢？《教师标准》(the Teachers' Standards)明确指出了设定有效目标的重要性，但无论是现有的各种标准，还是教师培训，都很少会为教师提供目标设定的心理语境(psychological context)。从这个层面来看，管理是教育部门的主导因素，它不仅与目标的设定关系紧密，还能够时刻监测教师在实现目标过程中的进展如何。

　　设定目标是改进教学的一种理想方式。设定目标使目标书面化，也为人们进行进度管理提供了机会。此外，设定目标使课程向实现目标推进，或者通过实现目标展现学生能力（Nicholls，1989）。对于目标设定这种线性研究方法是否不利于实现目标，一直存在争议，而且，人们可能认为"为课程制订计划"更容易实现目标（Grant，2012）。尽管如此，为方便起见，我们保留现有用词。

　　在我们看来，教师经常设定或虚幻或过度模糊并且很遥远的目标，这将使他们失去动力。设定目标是一种用来帮助人们在未来的某个时间点达成目标的方法。这是一种"如何抵达目的地"的方法，比如，它可以帮助教师设定目标以达到某个专业知识等级。这种目标示例有："我想在假期完成所有的周计划"，或者"我想在今天上午完成所有的报告"。设定合适、详细的目标有助于提高自己的表现，激励自己不断地实现目标。因此，无论对于学生还是老师，制定合适的目标都相当重要。

　　本章我们将探讨能够支撑有效目标设定的心理语境，进而为目标设定提供相关建议与指导。

14.2　教育与目标设定

各阶段的教学活动都根据目标来衡量学生表现，教师也会为学生设定目标，因此似乎没有必要用一个章节来探讨目标设定的问题。但实际上，目标设定究竟有何积极影响尚处于研究之中。例如，一些学者研究了目标设定对发展社交技能的影响（Buckle 和 Walsh，2013；Ginsburg，2016；Rodkin 等，2013）。威登等（Weedon 等，2016）为班级内存在情绪和行为障碍的学生制定了目标设定的方法。一些学者也采用了不同类型的目标设定方法，本章将对这些方法进行深入探讨。例如，金和麦金纳尼（King 和 McInerney，2016）利用结果性目标开发了元认知学习策略，即让学生通过目标设定，开展学习并监督自身学习。托伦斯等（Torrence 等，2015）利用过程性目标，增加学生学习时间，以提升其写作能力。吉列斯皮和格雷厄姆（Gillespie 和 Graham，2014）针对有发展写作能力需求的学生，研究了如何进行写作目标的设定。

在当前教育背景下，如何确保有效地设定目标，仍值得深入研究。相关研究表明，还需关注多个目标之间的相关性（Peterson 等，2013），以及目标设定过程中学生的相互影响（Hart 和 Brehm，2013）。哈特和布雷姆（Hart 和 Brehm，2013）运用自我决定理论的激励方法，为有个体性教育计划的儿童设定目标。有关自我决定理论，我们已在第 10 章进行了探讨。

14.3　什么是目标设定？

如上所述，目标设定是一种帮助人们实现未来目标的方法。适当且具体的目标能够改善人们的行为，为人们实现目标提供动力。我们必须清楚，目标设定包括设定自己的目标，并激励自己实现这一目标。第 10 章提到，在生活中，他人可能会给我们设定目标，而通常我们无法改变这一现实，只能尽可能去实现。目标设定就是一种实现目标的方法。尽管你可能不喜欢他人为你设定的目标，但你也需要找寻实现目标的方法，本章就提供了这一方法。

> **活　动**
>
> 在阅读后面内容之前，列举五个左右的目标，可以是你自己设定的，也可以是他人要求你在下一个学年达成的。这些都是你的目标。后文需要用到这份清单，请妥善保存。

14.4　哪个视角：结果、表现、过程目标？

在心理学领域，心理学家对不同类型的目标划分出了三种类型。

结果性目标

如你所想，结果性目标（outcome goals）以行为表现的最终结果为基础。从本质来看，结果性目标的参照系是你的表现与所设定目标之间的对比，或者是确保学习者实现了他们的目标，亦可能是你与其他老师的表现进行对比。就结果进行对比，可能超出了你的可控范围。教学中，实现目标比较常见的做法便是设定结果性目标。老师进行有效的教学，并要求全班同学取得某个必需的成绩，但该目标依然可能难以实现。这种目标不仅打击了学生的积极性，而且也没有考虑任何已取得的成就。比如，较起点而言，学生已取得超常的进步，但他可能仍未实现设定的目标。

结果性目标的运用催生出了成果导向教育模式（outcome-based education，OBE）（Tam, 2014）。此方法能够持续为学生提供评估，从而实现特定结果，OBE方法不仅能为学生提供清晰的目标，让教师能够灵活地安排学习，而且便于对学生行为进行校内和校间比较。不仅如此，该教育模式还能够增强学生的责任心，促进学习（Malan, 2000；Tam, 2014）。然而，这种方法也受到了广泛的批评，在澳大利亚（Donnelly, 2007）和南非（Allais, 2007）被逐步放弃使用。这些批评的原因，在于人们对结果抱持不同的解释，同时，也有学者担心这种教育模式会使学习变得简单化（Tam, 2014）。

表现性目标

表现性目标（performance goals）可视为结果目标的低一级视角。表现性目标在本质上与教师的表现相关，而与结果无关。表现性目标是将目前表现与上周或上个月的表现进行对比。比如，表现性目标旨在确保教师在教学周内完成全部工作，这样就无需占用教师周末休息时间。一般认为表现目标比结果目标更可取，因为它直接或间接地与提升教师专业能力相关。因此，即便某教师在学校中算不得出色，但如果他/她的表现有所提高，那就算取得成功！要想合理利用表现目标，需修改已有目标，看一看自己是否能将该目标向前推进一步。

在教学中，我们多长时间能为学生提供用于衡量学生过去和当前表现的标准？虽然教师评估和记录学生表现的目的是为了实现结果性目标，但如果学生无法对比自己过去和当前的表现，他们对自己的学习能有多大参与感呢？

过程性目标

可以说，目标设定最为恰当的方法包括检验教学过程，以及使学生高效、平稳地学习所需要的"心流"。因此，过程性目标（process goals）是关于"感觉如何"的目标。试想，当你上课十分顺利、学生兴趣盎然时，是什么促成了这样良好的课堂氛围和效果？

为保证教学效果和教学能力的提升，你应该对每一个教学元素设定过程性目标。你可以搜集自己需要的、有助于教学过程顺利进行的信息。比如，将教师培训中习得的教学方法应用到工作中，或者采用新的管理方法让课堂井然有序。可能你已经采用了新的课程规划或课程评估方法。实际上，有时这仅仅是一种"感觉对的"事情，关键在于坚持这种"对的感觉",并将其应用到教学的每一个环节中。因此,应以实际的具体工作为导向设定目标,而不是最终结果。如果关注过程,结果自然也会受到眷顾。

过程性目标与第 2 章中讨论的"心流"理论相关,即在一定条件下,事情能够平稳发展并达到最佳效果。对于学生来说,虽然结果性目标更易衡量,但教师在教学中仍需考虑设定过程性目标。

在此我们分别探讨了三种目标,但在实践中,我们需因材施教,将三种目标有机结合,制定出最为恰当的目标。

14.5　目标设定的心理学原则

掌握目标设定如何影响个体表现的知识,有助于你了解如何设定有效的目标,如何利用设定的目标专注、努力、坚持,以及制定如何克服挑战的新策略。我们将依次讨论以上每个问题。

专注

将精力集中于实现特定目标,这一点很重要。未做到这一点的老师经常会无所适从,很容易从手边的任务转移到其他地方。你可能有过这样的经历,"有很多事要做,先从哪件事入手呢?"最终,你未能集中精力完成任何一件事。或许你并未充分关注课程安排的时间及进度,但如果你集中精力、保证过程顺利,就可能有剩余时间参加集体讨论,并在下课前完成总结工作。老师可将此视为目标。实际上,老师可以将整块教学任务分成几个便于管理的部分,并在实践中不断完善,即"如果希望完成 Z,需要完成 X 和 Y"这种方法。

就学生而言,每节课设定了多少目标或学习目标,实际中一个学生能够完成几个目标?

努力

如上文示例所述,教师应将精力集中于特定目标,然后付出努力,实现目标。因而,就目标本身而言,仅专注远远不够,还需要积极努力。你需要确定如何实现目标,然后向这一方向努力。

坚持

为达成目标,除了要专注、努力,还需要坚持。在试图实现目标的过程中,如果老师仅在开始的几节课里保证精力集中,实则没有很大帮助,即使一周内坚持三天也远远不够。坚持意味着一周内持续保持前进的毅力。而正是这种坚持,才有助于教师达到预期的教学效果。

制定如何克服挑战的新策略

做到专注、努力、坚持之后,你就可以制定新的学习策略。这可以确保你不会成为"迂腐"之人，展现出对多变环境的适应性。达尔文的进化论揭示了没有一个物种是一成不变的，都在不断适应变化的环境。同样，教学也在不断地进化。因此，教师应努力适应不同的情况，抓住机遇，寻求最佳应对方法。

能否实现目标取决于以下几点。

能力

我们在上面已经有所暗示：你的能力是能否成功完成任务的关键。你是否具备相关知识、经验或资源？或许在导师的帮助下某方面的能力可以得到提高。避免设定一些超出能力范围的目标。但同时也应认识到，能力会随着人的发展而提升。

承诺

对教师来说，实现他们所设定的目标十分重要。没有承诺，实现目标的可能性就很小。我们习惯区分不同的目标（或是由他人设定的，或是为了实现他人的目标而自己设定的）。区分目标得以让教师在实现目标的过程中掌握主动权，因为在努力实现自己设定的目标之时，也是在实现他人设定的目标。

反馈

在目标设定中，反馈是十分重要的一环。它能够帮助教师判断目标是否实现。一些客观评判标准也适用于这种判断，例如与他人的讨论、观察等。同时，如果能够实现主观信息的量化，也有助于我们判断目标的实现情况。例如，我们可能会要求你用1–10来对某堂课的"感觉"或"成功"进行评分，1分表示很差，10分表示很棒。

设想一位老师被问道，"用1–10分来评价'重力'概念的讲授情况"，我们假设答案是3，当然，这是该老师在特定场合的特有表现。之后，我们要求老师用不同的方式为学生讲授重力的概念，以提高课堂评分。比如可以通过概念图来确定学生的掌握情况，也可以进一步讨论为什么物体会下落（而不是向上），或者开展其他有关物体下落的实践活动等。尽管这种方法较为主观，但可以帮助教师了解学生的知识掌握情况。

任务复杂性

任务的复杂性可能会影响目标的有效性。有的目标设定得十分不现实，比如完成本学期所有的短期计划，因为目标应根据学生不断变化的需求而做出灵活调整：你的计划可能无法适用于当前阶段。因此，在设定目标时，需基于现实，考虑到任务的复杂性。

设定不恰当的结果性目标会导致自信心、焦虑和满足感方面的问题。你越是自信，实现目标的可能性就越大。心理学家将此称为"自证预言"（self-fulfilling prophecy）（Merton, 1948）。如果你相信自己会失败，你就会失败；如果你相信自己会成功，你就会成功，前提是目标在自己的能力范围之内。此外，每一个表现都有一定的预期满足感。目标实现后，能增加满足感，提振信心，也能激发实现下一个目标的动力。

无论采用何种理论观点，目标设定仍是心理学中帮助教师发展技能和获得成功的最重要方法之一。有效利用目标设定法在教师专业发展过程中必不可少，接下来我们将讨论如何有效设定目标。

> **反 思**
>
> 回顾你曾为自己设定过的个人或职业目标。这个目标实现了吗？我们往往只会记住已实现的目标，而忘记未实现的。你还记得自己未曾实现的目标吗？为什么没有实现呢？是因为能力不足？没有实现承诺？没有适时反馈？还是因为实现目标的复杂性？
>
> 学完本章内容后，思考你目前正努力实现的目标是否需要进行调整？

14.6　有效利用目标设定

通过我们与老师相处的经验来看，很显然，老师既不了解也不推崇目标设定法，认为这会导致老师设定不恰当的目标，或以错误的方式评估其在教室的表现。这种情况非常常见。在询问老师的个人目标时，我们常常发现他们并没有设定个人目标，他们的目标以某种方式和班级的成果相关联。我们经常听见老师说，"在课程上，要确保所有学生取得 × 级的水平"。目标本身很好，然而，难题是学生要实现既定的目标，存在很多不可控因素。从另一个角度了解目标设定法就会发现，他人的成就不及实现自身发展和专业能力提升重要，这将最终确保老师获得额外成就。一旦老师意识到这一点，就会提升自身表现，学生达成目标成为学习过程的自然结果。在我们看来，教师提高教学能力、课堂氛围活跃，学生就会自然而然地实现目标。我们无法要求教师不关注学生成绩，但通过设定恰当的目标提升自身能力，就能够事半功倍。就像把钱存入储蓄账户，在未来的某个时刻，它将为你提供所需的一切。

14.7　目标设定准则

心理学中存在多种类型的目标设定方法体系。然而，多数都涉及三个合乎逻辑的递进阶段：准备和计划、教育和教育获得、实施和回顾。

准备和计划

评估你自身的能力和需求十分重要。对于我们，教师的意见必不可少，也能指导我们的评估。设定广泛的目标有助于保持高积极性，这样你就可以在不同的时间处理不同的工作。关键在于要制订计划来帮助实现已经制定的策略，进而你就能了解是否取得了进展。比如，我们可以通过目标设定解决以下问题：

- 克服动机不足或自信心不足的问题。
- 完善教学方法和/或心理准备。

- 帮助你完成伤病康复计划。
- 帮助你走出无聊或倦怠的状态。

教育和教育获得

实现设定的目标过程中,有必要定期与他人(如导师)进行交流,监督自己的表现。有些人主张一次完成一个目标,不过我们建议在某个特定时期可以设定多个目标。要想制定恰当的目标,关键在于自己和导师之间的合作。

经过初步准备,就能够观察、监督目标实现进度。收集目标进展或目标实现的数据,画一张进度图,有助于激励你继续执行该计划。

> **活 动**
>
> 为你的未来目标设定期限。可以是一周、一个月或一个学期,这取决于你之前设定的目标。确定你需要收集信息的类型,以评估自己在实现目标过程中取得的进步。

实施和回顾

你应该明确如何评估目标的实现情况,否则难以实现既定的目标。导师应该在实现目标的过程中,为你提供适当的支持和鼓励。你个人应及时进行回顾,反思进展、成就以及未能达成既定目标的原因。

设定目标达成时间时应注意,不同的目标需要设定不同的时间跨度。有短期目标、中期目标及长期目标。当然,每位老师情况各异。某位老师的中期目标可能会是另一位老师的长期目标。下文将分别介绍这三种目标类型。

> **活 动**
>
> 在截止日期或回顾日期重新评估你的进展。把已实现的目标划掉。如有尚未实现的目标,反思原因,在后续回顾时,检查这些目标的实现情况。

长期目标

长期目标即最终目标,是个人职业生涯中最希望取得的成就。长期目标时限可为一年,也可为整个职业生涯,这取决于你自己,与你自身的时间观念有关。然而,问题在于如何在目标时限内保持积极性。

中期目标

中期目标时间跨度较短,有利于我们保持积极性。你如何知道自己是否正向长期目标迈进？你知道，因为你设定并完成了中期目标。中期目标应该根据长期目标来设定，确保中期目标清晰明了。比如，如果你设定的长期目标时限是年底，那么中期目标时限可能是一个学期后。如果长期目标时限为五年，则应在第三年底评估中期目标。

短期目标

相对于中期和长期目标，短期目标聚焦于当下，时间跨度短，评估短期目标的进展也无需耗费过多时间。为了保持较高的动机水平，短期目标应该提供可控的、定期的机会来获得成功。应该设定并专注于个人目标，而不是事事都看结果性目标。关注自身的发展，而不要受制于人。实现一个短期目标后，你应该考虑为下一个时间周期设定一个新的短期目标（Prochaska 和 Diclemente，1982）。

14.8 常见的目标设定问题

如果缺乏适当的指导，通常都难以实现既定目标。正如我们所提到的，如果不对进展进行监测，那么目标无法实现的可能性就会越来越大。事实上，目标未实现，就会降低积极性，个人成绩可能也会因此受到影响。我们不仅需要对目标进度进行监督，还应在必要时对其进行修订或重新调整。如果你没有实现设定的目标，可以重新设定或是调低目标难度。有可能你的基础跟目标的差距实在太大。把这句话铭记于心："积跬步，至千里。"

设定目标有可能因过于笼统或无法找到合适的衡量标准，导致无法实现目标。但如果无法衡量目标的实现程度，你怎么知道你是否达到了目标？我们将在"SMART 目标"部分更深入地讨论这些问题。同样，如果你设定的目标过多，你可能无法在设定时限内实现所有（或任何）目标。

最后，个体差异也同样影响目标设定。我们不会要求你跟我们比对指纹，然后说谁的指纹更好。同样，在为自己设定目标时，也不应与其他人进行比较。我们希望你设定的目标能够帮助你获得成功，这也是我们写这本书的目的所在。

14.9 SMART 目标设定法

SMART（Raia，1965）是一种帮助心理学家和老师设定恰当目标的方法。这组字母代表明确（Specific）、可评定（Measurable）、行动导向（Action-oriented）、现实（Realistic）及时限（Time-phrased）。本节将对以上内容进行详细探讨。设定目标时，关键在于设定自己明确想实现的目标。像"我想成为一名好老师"这种目标过于宽泛，意义不大，也难以进行评定。你可能希望所有学生能有效参与到课程学习中，从"有效"这一限定词来看，该目标就十分明确了。设定明确的目标后，需采取一些措施来评定这些目标是否得以实现，而这也是困难所在。设想，如果我们要求你在不使用尺子的情况下，测出一条绳子的长度，你可能会高估或低估绳子的长度。如果使用尺子，则可得到一个真实可信的长度。同样，在目标设定中，我们无法做到绝对准确的衡量，但我们的目的是可以量化的。因此，可衡量的目标是可以量化的，而且能使老师知道是否已实现该目标。上文提到的"学生有效参与课程"的目标中，可以通过设定一个"1~10"或"1~3"评级量表进行评测。有了恰当的评判标准，目标就能够量化。

行动导向目标强调某些需要实现的事情。行动导向目标不在于思考做什么事情，而在于如何积极去做这件事。设定与现实无关的目标通常会导致目标难以实现，也会削弱积极性，影响行动力。设定现实的目标，也就是在自己能力范围内的目标，有助于实现目标。然而，设定很容易实现的目标也毫无意义，因此目标要现实且具有挑战性。如果未对目标设定进行回顾的截止期限，也同样是徒劳无果的，这就是我们所指的"时限"一词。时限目标必须在特定的截止期限前完成。如果截止期限时间太短，目标便难以实现，因此，要根据实际情况设定目标实现预期。不同目标可以设定不同的时限，你可以将有时限的目标与下一节课的表现联系起来，你可能需要在半个学期的多次课程中，设定实现一致性的时限目标。因此，各目标的时间跨度会有交叉。

SMART目标设定在某些领域已经扩展延伸为SMARTER目标设定，增加了"参与"（Engaging），即目标应该为学生提供参与的主人翁感，以及"激励"（Rewarding），即内在或外在激励（见第10章）（MacLeod，2012）。如果在网上搜索，也会发现E和R的一系列其他词汇，如"Exciting"和"Readjust"。

> **活 动**
>
> 为你的发展设定SMART目标。暂时记下这些内容，后面我们将来讨论这些目标的设定。

14.10 其他目标设定方法

心理学文献为我们提供了许多有效设定目标的方法，主要包括：设定表现性和过程性目标、设定互补领域目标、目标记录、目标承诺和支持。下面进行简要介绍。

设定表现性和过程性目标

设定表现性及过程性目标有助于我们实现最终目标。当然，你也可以设定结果性目标，但这些目标应该是次要的。表现性和过程性目标能够提供实现预期结果的必要条件。你应该专注于自身表现以及所经历的过程。

设定互补领域目标

教师通常会仅仅设定日常工作方面的目标，但我们建议你也为生活中与教学相关的所有方面设定目标。教学可能会占用你一周大部分的时间，因此需要确保你能够平衡生活的其他方面。同时，你还应该考虑是否设定与本书其他章节讨论的主题相关的目标。所以，你可能会在一张纸上写下基于国家课程的目标，在另一张纸上写一组锻炼/体育活动的目标，在第三张纸上写一组与提升自信有关的任务/目标，在第四张纸上写一组时间管理的目标……这个清单几乎是无限的。

记录目标

记录目标实现进度有利于激励自身并实现进步。如果我们在 5 月份请你回想一下 1 月份的某节课，你能记得所有内容吗？这几乎是不可能的！所以可以保存与目标相关的个人日志，记录每周的目标是什么？是否完成？如果没有，为什么没有完成？调整后的目标是什么？是否实现了调整后的目标？这样有助于回顾过去一年的进展情况，并在之后做好反思。本章后面将举例说明目标记录方法。

目标承诺和支持

你要认同设定目标的理念，明确目标能够有效改善行为表现，这一点很重要。教师要有实现目标的决心。与教师来往的人们也应该尽可能地提供支持，以帮助其实现所承诺的目标。如果教师设定的目标被校长推翻，转而要求设定一个不切实际的结果性目标，那么这种目标毫无意义。如果每个人都知道这些目标，那么实现的可能性就更大。

反馈

正如我们多次所说的，反馈是目标设定的一个重要因素。导师负责评估目标设定计划的进展情况，并在适当情况下提供反馈。有时反馈的方式可能是来自导师的批评，但其实反馈应该是一种交流的方式，帮助教师改善他们的行为表现。

活　动

现在来到本章的最后，你应该已经能够设定自己的 SMART 目标。设定 SMART 目标可能与你在本章前面活动中写目标的方式大不相同。你需要将学到的新方法付诸实践。

14.11　小结

有效的目标设定是取得教学成功所需的一项基本技能。关注你所设定的目标类型也很重要。属于以下形式吗？

- 结果性目标——重点在于结果。
- 表现性目标——重点在于个人表现。
- 过程性目标——重点在于目标实现过程。

目标设定有助于引导、集中精力，进而激励个人不断奋斗。你可能已经制订了用于实现目标的新策略，但应清楚地认识到，一切目标的实现都取决于个人能力、承诺、及时的反馈，以及任务的复杂性。如果目标过于复杂，你能将其分割为几个小目标吗？

目标书面化会使其更正式，自己和他人都能够了解这一目标。为实现目标，设定 SMART 目标也许是最好的方法。

14.12　拓展阅读

Grant, A.M.（2012）'An integrated model of goal-focused coaching: An evidence-based frame- work for teaching and practice', *International Coaching Psychology Review*, 7（2）: 146–65.

这篇期刊文章深入探讨了目标的深化使用，为教学中目标设定的有效性提供了证据支持。然而，几乎没有关于教育领域目标设定或指导学生的书籍，大多数教育类书籍也只涉及 SMART 或 SMARTER 目标。

第 15 章　心理意象

> **本章目标**
>
> - 了解视觉化和意象的区别。
> - 了解意象是如何起作用的以及如何将意象应用到工作。
> - 了解内部意象和外部意向的区别。
> - 为了特定目的发展有效意象技能。
> - 计划并撰写你的意象脚本。

15.1　视觉化和意象

视觉化（visualisation）是指你在脑海中看到一个事件的画面。心理意象（mental imagery）则将这个画面转化为一组场景序列，就如同在脑海中播放短片。简单来说，视觉化包括存储的单张图像或简单的动态图，如教室的图像或动态图。然而，心理意象是一个积极动态的过程，在此过程中，画面得以不断修正，如同完善影像记录一般。你可能已经运用了这种技能。许多教师认为他们对课堂了如指掌，而你应该问自己，"你能看到一张照片或一组移动画面吗？"你可能对教室有一个直观的印象，但要想让它变得真实，还需要涵盖许多东西。可以运用其他感官以提高意象质量。因此，针对心理意象，我们关注的不仅仅是视觉系统。为了避免术语上的任何误导或混淆，我们倾向于使用"心理预演"（mental rehearsal）一词，以涵盖获得、设计和改进课程的心理表征的所有方面。将其他感官纳入心理意象的想法有其合理性，因为人脑包括许多系统和子系统，无论是直接还是间接，它们都以某种方式相互通信。如果此刻你向窗外看，看到一辆车驶过，你很可能也会听到那辆车的声音。大脑不会将这些信息存储为两种分离的感知，相反，它们是结合在一起的。因此，在创造心理意象时，为什么不利用感官优势呢？你添加的细节越多，体验就越真实。

正如我们说过的，人类在视觉上占主导地位。思考一下视觉对你的日常生活有多重要，以及你对教学的热情，你就能理解人类为什么会对视觉感官有如此大的依赖性。然而，这导致其他感官系统提供的信息远远未被开发，这些信息可以与视觉化结合，以提供更高质的体验。这就是心理意象发挥作用的地方。

15.2 内部意象与外部意象

人们倾向于从不同的视角创造想象，或者是看到某一情境下的自己（外部视角），或者是从自己的眼睛看到某一情境（内部视角）（Libby 等，2011）。莫兰等人（Moran 等，2012）提出了"第一人称"和"第三人称"视角的概念。举个例子，想象一辆红色法拉利沿着海滩公路驶来，和想象你正驾驶红色法拉利沿同一条路行驶（Yuwei 等，2014），二者视角不同、场景不同、体验不同，自然会引发不同的想法、感受和情绪。虽然余伟等（Yuwei 等）讨论了与目标驱动的消费行为相关的示例，但我们下面的例子是以教室为背景，同样强调了不同想象场景下的想法、感受和情绪差异。

案例研究　汤姆和萨莉

阅读下列案例：

汤姆和萨莉在一个专业发展工作坊里进行心理意象训练。汤姆表示作为一名新教师，他在授课时缺乏自信，感觉学生能够看穿他的内心，从而暴露他的弱点。而同为新老师的萨莉表示，自己没有信心能上完一整节课。汤姆和萨莉的问题均在于缺乏自信，但采用同一视角并不能有效地分析他们的问题。

我们要求汤姆采用外部意象视角：

想象在外面透过窗户看教室，你可以看见学生坐在座位上学习，还可以看见教室的显示器及其他设备。你可以看见老师的讲桌、黑板及站在教室前面的人。你可以看见他讲话，转向黑板再面对学生。你可以看到他自信地授课，按要求在教室内走动。当然，你看到的那个人便是自己，汤姆，一位自信的老师。你不是透明的，没有人可以看穿你。

我们要求萨莉采用内部意象视角：

想象自己眼中的景象，环顾教室内外，你可以看到学生、黑板、各种设备资源。你管理整个班级，吸引着学生们的注意力，你转向黑板，强调课程目标，在教室自信地走动，引导学生参与其中。看着讲桌上的课程计划，再看一下表，将课程内容分成几部分。授课，看时间，提问，看时间，学生们接受任务，看时间，最后，全体学生参与到课程中，看时间（仅选取部分课堂计划展示出来），收拾东西，学生放学，深呼吸放松……成功完成任务。

虽然是以不同的观察视角，但汤姆和萨莉都得到了自己希望的结果。利比等（Libby 等，2011）的文章将内外部视角与自尊心的高低联系起来，在决定自己适用哪种视角前，可以参考本文。

选择一种视角

个人选择何种视角往往取决于为何需要使用意象。比如，如果你需要在脑海中提前预演常规课程，增加你对课程的熟悉度，减少潜在的压力或其他类似因素，这时适合采用内部视角。目前已证实意象在一些领域的积极作用，包括：骨科创伤手术的术前准备（Ibrahim 等，2015）、肿瘤学学生的嗅觉训练（Tempere 等，2014）、多发性硬化症患者的自传性和情景性记忆（Ernst 等，2015）、9~11 岁儿童的算术学习（Pirrone 和 Di Nuovo，2014）、排球中的前臂传球训练（Ay 等，2013），以及在课堂上对受训辅导员使用引导性意象（Kress 等，2014）。

另一方面，如果你需要提高自信心，那么采用外部视角将使你能够"看到"自己在这种情况下的成功表现。

追问你的意象潜能

进行"意象审核"（imagery audit）或"需求评估"（needs assessment）有助于建立潜在意象。你调用了所有的感官系统吗？如果没有，为什么？如果使用了，那么你是否做到了本章描述的这些细节？你应该尽可能地发展并完善这些感官系统。

如 15.7 和 15.8 节所述，在实践中，可以用不同但互补的方式来使用心理意象。

在教学准备中，有效使用心理意象应基于信念、清晰（或生动）以及控制。有一种被称作 PETTLEP 的理论模型，该理论模型应用于体育领域，强调了成功意象的组成部分（Holmes and Collins，2001）。为了尽可能地实现逼真的意象，身体（Physical）、环境（Environmental）、任务（Task）、时间（Timing）、学习（Learning）、情感（Emotional）和视角（Perspective）等要素是必要的。可以阅读霍姆斯和柯林斯（Holmes 和 Collins）的论文进行详细了解，我们在本章也会分别讨论这些要素。

只有相信心理意象的作用，才能帮助你进行准备工作，意识到这一点至关重要。老实说，如果我们要求你做一些你认为你做不到的事，这件事就很难做成。同样，一个清晰的心理意象包含高质量、详细、意义不同的信息，它近似于存在于脑海中的"真实的事物"。能够实现控制也十分重要，但有时人们往往会忽视这一点。你可以根据自己的优势控制意象，这可以帮助你描绘出你希望看到的结果。因此，如果你感觉自己在意象中的授课方式不太恰当，可通过控制意象，并将改变纳入新的意象。实际上，你是在演练最糟糕的情况，并学习如何控制接下来要发生的事。

15.3 意象的机制

意象背后的确切机制仍然难以捉摸。然而，意象似乎能让你的大脑相信，想象近乎于现实，这与亚里士多德的"幻觉"（phantasia）概念相似（Roumbou，2017）。做梦就能很好地证明这一点。例如，你可能做了一个相当常见的"我迟到了"的梦。假如明天有一个重要的活动/约会/课堂观察，你可能会在夜里突然惊醒，并吓出一身冷汗，因为梦到错过闹钟、起床晚了、车子没法启动、堵车，最终无法按时到达。当然，这都是在你的潜意识中发生的，但是它足够"真实"地引起你神经系统的生理变化，使你在恐慌中醒来。因此从本质上讲，你脑海中的事件是"真实"的，直到你的意识清醒并判断现实情况，比如，事实上是凌晨 2 点，你还有充足的时间。有许多关于意象如何运作的理论，但心理学家也无法确定意象的机制。通过对人造模型中的计算模拟的考察——即模拟一个"学习"心理意象的神经网络——可能有助于研究意象的潜在机制（McKinstry 等，2016）。

15.4 意象的操作化

实践中，可以通过三种不同但互补的方式使用心理意象：

（1）学习和发展身体技能。如果能够获得一些重要的信息，那么身体方面的任何技能都可以在脑海中加以练习。

（2）发展心理技能，如减少焦虑或"心理疏导"（psyching up）。当你需要应对压力时，这项技能很有用。

（3）发展和完善感知技能，如监测班级对课程的理解和参与。

活　动

在你的本子上写出内部意象和外部意象间的区别。
思考哪些方面对你来说更容易操作。为什么？

15.5 利用所有感官增强意象作用

如前所述，人类是一个有视觉优势的物种。因此，有人可能会说，我们已经变得相当自满。如果从视觉系统得到的信息足以让你完成工作，那么为什么还要用宝贵的时间和精力从其他感官获取信息呢？当然，严格来说，情况并非如此。人类的大脑不断接收来自所有感官系统的信息，但它不一定在同一水平或深度上处理所有传入信息。通过练习，人们能够训练大脑处理与手头任务相关的信息。以"听觉意象"为例，音乐家在演奏记忆中的音乐作品时，可以将声音和活动的内在表现与视觉意象相结合（Saintilan，2014）。

简而言之，一个人拥有的可用信息越多，就越容易做出正确的决定。如果信息毫无意义，可能会做出不恰当的决定。

那么，其他感官能提供什么信息呢？下次你在教室的时候，可以感受一下你的感官在向你传达什么信息。你能看到什么？你应该能够看到学生、教室，以及他们如何与彼此、与课堂主题、与教师互动等相关的一切信息。你能听到什么？你可能会听到学生对某项任务的讨论，听出讨论对结果是否具有建设性作用；你可能会听到来自其他班级的吵闹声；也许你还能听到来自操场的声音，等等。你能从身体上感受到什么？当你在教室里从地毯上走到铺着木制/瓷砖的地方时，你可以感觉到地板的质地。教室里温度如何？你能闻到什么味道？（参考表 15.1 中的活动）在教学环境中，味觉或者说味道，在提供信息方面几乎没有发挥任何作用。然而，你可能会注意到一些教师在上课前会有"口干舌燥"的感觉。口渴其实是一种正常现象，是人体防御机制对某种情况的准备或反应：战斗还是逃跑。当你读到这里时，你可能或多或少地会认同某些例子。如果它们在现实中发生过，那么为什么不把它们纳入心理意象中呢？

正如本节所强调的，如果教师将各种感官提供的信息纳入他们的心理意象中，那么这种意象应该是生动、高质量的。因为尽管人脑由许多系统组成，但它也是系统的一部分。因此，大脑处理来自各种相互依赖的子系统的信息，如感官、内分泌系统（负责激素释放）、心血管系统（负责心率波动）和自主神经系统（负责压力反应）等（Kolb 和 Whishaw，2015）。这种相互依存的关系也适用于心理技能的技巧。例如，将心理意象与放松相结合的效果十分显著。事实上，维纳和阿尔维（Veena 和 Alvi，2016）研究利用引导式意象（guided imagery）来减少青少年的焦虑，发现在干预后状态焦虑（state anxiety）和特质焦虑（trait anxiety）都有所减少。结合放松和/或认知重构，其效果可能会增强。接下来的研究旨在进一步考察这些干预措施。

15.6 编写意象脚本

在开始帮你编写意象脚本之前，重要的是确定你目前能有多成功地创造一个心理意象。同样，也有一些心理测量方法能够测评出意象能力，比如普利茅斯感官意象问卷（Plymouth Sensory Imagery Questionnaire，Psi-Q）（Andrade 等，2014），它可以测量不同感官模式的意象能力；运动意象问卷（Movement Imagery Questionnaire，MIQ-RS）（Gregg 等，2010）和运动意象能力测试（Test of Ability in Movement Imagery，TAMI）（Madan 和 Singhal，2013），都可以测量运动意象。如果你不打算正式完成这些测量，然后将相关的知识转移到课堂上，那么可以阅读表 15.1 中的内容并回答表中问题，将来你在提高了意象技巧之后，可以再回来重新回答这些问题。

活 动

表 15.1 课堂心理意象检查表

针对以下陈述，若回答"是"，请在右边的方框内打勾。勾选的越多，证明你在心理意象方面越得心应手。请如实选择！	
我能看到自己在教室里。	☐
我能感受到课堂气氛。	☐
我能看到学生们在积极学习。	☐
我能感觉到自己正在为上课"兴奋"。	☐
我可以在脑海中想出新的教学对策和策略。	☐
我可以看到自己成功地完成了教学计划。	☐

我能想象出当自己面对困难时能够控制局面。	☐
我可以看到自己成功地克服了挑战。	☐
我可以看到自己在课堂上付出了 100% 的努力。	☐
我可以想象自己在课堂上表现得很自信。	☐
我能听到教室里的声音。	☐
我能听到教室外的声音。	☐
我能闻到教室里的气味。	☐
我能闻到教室外的气味。	☐

对于表中未打勾的选项，可以利用本章内容来提升意象能力，同时也能提高你做心理意象的生动性和清晰度。你需要在脑海中重现和练习这些情景——保持冷静、专注并控制自己的想法/感受。在了解自身的意象能力水平后，这些信息可用于编写意象脚本。然而，在你了解环境中不同事物的重要性前，直接开始编写意象脚本并不明智。为此，我们希望你先在家里的客厅周围进行一次心理旅行（mental journey）。

试着想象房间形状、家具、电视、壁炉、桌子等的位置的画面，然后想象墙壁颜色、镜子、印刷品或照片的位置。想象每一个窗户或门的位置，以及通过这些窗户或门看到的景色。现在，你的脑海中应该浮现出客厅的基本形象。如果你对目前想象出的情景感到满意，接下来有必要增加一些细节。想象地毯或地板的颜色。阳光把它晒褪色了吗？上面有污渍吗？有没有磨损？如果你无法回答这些问题，不妨下次在客厅时看看，检查一下，并将新信息纳入意象中。你还可以添加墙壁的颜色、受损区域、电灯开关的位置，也许还有散热器。接下来是墙壁的纹理，以及印刷品或照片的摆放方式。现在，你的心理意象开始变得高度复杂。如果以这种方式构建画面，则可以将其绘制得极为精细。我们举这一例子是要帮助你明白，从环境中获取的信息越多，心理意向就越真实。但对于客厅的例子，我们往往只关注视觉系统，对其他感官关注较少。

你应该已经准备好进入课堂的心理意象，你的各项感官都能够调用起来。比如，想象你在批作业时，座位是否舒服。握在手里的笔感觉如何？在黑板上的板书范围有多大？在教室里走动的感觉怎样？能否顺畅地走动？现在想一想你以前教过的课——你个人很满意并且非常熟悉的课。现在开始构建课堂的心理意象，参考表 15.2 中提供的示例。

表 15.2　意象脚本示例

全班同学已在操场站好队，确保同学们有序回到教室。
我会告诉学生，进教室后要做什么：脱下外套，坐好，保持安静，拿出各自的白板，准备学习。
每人做五道数学题，然后交给同桌。

续表

学生走进教室时,我会监督他们,确保每个人都按照要求做。
学生安静地交换数学题后,解答对方的题目。
计时两分钟,监督学生完成任务。
时间结束,让学生把题还给同桌。再计时两分钟检查对方的答案。
然后我会给学生一分钟,将批改结果反馈给自己的同桌。
一分钟后,让全班学生再次查看黑板上的课程目标。
要求学生仔细阅读课程目标,确保他们已了解课程重点。

如果你熟悉以上示例中的课前准备,那么我们认为你可以做到在脑海中想象出与课程有关的所有细节(不一定非得是数学课,可以是其他任何课程)。脚本中可能不包含你需要的所有信息,例如,以上脚本编写于学年开始,学生可能还不习惯这些常规规定。再比如,脚本中的课程是第一课还是最后一课?会对学生产生什么影响?天气条件可能会影响学生:可能是炎热的夏季,也可能是寒冷的冬季。

编写完脚本后,你就了解了课程的复杂性,加强了对此课程的印象。然后,可以将脚本进行简化,只留下最有用的部分,以提醒自己注意各个阶段,如表15.3所示。

可以在上一个脚本的基础上编写新的脚本。脚本不是简单的文字,相反,是你脑海中的视觉意象让这份脚本更加生动。如果脚本中的一些词无法帮助你"看到"课程,就需要对脚本进行调整,直到课程能清晰真实地展现在脑海中。教师应正确使用心理意象序列,加以练习直到能够还原出各种细节,最终变成自己的习惯。如前所述,应有可用的心理资源来制定策略。表15.4可用作编写意象脚本的模板,该模板有许多细节可以用于课前心理预演,看看你是否认同它。该脚本易于调整,适合任何学科课程。

表 15.3　简略意象脚本示例

学生在外面排好队。
坐好,拿出白板。
交换五个问题。
计时两分钟。
检查同桌的回答。
做好反馈。
课程目标。
检查掌握情况。

表 15.4　心理意象脚本模板示例

阶段 1：基本意识	阶段 2：细节		阶段 3：细节完善
	描述	行动及情感	
1. 备课	保持自信、激情，记清上课时间。	保持精力充沛、自信。能听到外面学生声音。	做好课前准备，同时保持精力充沛和信心。
2. 迎接问候	迎接问候学生，对学生就下节课的学习进行指导。	迎接学生，保持自信，提醒学生注意事项。	确保在上课铃声响前，比学生先到教室。保持自信，告诉自己，这是我的教室、我的课堂，我会和学生们一起体验课堂的乐趣。上课铃响后，学生排好队，我会告诉他们进入教室后需要完成的任务。
3. 转换	教室内位置转换，做好监督。	确保所在位置可以看到教室内学生情况。	我先进入教室，然后在门口监督学生进教室坐好，提醒他们需要做什么。
4. 集中学生注意力	让学生集中注意力，布置第一项任务。	虽然我感到自己心跳加速，但我仍充满自信。肾上腺素让我在授课时保持最佳状态。	我自信地走到教室前面，要求大家抬头集中注意力，提醒学生不要走神，然后让学生在纸上写下五个问题。
5. 布置任务	计时，让学生完成任务。	我感到很放松，注意力放在学生身上，我清楚接下来要学生们做什么。	所有学生都开始动笔后，开始计时，做好监督。时间一到，让同学们与同桌交换题目。

> **活　动**
>
> 复习本章的最后一节，特别是表 15.3，思考编写自己的意象脚本。

15.7　事前的意象练习

　　心理练习（mental practice）不可或缺。在决定使用内部还是外部意象后，还应考虑如何利用意向帮助个人进行工作。你要决定自己是需要一组一般的还是专门的意象，然后要明确自己是出于认知原因还是动机原因需要意象。如果与教学策略有关，那么就是认知性的；如果是用于增强信心，则是激励性的。表 15.5 能帮助你决定可能需要哪种类型的心理意象。

　　决定使用哪种意象后，就可以开始练习了。我们需要回到控制心理意象的问题上。我们会要求你回到前面讨论的客厅意象，但这次，想象一个朋友或同事坐在其中一把椅子上。我们会问一些有关这个人的问题：他在笑吗？在喝咖啡吗？他是怎么坐的？等等。接下来，我们会要求你想象这位朋友站起身，走到电视机旁，打开电视。你应该能够控制意象中发生的事情。

表 15.5　不同类型的心理意象（改编自佩维尔，1985）

	认知性/指导性	激励性
一般	战略计划 示例：制定策略以吸引并保持学生的注意力	唤醒 示例：课前想象能增加或缓解紧张感
具体	技能练习 示例：在帮助个人和监督班级之间取得良好平衡	目标响应 示例：想象学生如期完成任务，顺利下课

在培养意象控制能力的过程中，有必要想象一下教学中会引发焦虑的情况，例如课前的时候，你可能会把注意力集中在焦虑的感觉上：肩部和颈部紧张、心率加快、口干舌燥、手脚冰凉。然后，我们会把这些情况一一列出，让你想象一下肩部和颈部变得更加放松，心跳速度降低，唾液开始在口腔中回流，手上的汗水开始变干。如果你能够专注于恢复正常情绪，那么你已经控制了所有导致焦虑加剧的事情，现在就可以专注于课程了。用语言描述出这些情况能帮助你在真正上课前做好准备。你的意象练习能够增强你的积极情绪（McCarthy，2009）。正如我们在本章中所指出的，关键词是"练习"！

15.8　事后意象练习

尽管课后练习意象听起来有些奇怪，但它却是一种有用的技巧。它可以作为一种事后检查，以确认课前准备的意象是否适用。如果你发现某些事情没有按计划进行，或者出现了意想不到的情况，那么就可以将这些信息重新整合，以免被遗忘。是出于认知性/指导性原因还是激励性原因？课后意象能够强化你对这种情况的记忆，以便下次使用。

> **反　思**
>
> 思考一个发生过的、你愿意回顾的事情。在脑海中回放，让这件事达到你希望的结果。

15.9　意象脚本

编写第一个意象脚本后，你可能正在考虑对其进行修改，以在同一课程中涵盖不同的情况。也许学生们在理解这个概念时遇到了更多困难，也许他们比你想象的更早完成了工作。之后你会怎么做？你可以开始建立一套实际的电子或纸质副本。你可以将它们放在一个文件中，以备参考和回顾，还可以将此文件视为一本课程"食谱"，或针对不同场景的策略。

15.10 情景设置

只要有可能,你就应该在一个适当的环境中进行你的心理意象,比如在教室里。当然,这样一个丰富的环境也会有激励作用(Beadle,2008)。环境能够提供现实元素。心理学研究表明,如果回忆场景与学习环境相同,即情景依赖性记忆(context-dependent memory),那么记忆效果很好(Godden 和 Baddeley,1975)。这同样适用于你学习时所处的状态(Baddeley,1982)。如果你学习时很放松,你记住的东西就越多,相反,如果你很紧张,你能记住的东西就少。我们开玩笑地告诉学生,如果他们在喝醉的时候复习考试,研究理论会告诉我们:喝醉时考试更顺利!当然,我们会立刻指出这个观点存在的明显缺陷。在心理学中,规则总是有例外。

15.11 情景道具

如果你无法在学校进行心理意象,可能是因为在你到学校前,已经不自觉地进行了,那么你可以做一些事情来增强意象(例如,回想我们前文所讲的气味诱发记忆的说明)。例如,你可能有一个衣柜,专门放上课穿的衣服。穿上你特意为上课准备的衣服,然后再开始心理意象,这样感觉会更加真实。也可以利用其他的情景道具,但重点在于这些道具有利于你制作意象脚本。

15.12 小结

如上所述,由于各种原因,意象是教师"武器"库中的一个强大工具。一旦达到一定的技能水平,就可以在多种情况下使用意象。同样,培养学生的这种技能不仅可以有效地提高他们的学习能力,而且可以提高他们的抗压能力。下一次,你要求学生进行创意写作时,为什么不让他们用意象来思考这个主题呢?或者下次数学课上讲授分数时,为什么不使用类似樱桃派的意象,帮助他们了解整体和部分呢?抑或是当你遇到一个有自信或愤怒管理问题的学生,为什么不将意象作为一个问题解决方案呢?

15.13 拓展阅读

Ibrahim, E.F., Richardson, M.D. and Nestel, D.(2015)'Mental imagery and learning: A qualitative study in orthopaedic trauma surgery', *Medical Education*, 49(9): 888–900.

选择这篇文章进行拓展阅读,可能是一个奇怪的建议,但你可能会发出这样的疑问:"我如何才能在课堂上发挥作用?"作为骨科创伤外科的研究人员,在深入研究体育科学文献时,他们也会问类似的问题(显然与手术室而非课堂有关),这些文献中有大量关于运动中的心理意象可供参考。

Joffe, V.L., Cain, K. and Maric, N.（2007）'Comprehension problems in children with specific language impairment: Does mental imagery training help?', *International Journal of Language & Communication Disorders*, 42（6）: 648–64.

本文探讨了心理意象在帮助语言障碍的儿童进行理解和阅读方面的作用。研究结果表明，使用心理意象可以有效提高特定语言障碍儿童的故事理解能力。

Libby, L.K., Valenti, G., Pfent, A. and Eibach, R.P.（2011）'Seeing failure in your life: Imagery perspective determines whether self-esteem shapes reactions to recalled and imagined failure', *Journal of Personality and Social Psychology*, 101（6）: 1157–73.

本篇文章研究了内外部意象与自尊的强弱两者之间的关系。

McCarthy, P.J.（2009）'Putting imagery to good affect: A case study among youth swimmers', *Sport and Exercise Psychology Review*, 5（1）: 27–38.

本文探讨了如何使用意象来增强积极情绪。

Selcuk Haciomeroglu, E. and LaVenia, M.（2017）'Object-spatial imagery and verbal cognitive styles in high school students', *Perceptual & Motor Skills*, 124（3）: 689–702.

本文研究了对象意象和空间意象与认知风格和各种表现指标的关系。尽管其中包含大量的理论基础和研究文献，但深入研究后也极易理解。

Taktek, K., Zinsser, N. and St-John, B.（2008）'Visual versus kinaesthetic mental imagery: Efficacy for the retention and transfer of a closed motor skill in young children', *Canadian Journal of Experimental Psychology*, 62（3）: 174–87.

本文比较了视觉与运动美学心理意象和物理行为，对幼儿（用非优势手）向目标投掷球的影响。

第 16 章 自我对话与认知重组

> **本章目标**
>
> - 了解如何在不同情况下进行自我对话。
> - 思考在不同场合下，个人和具体的自我对话该如何表达。
> - 了解如何通过认知重组，重新训练思维过程。

16.1 本章简介

本章内容围绕意识-肌肉这一概念展开，即大脑（意识）专注于那些影响身体（肌肉）变化的活动。诸如此类的技巧可以减少焦虑、担忧和紧张。积极高效地意识到自己的唤醒状态，对帮助克服与此相关的症状非常重要。要做到这一点，可以尝试两个实用技巧：自我对话——内心的"声音"，和认知重组——思维模式的"重构"。正如人们现在所熟悉的，除了教育领域，我们还将参考其他各个领域的文献，并且如果可能的话，我们还将探究教育专题文献。你可以把自我对话和认知重组视作一枚硬币的正反两面：除非教师头脑中的想法是积极的，否则自我对话将难以成功。如果想法是消极的，那么可以改变或重建这些想法，使之成为积极的想法。从本质上讲，这就是认知重组的目的。

16.2 何为自我对话？何时使用？

自我对话是指人在思考时产生的一种心理活动，同时人也会意识到自己的感知和信念。这是一种自我的内部对话，有时是口头对话，但却不图其他人口头上的回应（Hardy 等，2001）。自我对话可以帮助教师专注于教学策略。在实践中，如果你在做计划、做准备或进行评估时感到注意力分散，你可能会用"专注"这个词来代表这一时刻。这相当于进入了"加速模式"（turbo mode），让你全神贯注，为你打一剂强心针，帮助你成功完成手头的任务。

人们通常将自我对话分为积极的自我对话和消极的自我对话（Zourbanos 等，2014），但我们还要知道，自我对话也可以分为指导性的和激励性的。佐班诺斯（Zourbanos，2013）在较早的一篇论文中强调了篮球罚球时指导性和激励性的自我对话之间的区别，供体育生使用。这篇论文值得一读，你可以学习如何在体育课上进行自我对话，但同样，你也可以思考这一方法还能应用于其他什么课程。

同样，卡顿等（Cutton 等，2015）在论文中提出，教师和教育工作者应该拥有一套基于意识、思考和行动的自我对话方法。这些方法可能十分多样化。研究发现33%的运动员在损伤康复过程中使用了自我对话这一方法（Arvinen-Barrow 等，2015）。有趣的是，这篇论文还表明，47%的人在康复过程中使用目标设定法，32%的人使用心理意象法，24%的人使用休闲放松法。由此可见，这些方法很常见，并且大有裨益。关于消极的自我对话，"谈论肥胖"（fat talk）是一个极端的例子，即通过口头表达对"理想身材"的看法来认可苗条的"价值"（Cruwys 等，2016），这可能涉及我们后面将讨论的认知重组。在"谈论肥胖"根植于学生们的内心之前，认知重组这一方法在课堂上是有用的。在这一点上值得注意的是，虽然人们可能会想当然地认为消极的自我对话是有坏处的，但对体育方面的文献进行系统性回顾后发现，情况并非如此（Tod 等，2011）。这可能的确是体育领域所特有的情况，但我们认为比起凭直觉主观臆断，我们有必要给出一个更合理的观点。

自我对话可以纠正坏习惯，建立自信，减少焦虑，并且可以用来控制努力程度，重新集中注意力。

纠正坏习惯

自我对话很像自我教练或自我指导。此处，教师可以通过自我对话审视自己在课堂上的表现与自信心，看看课堂上哪些学生可能会遇到困难，想想自己课程的节奏和进度如何，等等。当你学习了一项新技能，需要进一步学习和完善它时，自我对话可以派上用场，例如，当你要使用一个新的软件包，或者要检查自己对教学中某一概念的理解的时候（Cutton 等，2015）。学习经验表明，在教师自我发展的过程，"自我低语"（whispering self）可以塑造他们的感知和行为（Chohan，2010）。

活　动

选择一个短语，能让你专注于当下，能在你开始走神的时候把你的注意力拉回来。然后，想想哪首歌能在某些方面激励你或刺激你，你甚至可以制作一个励志歌曲的歌单。

建立自信，减少焦虑

建立自信、减少焦虑，这是取得佳绩的重要因素。如果一名教师缺乏自信，那他/她就会立即失去优势，往后的路将会很难走。如果缺乏自信，你可以通过自我对话间接地增强自信。此外，比起第一人称（我）的自我对话，使用第二人称（你）进行自我对话的效果可能会更好，因为后者听起来像是别人给出的建议或指导（Dolcos 和 Albarracin，2014）。并且，还要注意第一人称单数（我）和第一人称复数（我们）之间的区别，后者在强调某个群体能力的时候更可取（Son 等，2011）。同样，通过自我对话重新解释当前的生理状态，也可以减少焦虑（Wood等，2009）。从本质上讲，自我对话可以控制唤醒水平（arousal level），这取决于紧张程度以及唤醒水平的利弊情况，也取决于你感知兴奋或唤醒的方式，并与你的情绪变化以及不同的"情绪内部对话者"有关（Puchalska-Wasyl，2015）。如果你觉得自己在教学时的心态不好，你可以通过自我对话来改变自己当前的情绪状况。准确定义问题，找出问题所在，寻求解决方案，然后用合适的话语进行自我对话，努力寻找解决方案（Kross等，2014）。

控制努力程度，重新集中注意力

除了要专注于自己手头的任务，还有一点很重要，教师要"保持节奏"。自我对话可以让自己保持高水平的努力，避免走神或在表现上出现任何失误。事实上，"保持节奏""跟上步调"这两个短语都是很好的例子，有助于控制努力程度。这是一种安全保障，如果自己的努力程度太低，那就应该调整自己的注意力。然而，当你已经非常努力了，别人却说你还得继续努力的时候，就会出问题，你会因此变得沮丧。这样的要求实在令人恼火！对自己说"我会努力做我认为对的事"，这才是良好的自我对话。

"在这里""此时此地"或者任何其他令你感到舒服的提示词和陈述，都有助于把你带回现实（Cutton等，2015）。

你或许有非常喜欢的歌曲，里面的歌词可能会对你有所帮助，或者你可以去网上搜一些鼓舞人心的歌词。例如，亚历克西·默多克（Alexi Murdoch）的《呼吸》（Breathe）这首歌，里面的歌词"别忘记呼吸"能很好地提醒我们在高度焦虑的状态下该做些什么（有关呼吸的更多细节请参阅第17章）。再比如，托尼·布拉克斯顿（Toni Braxton）的歌曲《让它流》（Let It Flow），里面的歌词"放手吧……让它流动……一切都会好起来的"。"放手吧，让它流动"的意思是停止与某事抗争，放轻松，顺其自然。如果你正在担忧某件事，那么这个建议会对你有所帮助！但选择歌词的时候要慎重，比如，披头士的《救命》（Help!）这首歌就不太合适！

16.3 促进课堂上的自我对话

我们将列出教学中进行自我对话的一些方法。哪种方法最适合自己？把几种方法结合起来是否有用呢？你可以自行选择。如果你觉得哪种方法都可行，那你可以思考如何帮助学生在课堂上习得自我对话的能力，以培养他们的韧性。

回想一下自己那些非常好和不太好的课堂表现。试着回忆自己事前和事后的想法与感受。但要记住一点，你回忆出来的结果可能是歪曲的，或者不大准确。心理学家研究发现，我们的记忆并不总是如我们想象的那么准确。如果你写日志或日记，那你将来回忆的时候可以参考里边的信息。如果让你回忆三年前某个特定时间点发生的事情，你可能很难回忆出来。但如果你都记录下来了，那我们所需要的任何信息你都能提供。阿诺德等（Arnold等，2016）在最近的一项研究中找到了解决回顾问题的方法，该研究的研究对象是高尔夫球手。该研究利用便携式麦克风进行录音，将录音中口头表达的自我对话与追溯报告进行比较，结果发现，两者之间存在巨大差异。该研究强调了技术在其中发挥的重要作用。尽管存在外部因素的限制，但利用技术来捕捉瞬间这个方法非常好。

写日志是一种常见的自我监测形式，比如每天主动记录睡眠日记（Mairs 和 Mullan，2015），监测运动员训练计划的方方面面（Saw 等，2015）以及监测食物摄入量（Mujcic 和 Oswald，2016）。每天记录自己所有的自我对话，并记录下自我对话时的情况，这是一种监测工具，有利于评估自己在自我对话中主要是积极的还是消极的。

在使用这些技巧之前，你必须确定好自我对话的模式。可供使用的方法有：停止思考、视觉提示和身体信号。如果出现了一些消极想法，你可以用某个其他的想法或提示打断它们（Wolpe，1958）。一旦意识到自己正在说或正在想的那个想法并非是自己想要的，你就可以立马大声喊"停！"（Wilde，2008）。如果你有时间的话，你应该思考一下这个想法，这一点很重要。评估这个想法并进行反思，但随后你需要代之以一个更积极的想法。你可以使用视觉提示，比如在脑海中想象一个表示"停止"的红色交通信号灯。同样，你需要快速地用另一个更积极的想法代替它，然后把红灯变成绿灯。或者，也可以用一个悲伤的表情符号代表"停止"。只要适合自己就行！也可以用身体动作表示"停止"，比如打响指。同样，你需要迅速代之以一个更积极的想法。

16.4 自我对话应该成为一种本能或第二天性

如果一名教师对自己正在做的事情想得太多，那这些思维过程可能会影响教师下意识的表现，从而分散他/她在课堂上的注意力。然而，自我对话就是一些关键词或短语，这不会耗费你太多精神层面的成本，并且还对你的教学有益。一旦你开始过于专注手头的任务，抓住某个点不放，那你的注意力就会转移，就会开始犯错误。你的目标应该是能够下意识地进行自我对话，而不是过度思考。然而矛盾的是，为了实现下意识的自我对话，你必须要经历过度思考这个过程。比如，一节课正上到一半，而你却陷入了对下一节课的思考中。一个低沉的声音自动从你的内心传来："集中注意力！"总而言之，你已经指导了自己如何监测课堂情况，监测课程的进展，保持清醒和冷静，不因事态升级而分心，这需要不断练习……请接受挑战吧！

16.5 认知重组：如何最大限度地利用自己内心的声音

可以说，我们没有人能"看到"世界的真实面貌。我们能感知世界，我们觉得世界因我们而存在，所以我们能看到世界。这完全是视角问题！想想你班上的每个学生，他们对教室、黑板甚至对你都有不同的看法。我们的思维方式、态度、信仰、迷信和刻板印象等决定了我们看问题的角度。认知重组源于一种心理疗法——理性情绪行为疗法（Rational Emotive Behavioural Therapy，REBT），该疗法于20世纪60年代由阿尔伯特·埃利斯（Albert Ellis）开发，至今仍在使用（Ellis，1962，2011）。该疗法旨在引导我们修正那些会引发焦虑、让我们感到自我挫败的非理性的认知或想法，它可以帮助我们重构这些想法，改变不合理的或"糟糕"的想法。在消极的想法恶化之前，找出这些想法并代之以积极的想法，这相对来说较为容易。通过不断练习，消极的想法会被你扼杀在摇篮里。在教学期间，不管发生了什么，你的头脑中都不应该有任何负面的想法。相反，你的想法应该让你保持全神贯注。进行认知重组和自我对话，可以提供自我奖励，并强化努力水平。

16.6 认知重组的时机

认知重组可以在各种情况下进行。例如，在不利条件下，认知重组可以有效减少焦虑，提高应对能力（Hope 等，2010）。它还有助于增强自信和动机（Hanton 等，2008）。比如，如果你在开始阅卷的时候遇到了困难，那么认知重组或许可以帮助你从不同的角度思考如何进行打分。

16.7 认知重组的阶段

认知重组并非开始的时候看起来那么困难。认知重组一般包括四个阶段。你需要意识到，你的信念、感知和假设会影响情绪唤醒。思考一下你和你的部门主管/领导对每天发生的事情的看法。如果他们只是让你完成一项额外的任务，你可能会感到沮丧。你应该找出自己潜在的想法，找出容易让你产生感到自我挫败的、非理性的想法的根源，比如"我总是要承担更多责任，他们一定是不喜欢我"或"我什么时候会有时间做这个？"一旦你发现了这些不理智的想法，你需要主动地进行批判（不是批判你的领导，而是批判你自己的想法），然后代之以一些能预防或减少焦虑情绪的想法。比如，当你要承担更多责任时，你可以这么想：他们一定觉得我做得很好，可以承担更多的责任。最后，你应该练习、演练这些新的想法，将其应用到相关情景中。

活 动

下面这些任务将帮你找出认知重组可能对你有帮助的地方。按照下表 16.1 中的指示，找出其中有多少是你可以控制的，并根据相应的问题写出积极陈述，以克服你发现的任何挑战。

表 16.1　认知重组指导

1. 回想自己的教学经历，你觉得自己本可以在哪方面表现得更好，可以是与学生一起工作，也可以是订计划、做准备或者评估。
2. 写下自己做了什么、说了什么以及自己的感受。用批判的眼光看待自己写下的消极想法。你如何改变一些消极的想法？你是否对某些方面有积极的看法？不要因此而惩罚自己，给自己一些信任吧！
3. 列出你在教学过程中最常见的 10 个想法。
4. 看看你列的想法清单，你是否关注过自己无法控制的问题？是否过于消极？
5. 针对每个想法，写一个积极的陈述或者写下自己主观的想法。
6. 现在你只需要思考这种情况何时发生，并代之以更为积极的新想法！

> **案例研究　简**
>
> 简知道自己的一些想法可能是非理性的或扭曲的，于是她把会干扰自己的消极想法列了一张清单。第二天晚上，简坐下来，专心写下了一些积极的、自我提升的想法。简确定这些想法都具有"真实性"，然后又演练了这些想法。当自我挫败的想法出现时，她就能够想起那些积极的想法，如表16.2所总结的那样。
>
> 表 16.2　将自我挫败的想法转化为自我提升的想法
>
> | 自我挫败的想法 | 自我提升的想法 |
> | --- | --- |
> | 我还有学期计划要完成。 | 如果现在能做好计划，那我这个学期就会轻松点。 |
> | 我真蠢！ | 放轻松，谁都会犯错。 |
> | | 别想这些了，专心做你想做的事。 |
> | 我没时间做这些！ | 我可以更有效地安排自己的时间，确保完成所有任务。 |
> | 我无法集中注意力。 | 我会去散步或做些运动，然后我就会精力充沛地继续工作。 |
> | 我现在的任务够多了，我不想再额外承担数学协调员的工作。 | 我有很多事情要做。如果我担任数学协调员，并且协商能否减少其他岗位的工作量，那我整体的工作量就会发生变化。 |

本节提供了一些关于自我提升的想法的例子，适用于自我挫败的想法产生之前，可以阻止这些想法产生。如果产生了任何自我挫败的想法，你必须理性对待，把它们与那些积极的想法联系起来。把焦虑维持在一个舒适的水平。并且，你必须相信这些新的想法。如果不是百分百地相信，那这些想法就没什么用。你还要找出能帮助你在教学中保持专注和动力的关键词或短语。比如，"加油！""是的！""很好！""我可以的！""顺利！""冷静！"，而不是"哦，天呐！""深呼吸"。

16.8　小结

自我对话与认知重组密切相关。我们已经认识到，自我对话可以是积极的，但却往往很消极。我们还知道自我挫败的想法可以重组，这要通过不断地练习，并且还要思考该用什么想法来替代。我们还讨论了掌握主动权的必要性，而且要对重组后的想法抱有信心。你对这一章内容的理解，结合你自己的具体需要，将会对你下一步的方向有所帮助。

16.9　拓展阅读

Ellis, A. and Ellis, D.J. (2011) *Rational Emotive Behaviour Therapy* (2nd edn). Washington, DC: American Psychological Association.

基本入门，概述了理性情绪行为疗法的历史、理论、研究和应用，并从中衍生出认知重组的理论。非常值得一读。

Hamilton, R.A., Scott, D. and Macdougall, M.P.（2007）'Assessing the effectiveness of self-talk interventions on endurance performance', *Journal of Applied Sport Psychology*, 19：226–39.

这篇论文探讨了不同类型的关于耐力的自我对话（里面讨论的是骑行），但里面包含了可迁移的相关信息。不要被论文的"学术性"吓倒。你可以从简介和讨论中获取所需信息。

Helmstetter, S.（2015）*365 Days of Positive Self-Talk*. Gulf Breez, FL：Park Avenue Press.

这本"流行心理学"平装书为一年365天提供了积极的自我对话。你还想要什么！？如果剥去"金箔和装饰"，你会发现这本书对于普通的读者来说过于简单化，但这本书参考了已出版的关于自我对话的文献。如果书中的内容并不能启发到你，那你就当作轻松读物；如果对你有所启发，那你脑子里那些不合适的想法就会被一种积极的想法代替。

第 17 章 放松法

> 👉 **本章目标**
>
> - 了解什么是放松,以及身体紧张与精神紧张的区别。
> - 明确要想达到放松效果需要投入时间和精力。
> - 认识焦虑、压力、专注力与放松的关系。
> - 学习并练习放松策略。

17.1 本章简介

一直以来,人们从未如此关注教师身心健康,且将其视为影响教师职业发展可持续性的因素。或许某天,这句话会成为一则新闻的大标题,但目前,这还只是一个猜测。我们经常会觉得,不论是工作日还是周末,工作时间都太长。在假期,教师不必去学校,但工作一点没少,因此很难在假期这段时间好好休息。此外,第 12 章中提到,学生的心理健康水平在逐渐降低。学生学业压力过大、身体和情感成熟会引发诸多长期问题,此外频繁考试以促使学生达到目标,这也同样引发了许多问题。

在教学中,应张弛有度,一味的紧张会导致过度疲劳进而影响课堂教学行为,对个人和职业造成负面影响。一般建议是:放松。然而,很少有人知道如何正确地放松。这里纠正一个常见的误解,放松并不只是花点时间、听听音乐、散个步等,而是有意识地放松。本章将重点讨论一些放松的技巧。需要注意的是,我们并不能在短时间内学会这些技巧,相反,可能会比老师们期望的时间更长。关键是要有系统地、循序渐进地学习。

通过理解原则和体现原则(understanding and embodying principles)来达到放松,这些原则也可以用于学生。在笔者撰写本章的同时,乌斯特郡(Worcestershire)的一所教会学校正在举办幸福周活动,将这些原则教给孩子们。但按理说,日常课程都应该教授这些技巧和原则。

17.2 避免倦怠

"倦怠"(burnout)的意思是由于长期的工作压力导致自我感丧失(depensonalisation)、情绪枯竭和个人成就感降低(Maslach 等,2001;O'Brennan 等,2017)。对工作的职责、目标和内容缺乏明确的认知都会导致倦怠（Schaufelli 和 Baker，2004）。此外，马斯拉奇和莱特（Maslach 和 Leiter，1999）研究指出，教师倦怠对教师和学生的课堂行为及课堂体验都有负面影响：倦怠不利于课堂准备和课堂参与，而这又会影响学生的行为。申等人（Shen 等，2015）进一步研究证明，教师倦怠会影响学生的学习动机。教师倦怠现象不仅在英国很明显，在印度（Seth，2016）、瑞典（Arvidsson 等，2016）、美国（O'brennan 等，2017）、中国（Zhang 等，2016）、立陶宛（Bernotaite 和 Malinauskiene，2017）和新西兰（Blanchi 等，2016）等许多国家也很明显。

难道教师这个职业真的会影响教职工的心理健康乃至幸福吗？既然如此，为什么还会有人去教书呢？当然，从不同角度回答，答案也有所不同。但某种程度上，内在动机（见第 10 章）是首要答案。因此，只要一个人进入教育行业，就会产生一些问题，比如前面提到的疲劳、自我感丧失和个人成就感降低。另一个逐渐受到关注的原因是共情疲劳（compassion fatigue），该术语由乔森（Joinson，1992）首次提出，意思是一个人在身体、社交、情感和精神上的疲惫，导致他们照顾他人的能力、欲望和精力普遍下降（Merriman，2015）。共情疲劳这一词主要出现在护理行业，但我们可以断言，在未来几年，该词会越来越多地出现在教育领域。

什么是倦怠呢？想象一下把车挂到一档，然后把速度提高到 30 英里/小时。发动机压力过大，转速表的指针指向红色区域。这些信号都在警告你要改变这种状态。这同耶克斯-多德森曲线定律（Yerkes–Dodson inverse curve）相似：一开始需要一些压力以激励人们（Yerkes 和 Dodson，1908）；随着压力上升至顶点时，个体会产生良性应激（eustress）；当压力进一步增加，个体就会进入减压区，减压会持续一段时间，但不会过度。第 13 章提到，在减压区工作有助于培养抗压能力，但也需要一些时间来放松。巴库西奇等（Bakusic 等，2016）报告称，倦怠没有明确的判断标准，仍需要进一步追踪研究工作压力、倦怠以及抑郁之间的因果关系。但我们认为，这些问题之间存在错综复杂的关系，因此寻找因果关系可能不是最明智的研究方法。

上文探讨了精神紧张的起因是什么，接下来继续介绍如何放松。放松就是缓解精神和身体的紧张，以利于情绪放松。

17.3　放松的原理

提到放松，关键是要明确紧张的原因是什么：个体是否面临身体焦虑（身体紧张）或认知焦虑（精神紧张）。这两种紧张相互联系，查明引发两种紧张的原因可以正确引导身体放松或认知放松。两种放松有所不同，一个是肌肉到意识的放松，一个则是意识到肌肉的放松。

身体紧张：身体放松或"肌肉到意识"放松

身体放松的前提是肌肉放松，这样大脑意识就不会焦虑。肌肉放松会给大脑传递没必要焦虑的信号。肌肉紧张得到缓解，大脑就会收到信号，放松下来。关键是要知道紧张有哪些表现。笔者将在下文进一步介绍。

精神紧张：认知放松或"意识到肌肉"放松

认知放松正好相反。不是肌肉向大脑传递紧张的信号，而是消极意识会引起焦虑并导致肌肉紧张。教师通过训练大脑意识放松可以使肌肉得到放松。

这就好比抛硬币不可能两面同时着地。如果一个人精神放松，他也就不会焦虑。

> **活 动**
> - 尽量多地列出身体紧张的表现。
> - 尽量多地列出认知紧张的表现。

17.4 呼吸的重要性

呼吸是我们生存的基本保证，也是最简单而有效的放松技巧之一（Jerath 等，2015；Klainin-Yobas 等，2015；Panda，2014；Smith and Norman，2017；Van Diest 等，2014）。掌握正确的呼吸方法是学习其他放松技巧的基础。当然，不能脱离实际情况而讨论这些技巧。首先要了解正确的呼吸方式，学习呼吸技巧。听起来可能很奇怪，因为人人都会呼吸，哪怕是刚出生的婴儿。因为呼吸是自主神经系统的功能，不受主观意志控制。事实上，如果我们现在要求你尽可能地屏住呼吸，并且不提醒你什么时候开始呼吸，一段时间后你就会自主开始呼吸。可见，放松呼吸法是规律且有节奏的，练习起来十分容易。

生活中，大多数人都使用胸式呼吸。胸式呼吸是一种浅层的呼吸，通常只用到上呼吸系统。胸式呼吸频率高，更适合日常生活的快节奏。相反，腹式呼吸是有节奏的、缓慢的，是深层呼吸。它调用了整个呼吸系统。读到这，你应该明白了胸式呼吸和腹式呼吸的不同。你是胸式呼吸还是腹式呼吸呢？现在，深呼吸，让你的胸腔充满空气，然后再吸入一点空气，再多吸入一点，让你的小腹也充满空气，你就会理解这两种呼吸的区别了。保持空气充满小腹，倒数三个数，然后慢慢地、轻轻地呼气，保持五个数。反复三次，你会比开始工作前更放松。腹式呼吸的放松效果立竿见影，现在你可以通过练习来感受。

> **活 动**
> 想象肺有三个区室：浅、中、深。吸气时依次填满每一个区室，然后呼气。

17.5　常见的放松过程

简而言之，需要明确身体放松和认知放松之间的区别，因为这样能快速有效地对紧张和焦虑做初步了解。接下来我们探讨以下四种常用的放松技巧：渐进式肌肉放松法、自我暗示法（或自生训练法）、冥想法（meditation）以及倾听身体的信号法（或生物反馈法）。最后我们会介绍一种能够强化放松过程的方法，利用心理学中的心理意象方法来"强化"。（见第 15 章）

17.6　渐进式肌肉放松法

渐进式肌肉放松，简称 PMR，是一种肌肉到意识的放松技巧，由雅各布森（Jacobson, 1938）发明。这种方法在全球应用广泛，例如伊朗的老年患者（Hassanpourt-Dehkordi 和 Jalali, 2016），塞浦路斯治疗癌症患者（Charalambous 等, 2016），马来西亚的足球运动员（Sharifah Maimunah 和 Hashim, 2016），以及许多其他情况都在使用这种方法。本质上，这种放松技巧是指先紧绷不同的肌肉群，然后逐步放松。如果所有肌肉都放松了，身体也就不会紧张，进而大脑中的紧张感也随之消失。

对于教师而言，了解这两种状态的区别十分重要。当他们意识到肌肉紧张，就会开始使用放松技巧。表 17.1 中展示了如何应用 PMR。按步骤依次紧绷然后放松肌肉。注意肌肉紧张和放松的不同。每一步大约需要 10 秒。你可以将表中指示转换成音频，这样就可以回放，并更好地按照指示进行渐进式肌肉放松训练。

当你熟练掌握了 PMR 之后，就可以省去技巧中紧绷肌肉的环节，直接进入放松环节。例如：你在教室里准备上课，感到肩膀紧张，但离上课只有一分钟了，没有时间完成整个步骤。你就可以先简单地感受肩膀紧张，然后放松这部分肌肉。几秒钟之后，紧张感就会消失，肩颈肌肉得以放松。

表 17.1　渐进式肌肉放松法说明

步骤	说明
1	保持周围环境安静，放松身心。脱掉或松开让你感到有束缚的衣服。深呼吸，屏住，呼气。反复两次。你会感受到身心舒适。
2	如果你听到什么声音，不需要刻意去忽略，你只要专注于缓慢的呼气和吸气。
3	勾起脚尖，绷紧左小腿和左脚的肌肉。保持五秒，然后慢慢放松。感受小腿和脚上肌肉紧绷和放松的不同。左右脚各两遍。
4	绷紧左大腿和臀部肌肉。保持五秒，然后放松。感受肌肉紧绷和放松的不同。左右腿各两遍。
5	弯曲肘部，绷紧左前臂。保持五秒，然后放松。感受肌肉紧绷和放松的不同。左右臂各两遍。

续表

步 骤	说 明
6	握紧拳头，绷紧左二头肌。保持五秒，然后放松。感受肌肉紧绷和放松的不同。左右臂各两遍。
7	弓起后背，绷紧背部肌肉。保持五秒，然后放松。感受肌肉紧绷和放松的不同。重复两遍。
8	吸气，屏住，绷紧腹部和胸部肌肉。保持五秒，然后呼气，放松肌肉。感受肌肉紧绷和放松的不同。重复两遍。
9	耸肩，绷紧肩颈部肌肉。保持五秒，然后放松。感受肌肉紧绷和放松的不同。重复两遍。
10	咬紧牙关，皱眉，绷紧面部和前额肌肉。保持五秒，然后放松。感受肌肉紧绷和放松的不同。重复两遍。
11	感受自己的身体是否还在紧张，若仍感到有的部位紧张，重复上述动作。
12	最后，感受肌肉带给你的放松感。
13	起身之前要恢复到清醒的状态。慢慢地从1数到7，每数一个数，呼一次气。数到7时，你就清醒了。
14	现在，你已经彻底放松下来，恢复了活力。

17.7 自生训练法（或自我暗示法）

自生训练法是一种从意识到肌肉的放松技巧。20世纪30年代，由德国精神病学家舒尔茨（Luthe and Schultz, 1969）发明。自生训练法是指肢体沉重感和温暖感训练。将注意力集中于身体某一部位，感受该部位的沉重感。例如，想象你的小腿变得特别重，然后想象小腿失去重量，变得温暖。练习的最后，将你的注意力转移到额头，感受额头的凉爽。还需要保持有节奏的呼吸和平稳有力的心跳。这种方法类似自我催眠，通过语言或内心的指导来完成。例如，"我的右腿很沉重；我的右腿又轻又温暖；我的心跳缓慢而平静；我的呼吸有节奏；我的额头感到凉爽"。这种方法需要长时间的练习才能熟练应用。教师通常较忙，因此这种方法并不理想，但其可行且有效，因此还是有必要尝试一下。

自生训练法可以应用于多种情况。例如，基巴等人（Kiba等，2017）成功地将该方法用于治疗功能性躯体综合征患者。佩珀等人（Peper等，2016）则证明了该方法对慢性偏头痛患者有效。米基钦和科瓦尔奇克（Mikicin和Kowalczyk, 2015）证明该方法能提高运动员的成绩。而库尔曼等人（Kuhlmann等，2015）将该方法用于缓解学生过大的压力。

17.8 冥想与正念

在本书的第一版中我们探讨了放松技巧是否应该包括正念。尽管我们对正念进行了广泛的研究，人们对于正念也已经司空见惯，但我们仍不确定这一答案。近年来，正念受到广泛关注——出现在《时代》杂志的封面上和各种受欢迎的电视和广播节目中。17.1 节中提到的学校也在其幸福周中使用正念。因此，尽管冥想在本质上仍让人感到十分深奥，但西方世界似乎已经接受了冥想的表现，即正念。冥想和正念其实是一样的：都是在一段时间内集中注意力于一件事上，如呼吸、吟诵、身体活动等。

根据格默（Germer，2013）的研究，正念源自佛教哲学语言"Pali"，特别是"Sati"一词，译为"意识""头脑清醒"或"快乐"。格默等人（2013：xi）对正念做出新的解释，即正念是"觉知当下并不加批判地接受"。相反，古纳拉塔纳（Gunaratana，2002）则认为，正念无法用语言描述，因为这是一种微妙的体验。

中文的"正念"是指全神贯注，即通过心与感结合，脑与思结合，感官相互影响，特别是眼睛和耳朵。如图 17.1 所示。

正念分三个层次：集中注意力、开放监测和慈悲（Salzberg，2011）。集中注意力冥想是大多数人所理解的正念：练习者需要把注意力始终聚焦在一个特定的目标对象上，包括动作、姿势、呼吸、吟诵、曼陀罗①、进食或是其他能够提升自身感觉的练习，重点在于专注。然而，真正的正念是第二层次的练习，即开放监测。开放监测冥想是一种思考意识，是以一种开放、不评判、不执着的态度，保持对当前事物的感觉，比如身体感觉、情绪或者想法。正念的第三个层次是慈悲与仁爱冥想。

图 17.1 用汉字表达正念

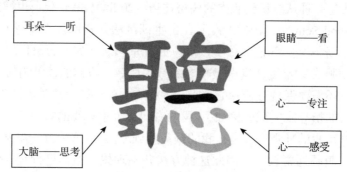

从上述活动（如呼吸或姿势）中可以看出，世界各地都有类似的冥想存在。

开放监测冥想是指无反应地随时监测体验内容，能够帮助个体识别情绪和认知模式的本质。其目的是提高对自己当前的感觉、认知和情绪的觉察，以一种不评判的态

---

① 曼陀罗（Mandala）是一个源自梵语的词汇，意为"圆圈"或"中心"。在佛教和印度教中，曼陀罗代表神圣的宇宙图式，通常描绘为圆形或方形的图案，中心点是崇拜的对象或神圣的象征。曼陀罗也被用作冥想和瑜伽练习的工具，帮助人们集中注意力并达到内心的平静和觉悟。曼陀罗可以用各种材料制作，如石头、木料、金、银等，也可以在绘画、雕塑和其他艺术形式中表现出来。——译者注

度对待它们。以下是西格尔（Siegel，2011）提出的练习方法：

- 找个舒服的姿势坐在椅子上，保持眼部放松，可以闭上，也可以睁开。
- 深呼吸，让紧张感离你而去。注意力集中在呼吸、周围的声音或者手部的感觉上。
- 在脑海中想象出一个轮子的形状。先将注意力集中在轮毂上，然后想象出轮子的全部样貌，包括辐条和边缘。
- 现在想象自己身处于轮毂，调整自己的状态，让自己平静下来。
- 将烦心事置于轮辋（轮子的边缘）。轮毂和轮辋之间的距离可近可远，调整到自己觉得适当的位置，放松下来。
- 在这个过程中，你可以沿着辐条来到边缘处，尝试解决一项让你头疼的事情。可以从简单的开始。
- 观察自己在冥想的过程中会发生什么。你注意到身体有什么变化吗？你产生了什么情感？如果你开始感到不堪重负，返回轮毂，让自己平静下来。慢慢地在轮毂和轮辋之间不断尝试。（Pollack，2013：144）

下文讲述了我们与客户使用过的最强大的开放监测冥想。

鹅卵石冥想

坐在椅子上，轻闭双眼，注意力集中于呼吸。吸气时心中默念"冷静"，呼气时心中默念"放松"。保持吸气和呼气的节奏。

（花一分钟时间集中注意力在呼吸上。）

想象自己在一个美丽的池塘边。阳光明媚，河水清澈见底。池中睡莲成片，蓝色和绿色的蜻蜓在空中起舞。你还能听见蛙鸣声，风吹过树叶的沙沙声。你能感受到风轻拂你的肌肤吗？你可以想象池塘边的美好景色，可以想象任何声音和画面。

现在，想象自己捡起一小块鹅卵石，在掌中感受它的光滑或粗糙，它是冰凉的还是在你的手中变暖了？进一步想象，鹅卵石是怎样出现在这里的？

轻轻地把鹅卵石抛入水中，水面上激起了一层波纹，鹅卵石一点一点地下沉。注意你此时会有什么想法和感觉。让鹅卵石继续下沉，观察自己的感觉和想象是否会发生变化。

让鹅卵石沉入湖底，想象它到底沉在了什么地方。你现在有什么感觉或想法？你的意识是否传达给你什么信息？你听到了什么，又或者注意到了什么？

保持住，深呼吸，时刻关注自己的状态。

资料来源：改编自科勒德（Collard，2014）：38-9

下面是慈悲与仁爱冥想。

- 感恩呼吸：

怀着感激的心情，感受氧气对身体的滋养。

- 祝福所爱之人：

想出一位你爱的人，然后慢慢地重复几遍："愿你一切安好，愿你快乐，愿你幸福，愿你健康，愿你远离痛苦。"

怀着爱意与善意默念。

- 祝福自己：

祝福自己，对自己重复几遍："愿我一切安好，愿我快乐，愿我健康，愿我远离痛苦。"

发自内心地祝福自己，感受此刻带给你的愉悦感。

- 祝福陌生人：

想象一个自己没什么特别感觉的人，可以是火车站的售票员，也可以是商店的店员。对他们说："愿他们一切安好，愿他们快乐，愿他们健康，愿他们远离痛苦。"

尽量想象那个人的样子，并祝愿他一切都好。

- 祝福难以相处之人：

想出一位你觉得难以相处的人，或是惹恼过你的人，你们之间关系并不融洽，但今天你愿意与他们一起工作。对他们说："愿他们一切安好，愿他们快乐，愿他们健康，愿他们远离痛苦。"

观察在这过程中你会产生什么情绪。

记住，你不是在纵容不恰当的行为，你只是希望他们获得幸福，而不是对他们怀恨在心。

冥想可能不会对难以相处之人产生影响，但有助于摆脱他们带给你的挫折感，进而感到放松。

- 祝福你们四个人：

同时想象出你、你所爱之人、陌生人和难以相处之人，看你能否给你们四个以同样的祝福。

- 祝福地球上的每一个人：

最后，想象出地球上各个国家的人，想象所有的家庭和朋友，所有的老人与儿童。想象所有的动物，所有海洋、湖泊和河流中的生物。对他们说："愿我们一切安好，愿我们快乐，愿我们健康，愿我们远离痛苦"。

你可以改成其他的祝福语，能让你产生共鸣即可。

尽管正念的负面影响或禁忌较少，但仍存在一定的潜在问题，因此应正确引导人们进行正念练习（Pollack，2013）。关键在于，主持正念训练的人应当有过指导经验（Davis 和 Hayes，2011）。正念不只是一种冥想技巧，"正念还是人们一生为之努力的事情，能够在人生中体现意识、同情和道德行为"（Pollack，2013：135）。

目前已有一些经过设计的特色课程用于学校教学，如"学校正念课程"（MiSP，www.mindfulnessinschools.org），为小学生设计了 Paws b 课程，为中学生设计了 .b 课程，此外也有其他类似的课程出现。

需要注意的是，尽管正念（或冥想）再次兴起已有十年，网上也有一些免费的学习资源。但正念导师需要定期练习，并且关注在引导他人冥想时存在的问题和困难。

17.9　生物反馈法

生物反馈法是一种通过自我调节以改善身心健康的方法（Ratanasiripong 等，2015），已经成功应用于学校（例如 Edwards，2016；Kassel，2015）。生物反馈法是指利用身体信号来检验某种放松方法对自己是否有效的一种方法。因此，人们需要学会识别身体发出的信号。在实验室环境下，人们可以记录肌电图（EMG）、皮肤电导反应（SCR）和心率（HR），但教师通常难以获取这种测量技术。然而，任何人都能轻而易举地拥有生物反馈装置——许多运动商店或网上商店都可以买到心率检测器，价格或低或高。事实上，我们曾因为对心率变化感到好奇而在演讲或授课时使用这些设备。

现在，调整呼吸和心率。如果呼吸时感到胸部紧张，呼吸急促，或者心跳加快，那么你很可能处于紧张的状态。

反　思

尝试上述方法，观察哪种方法更适合你自己，并记录以下几点：
- 是什么方法？
- 为什么你认为这种方法更适合你？
- 你如何将这种方法融入到日常生活中？
- 你会在什么时候练习这个方法？
- 你会在哪里练习呢？
- 你会向谁了解更多的相关信息？

17.10　放松技巧适用于何时？

如前所述，放松技巧用于缓解肌肉紧张（身体紧张）或精神紧张（认知紧张）。最重要的是需要寻找出合适的方式，让你达到最佳状态。试想，开始工作前，你坐在教工休息室里，正在进行深度放松练习。在这种放松状态下你是无法开始工作的。因此，我们建议找出适合你的方式，然后出色地完成工作。你可以通过讨论和专注于一天的感受来进行探索。如果经过一天的教学后，你感到无法保持专注或状态欠佳，那么就可以推断，使用放松技巧的时间不恰当。这是一个试错的过程，通过推测，我们可以找到合适的时间使用放松技巧。因此，在你实际应用（如缓解上级来视察的焦虑）之前，应多加练习。

　　密切关注教学过程能够发现问题在何时出现。心理学家擅长通过观察来精准指出教师行为所表现出来的各种紧张和焦虑的情况。我们观察到一位教师用手轻敲桌子，等待学生们快速收拾好上一节美术课的东西。教师显然不想让自己的授课进度受到影响，进而学生无法按时完成本节课程。这种紧张会增加教师的挫败感。如果这位教师练习过放松技巧，就能够重新专注于要做的事情上，逐渐地消除紧张感，平静放松地完成一天的工作。这就是放松技巧的本质。如果只有几秒钟的准备时间，那么你就要掌握能够适应这种情况的技巧。与我们一起工作的实习教师通常会在教学的前几天或教学期间练习放松技巧，这样他们就能做好精神上和身体上的准备，迎接成功而刺激的体验。

　　简而言之，就是要明确什么时候需要放松，以及找到合适的时间和地点进行放松练习。放松是教师做好准备的一部分，如果忽略它或仅半心半意地尝试，就无法保证放松效果。如果分配好时间和精力，最终效果只会受到教师的信心和能力的影响。下面，我们希望你能通过渐进式肌肉放松法或自生训练法逐渐放松，通过生物反馈法降低心率，但不要在学生进教室前的 20 分钟里还处于冥想状态。

案例研究　　强化放松训练法（ERT）

　　第 15 章将该部分概括为放松和心理意象技巧之间的联系。乌斯特郡（Worcestershire）的精神病学家约翰·金（John King）开创了一种技术，用于治疗那些转诊给他的抑郁症患者。该技术被称为强化放松训练法（ERT），通过帮助患者心理模拟海边环境来减少抑郁症症状。本质上，这种放松技巧就是利用海边的声音、气味以及用保温灯模拟阳光照在身体上的感受。金医生运用心理意象法，通过海边的一系列视觉活动来与患者交谈，最终使患者产生一系列栩栩如生的心理意象。这种技巧建立在简单而有效的理论之上，即人们去度假是为了放松身心，从日常生活压力中恢复精神。

　　金医生将咨询室改造成海边度假区，里面配备了各种海边度假道具，并且为患者提供隐私和安全。他还能操控环境，给患者带来平静与放松。然后他告诉患者，海边会如何改善他们的情绪和感觉，从而让这些患者不得不思考：既然我的情绪有所改善，我怎么可能抑郁呢？你可能会想起之前章节里关于焦虑与放松的观点，它与这一观点十分类似。当然，我们已经大大简化了这种情况，只需要强调金医生所作一切的理念就可以。

　　这个方法其实很简单，如果你想进入放松状态，就在合适的地方放尽可能多的道具。当然，心理意象和放松训练相结合并不是只能用于治疗抑郁症，我们还可以借助语言的说服力，利用心理意象简单且快速地引导自己放松。

> **活　动**
>
> 学习了上述案例，谈谈你理想中的度假是什么样子？
>
> 当你身处放松的时间或地点时，你会产生什么样的回忆？记录在日记本中。
> - 思考你想获得哪些道具。
> - 思考如何获得这些道具。（是下载海浪拍打声的音频？还是用录音机记录这些声音？）

17.11　小结

虽然放松对许多教师来说似乎是一种奢侈，但全球范围内的研究表明，教师职业正面临一个危机点，教师开始产生倦怠。随着效率和有效性降低，原本只存在于学校里的小问题开始变得严重，进而加重了整体压力。打破这一局面需要各种因素相互作用，如确保有效地发挥领导作用，对韧性进行更为公开的讨论（见第 13 章），解决教师的心理健康与幸福感问题（见第 12 章），同时让教师学习放松技巧，并让各级教师参与讨论。

17.12　拓展阅读

Fontana，D.（2013）*Learn to Meditate*：*Find Deep Relaxation*，*Relieve Stress and Anxiety*，*Enhance Creativity*. London：Duncan Baird Publishers.

本书的作者在心理学研究领域成果丰硕，尤其是超个人心理学和教育领域。

Fontana，D. and Slack，I.（2017）*How to Teach Meditation to Children*：*A Practical Guide to Techniques and Tips for Children Aged* 5–18. London：Watkins.

两位作者成立了英国心理学会的超个人心理学部门。他们在冥想和正念以及如何向学生传授这些知识方面都有丰富的经验。他们的书为不同年龄段的学生提供了不同的练习。

Lovewell，K.（2012）*Every Teacher Matters*：*Inspiring Well-Being through Mindfulness*. St Albans：Ecademy Press.

这是一本面向教师且易于理解的书。

第六部分
循证教育

本书意在促进读者对于心理学理论的理解，同时为课堂环境中心理学理论的应用提供相关建议。

为避免老调重弹，我们从相关期刊文章和书籍中选取了一系列文献，为心理学理论研究提供各方面的支持。书中已经提供了一些较为"经典"的理论，虽然这些理论可能看起来有些过时，但却为最新研究奠定了基础。本书现已经更新到第三版，我们不仅根据教育领域新兴起的主题和需求撰写了新章节，还对具有实际应用意义的章节进行了更新。

事实上，只有参与到研究中，了解并掌握最新研究成果，然后将其应用于教学和研究中，我们才能促进自身专业水平发展，我们对自身的研究领域也会产生更浓厚的兴趣，而这种发展将贯穿于一个学者的职业生涯。虽然我们的研究可能算不上意义重大，但每次参与其中，都能提高我们在微观和宏观层面的见解，使我们能够为学生在他们感兴趣的探索领域提供支持与帮助。通过创建研究社群，我们可以一同持续推动教育发展。

值得庆幸的是，边工作边研究已经被公认为教学工作的核心特征之一。就此部分，本书第18章对于研究过程加以概述，特别关注寻找研究焦点的方法，还阐述了教师如何在伦理道德框架内进行工作，如何参与到研究中来，并对研究进行分析。重要的是，通过了解研究过程和研究分析，你将在阅读其他应用于教育实践的心理学研究期刊或教育学研究期刊时，对研究进程和研究结果的意义有更清晰的认知。

第 18 章　阅读、推理和研究相结合的教育

> 👉 **本章目标**
>
> - 理解高效的专业持续发展的重要性。
> - 能够使用类比来确定研究焦点。
> - 理解如何在伦理道德框架内实施研究。
> - 理解阅读、研究和推理论证之间的发展关系。
> - 能够高效查找和利用文献。
> - 能够说出定量研究范式与定性研究范式的区别。
> - 了解如何处理量化数据。
> - 能够根据收集到的数据确定统计检验的正确性。
> - 了解如何通过开放式编码和主轴式编码处理定性数据。
> - 思考通过不同方式呈现定性数据分析结果。

18.1　本章简介

在整本书中，我们一直主张教学是一种专业：随着你的职业生涯的发展，你自身也在不断发展。我们也认为教学是一种哲学，而非被设定好的操作实践。经过年复一年地积累，我们的经验不断丰富，这是公认的事实，但我们还不能满足于此。无论是学术领域还是其他专业，我们都需要每天问自己三个问题来保持专注：我在做什么？我为什么要这么做？我是怎么做的？

18.2　专业持续发展

根据罗宾逊等人（Robinson 等，2009）的研究，促进和参与专业学习对学习者的学习结果的效应值（effect size）最大。效应值是对两组之间差异的定量测量，以十进制小数表示。美国心理学家科恩（Cohen）提出效应值这一概念，并提供了一些数值来衡量其大小：0.2 或以下表示较小效应，0.5 表示中等效应，0.8 表示较大效应（Cohen，1988）。罗宾逊和他的同事们的报告指出，专业学习能够对自身学习结果产生最大的效应量为 0.84。计划、协调和评估教学的效应量为 0.42，排名第二，而专业学习的效应量是其两倍。需要再次强调的是，教师的专业持续发展对学习的影响更大，比计划、

协调和评估教学高了一倍。

加雷特等人（Garet 等，2001）也得出了同样的研究结果，他们发现持续、密集的专业投入对教育变革有着更大的影响，其影响高于短期专业发展项目，比如在职培训或教师培训日等。

英国教育研究协会（British Educational Research Association）（英国最重要的教育研究组织）的前任主席伊恩·门特（Ian Menter）教授提出了教师发展的四种范式。位于较低层级的是效率型教师。他们的关注点在于技能、知识和能力、技术成就和责任心。再高一层级是反思型教师，基于杜威（1933）、舍恩（Schön，1987）和波拉德（Pollard，2014）所提出的概念，教师通过对自身行为的反思以确保做出明智的决策。探究型教师是更高一层级的教师，位于这一层级的教师往往参与到系统性的研究中，并将开发课堂实践经验作为专业发展的一种形式。最后，位于最高层级的是变革型教师，他们充满责任感，愿意为社会发展做出贡献，并让学生也做好准备为社会发展贡献自己的力量（Menter 等，2010）。

麦克劳克林（McLaughlin，2013：xvii）表示，如果教师的学习是为了在课堂、学校和网络等层面持续充实自己、变得更加高效，那么他们要面临的挑战还有很多。这些挑战的关键在于如何协调发展的不一致与不均匀性。而协调不足可能源于缺乏战略规划和对学习需求的认同。

奥普弗和佩德（Opfer 和 Pedder，2013）从心理学的角度提出了"失衡"（disequilibrium）概念，费斯廷格（Festinger，1957）称为"认知失调"，即教师对学习的信念和他们的实际做法之间产生了不平衡。这种心理层面的挑战源自对自己行为的质疑，有时甚至会觉得自身行为存在缺陷。麦克劳克林（2013）指出，当教师面临考核、目标设定和绩效管理时，这种伴随"真正的学习"而产生的失调会令人感到特别痛苦。

要想有效促进专业持续发展，需关注两个核心问题。

一是探究性学习，施莱克尔（Schleicher，2012）认为，教师需要成为创新一词的代言人。他认为创新十分重要，通过创新可以提高效率、增加机遇，从而找到提升自我的新出路。道尔（Doyle，2003）和贝克尔（Becher，1999）在讨论解决工作的自然周期中的实际问题时也提及这一点。这不是一个新概念：事实上，劳伦斯·斯滕豪斯（L·Stenhouse，1975）最先提出"扩展的专业特性"（extended professionalism）的概念，教师应该终身学习和研究，特别是对于自身行为的研究。

二是协作方面。科丁利（Cordingley，2013）和麦克劳克林（2013）等强调了协同工作的重要性，正如肯尼迪（Kennedy，2011）所言，这种协同式专业持续发展对教学与学习产生的影响最大，也能激励教师积极投入到专业持续发展中来。

总的来说，我们建议要形成有效的专业持续发展，关键在于需要以探究为导向的协同发展，通过与同事有效的合作与研究，建立清晰的架构来解决实际问题，如图18.1 所示。

图 18.1 专业持续发展模型

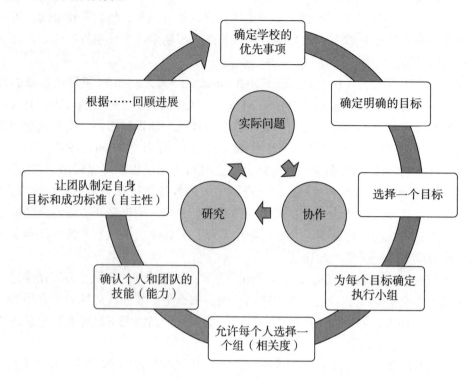

18.3 基于研究的教学及其同义词

目前我们常使用各种专业术语来描述教师从事的研究，无论是阅读相关文献还是亲身参与研究，都有对应的术语。目前广泛使用的术语包括基于研究的教学（research-based teaching）、研究型教学（research-informed teaching）、循证教学（evidence-based teaching）、以研究为主导的教学（research-led teaching）、基于课堂的研究（classroom-based research）等等。每种方法都有支持者，他们都认为自己使用的方法最受欢迎，因此我们没有必要搞清这些研究方法之间的细微差别。每种方法都各有优缺点，本质上可以归纳为两个问题：你是否阅读了策略的相关信息并予以实施？或者，你是否亲身参与研究并了解实践与理论之间的关系？

前者为你的研究提供信息，而后者则是通过直观感受推动生成有效的调查结果。然而，这种方法就类似于面包片中间夹什么东西最好的问题，或是关于先有鸡还是先有蛋的形而上学的辩论。为了简化过程，同时考虑到讨论的主题是教育，因此，我们主张 3R 研究（reading, research, reasoned argument）原则：阅读、研究、合理论证（图 18.2）。

图 18.2　3R 研究

研究中的 3R 是为了帮你聚焦。你的意图是什么？你具体在阅读什么或研究什么？这一点经常被忽略，而且通过所积累的经验，我们看到无论是本科生还是研究生，在研究初期，发展情况最差的因素均为聚焦。

这三方面不断相互影响，共同发挥作用：没有任何一方能独立起作用。你可以收集研究结果，但这对其他人来说有何意义呢？别人为什么单单依据你的研究就改变自己的做法？你可以阅读数百篇关于有效教学的期刊文章，并总结出核心主题，但如果没有明确这些知识的应用背景，或是应用方法，那么你的工作也会再次受到限制。因此，只有提供合理的论证，阅读或研究才有意义。

18.4　聚焦

在教育领域，你或许会很青睐某些主题，也会对某些领域提不起兴趣。对某一领域拥有热情是做任何研究的关键，这种热情往往使你力图证明或反驳某件事（尽管从严格意义上讲，我们认为在研究中不存在 100% 确定的事情——然而，即使有 95% 或 99% 的确定性，研究人员也会为此感到高兴）。要想了解更多信息，请参考本书关于内在动机的讨论（详见第 10 章）。

然而，这种自由也是有限制的：面对这么多的选择，你的重点应该放在哪里呢？我们建议你扩展自己的思路，多选择几个领域，直到能较容易地掌握其中一个。同样地，你需要通过确定研究焦点来限制自己研究领域的范围，让研究可控。但如果你不聚焦，而是在任何领域都掌握到一定的广度和深度，那么势必会限制你的发展，甚至造成发展的"瘫痪"。因此，如果能从一开始就缩小、聚焦研究范围，研究的可控性就将得到保证。

巴克勒和瓦利曼（Buckler 和 Walliman，2016）通过对森林的类比提出了一个好方法。想象一个国家拥有许多森林，每一片森林都有自己的名字和身份。对应到教育中，一片森林名为课程主题，另一片森林名为动机，第三片森林名为特殊教育需要。它们相互关联，而你需要选择其中一个。

在确认选择一片森林后，例如"英语"，我们可以看到许多树，其中一棵树名为"阅读"，一棵名为"写作"，另一棵名为"听说"，等等。以"阅读"树为例，它有许多主要枝干：在我们的工作中也一样，有"阅读偏好"这一分支。每条主要枝干上都有几十条更小的枝干，连接到小树枝，再到叶子。如果将注意力放到其中一个分支上，我们首先可以看到性别，然后是年龄分组。综上所述，你关注的重点已经演变到根据性别和年龄来分析阅读偏好上来了。

确定好你的研究焦点之后，下一步就是明确地说明意图。换句话说，就是你的首要目的（aim）。你能用一句话说出自己的研究目的是什么吗？结合上文的例子，目的可以为：探究性别和年龄是否为影响阅读偏好的决定性因素。

虽然你的目的为研究提供了框架，但并没有详细说明该如何实施：这就是目标（objective）的作用。目标的描述较为细致，包括了研究的组成部分，关注点在于"做什么"和"怎么做"，例如：通过向九年级学生发放问卷（怎么做）来分析阅读偏好（做什么）。

巴克勒和瓦利曼（2016：64）举了一个例子。

- 目的：
  调查一所大型农村小学的课外服务情况。
- 目标：
  通过大量文献综述，系统地探讨课后服务问题。
  通过纸质问卷对家长的需求进行批判性分析。
  对五、六年级学生进行焦点小组调查，了解儿童对课后服务的看法。
  通过与学校领导进行半结构化访谈，研究课后服务资源的内涵。
  综合教职员工、学生及家长对课后服务的不同意见，提出可行方案。

巴克勒和瓦利曼强调，通过确认目的和目标，可以形成清晰的论证结构，他们将其总结为：

- 根据背景研究，确定问题、要点、缺少的信息，或是尚无定论的问题，为确定目的提供必要的动机。
- 第一个目标是对目的的扩展，指明文献综述将对该主题理论研究相关背景进行探索。
- 后面的目标具体为：要收集的数据，详细说明你想要弄清楚什么问题，你打算如何收集数据（你的方法），从哪里收集或从谁那里收集（你的样本，例如七年级的学生）。

重要的是，你需要注意，目的和目标将随着你研究的推进而不断变化。目的和目标不可能跟原先设定的一样，但是，它们提供了一个可以强化的框架。阅读得来的背景信息将影响目的和目标的变化，对此我们在下一部分讨论。

18.5　阅读

正如前文所言，阅读可以帮助你提炼研究焦点。这一点十分重要，因为你可以利用之前的研究，确保自己的研究是建立在前人的基础之上，而不是浪费时间重复研究别人已经发现的东西。你可以花费大量的时间去寻找与你的研究焦点相关的信息来源，下文的建议或许能为你提供帮助。

有效的搜索

如果你是一名学生，那么你有很多获取信息的途径，比如大学的图书馆、电子期刊数据库；如果你是一位资深教师，通常每年只需要支付少量费用，就可以使用这些资源；另外，随着众多开放资源可供读者查阅，信息的查找范围也在不断扩大。然而，关键是要找质量高的相关信息。依靠互联网搜索引擎或协作型网络百科全书是不够的。同样，依靠网站也不够。

搜索关键词

在打开电脑之前，先坐下来，拿一张白纸，在上面列出你要搜索的词。根据你的列表，写出含义相似的概念或单词的近义词。例如，你可能写了"pupil"这个词，但"student"或"learner"同样适用。检查你的搜索词列表，并考虑是否有其他拼写方式。例如，"behaviour"这个英式英语的单词可能会限制你的搜索结果，而输入"behavior"可能会帮助你扩大搜索范围。你可以在搜索引擎中使用"通配符"：这些符号往往放在英语词根后面，比如星号。例如，输入"behav*"，将得到诸如behave, behaved, behaviour, behavioural, behaviourism, behaviourist等结果，当然behaviour删去"u"之后的搜索结果也会呈现出来。

浏览你的单词列表，记下其中不同单词组合在一起的搜索词，例如"behaviour"和"classroom"，或者"behaviour"和"learning"。记录搜索词的排列可以避免后续重复搜索。

在确认了各种信息来源后，你需要考虑如何将它们归档：在浏览器的书签中建一个单独的文件夹？将文件下载并保存到计算机的文件夹中？还是将相关信息打印或复印出来？

评估资料

在教育领域，有时由于缺乏批判性论证，一些想法成为公认的智慧。事实上，已经有好几本书是与教育领域相关的，比如赫里斯托祖卢的《教育的七个迷思》(*Seven Myths About Education*)（Christodoulou, 2014），德·布鲁伊克尔等人的《学习和教育的都市传说》(*Urban Myths About Learning and Education*)（De Bruyckere, 2015）和迪道的《如果你所了解的关于教育的一切都错了怎么办？》(*What If Everything You Knew About Education Was Wrong?*)（Didau, 2016）。无论针对书籍、网站还是期刊，表18.1的准则都可以为你的评估工作提供帮助。

在经过充分搜索，并确定了几种核心资料后，下一项任务就是阅读资料并做笔记。你可以在前人研究的基础上形成自己的方法，例如使用不同颜色的荧光笔来做标记（例如，粉色代表最重要的句子，黄色代表关键信息，绿色代表释义）。或者，你可以从每份资料中提取核心内容，形成一个信息表。示例详见表18.2。

表 18.1　资料评估准则（改编自巴克勒和瓦利曼，2016：89-90）

- 资料的内容准确吗？它能否说明研究的来源？还有其他资料可以做对比吗？如果数据来源不同，能否对此做出解释？

- 资料的权威性如何体现？作者是谁？他们的声誉背景如何？能否根据他们的学历和其他出版物来确定他们的实力？其他出版物是否引用过他们的作品？他们在哪家机构工作？

- 资料内容是否带有偏见？许多对政府或国会抗争或施加压力的群体及商业组织，为宣传他们的思想和产品，会向大众呈现片面的信息。就资料内容而言，你能察觉作者将获得什么既得利益吗？出版的动机是什么？自费出版是为了追求经济利益还是为了分享知识和见解？

- 信息是否详实？是太过笼统、毫无用处，还是专业性太强、难以理解？是否只探讨了问题，缺失主题相关信息的补充？作者是否"只让你看到他想让你看到的内容"？他们承认研究的局限性吗？

- 资料是否过时？记得要考虑原始资料的发布时间。这部作品是否具有"开创性"，换句话说，它是否做出了杰出贡献，为后续研究提供了有力支撑？或者，研究是否有所进展？如果引用了参考文献，这些参考文献是最新的研究成果吗？到目前为止，在去年乃至过去的20年里，这些问题能否得到解决取决于研究背景，以及是否有人做出进一步研究。实际上，为了对这些问题做出相对一致的评估，我们有必要检查参考文献。

- 你是否进行了多方查证？将查询到的内容与其他信息来源进行比较，如书籍、文献、官方统计数据和其他网站。这些信息与之相符还是相悖？如果是后者，你知道原因吗？

- 资料是否经过了同行评议？如果期刊引用了这一研究，那么是否严格遵循了同行评议原则呢，由其他专家分析研究，以确保其可信、有效且可靠？如果是一本书，那么它的出版商是否同样经历过同行评议？

表 18.2　记录表示例

作者：	Buckler, S. and Walliman, N.	
标题：	Your Dissertation in Education, Sage Publications	
年份：	2016	
页码	引用	备注
128	你的文献综述应对特定的文章和别人提出的论点做出评论，评估各文献的相似之处，从而得出结论……	
128	……你需要写出明确的引言、主体部分和结论	

写一篇文献综述

整理好笔记之后，你就需要把它们组织起来，这样你就可以对自己的研究焦点做一个总结，从而得出明确的论点。此外，通过阅读文献，寻找与之相同或相悖的观点，这个过程有助于发散思维，同时意识到自己在某领域的知识空白。文献综述重点包括三部分：引言用来阐述你的研究焦点，同时强调文献综述的方法；在主体部分，你需要详细研究每个文献以及它们之间的关系；最后是结论，它是用来总结论述的关键要素。理想状况下，结论应该能解释你制定目的和目标的原因。

架构一篇文献综述的方法多种多样，但在此我们将重点关注两种方法：倒三角形法和维恩图解法。倒三角形为你提供多个层次，能够不断缩小关注焦点，这种方法针对支持缩小范围的结构十分有效。针对关键概念，比如动机，这种方法也十分有效。最上面一层可以为术语定义，下面几层可以逐步缩小概念范围，例如，经典动机理论、现代动机理论、自我决定理论（SDT）概述、参与式阅读策略中的 SDT、在参与式阅读策略中应用 SDT 的具体研究、研究的优点与局限性、结论。

另一种方法是维恩图解法（Rudestam 和 Newton，2014）。使用这种方法时，要将关键概念或核心变量放在外围圆圈中，例如"动机""参与式阅读""中学生"等。虽然单独搜索这些术语会出现数千条资料来源，但任何两个术语重叠的地方都能确立研究聚焦点，并提供核心搜索术语，便于查找资料。例如，搜索"动机和参与式阅读"将会缩小资料范围，搜索"参与式阅读和中学生"或"中学生和动机"同样如此。虽然每个区域会提供不同资料，但这些资料都会与研究焦点产生明确的联系。你会发现三个术语重叠的部分就是你要研究的核心。

实际上，撰写文献综述时应主要针对这个核心区域，次之是两个术语的重叠部分，最后，对上述重叠部分以外的术语着墨无需过多（见图 18.3）。

图 18.3　维恩图

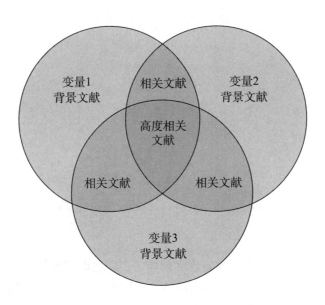

巴克勒和瓦利曼（2016）认为可以将维恩图放在文献综述的开头进行展示，向读者阐述你的研究过程。此外，维恩图的圆圈可以做成不同的大小，以此强调献综述中不同概念的重要程度。

就两个模型比较，维恩图比倒三角形更好用，因为你在文献综述中讨论的概念多集中于一个主题，而非整齐地排列起来，按顺序对其进行讨论。你甚至可以将维恩图放在文献综述章节的引言部分，以此向读者阐述文献的构建过程。

分析与综合

文献综述成功的关键在于运用有效的综合和分析方法。分析是指对一个部分进行解构，例如，通过阐述研究过时与否，或是否与上下文存在关联等标准，对一份资料进行评判（详见前文表 18.1）。通过对比资料之间的相似和不同之处，推动分析进程，例如，两份及以上资料的分析结果是否相同，或者某一问题目前是否存在争议。图 18.4 对资料 A、B 和 C 进行了对比。

图 18.4　分析

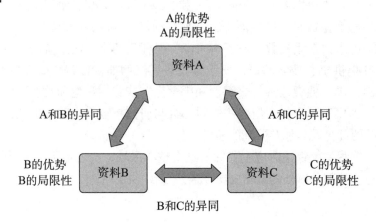

图 18.5　综合

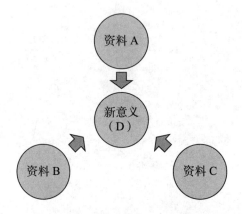

综合是从分析过的资料中构建新意义的能力，即选取部分信息，将它们组合起来，并做出更清晰的阐述。通过对图 18.4 的扩展，图 18.5 向我们展示了资料 A、B 和 C 的部分内容如何形成 D。

为了说明如何进行分析与综合，请参考以下示例。

> **示 例**
>
> 以下为三个描述"社会排斥"的文献摘录:
>
> 1. 社会排斥是全部或者部分被排除在决定一个人与社会融合程度的社会、经济、政治和文化体系之外的动态过程。(Walker 和 Walker,1997:8)
> 2. 社会排斥不仅涉及贫困或物质匮乏,也涉及群体和个人无法有效参与经济、社会、政治和文化生活,还涉及这些群体和个人被排除到主流社会之外,逐渐被边缘化的过程。(Duffy,1995:33)
> 3. 社会排斥是一个复杂而具有多重特性的过程,包括一些个体或群体在经济、社会、文化、政治领域,都缺乏社会大多数人拥有的资源、权利、商品和服务,或获得这些资源的权利被否定,以及没有能力参与常规的社会关系和活动。这个过程不仅影响个体的生活质量,也从总体上影响了社会公正和社会凝聚性。(Levitas 等,2007:25)
>
> **分析**
> - 阅读上述摘录,将其中涉及社会排斥这一定义的重点词或短语画出来。
> - 接下来,你需要把它们组合成一个简短的段落,将不同作者的作品进行比较和对比。(注:以下直接引语以黑体显示,以突出它们在段落中的重要性)
>
> 达菲(Duffy,1995:33)指出,社会排斥是"**不仅涉及贫困或物质匮乏,也涉及群体和个人无法有效参与经济、社会、政治和文化生活,还涉及这些群体和个人被排除到主流社会之外,逐渐被边缘化的过程**"。沃克等(Walker 和 Walker,1997:8)将社会排斥定义为"**全部或者部分被排除在决定一个人与社会融合程度的社会、经济、政治和文化体系之外的动态过程**"。
>
> 根据莱维塔斯等人(Levitas 等,2007:25)的观点,"**社会排斥是一个复杂而具有多重特性的过程**"。事实上,社会排斥是一个不断演变的术语,不存在唯一的定义。例如,达菲解释说,"**社会排斥不仅涉及贫困,也涉及群体和个人无法有效参与经济、社会、政治和文化生活**",沃克等人也认同这一观点。莱维塔斯等人还评论说,从根本上讲,是"**缺乏社会大多数人拥有的资源、权利、商品和服务,或获得这些资源的权利被否定**",阻碍了群体及个人在不同领域的有效参与。
>
> 可用于分析中的短语包括:
> - 根据作者(年份)……的研究
> - 作者(年份)认为……
> - 作者(年份)解释/声明/评论/阐明……
> - 同样/作者(年份)也对……进行了阐述
> - 相反/作者(年份)提出了不同的观点……
> - 此外/另外……

> **综合**
>
> 从摘录中可以看出，这三句话对社会排斥的定义是最准确的：
>
> 社会排斥是一个复杂而具有多重特性的过程。
>
> 社会排斥不仅涉及贫困，还涉及人们无法有效参与经济、社会、政治和文化生活。
>
> 缺乏社会大多数人拥有的资源、权利、商品和服务，或获得这些资源的权利被否定，阻碍了群体及个人在不同领域的有效参与。
>
> 为了综合以上内容，我们可以将这三句话改写成一句话，并在句末按字母顺序列出引用的作者（附带年份）：
>
> 通过综合，我们可以得出一个新的定义，即社会排斥是一个复杂的、具有多重特性的过程，通过限制社会大多数人拥有的资源、权利、商品和服务，或获得这些资源的权利被否定，将影响人们有效参与经济、社会、政治和文化生活（Duffy，1995；Levitas 等，2007；Walker 和 Walker，1997）。

文献综述应该为你的研究提供方向，可能会让你重新定义自己的目的和目标，使其更加连贯，这就是下一节所讲述的内容，即真正的研究。

18.6 研究

简单地说，研究就是找出你以前不知道的，或者想要进一步了解的东西，包括阅读文章和开展实际研究。可以说，教师每天都在进行非正式的研究，例如通过评估课程，对后续课程进行修改。还须注意的是，本章只涉及研究的基本知识：无论你是科研新手还是之前做过研究，请务必阅读《你的教育论文》（*Your Dissertation in Education*）（Buckler 和 Walliman，2016），它能够帮助你进一步加深了解。

在接受研究指导前，或者开始计划前，你需要从伦理道德层面进行反思和考量，这十分重要。

伦理

巴克勒和瓦利曼（2016）指出，伦理包括道德原则和行为准则。换句话说，就是"正确"和"错误"的做事方式。同样，值得注意的是，随着时间的推移，这些原则和准则会不断演变。他们提供了可用于操作的"4P"框架：

- 提案（proposal）：你的意图是什么？你研究的目的是什么？为什么要进行这项研究？
- 潜力（potential）：你的研究有什么可能的优势？又有什么潜在风险？
- 许可（permission）：你需要获得谁的同意？你要怎么才能获得同意？
- 保护（protection）：你如何确保研究参与者和/或组织得到保护？又如何确保自己得到保护？

此外，还有许多针对教师的道德规范，这些规范的主题通常为告知、征求许可、匿名、公平正义、学术诚信和主观性。

我们要强调的是，在研究开始前，与所在学校进行核实、申请许可十分重要，同时，还要探讨研究意图。一旦确定了研究焦点，并从伦理道德层面进行了考量，你就可以开始规划你的研究了。

研究范式

研究范式是一种看待世界的方式。虽然这些范式有许多不同的术语名称，但从本质上可以总结为，你是否认为世界是遵循一系列规则而运转，或者是否依靠各种因素间复杂而微妙的关系而运转。对于前者，大多可以收集数据，通过数字得到明确的答案；后者则更具说明性，需要对事物加以描述并寻找它们之间的联系。

因此，数字的世界被认为是定量的，而文字的世界是定性的。虽然定量数据回答了诸如"多少"或"多久"的问题，但却没能回答"为什么"。相反，定性数据回答了诸如"为什么"的问题，但无法概括地回答"有多少"。因此，要想研究一个领域中不断发展的问题，需要采用定性和定量相结合的研究方法。

在为研究确定最佳范式后，下一个要考虑的就是选择适当的数据收集方法。

数据收集方法

大多数教育研究在本质上规模相对较小，其往往依赖于一种或多种主要的数据收集方法，如访谈法、焦点小组法、观察法、问卷调查法或文本分析法（如对学生作业）等。下文将逐一简要讨论。

- 访谈法：访谈是向另一个人提问的过程。形式有以下几种：结构化访谈，即对每个人提出一系列相同的问题；半结构化访谈，即除了提出相同的问题外，后续还会提出其他问题；非结构化访谈，其本质上是针对某一领域进行谈话。访谈过程可以进行录音，并在之后进行转录；或者，只记下一些关键词。
- 焦点小组法：即小组访谈法，研究者鼓励小组成员之间相互讨论。
- 观察法：观察可以按照正式而且结构化的表格来进行，例如在预先构建好的表格上列出要观察的具体要点；或者是针对负责观察的研究人员的笔记进行研究。
- 问卷调查法：一份问卷可以设置多种提问方式，比如，单选；多选；按喜好进行排序，如第一、第二、第三；或偏好量表形式，如从"非常不同意"到"非常同意"；或是开放式问题。
- 文本分析法：这一方法涉及收集整理文件副本，例如学生的作业，然后通过对作业进行批注，从而确定研究主题。

信度和效度

对任何研究而言，无论是定量研究还是定性研究，信度和效度这两个关键术语都至关重要。信度，顾名思义，是指研究在本质上是否真实可靠，或者指数据的可信度。换句话说，从一个样本中得到的结果与从类似样本中得到的结果是否相似？而效度指的是所收集的数据在本质上是否足够有代表性，以帮助人们做出明智的决定。举例来说，将卷尺作为长度的有效测量工具十分可靠，因为其单位长度不会改变。然而，如果你手中的是橡胶卷尺，虽然它仍然可以有效地测量长度，但由于其可以拉伸，因此信度不高。

为了确保研究的信度，我们需要确定一种测量方法，例如，向不同的受访者提出相同的问题。

关于效度，有两个关键的区别：即研究是具有内部效度还是具有外部效度。内部效度是一种评估两种不同变量之间因果关系明确程度的指标。换句话说，如果改变一个变量会直接影响到另一个变量吗？因果之间相关度如何？外部效度是指假设样本在本质上具有代表性，那么其中一组的结果对于其他相似的组是否适用。

尽管在研究的规划阶段可以解决信度和效度问题，但有一种方法能更好地确保信度和效度，那就是三角互证。邓青和林肯（Denzin 和 Lincoln，2011）提出，有四种不同的方法实现三角互证，分别为：数据（与受访者的数量和类型有关）、调查者（两个或两个以上调查者参与）、理论（使用两种或两种以上的方法来解释数据）和方法论（使用一种以上的方法来收集数据）。

18.7　合理论证

经过阅读和研究后，你需要通过合理的论证将两者联系起来。研究应围绕一个核心主题展开，最终基于论据得出结论和建议，前提是论证的建构必须合理，才能将研究发现与结论联系起来。

有两种不同的论证方法：演绎论证和归纳论证。演绎论证会先给出概括性陈述，然后给出一个具体的例子。举个简单的例子：所有的狗都是动物。波比是一只狗。因此，波比是动物。归纳论证通过运用逻辑思维，从而增加了灵活性，然而得出的结论只能表示概率。例如，克洛伊很有钱，开着一辆大轿车。乔安娜很有钱，开着一辆大轿车。卡梅伦很有钱，开着一辆大轿车。因此可得出，富人可能会开大轿车。

归纳论证有四种结构。第一，举例论证提供支撑普遍原理的实例；第二，类比论证提供两个不同例子的比较，二者可能具有相似的特征；第三，权威论证建立在专家的认可之上，前提是专家需要清楚自己所阐释的观点；第四，溯因论证是基于不同原因和事件之间的相关性。

演绎论证结构运用逻辑进行推论，例如肯定前件式提出模式、否定后件式接受模式、假言三段论、选言三段论和二难推理。上文关于波比是动物的论证就是肯定前件式的一个例子，其特征在于逻辑术语的使用：如果 P，那么 Q；P 是真的，所以 Q 也是真的。其他演绎论证运用相似的逻辑语句，只是形式稍有不同。

你可以通过不同形式进行论证，例如从独特的视角提出新的方法，提出新的工作方式，否定另一种观点，将对立的观点结合起来，等等。事实上，在构建研究的过程中，你需要从他人的角度考虑论证，先对这些观点提出质疑，再提供自己的观点，通过论证确保观点更有说服力。

18.8 定量分析

定量分析用于处理数字，并通过数学运算来研究数据的性质。多数调查都会产生量化数据，例如多少人相信这个，多少人相信那个，多少孩子在多大年龄喜爱哪种运动，家庭收入水平，等等。然而，并非所有的量化数据都来自调查。例如，内容分析作为一种特定方法，多用于检查各种记录。为了能从某些想法、单词、短语、图像或场景出现频率中得出结论，可以通过制作清单来计算其出现频率。

做研究的主要目的之一是描述数据和发现事件之间的关系，以便描述、解释、预测，甚至有可能的话，对事件能否发生进行控制。统计方法是一种有价值的工具，通过这种方式，能够呈现并描述数据，发现其中的关系，并对其进行量化。即使你不是数学家，也可以使用这些技术，因为用户友好的计算机软件包如 Excel 和社会科学统计软件包（SPSS），将为你完成所有的计算，并将数据结果呈现出来。但是，你必须能够理解这些数据代表着什么、这些数据的功能，以及它们与你所分析问题的相关性。

最直接的过程是用表格、图形和图表的形式描述数据。Excel 等电子表格程序软件就可以完成这项任务。软件会以紧凑的形式对数据进行排序和呈现，方便你对数据进行比较、发现趋势、测量数量之间的组合。如果你不知道如何使用 Excel 软件，可以参加相关课程或者阅读手册自学。如果需要进行更复杂的分析，那么你可以使用 SPSS 软件中的统计技术。许多检验名称都很奇特，如伽马检验、协同系数、lambda 检验、卡方检验和 K-S 检验。不要被这些所吓倒，一般你只需要使用最常见的功能，并且软件中还会有一些简单的说明告诉你怎样使用它们。在开始之前，向统计学专业的人请教，让他们指导你，检查你的操作是否正确。此外，你也可以参加课程，一般大学里都会教你使用 SPSS 之类的软件。

18.9 参数统计与非参数统计

统计主要分为参数统计和非参数统计两类。一个总体的参数（即你所调查的事物或人）拥有恒定特征，与其他总体的参数相同。我们最常见的是正态分布的"钟形"（bell）曲线，又称"高斯"（Gaussian）曲线。

该参数显示，大多数总体都基本为一般情况，而越靠近两端的极端情况，总体数量就会越少。例如，大多数人的身高都在平均水平，而那些极高或极矮的人则占少数。图表上显示的人的身高分布就是正态分布曲线，或称高斯曲线（图 18.6）。

尽管这条曲线的形状因情况而异（平缓或陡峭，向左或向右倾斜），但这一特征在总体数据中十分常见，因此统计学家将其作为一个常数，也就是一个基本参数。参数统计的计算就基于此。

并非所有数据都是参数化的，有时，总体形式并不呈现出高斯曲线。例如，使用定类法和定序法测量出的数据不会以曲线形式呈现。定类数据往往采用非此即彼的二分形式（例如，这不是牛就是羊，否则就什么都不是），而定序数据可以通过阶梯形式呈现（如领奖台上的第一名、第二名和第三名）。在某些案例中，如果标准总体没有可依据的参数，就可以采用非参数统计。

非参数统计检验的设计是为了识别非曲线数据的特性，并通过专门的方法计算这些罕见的特性。一般来说，非参数统计的检验不如参数统计检验灵敏且有说服力，因为其需要更广泛的样本才能产生同等重要的意义。

统计检验：参数统计检验

参数统计检验分为描述统计与推断统计两类。

描述统计

描述统计提供了一种量化数据特征的方法，能够体现数据的中心、数据分布，以及数据的一个方面与另一个方面之间的联系。你可以通过计算众数或中位数，以及其他方法来确定数据的"重心"，即其集中趋势点。这些测量方法有其自身的特点和用途，应根据所分析的数据进行选择。

除了检验一组数据的质量外，统计分析的主要目的是确定并量化各变量之间的关系。这就是所谓的相关性研究。然而重点在于，仅仅通过对相关性的发现和测量还不足以得出研究结果。通过解释这些发现，你可以获得宝贵的知识，从而解答所研究的问题。

推断统计

推断统计检验不仅描述数据特征和检验变量间的相关性，还可以基于数据分析，通过推断的方式形成预测结果。这种检验方法需要基于样本来预测总体的质量以及特定案例、群体或个人"偏离常规"的程度。

若想与常态进行比较，可以运用"标准差"。标准差表示高斯曲线上任何值与平均值相同或不同的程度（差距），平均值由曲线的最高点代表。

标准差分为1SD、2SD或3SD（见图18.6）。如果结果为1SD（即1个标准差），这意味着结果非常接近均值：34.1%的值高于或低于曲线最高点，总体中大多数的值都集中于此（68.2%）。因此，在1SD区域内，包括超过总体三分之二的数据。如果结果为2SD，则包括高于或低于前一个标准差的另外13.6%。换句话说，另外还有27.2%的案例处于2SD区域内。这意味着95.8%的结果都在2SD区域内。因此，报告统计数据显示，数据有95%的确定性即具有显著性，用"p值"来表示。如果你看到统计数据 $p < 0.05$（或 $p<.05$），这意味着统计显著性有95%的确定性。如果结果为3SD，则占据了曲线两端剩下的2.1%（即整个总体的99.6%）。

由于所有预测都是基于样本得出，样本代表性质量高低对准确性而言至关重要，因此，应尽量选取具有典型性的群体作为样本。

统计检验：非参数统计检验

通过高斯曲线典型特征的均值和标准差来建立的统计检验，显然不适用于分析非参数数据。因此，非参数数据无法使用上述方法进行统计检验。

一些检验可用于比较两个或两个以上群体或样本的质量，分析不同评判机构作出

图 18.6 分布曲线

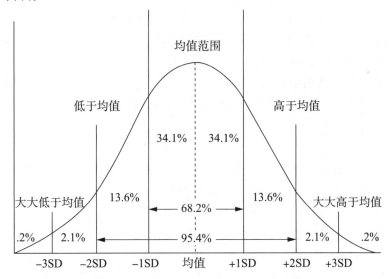

的排名，或对比观察数据与理论数据的差别。若想详细了解特定数据集使用哪种检验方法，可以查询统计学专业文献或询问自己的专业统计顾问。

图 18.7 统计流程图

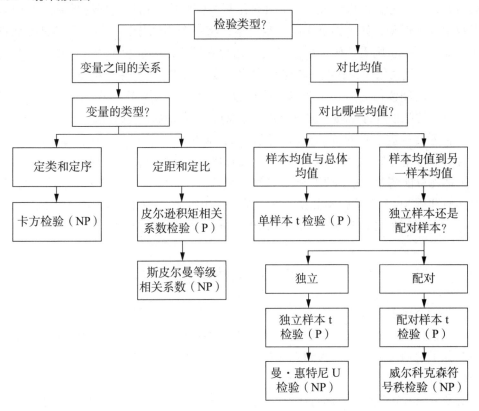

为了避免产生大量看似重要但实际上毫无意义的结果，你需要确保检验方法与当

前数据的类型相匹配。图 18.7 将帮你根据所收集的数据，确定合适的统计方法。

在图 18.7 中，通过回答最上方的第一个问题，我们面临着两个选项。如果你想要将一个观测值与另一个观测值进行比较，那么你可以选择左边的"变量之间的关系"。你需要区分四个术语：定类、定序、定距和定比。

定类数据也称分类数据：人们通常以某种方式对数据进行标记、命名或分类。这些定类变量包括性别（男性/女性）、是/否的回答、前往大学的交通方式等。

定序变量是对某事的评价，例如 1 到 10 分，或受访者对某件事的认同程度（"非常同意""同意""没意见""不同意""非常不同意"）。

定距数据也称连续数据，其结果以某种尺度为特征。距离或时间的测量有固定的划分单位，如秒、厘米等，因此测量具有连续性。

定比数据是定距数据的一种形式，其中数值 0 明确代表无。相较于频繁使用的定类、定序或定距数据，在教育研究中，定比数据并不多见。

如果你的数据需要对比两组定类变量，例如对比性别（男性/女性）和辍学率（是/否），那么你可以用卡方检验。字母"NP"表示该方法属于非参数检验。如果数据为两组定距变量，例如年龄与考试分数，那么流程图建议使用皮尔逊积矩相关系数检验，这是一种参数检验（用"P"表示），或斯皮尔曼等级相关系数（非参数检验）。

流程图右侧的核心问题在于要对比哪些均值。通过这种方法，可以将一次考试的分数与更普遍的分数进行比较，从而确定结果的关联度。这里用到的是单样本 t 检验，为参数检验。但是，如果你是用同一组样本，将一个测试分数与另一个测试分数进行比较，那么下一步则需要确定样本种类，是独立样本，还是配对样本。如果是独立样本，你可以对比两组对象在同一次考试中的分数。例如，通过独立样本 t 检验可以对比男性和女性的阅读信心。如果样本是成对的，那么你需要两次运用相同的方法，对检验"前后"的结果进行比较。正因如此，你需要运用配对样本 t 检验。

尽管还要做进一步的统计检验，但如果您能够明白图 18.7 中这些检验间的差异，那么对诸如方差分析（ANOVA）等进一步的检验方法的理解将相对简单。

虽然你可能清楚自己需要使用哪种统计检验方法，但也可以参考详细的指南书籍，学习如何利用 SPSS 正确检验数据，并对结果作出解释。强烈推荐米丽·帕伦特（Julie Pallant）最新版的《SPSS 使用指南》（*SPSS Survival Manual*）（2016）。

18.10 定性分析

定性研究更多是基于文本所表达的信息，如描述、说明、观点、感受，等等。如果研究对象是人，尤其是对于小规模群体或个体而言，这种方法十分常见。通常由于无法充分了解情况或过程，我们无法精准确定应收集的数据。对收集到的数据进行定期分析有助于引导进一步的数据收集方向。

定量分析和定性分析的本质区别在于，定量分析需要先完成数据收集才能开始分析，而定性分析则可以两项任务同时进行。在定性研究中，收集与分析相互促进，从而逐渐加深你的理解。首先你要收集信息，仔细研究，根据你的发现来收集更多数据，然后重复分析过程。这一过程要求很高、难度较大，并且容易存在不确定因素和对问题的质疑。在本科研究水平，你需要注意，不要把目标定得太大，因为你的时间有限，无法全面深入进行钻研和思考。只有将研究重心限于某个范围内，才能完成整个研究。衡量研究者的重要标准在于是否正确使用了各种研究方法，以及所得出的结论是否基于收集到的数据。

通过文字、图片甚至音频等形式呈现的定性数据不能使用统计等数学方法进行分析。那么，如何才能将所有数据组织起来，通过其显示的内容，得出一些结论呢？迈尔斯和休伯曼（Miles 和 Huberman，1994）认为，在定性研究时，有三个并行的处理流程：

- 数据简化。
- 数据展示。
- 结论/数据验证。

数据展示十分重要。在开始分析之前，你一般会收集大量未经处理的信息。如果以附件的形式呈现这些信息，那么即使经过编码、聚类、总结等操作，人们也难以理解其含义。文本中的信息分散，具有顺序性（而非并发性），信息量庞大且难以整合。人的大脑不擅长处理大量的信息，更乐于将复杂信息简化，形成不同模式和易于理解的结构。因此，如果你能通过适当的方法，以矩阵、结构图、图表和网络图的形式展示数据，那么不仅可以减少数据量并排序，还很方便对其加以分析。

18.11　数据编码

随着数据的积累，一个有价值的步骤是通过构建类型学和分类学来整理繁杂的海量数据。类型学和分类学是用于定类测量的专业术语——按类型或属性排序，在一般的分类属性中形成子组。

即使是最简单的分类也能整理看似繁杂的信息，并识别出其中差异，如不同的行为或不同类型的人，等等。举例来说，在操场上，孩子们可被划分为"参与者"和"独处者"，在购物中心，人们可被划分为"购物狂""只看不买的人""路人""闲逛的人"等。这可以帮助你整理繁杂的数据并识别其属性。下一步，关注这些类别之间行为模式的差异，这有助于对其进行分析，并基于此得出最终结论。

这种分类练习是开发编码系统的开始，编码系统是形成类型的重要部分。编码不仅作为标签或标记，用于分配意义单位，还可以帮助你整理成堆的数据（以笔记、观察评论、转录文稿、文档的形式），形成初步的概念模型。词义模糊会产生大量未处理的数据，编码能防止数据过载。

编码的过程需要分析，并在不曲解信息的前提下对其重新审视、选择、解释并进行总结。你可以通过编码简化数据，形成有意义的数据块或赋予有意义的标签，从而为信息赋予意义。这样的数据块称为开放式编码。

开放式编码

开放式编码是指在句子或段落旁标注一个或多个单词。例如，你可以将一次采访转录到图表中，每一行记录一句话。将每一行进行编号。这样，你就可以如表 18.3 所示，用一两个词来概括句子。通过这张表，你可以看到，如何运用开放式编码来总结教师的回答。

表 18.3a 采访的开放式编码示例（教师 A）

行数	人物	回答	开放编码
1	采访者	请问你为什么选择当一名教师？	
2	教师 A	毕业后，我不知道自己想要做什么，所以我开始在当地小学也就是我的母校帮忙。	帮忙
3	教师 A	一开始，我听孩子们读书，每次只指导一个孩子。	个体
4	教师 A	后来，我变得更加自信，开始指导一些小组。	自信提升
5	教师 A	几个月后，有人问我是否愿意去达特穆尔（Dartmoor）的一所寄宿学校帮忙。	寄宿
6	教师 A	我十分享受……这次经历太棒了，因为我喜欢户外活动。	体验极佳 / 享受
7	教师 A	在一周里我承担了更多工作，不仅组织了团队游戏和场地周围的定向越野，还有一些晚间活动。	责任
8	教师 A	在那之后，一位老师对我说，"你可以做个老师，还能拿些薪水"，那一刻，我知道了自己想要做什么。	教师评论
9	教师 A	30 年过去了，我仍记得那一刻。	核心记忆
10	教师 A	之后，我就把精力集中在了考试上，为了达到 A 努力提高自己的分数，还申请参加了一门课程。	关注
11	教师 A	从那以后，我就再也没有后悔过。	不后悔
12	采访者	所以你认为这一切的发生是偶然吗？	
13	教师 A	我认为任何事情的发生都不是偶然……我觉得我内心有这个想法，只是自己没有意识到，我只是需要一个合适的环境来把它表达出来。	没有偶然 / 正确的环境 / 潜能

表 18.3b 采访的开放式编码示例（教师 B）

行数	人物	回答	开放编码
1	采访者	请问你为什么选择当一名教师？	
2	教师 B	从小我就想做一名老师。	终身的志愿

续表

行　数	人　物	回　答	开放编码
3	教师 B	我一直喜欢和孩子们待在一起，因此想找一份工作，在工作的同时还能帮助到孩子们。	喜欢和孩子们待在一起
4	教师 B	后来我在学校积累了工作经验，那时我才意识到这份工作很适合我。	工作经验

如果在几个采访中都提出同样的问题，人们对某些问题的回答可能不同，但得到的开放式编码却相似。这就提醒我们要寻找模式，或采用主轴式编码，这些内容会稍后进行讨论。

一些用于分析定性数据的电脑程序也具有归档和检索编码信息的功能。这些程序可以在采访转录文本或记录的编号行上附加代码，并记录信息或观点的来源。因此，我们可以从收集的大量材料中快速检索所选信息。然而要想掌握相关技术，确实需要花费相当长的时间，所以如果你想使用这些程序，那么需要提前向他人请教。

主轴式编码（寻找主题）

如果要进行下一阶段的分析，你需要在最初赋予的开放代码间寻找模式和主题。之后，你需要对这些主题出现的原因和方式做出解释，因此需要一种方法，将编码的信息组成更紧凑且更有意义的分组。主轴式编码（axial coding）可以将数据简化为更小的分析单位，如主题、原因/解释、人与人之间的关系以及新的概念，从而有助于你更全面地理解研究现状，并对所研究问题的最初解释或答案进行检验。确定共同的主题和进程通常有助于后期工作的执行，并为多案例研究中的跨案例分析奠定基础。

18.12　小结

从了解专业持续发展的重要性及提高教师工作效率的方法（即确定研究焦点、制定目的和目标、有效查找和利用文献资料），到规划并投身于符合伦理的研究中，本章强调了参与课堂教学研究的重要性，同时提出了实操准则。必须指出的是，以上只是对过程的概述，如果你想要开展研究，还需参考一些书籍资料，对更复杂的研究方法论有所掌握。此外，在阅读研究报告时，你应该了解研究者为得出结论而使用的研究方法。本章提供了一个方向，我们希望这些内容能够鼓励你完善教育改革研究。

18.13　拓展阅读

Buckler, S. and Walliman, N. (2016) *Your Dissertation in Education* (2nd edn). London: Sage Publications.

虽然本书是为学生写的，但所有从事校本研究的人都可以阅读。书中对本章的许多内容都进行了扩展。

Miles，M.B.，Huberman，A.M. and Saldana，J.（2019）*Qualitative Data Analysis：A Methods Sourcebook*（4th edn）. Thousand Oaks，CA：Sage Publications.

这可能是对定性分析讲解最为全面的一本书。

Pallant，J.（2020）*SPSS Survival Manual：A Step by Step Guide to Data Analysis Using IBM SPSS*（7th edn）. Maidenhead：Open University Press.

本书利用 SPSS 软件，将统计检验过程分解为几个循序渐进的阶段，深受读者喜爱。

第七部分
课堂实践

结合第三部分，这一部分就像一个信息的金矿，帮助教师利用心理学来形成他们的日常课堂活动，并创造愉快的、激发创造力的学习环境（第19章），在这个环境中，教师和学生能够充分发挥他们的潜力。不过，教育的性质已经发生了翻天覆地的变化，教师需要在虚拟课堂上像在真实的教室里一样熟练（第20章）。最后，教师需要从多个渠道获得建议，并将其内化为自己的个性和偏好，这反过来推动他们实施教学改革（第21章）。第22章将这些内容汇总起来，成为本书的终章。

第 19 章　学习环境

> **本章目标**
>
> - 辨别影响学习环境的因素。
> - 思考教师角色对学习环境的影响。
> - 了解行为如何与观点相联系。
> - 批判性地评价对行为起到积极影响的方法。

19.1　本章简介

　　简单来说，学习环境就是学习的地方，这种环境本质上涉及多个层面。思考一下你会怎么描述你现在读这页书时的环境？你是在家里、图书馆，还是在火车上？假设你正坐着，你坐在那里是否舒服？你会如何向另一个人描述你现在的位置？如果你在一列火车上，你也未必坐着。也许你旁边的人正在沙沙地翻报纸，分散你的注意力。也许他们听着自己的 MP3 播放器，发出一些干扰声。你在一个教室、报告厅等正式环境境内看这段文字的可能性极小。最后，你读这段文字时所在的地方是否有利于阅读，或者你是否在一定程度上分散了注意力？

　　学习的环境可以有许多。即便在学校里，学习也发生在许多不同的环境下：走廊、操场、教室，等等。那么，哪些因素有助于创造有效的学习环境呢？

> **活动：教室环境**
>
> 哪些因素有助于改善教室环境？
> - 至少列出 10 条有助于改善教室环境的因素。
> - 你的列表上有哪些项目能够以不同的方式分组？

　　你对前述活动的反应很可能包含对物理环境的感受，比如气温、照明，也可能包含社会或情感因素，例如个人层面的"热情度"，即学生们对你有多热情。克里默斯和瑞吉特（Creemers 和 Reezigt，1999）认为，教室环境包括物理和社会领域，以及它的气氛、规范和价值标准。此外，教室环境是学生成就最重要的预测因素之一（Brophy 和 Good，1986）。回顾你的列表，有多少因素在你的控制范围内？你如何影响环境？

本章将讨论如何将心理学应用到创造理想的学习环境中。

在理想世界中，你可以设计自己的教室，只要你认为合适的东西都能作为教室的资源。然而残酷的现实是，你所工作的地方可能不同于理想的世界。在教师的职业生涯中，我们很少能拥有绝对理想的教室，但是我们能管理所得到的东西，用现有的资源开展工作。

在教育历程中，我们发现每个人的工作环境各不相同。有的教室夏天时像烤炉一样炙热，有的教室又冷又暗，阳光难以射入；有的学校位于希斯罗机场飞机路线下面，因此教室装有空调设备和三层玻璃窗；有的学校临近高速公路，经常会听到车辆的隆隆声；有的学校建于 100 年前，有的建于 20 世纪 60 年代末，还有的只有几年的历史。明亮，通风，照明充分，刷涂了恰当的颜色（更多此话题内容见 19.4），配备了现代化设备和资源，为学习提供了舒适的环境。用心理学术语来讲，这是激励氛围的精华（Ames，1992；Pintrich，2003）。不同领域的诸多证据表明，激励氛围有助于提高成绩。无论我们在哪里教学，或者配备什么样条件的教室，我们都能保证可以为学生提供最佳的学习环境。

> **反　思**
>
> 思考一下你曾经授课的教室。每个教室中，哪些部分是你愿意取来配备理想教室的？

19.2　教室布局的心理学

今天，我们走进教室就能够了解到该教室里教师的心态。当然，要提醒的是需要考虑以下情况：教室布局可能由管理层的指令所决定。如果是这种情况，改变教室布局的灵活性可能就比较小。然而，如果没有指令，教师可自由支配，那么问题是：哪种是最佳的布局。我们会说没有"最佳"布局。确切地说，教室布局是教师希望与环境互动的要素。此外，为适应不同的需求，甚至不同的季节，教室布局要有所变化。我们可以说，某些布局，就课堂纪律或课堂协调方面来说，可能不如其他布局，但这又是一个主观的、从实用角度出发的评价，应视教学风格和偏好而定。

图 19.1 展示了布局样本，有的可能满足你的需要，有的则不能。我们建议在一张纸上草拟教室的样子，剪下一些桌子的图形，最好比例相近，通过移动这些图形进行试验。至少，这种方法能够指出哪种布局不适合现有的空间，尤其是考虑到健康安全问题、消防疏散通道问题以及其他与你的教室相关的事项。根据这一现象，我们在第 15 章提到了心理意象。一旦你在纸上制订了可能的布局，就可以使它在你的脑海中具体化，开始一场教室的"精神旅程"。想象你走进教室门，走过书桌，转身，环顾四周，评价布局的效果是否让你满意。进而，你可能还会预想出哪些学生会使用哪些桌子，是单个使用，还是分组使用（更有助于你进行管理），这样你就能确定采取哪些布

局能更有效地维持纪律。

在图 19.1 中，如果需要大而开阔的空间，图中几组桌子的摆放就能够很好地满足条件（例如，为更小的孩子准备的蓝色地毯）。将图 19.1 与图 19.2 进行对比，感觉完全不同。

图 19.1　教室轮廓计划

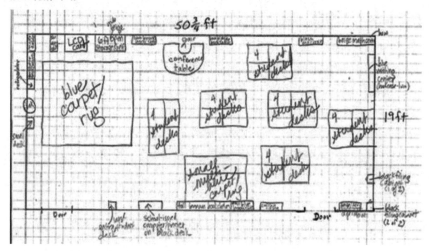

图 19.2　对比鲜明的教室

19.3　年龄和性别差异

不言而喻，教室应符合其使用者的需要。基于这一点，年龄段问题对于教室如何设计是十分重要的。例如，小学的教室需要有多种用途，但也需有重点，如要有一面识字墙和一面算术墙。相比之下，中学的地理课堂应将关注点放在课程方面，以适应中学生的学习水平。因此，如果教师想要使展示空间的影响最大化，了解相关的心理学尤为重要。

19.4 颜色心理学

要使一个教室符合其使用者的需要，可以采取多种策略提升教室的布置水平，为学生提供必要的刺激。有证据表明，如果我们将视觉刺激作为出发点，充足的教室照明或亮度会对学习的注意集中度产生积极影响（Sleegers 等，2013）。亮度是色彩感知的先决条件，对于提供学习活力来说是必不可少的，除此之外还要营造平静和安宁的学习氛围。如果考虑到屋子本身的亮度，色彩则会在无形中产生一种与教师设计环境时所想象的不同的效果（Tuncer 等，2012）。事实上，虽然不和谐的色彩和亮度搭配并不一定对教室使用者的身体健康有害，但对促进其心理健康却没多大帮助。

教师应注意的是色彩并不仅限于墙壁、板书和模型。使用颜色滤光片有助于帮助阅读困难的学生阅读和理解指导意见、学习任务或家庭作业，简单而有效地促进学生进步（Northway 等，2010）。这种降低视觉嘈杂或压力的方法使学生能够专注于视觉看到的事物，而不会承担过重的视觉负担（Wilkins 等，2009）。

19.5 字体心理学

设计板书、演示文稿、文件等诸如此类的内容时，字体和字号是需要考虑的重要因素。需要提醒的是，首选的字体、风格或大小可能在孩子眼中并不是最有效的。这里举个简单的例子。在第 6 章，我们经讨论得知深度知觉需经过一段时间才能发展成熟。因此，相比年龄大一些的孩子，年龄小的孩子缺乏深度知觉。例如，有迹象表明，如果要在字号间作选择，相比小字号（Arial 4.2mm），孩子们更喜欢大字号（Arial 5mm）（Wilkins 等，2009）。同样的研究显示，相比于阅读和查找 Sassoon Primary 字体显示的信息，孩子们阅读和查找用 Verdana 字体显示的信息速度更快。

选择适当的字体有助于提高文字识别力（Fiset 等，2008）和可读性（Gump，2001），因此可以推断出，选择合适字体能提高决策力和理解力，字体选择有着非常重要的影响。字体已和情绪联系起来，因此字体能够影响人的感觉。西蒙·贾维斯（Simon Jarvis，2011）写了一篇有趣的文章《致文字》（*To the letter*），详尽地阐述了字体对人们阅读诗歌时产生的影响。我们应认真考虑如何有效地选用字体，传递出印刷文字无法表达的情感。如果一种字体能改变人的情绪或影响心情，那么这就成为了教师资源库里的一个有力工具。在神经生理层面，字体不仅影响视觉体系，还能影响大脑边缘系统。正如我们在第 5 章和第 7 章所看到的，边缘系统负责控制情绪，并且与认知处理合为一体。由此，这意味着印刷品本身和印刷品呈现出来的感觉之间相互影响。实际上，如果多关注板书等教学材料的设计，通过情感激发就可能取得好的成果，甚至不必非靠内容。结果可能是，因为使用了更高水平的材料，孩子的自信心会得到提升。教师若能在教学中做到这样关注细节，就是充分应用了字体心理学，这不仅是为了帮助学习，更是为了提升学习体验的本质。

> **活　动**
>
> 步行穿过购物中心或者当地的主要街道，并注意那些展示的商业标识。思考一下上面的字体是随意挑选的，还是为了向消费者描述一种特别的信息而仔细挑选的。接下来，想想那个标识会让你对商店产生何种印象，如果感觉非常好，那么该标识就达到了它的目的。如果你从未做过这个试验，它一定会让你开始头脑风暴，你会想象在你的"商业环境"——教室里——会有哪些可能性。

实质上，到目前为止，本章所讨论的是一种用心理学来恰当地规定秩序和组织结构的方法，这种方法通过关注其他人以前没有关注过的细节而实施。如果一个教室环境设计得足够好，学生愿意去那个教室的机会也会增多。这和"所有权"的概念差不多，下文中会有所提及。

19.6　学习风格、个性化学习或教师素质

学习风格可看作一个人集中精力处理、内化和记忆新信息的方式，它所依据的是个人的生理和心理特征，以及它们是如何对学习环境做出反应的（Keefe，1979）。可以说，这节内容在本书中出现的位置不太恰当，因为这部分内容用于传达稳定的个体特征，即学生个体主要采用的学习风格。因此，本节同样也可在第 6 章或第 7 章（这样就显示出使用资料应适合自己的学习需要）中出现。

富兰克林（2006）认为，"学习风格"这一术语已成为推动提高教育标准的代名词，并举例说明了学习风格［具体表现为 VAK：视觉的（Visual）、听觉的（Auditory）、运动感觉的（Kinaesthetic）］如何在政府及其众多倡议中流行起来。帕什勒等人（Pashler 等，2009）同样也强调了学习风格普遍受欢迎。确定学习风格的根本原因是教育环境能够以这种方式组织起来，确保根据学生的需要调整环境。这一流行趋势可用个性化学习的吸引力来解释，学生被看作拥有独特学习方法的个体，如果给予其适当的且遵循其个人学习风格的指导，即可促进有效学习。相反地，如果学生没能成功，我们需要思考是不是教育体系的问题，而不该责怪学生本人（Pashler 等，2009）。根据科菲尔德等人（Coffield 等，2004）的研究显示，至少有 71 种学习风格，他们将其分为五个方面：基于本质的学习风格和偏好、认知结构、稳定的人格类型、"灵活而稳定的"学习偏好，以及学习方法和策略。

虽然目前的研究仍然表明儿童存在学习偏好，例如在科学领域（Kant 和 Singh，2015 年），但相关的争论越来越多。在 21 世纪头十年中期，学校按照政府的建议，将学习风格定为学校关注的重点领域。但科菲尔德等人（2004）的研究已经警示了对学生标签化的问题，他们建议采取更加个性化的方法，即让学生使用他们的元认知策略来学习。当然，这有赖于元认知策略在学生中的推广。事实上，在 21 世纪头十年的后

半段，在《吉尔伯特报告》①（Gilber Review，2007）发布之后，学校里开始出现个性化学习的趋势。然而，随着2010年政府更迭，关注重点又转移到了教师质量上，特别是招聘有效人员、改善教师培训和提高专业发展等方面。随着关注点回归到真正的教师身上，教师效能的概念就显得很有意义了，这一点在第3章中已论述。

19.7　结构、秩序和所有权

整齐的教室不仅为教师等所有在此工作的人提供舒适的环境，还能通过其有序的结构提高效率。实际上，这意味着一切事物都有自己的位置，一切事物通常都在它应该在的地方。在秩序井然的环境中，孩子们知道去哪里寻找有益的指导，他们将把自己的方法运用到学习中去——比如你会注意到班级里一些孩子的练习本十分整洁。教师培养并鼓励遵循秩序有助于培养孩子的所有权意识。意思是，教室是孩子们的教室，是一个培养自豪感的地方，孩子们会保护"他们自己的"教室。积极的所有权意识可能会对努力追求个人的和班级的目标起到激励作用。如果孩子们意识到自己对教室环境具有积极的所有权，这将有助于减少班级暴力事件（Johnson，2009）。

19.8　学习氛围

作为教师，你有一项令人称赞的能力，即控制学习氛围。你如何确保你的教室受人欢迎？毕竟，学生每年要在教室度过将近190天的时光。当学生踏进他们的区域时，你希望他们有何感觉：一个安全、舒适、包容的学习环境，还是一个让他们感到恐惧、不受欢迎或者像是擅自闯入的地方？作为教师，你如何确保建立起你想要的氛围，使每个踏入教室的人都感到舒适？

本书鼓励教师发展自己的人生哲学，以便体现在自己的教学实践中，这其中就包括管理开展教学的场所。作为教师，你就是"学习乐团"的指挥，学习每分每秒都发生在你的领域，你和你的学生共享这个领域。尽管本书提供有关学习者个体的信息，尤其是如何运用心理学支持他们学习，只要一个教室里有两名以上学生，则需进行平衡处理。如何确保每名学生都享有最优的学习条件？如何确保环境和氛围都合适？只有一名学生时，你能保证他（她）坐最理想的位置，感觉舒服，你能给他（她）恰当的鼓励和激励，当他（她）需要帮助时你就能提供帮助。然而多增加一名学生，你的注意力就会分散。现在再增加7名学生到这个平衡局面中，也许有的学生在进教室前有过争吵，也许其他学生热衷于分享他们对自己喜爱的乐队最新发布的专辑的看法，也许一名学生感觉不舒服，另一名学生前一晚因为他（她）的弟弟或妹妹打扰而没有睡好，也许有学生害怕放学后的牙医预约。再增加20名学生，你精心计划过的课程可

---

① 《吉尔伯特报告》是一份关于高等教育质量保障体系的独立报告，由英国政府委托罗宾·吉尔伯特（Robin Gilbert）教授撰写。吉尔伯特是英国知名教育学家。该报告提出了一系列建议和改进措施，以确保高等教育机构的教学质量和标准。——译者注

能会出差错。

满足每名学生相互矛盾的要求最重要，如果我们处理好这个问题，学习就能在愉快的氛围中进行。如果我们处理不好这个问题，氛围就会改变。你可能很容易地将氛围的变化归咎于学生，但是出现不恰当的学习行为难道不是由不恰当的学习环境造成的吗？我们将这些行为的责任推给了学生，而他们比我们这些教师年龄更小、经验更少。

回到第9章的主题，我们很容易把学生当作有问题的一方，无论是关于我们没有解决的学习需要，还是关于他们自己的行为。第10章中，讨论了涉及正强化（奖励）和负强化（惩罚）的动机气氛，这种氛围促使特定行为发生。然而，作为教师，我们有责任为每个学生建立恰当的教育环境氛围，以限制不好的行为表现出来，这就引出本章中教师认为最重要的领域之一：学生行为。

19.9　行为"管理"？

通常，讨论课堂行为时，就会提到"行为管理"。这一术语暗指行为是自发产生的，由教师进行管理。即使实施行为管理是为了减少不良行为的发生，以使学习的积极属性最大化，人们仍应把焦点放在学生的不当行为上。无论我们对并不希望出现的不当行为有所反应还是积极主动地减少这些行为，重点都在控制或限制某些方面。但是，本节认为不当行为不是由于不适应而产生，而是与学生当前所处的环境有关。

> **反　思**
>
> 你认为课堂中出现不当行为的原因是什么？
>
> 无论你是一名将要讲课的实习教师还是一名忙于职业发展的正式教师，现在把自己当作一名学生。
>
> 你是否总是表现出恰当的学习行为，或者你是否曾经和其他同事或学生窃窃私语，查看手机短信，列购物清单，进行与工作无关的讨论，或者没有完全投入到手头的任务中？
>
> 现在想象我们生活在由学生管理的世界中，他们会认为哪些是你眼里的不当行为？

管理行为是每个教师都必须进行的，这是教师工作的一部分。这不同于传统意义上的行为管理，而是管理教师当下面对的任何行为。无论是新任教师还是有经验的教师，每个与教育事业相关的人都关心如何解决这个问题。这可能是影响教学愉悦程度最重要的方面，即便考虑到在它之后，排第二、三位的还有那些纷至沓来的任务，以及日常文书工作。然而作为教师，我们与这些行为的关联可能是唯一一个最重要的因素。我们如何对不同行为做出反应？哪些行为最值得关注？哪些行为需要花费最长时间处理？

斯温生和哈洛普（Swinson 和 Harrop，2012）确定了三种不同的不当行为：非扰乱性的开小差行为；扰乱性的开小差行为，例如说话；以及严重扰乱课程正常进行的行为。根据埃尔顿（Elton，1989）的研究显示，高频率、低水平的扰乱行为可能导致教师因压力极大，从而离开这一职业（NASUWT，2010；NUT，2012）。

> **反　思**
>
> 下面列出了一些不当行为：
> - 课堂上大声喊叫
> - 在教师讲课时与其他学生讲话
> - 坐立不安
> - 打扰正在做功课的学生
> - 不好好完成指定的任务
> - 对课程不感兴趣
> - 其他
>
> 现在对这些行为划分先后顺序，按照从最具扰乱性到最不具扰乱性进行排序。对每一种行为，思考以下六个问题：
> - 你认为这个行为为什么会发生？
> - 谁受到了这个行为的影响？
> - 这个行为具体是什么？
> - 这个行为在哪里发生？
> - 这个行为在什么时间发生？
> - 如何处理这个行为？

拉特等人（Rutter 等，1979）的报告称，从历史角度看，教师不赞成和训斥学生的行为明显是教师对其进行表扬的行为的两倍（本章中会进一步讨论该问题）。尽管从心理学角度出发，布罗菲（Brophy，1981）认为影响孩子行为的不在于表扬还是训斥，而是实际反馈的质量。此外，1989年发表了一篇关于行为的核心报告《埃尔顿报告》（Elton，1989）。这篇报告旨在定义在学校环境下，什么是良好的行为和纪律（以及它们的对立面），同时也调查了学校内纪律问题产生的原因和程度，进而提出了如何促进良好行为的建议。事实上，最近，关于行为问题的评论是由一份政府委托的《斯蒂尔报告》作出的（Steer，2009），报告提出了47条建议。这些建议指出没有单一的解决办法，需要将那些不可分割的元素组合起来：通过全校参与的方法，开展有效学习、有效教学和行为管理。

策略

尽管有许多促进学生积极学习的策略，但是最重要的一点是要确保方法一致，这样学生才能意识到什么是必须做的，什么是不被接受的。采用一致的方法需要将全校作为一个整体,以避免传达给学生相互冲突的信息。此外,教师使用这一方法时也要注意一致性。例如,我们建议应调整体育课以促进学生的专注度,这可能是减轻行为问题的一个办法(如第6章所述)。但是,教师一个人无法影响事件变化,所有教师都需要同意干预学生的行为学习过程以保证一致性。

四步法模型

最近,斯温生和哈洛普(2012)开发出一个基于积极心理学的模型。下列活动举例阐释了他们的四步法模型。

活动:基于斯温生和哈洛普模型的示例

通读以下四个步骤,同时思考如何使其适用于你的课堂环境。

第一步

第一步要明确指示说明。对此,斯温生和哈洛普建议使用简单、清楚的指示。另外,应限制指示的数量,每次最多发布三个指示。这些指示应指出预期的行为,例如,独立完成任务、两人一组、结成小组、噪音水平、完成任务需要的课本材料等。

第二步

第二步是关注每一条指示或说明,找到那些按指示做事的学生并认可他们的行为。对完成指令的学生,表扬他们的行为,例如:"第三桌同学收拾课本时非常安静,做得很好。艾米整理好后静静地坐着,非常好。"点出某个人或小组名会加强其他人对要求的理解。

第三步

第三步是在学生按照要求完成任务时,经常肯定学生的做法。接到指示后,有的学生可能会专注于活动,有的可能会分散注意力,还有的介于两者之间。因此,通过肯定那些专注于任务的学生来强化最初的指示是十分重要的。针对个人进行反馈,这一点很重要,还是要点名指出专注于活动的个人或小组。反馈应该细致而具体,与下达的任务或说明相关。此外,反馈还应真诚且符合孩子的年龄特点。例如:"詹姆斯,很高兴看到你这么专注地进行整理,又快又安静。"

第四步

最后一步是始终准确地知道如何处理不恰当行为。确保采用一致的方法处理每类具体的行为。无论是对非扰乱性的开小差行为,还是严重扰乱性的行为,教师都应有一套可以一直使用的成熟的策略。例如,可以这样说:"克莱尔,你应该快速且安静地整理物品。你愿意现在做,还是等其他同学都去玩游戏了再做?"有了选择,学生就可以决定是听从指示,还是接受不听从要求的后果。其后果应直接和行为相联系,本章会进一步讨论这一问题。

行为的"ABC法"

尽管第 1 章和第 10 章探讨了行为主义视角,但是我们通常提倡的策略是行为的 ABC 法。先说明一下这一方法。通常当教师看到课堂中出现不良的学习行为(B,behaviour),他们都会给出一个结果(C,consequence)。例如,我们要求大家集中注意力时,一个学生不停地说话(B),结果是,这个学生会被点名,而我们要重复之前所提的要求(C)。一名学生在桌子下踢另一名学生,导致受害一方发出抗议(B),结果做错事的人就会受到某种程度的训斥(C)。

上述两个例子都遗漏了前因(A,antecedent)。换句话说就是造成后果(C)的行为(B)产生的动机。有没有可能"说话者"是在学习中被老师发现,而那时候他正打算表达和任务有关的"创新点",却被老师打断了?有没有可能"踢人者"之前被其他学生有意或无意地踢过?

考虑到班上学生众多,我们真能觉察到所有前因吗?因此,我们一般会使用下列方法管理行为:学生对于不公正的情况的任何抗议都会被视为对我们权威的威胁,而由于我们要设法维持秩序,这一情况又会进一步恶化。

对于行为的理解是许多行为支持策略的基础:行为背后的动机究竟是什么?这一问题引导我们在下文中讨论进一步的策略。

促使行为发生的四个因素

鲁道夫·德瑞克斯(Rudolf Dreikurs)(1897—1972)是一个受阿尔弗雷德·阿德勒(Alfred Adler)的理论影响的心理学家。基于学生希望获得地位或认可的逻辑,德瑞克斯等人(1972/2004)提出不当行为有四个激发因素或目标,这是他们通过观察许多孩子及其展现的、能归为一类的不当行为实例而确定的。激发因素包括:寻求关注、获得权力、实施报复以及有目的地展示自己的不足。这些将在表 19.1 中依次说明。

表 19.1 行为的"四个目标"(改编自德瑞克斯等人,1972/2004)

寻求关注
如果学生通过自己努力获得的地位被人剥夺,他们就会通过寻求关注以证明自己的地位,他们认为,"只有别人注意我,我才属于这个课堂"。学生不知道通过表现出预期的行为来获得关注并不能提升自信心。学生会滋生"对关注的无限渴望",要求增加关注,在误导下找寻归属感。

获得权力
如果没有使用正确的方法预防学生对过分关注的需求,学生可能会成为"权力追逐者"。学生想成为领导者依据的是错误的逻辑,他们认为,"只有你做我希望你做的事,我才有价值"。

实施报复
如果教师实施了一系列关于纪律的策略来解决之前的问题,学生可能会实施报复。其激发因素是其他人伤害了他们,所以他们也要伤害他人以找回自己的位置。

有目的地展示自己的不足
前面三个逐步升级的动机导致的结果是,表现出不足的学生已放弃了努力去寻找归属,只等着失败和挫折。

> **反　思**
>
> 仔细思考在课堂上出现的不当行为的例子。
> 你赞同用"四个目标法"解释这些事件吗？

根据四个激发因素或目标，建立起干预框架，老师可以向学生询问每个行动的动机，这会使我们注意到行为产生的潜在原因（具体干预措施在表 19.2 中说明）。

表 19.2　干预对话的实例（改编自德瑞克斯等人，1972/2004）

教师	你知道自己做了什么吗（无论是什么行为）？
学生	不知道。（学生可能回答得很诚实，因为他们不了解自己为什么会以一种特定的方式做出反应。）
教师	我有一些观点能说明你为什么会这么做（描述行为）。你愿意思考一下这其中是否有一些适合的吗？（或者其他同样效果的说法。通过给学生提供选择使他们有一种自主的感觉。）
学生	好的。
教师	（以下的每个问题都由教师提出，不加评判且不掺杂个人感情，欢迎学生回答每个问题。） 你是不是想获得特殊的关注？ 你是不是想有自己的方式？ 你是不是感觉受到了他人的伤害？ 你是不是想独处？

一旦学生确认了行为的激发因素，德瑞克斯等人提倡他们认为的自然结果。根据自然结果，学生需参与与行为相符的活动。例如，如果学生在课程结束前没有参与整理活动，自然结果是他们要利用自己课后的时间来整理。这种方法本质上是"有恢复作用的"，给学生提供了弥补的机会。

这种恢复性方法与"恢复性司法"有关。恢复性司法是一种涉及被害人和犯罪者积极参与的方法，重点通过授权、沟通和宽恕解决他们之间的问题（Hopkins，2004；Lynch，2010）。恢复性司法的目的是促使犯罪者认识到其行为产生的影响，让他们感到懊悔（或表露出来），继而减少他们重复这种行为的可能性（Macready，2009）。关于这种方法有益的原因，一种说法是由于这种情况下的自主权，被害人和犯罪者双方分享自己的想法和感受，并确立最终决定的所有权。艾哈迈德和布雷斯韦特（Ahmed 和 Braithwaite，2006）还特别研究了这一方法中移情作用的必要性，它能引导人真诚地道歉，不会让犯罪者因羞耻或强迫而道歉；只有这样，再次犯罪的情况才会减少。

为了进一步了解行为的动机，我们回溯一下前面介绍过的两个概念。在章节 4.5 的反思实践中，我们介绍了图式或思维模式这个概念；在章节 8.12 在讲自我归因时，介绍了习得性无助概念，即学习者认为自己的所处环境没有掌控感。如果一个学生的所作所为经常受到批评，他们的图式就会被设定为"我没用"，或者"不管我干啥都会被批评"等想法。请记住，不用太久就能建立一个稳固的模式（遵循习得性无助），但可能需要更多的尝试来消除这种习得性无助带来的障碍。因此，教师应该意识到，学生表现出来的行为可能是基于一个既定的模式，而这可能需要时间和不断的强化来改变他们的习得性无助。因此，建议老师在行为策略方面尝试一些新的东西，给够时间来巩固，然后在适当的时候进行评估。

最后，教师采取何种方法应对行为会影响课堂的学习气氛。你经常要处理不当的行为吗？还是作为一个积极的课堂管理者，能够组织令人愉悦的学习环境？

19.10　表扬还是不表扬？

一个被深入探讨的外在激励因素就是表扬。在学校中，表扬有许多方式，有的是口头赞赏（例如，"这个问题问得好"或者"这么安静地学习，做得很好"），有的是给年龄稍小的孩子发贴纸，以及认可他们努力的一些证书。丁克梅尔和德瑞克斯（Dinkmeyer 和 Driekurs，2000）的研究可以解释表扬，他们认为这种鼓励形式有助于将焦点集中于努力的过程而不是取得的成就，反过来，这也为学生提供了积极的关注点，比不表扬学生更能激发他们的动力。

反　思

你如何回应表扬？
你如何运用表扬？

亨德龙-科珀斯和莱佩尔（Henderlong-Corpus 和 Lepper，2007）的进一步研究显示表扬同样可运用到成就中，比如学生的实际成果或经过努力完成的作品。他们指出，表扬可以成为孩子们的内在技能。对人、过程或作品的表扬随着孩子成长逐渐减少，到孩子9岁时，表扬对他们的影响就非常有限了。博埃克尔斯（Boekaerts，2002）解释了这一与年龄相关的因素，他指出学生不认为努力可以解释最后的成功，他们将自己的成功归结为自己和同伴的经验，这加深了他们对于自己执行能力的坚定信念。

德威克（Dweck，2007）进一步解释说明了学生对于表扬的反应减弱这一现象，虽然学生觉得自己的努力受到了表扬，但他们可能还是觉得结果和个人预期的不一致。因此，学生可能感觉到失去动力，对可能到来的表扬也会反应减弱。

反　思

你正在和一群11岁左右的孩子们合作编写班级的新闻报道。他们非常努力，但是注意力开始分散了。你想鼓励他们努力加油，但是却从他们之前的讨论中了解到因孩子的努力而给予的表扬可能已贬值。你如何做才能保持他们的动力，使他们对结果感到非常满意？

尽管德威克作出了自己的论断，但进一步的研究表明对学生的努力（过程）给予表扬有助于学生在一项任务上保持专注度（Dreikurs 等，1998，1972，2004；Dweck 和 Master，2009）。

尽管表扬、奖励甚至惩罚等行为主义方法是学校内使用的主要激发因素，一名心理学家却开发出一个既不使用奖励也不使用惩罚的模型。鲁道夫·德瑞克斯提出了一个社会纪律模型，他认为不当行为是在某个群体中缺乏归属感的结果，而且所有行为（不论是被接受的，还是不被接受的）都是有序地、有目的地为了获得社会认可。但是，每个人的看法和他们选择用何种方式来获得认可才是行为被接受与否最根本的原因（Dreikurs 等，1998，1972/2004）。

如前面所讨论的，德瑞克斯没有遵循使用奖励或惩罚的方法，而是推进鼓励的进程以预防纪律问题，认为做出不当行为的学生是因为没有受到鼓励，因此，恰当的鼓励能帮助学生以正当的方式获得认可。德瑞克斯评论道，鼓励和表扬的区别在于前者关注努力，后者关注成就。表扬暗示学生他们满足了别人的需求，会受到保护，而给予表扬的人则处于一种优势地位。此外，德瑞克斯指出表扬会导致竞争，接着就会产生自私自利行为。若要深刻理解德瑞克斯的成果，我们强烈推荐阅读科恩（Kohn）1993 年的一本书——《奖励的惩罚》(*Punished by Rewards*)。

对于德瑞克斯研究成果的讨论（可追溯至 20 世纪 60 年代初期）在今天具有重大意义，尤其是当前兴起了对自我决定论的关注与兴趣。德西等人（Deci 等，2001）的研究指出奖励会让学生感觉到自己的自主性受到外来事务的威胁，从而失去动力。

19.11 小结

当教室看起来具有激励的气氛时，它本身就能有力地促进学习，同样地，也能使孩子们在教育环境下感到舒适，这样一来，必然会培养出放松感，继而引发更高效、愉快的学习。在这种环境下，孩子们情感上的幸福有助于他们在学业、情感、社交上都有所探索和发展（同样可见第 7、9、10 章）。因此，在设计和发展这样的环境时，教师的作用最重要。在较差的教室环境中，如果本章中阐释的潜在心理学准则不能提供帮助，教师就会面临一场硬战。尽管教师们可能确实享受挑战，但有时候将挑战降到最低会省出更多时间，用到课程的其他方面中。通过建立高效的学习环境，教师与行为的关系仍然需要识别，这样我们才能确保学习气氛受到所有人的欢迎。

19.12 拓展阅读

Coffield, F., Moseley, D., Hall, E. and Ecclestone, K. (2004) *Learning Styles and Pedagogy in Post-16 Learning: A Systematic and Critical Review*. London: Learning and Skills Research Centre.

尽管这篇报告中关于学习风格的讨论是基于 16 岁以后的学习，然而对于许多此类学习风格的概览和详细的批评以及建议，应该是教育课程的核心读物。

Creemers, B.P.M. and Reezigt, G.J. (1999) "The role of school and classroom climate in elementary school learning environments," in H.J. Freiberg (ed.), *School Climate: Measuring, Improving and Sustaining Healthy Learning Environments.* London: Falmer Press. pp. 30–47.

克里默斯和瑞吉特写作的章节在如何建立有效的教学环境方面提供了深刻的建议。

Dreikurs, R., Grunwald, B.B. and Pepper, F.C. (1998) *Maintaining Sanity in the Classroom: Classroom Management Techniques* (2nd edn). London: Taylor & Francis.

这一著作应以批判性的开放心态来阅读，因为它展示了关于一致性方法的充分讨论，这类讨论多年来在教育中已淡化了。

Kohn, A. (1993) *Punished by Rewards: The Trouble with Gold Stars, Incentive Plans, A's, Praise and Other Bribes.* Boston, MA: Houghton Mifflin Co.

这本书以有趣的视角向我们展示了奖励如何起了反作用，你最好带着批判的思想来阅读本书。

市面上有很多有关行为管理的书籍，像比尔·罗杰斯（Bill Rogers）[①]或罗博·普莱文（Rob Plevin）[②]等知名作者的著作都值得一读。你所在的学校会有一套需要遵循的行为管理政策，同时，不同学校的行为管理理念也会有所不同。然而，我们在本章以及本书中的主张是，如果你了解并能运用学与教的理论，这有助于你消除很多行为问题。

[①] 比尔·罗杰斯，澳大利亚教育顾问、作家，儿童管教、行为管理专家，担任墨尔本大学教育学院名誉教授，被译为中文的著作有《3-7岁儿童课堂行为管理》《课堂行为管理指南》。——译者注

[②] 罗博·普莱文，英国"以学生需求为中心"的课堂管理/教学法创立者，课堂管理领域具有影响力的专家，被译为中文的著作有《15秒课堂管理法》《让学生快速融入课堂的88个趣味游戏》《7天建立行之有效的课堂管理系统》等。——译者注

第 20 章　电子化学习：教育的新前沿？[①]

> **本章目标**
>
> - 思考电子化学习 1.0 和 2.0 之间的差异。
> - 明确电子化学习设计的核心理论。
> - 了解学习者的自主性在电子化学习中的作用。
> - 了解电子化学习的优势和劣势。

20.1　本章简介

电子化学习广泛应用于各种阶段的教育，不论是学前教育还是大学教育。某种程度上讲这种变化是自然而然发生的，比如布置家庭作业，由于新冠疫情爆发，仅几周的时间，线下学习就全都搬到了线上。

本章的目标是介绍什么是电子化学习，以及一些电子化学习的理论；讨论为什么要提高学习者的自主性；讨论电子化学习的优缺点以及提供一些有效电子化学习的建议。

20.2　什么是电子化学习？

近来，有学者想更换"电子化学习（elearning）"这一说法［例如哈留等人（Harju 等，2019）建议更名为"数字学习"（digital learning）］，但"电子化学习"这一名词一直以来都被人们普遍接受。"elearning"中的"e"通常代表"electronic"（电子），也可以表示"enhanced learning"（技术提升学习）或"online learning"（线上学习），还可以指 m-learning（移动学习）、u-learning（泛在学习）、v-learning（虚拟学习）等（Pachler 和 Daly，2011）。事实上，艾丽（Ally，2008：16）曾探讨过有关电子化学习的各种术语，包括互联网学习、分布式学习、网络学习、远程学习、虚拟学习、计算机辅助学习、基于网络的学习、函授学习等，但人们仍难以理解这一术语的确切含义（Pachler 和 Daly，2011）。

[①] 本章的删节版发表在特许学校的教育交流网站（https://theeducation.exchange），标题为：Scott Buckler: Theoretical perspectives of enhancing elearning within compulsory education.

"电子化学习"这一术语于1999年10月由一家名为CBT Systems（Computer-Based Training）的计算机培训公司提出，其特点是利用互联网，以个体为导向，能够适应不同学习者的学习节奏。电子化学习比传统课堂学习效率高50%（Shepherd，2013）。从历史看，电子化学习早在20世纪70年代中期就已经出现，当时的计算机是通过公司主机连接的，不过，电子化学习的雏形可以追溯到1926年教育心理学家西德尼·L·普雷西（Sidney L. Pressey）发明的自我评分机和编程学习（1926，1927），其理论基础是美国心理学家桑代克的"效果律"或刺激式学习法。

电子化学习包含许多用于确保学习者学习体验的信息和通信技术，如一些可以单独使用或组合使用的设备：计算机、软件、移动设备、通信工具、虚拟/管理学习环境系统（VLE/MLE）或学习管理系统（LMS）（Pachler和Daly，2011）。这些设备不仅可以传输学习内容、提高参与度，还可以通过社交活动创造出新的内容。

埃瑟林顿（Etherington，2008）指出，如果能谨慎地将电子化学习融入课程之中以强化教育，那么电子化学习就是一种有效的工具。尽管这种学习强调"谨慎"和"强化"，但电子化学习也因此无法取代其他形式的教育。电子化学习分为不同的类型，如自学课程、虚拟世界和模拟、虚拟教室、在线合作和在线资源（Shepherd，2013）。电子化学习的核心是学习模式，或者可以说是体验或表达的模式。对于电子化学习，这种模式是学习者的专业知识水平与他们对学习形式的重视程度之间的相互作用（Quinn，2013）。如图20.1所示。

图20.1 初学者到专家的转变（改编自奎因，2013）

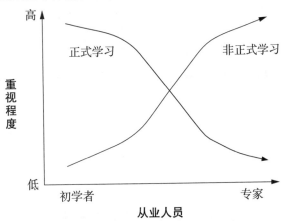

反 思

使用奎因（Quinn）模型进行思考：
- 能否描绘出你作为学习者的经历？
- 你的学习方法是否因你所学的内容而发生变化？
- 面对班里学习程度不一的学生，怎样实施差异化教学？

20.3 电子化学习的类型

随着技术的发展，电子化学习日渐成熟。网络互联互通的发展让电子化学习从"程序化"学习转为人机协同的学习。教育学家帕克勒和戴利（Pachler 和 Daly，2011）将此称为电子化学习 1.0 和 2.0 之间的区别。

电子化学习 1.0 关注的是内容的"传递"，例如让学生阅读或在虚拟/管理学习环境系统上观看课程，并以同步（实时，如虚拟聊天室）或异步（延迟，如讨论区）的方法与教师或其他学生交流，对内容进行解释。而电子化学习 2.0 利用社交软件和扩展应用程序（如维基百科、博客、社交网络等）通过虚拟学习社区中的小组互动来实现社会化学习。因此，新的内容产生于社会化学习的过程中。帕克勒和戴利（2011）还表示，电子化学习 1.0 和 2.0 相互交织的同时也拓展了"混合学习（blended learning）"，即面授学习同计算机学习进行结合。事实上，电子化学习 1.0 和 2.0 相互影响已有九年，也一直没有出现什么分歧。基于此，我们可以得到两个连续体组成的模型（内容分为现成内容和由学生创建的内容，模式分为个体模式和合作模式），形成四个象限（如图 20.2）。

图 20.2　电子化学习中内容与模式的相互作用

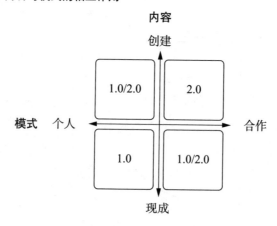

20.4　电子化学习的理论

尼科尔斯（Nichols，2003）提到，如果电子化学习没有理论的指导，就会阻碍其进一步发展。西门斯（Siemens，2004）同样认为要在理论的指导下开发电子化学习的新材料。而教育学家比瑟姆和夏普（Beetham 和 Sharpe，2013）则认为电子化学习不需要这样的理论，他们认为重要的在于明确如何利用技术来改进学习过程，而非弄清新的理论如何利用技术来增加附加值。同样，迈耶斯、德弗赖塔斯（Mayes、de Freitas，2013）和艾丽（Ally，2008）也表示不需要新的理论。例如，艾丽（2008）探讨了在不需要发展新理论的情况下，如何将不同的教育方法应用于电子化学习。总结见下表 20.1。

表 20.1　适用于电子化学习的学习理论（改编自艾丽，2008）

理论	摘　要	对电子化学习的影响
行为主义	将思维视为对刺激的反应，并且可以定量观察，忽略思维过程产生的影响。	● 应明确告知学生学习结果，以便于他们评估自己的学习是否有效果。 ● 须进行考试，以确定学生的学习是否有成效。 ● 应按合适的顺序学习材料。 ● 必要的情况下，教师需要向学生进行反馈，并引导他们纠正错误。
认知理论	学习是一个内部过程，包括记忆、思考、反思、动机、元认知等过程。学生通过不同类型的记忆来理解学习的内容。	● 学生应掌握能调动多种感官且能转移到工作记忆（working memory）中的材料。 ● 应告知学生参与学习活动的原因，以便他们关注相关信息。 ● 教师应确保学习材料符合学生的认知水平。 ● 应鼓励学生从长期记忆中提取信息，以便用于特定的目的。 ● 应将信息"分块"处理，避免工作记忆在处理新信息时超负荷运转。 ● 应鼓励学生利用元认知，即对自己学习能力的认识。
建构主义	认为学生是主动学习。具体地讲，知识取决于个人对信息的理解和处理方式。学生是学习过程的关键，教师提供指导以增加学生的学习经验。因此，学习是知识的建构和发现，而不是教师直接传授的结果。	● 应鼓励学生主动学习。 ● 教师应确保学习的意义性和互动性。 ● 教师应鼓励学生参与到学习过程中，学习知识的同时培养理解能力。 ● 教师应让学生合作学习，通过小组合作，提高学生的元认知能力。 ● 在学习过程中，教师应扮演引导者的角色，把学习的控制权交给学生。 ● 给学生一些反思的时间。
联通主义	人是在网络环境中学习和工作的。其他人会不断地在网上提供新信息，因此学生无法把控他们所学到的内容。	应鼓励学生从各处搜集并研究信息，并对重要内容进行评价。

活　动

回顾表 20.1。思考一节优质课程，并完成下表 20.2，为不同的电子化学习理论设计活动。

表 20.2　与电子化学习相关的四种理论

理论	活动	教师应怎么做	学生应怎么做
行为主义理论			
认知主义理论			
建构主义理论			
联通主义理论			

艾丽（2008）将这些方法整合，提出了一个四链模型（four-strand model）。

● 为了让学生做好准备，教师应思考以下内容：提供理论基础，解释课程背景；本节课与以前的课程有什么联系；本节课最终的收获；以及为什么要上这节课。

● 学习活动的类型：学生的个体需求；围绕这些需求的各种学习活动；通过反馈来监测学生的学习进度；学生有机会研究和反思自己的学习过程，并产生与个人相关的意义；课程结束和课程总结的形式。

● 加强学生互动的方式：学生学习电子材料；同教师或其他学生进行互动；建立共识；学生根据自身的情况，通过互动将学习情境化并产生与个人相关的意义。

● 学习迁移的方式：将所学内容迁移到现实生活中，加以应用和反思，让学生在线上课程之外取得进步。

总结如下图20.3。

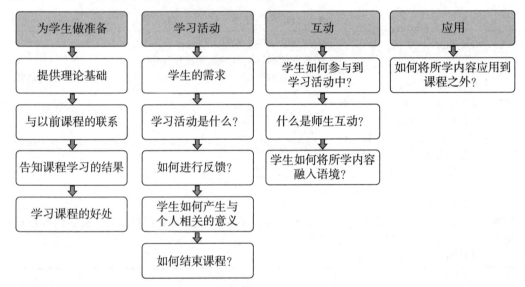

图20.3 电子化学习的计划阶段（改编自艾丽，2008）

艾丽的模型与赫林顿等人（Herrington等，2010）提出的"真实性任务（authentic task）"方法有相似之处，后者旨在吸引学生投入到复杂任务学习中。这些真实性任务的特点如下：

（1）与现实世界有关联。

（2）并不是指哪项确切任务，而是需要学生自己弄清完成活动所需的任务和子任务是什么。

（3）包含较为复杂的任务，如在某段持续的时间里进行调查。

（4）能让学生在利用各种资源的同时从不同的角度审视任务。

（5）可以让学生互相合作。

（6）能让学生进行反思。

（7）适用于不同的学科领域。

（8）可与评估相结合。

（9）可以创造出有价值的最终产品。

（10）能包容不同的解决方案和多样的结果。

吴和里夫斯（Woo 和 Reeves，2007）认为真实性任务能够推动真实性学习，他们认为若活动与学生个人相关，就可以实现真实性学习。艾丽的模型和赫林顿等人的方法都认为学生之间的相互影响十分重要，在学习过程中既有独立学习也有合作学习。克诗曼（Koschmann，2003）就合作学习进行了探讨，他指出电子化学习是如何通过在线合作的方式将概念应用到实践中，从而重构对电子化学习的认识和对其概念的理解。安德森（Anderson，2008）用模型展示了学生、教师和内容之间的相互作用，教师在整个过程中处于核心决策者地位（图20.4）。重要的是，这种合作依赖于学习者能动性（learner agency），即学生对所学内容的话语权和把控权（Pachler 和 Daly，2011）。

图20.4 在线学习模型展示了学生、教师和内容之间的相互作用（改编自安德森，2008）

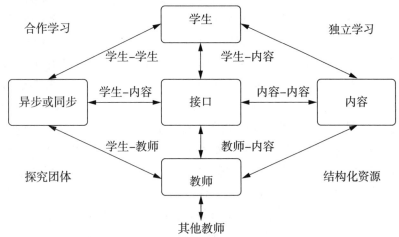

奎因（2013）从实践的角度总结了上述理论，并且提出了4C理论，即有效电子化学习的四个组成部分：内容（content，即获取内容），计算（compute，即使用内容），交流（communicate，即与他人讨论内容）和收获（capture，即学习的结果）。

活 动

使用计划表20.3，设计一个有效的电子化学习课程。

表20.3 电子化学习计划表

组成部分	活 动	教师应做什么	学生应做什么
内容			
计算			
交流			
收获			

虽然利用数字技术进行学习需要学生具有一定的认知和社交技能，但自我激励和自主性也是重要的方面（Eshet，2012）。下一节将会对此展开讲解。

20.5　发展自主学习

诺尔斯（Knowles）虽然因其对成人学习者的研究而闻名，但他的理论可以应用于任何使用电子化学习的人，特别是那些能自我引导和自主学习的学习者（Knowles，1975，1990）。邦克和雷诺兹（Bonk 和 Reynolds，1997）表示，为了促进电子化学习的高阶思维能力的发展，需要创造一些有挑战性的活动，让学习者能够将新旧信息联系起来、获得有意义的知识、使用元认知能力。因此，他们断言，为了帮助学习者更好地参与学习，教学策略比技术更为重要。

培养学习者自主能力最重要的一个方面或许是提高他们的自我调节能力。自我调节是指在学习过程中，个体主动且独立地明确自己的学习需求、设定目标满足需求、找到合适的学习资源、适当地参与其中、评估学习成果（Knowles，1975；Rotgans 和 Schmidt，2008；Zimmerman 和 Schunk，2011）。齐默尔曼和莫依伦（Zimmerman 和 Moylan，2009）将自我调节总结为三个关键阶段：预见（分析任务和明确自我激励的信念）、表现（自我控制和自我观察）、自我反思（自我判断和自我反应）。

索等人（So 等，2019）对香港的四所学校（330 个样本）的 11 个班级（3 至 6 年级）就自我调节学习进行了调查研究，在科学教学时使用带有多媒体影音和游戏的电子教科书，教学主题包括"季节与天气""呼吸系统""日食和月食""力与运动"以及"简易力学"。从每个班选三个孩子（33 个样本），每节课后都使用"认知走查法（cognitive walkthrough）"［即分析用户心理过程以评估用户界面的方法（Wharton 等，1994）］与他们交谈。通过分析谈话的内容来确定主题。研究结果表明，学生更喜欢动画、游戏或交互式教科书，这些能让他们维持注意力和学习动机。研究还表明，虽然大多数学生希望多使用电子化学习，因为这样就可以获得更多的自主学习机会，但他们仍需要教师提供指导，帮助他们了解在线资源的全部功能。此外，学生需要在教师帮助下实现自我调节学习。

尽管自我调节能力强且独立性较强的学习者使用电子化学习更加有效（Kauffman，2004；Wang，2011），但仍存在几个问题。例如，学习者不理解所学内容；不回答问题；学习时容易走神，比如浏览别的网页（Brusilovsky，2003；Embong 等，2000；Weng 等，2018）。

培养学习者的自我调节能力能让他们更好地使用电子化学习。而游戏化是一种结构化的方法，也能帮助到学习者。

前文介绍了电子化学习发展的历史背景，特别是使用桑代克的"效果律"或刺激式学习法来增强学生的参与度和学习动机。通常，学校的游戏化包括惩罚（如留校、记过等）、奖励（如分数、证书和奖章等），甚至还包括升级体系或组队（Riaz 等，2019）。游戏化为学习者提供愉快和积极的学习体验，在认知层面吸引学习者（Khan 等，2017）。现在，这种学习方法已经有所发展，过程类似于"游戏化"，或"通过游戏机制和体验设计，利用数字化的手段吸引和激励人们达到目标"，用数字化的奖励吸引学习者（Burke，2014：5）。

里亚兹等人（Riaz 等，2019）专门针对年纪较小的学生进行了游戏化研究。他们为比利时小学生开发了包含了游戏化元素的电子化学习课程，共五个模块。他们在交通安全模块中发现游戏化能够让学生保持学习的积极性、表现出更好的学习行为。但该研究样本有限（44 个）且缺乏对照组，因此他们的研究结果不具有普遍性。

游戏化可以通过测验来帮助提供反馈（Penuel et al., 2007），而且测验也起到了提供学习脚手架的作用（Lan et al., 2007）。

> **反　思**
>
> 想一个你最喜欢的游戏。想一想游戏哪些方面使你有持续玩下去的动力？
> 思考如何将这些特点应用到学习环境中，例如在学生学习水循环、太阳系、历史时期或循环系统的时候，你会给他们颁发什么奖章以示鼓励？

这种学习脚手架与心理学家维果茨基（1978）提出的"最近发展区"有关，由能力更强的人（教师）指导学习者（学生）思考，是一种建构主义的学习方法。因此，学生应掌握的核心技能是在数字环境下的互动和协作能力（Blau 等，2020）。梅杰（Major，2015）提供了一个类似于最近发展区的模型。在该模型中，在教师的支持下，学生能够在学习过程中连续取得进步，其中，教师使用的方法不同，产生的结果也有不同，例如，教师提供的是混合学习课程还是完全在线的课程（见表 20.4）。

表 20.4　学习者发展的要素（梅杰，2015）

	变化前	变化后
时间：可以在任何时间学习。	固定的	变化的
地点：可以在任何地点学习。	单一的	多元的
类型：无意识学习，发生于正式课程以外，包括有意且有意识的自我导向学习、无意但有意识的偶然学习、无意且无意识的隐性学习。非正式学习能锻炼人们更好地反思和控制学习。	正式的	非正式的
途径：从常规的、行为主义的方法来看，在线学习可能更容易出现突发状况、更不受控。	常规的	紧急的
持续性：从前人们认为学习就是掌握一项技能或一个概念，因此有一种完成任务的感觉。而持续学习则是不断变化的，是持续的。学习者对群体的认同感和参与度会随着他们的身份（潜水者、贡献者、评论者、链接者①等）的不同而改变。	可完成的	持续的

---

① 链接者指那些在社交媒体或在线社群中分享和转发其他网站或内容的人。——译者注

续表

	变化前	变化后
活动：从前人们认为学习就是信息消费和思想消费，而且可以在考试或者学习成果中体现出来。而在线学习让学习者能够通过制作视频、动画等线上作品创造新信息。	消费	创造
成品：传统的学习成品被认为无形的，只有考试。而电子化学习可以产生并留存数字足迹，包括讨论、电子邮件等。	无形的	可视的
成果：在提高认知能力方面，许多研究都得出了类似的结果，即有的时候传统课程效果更好，而有的时候在线课程效果更好。	公认的	不确定的

以上我们探讨了电子化学习理论和培养学习者自主性，接下来将继续讨论电子化学习对教育的影响。

20.6　教育中的电子化学习

坎帕里亚和潘迪（Khamparia 和 Pandey，2017）认为，电子化学习是教育研究的一个重要领域。长期以来，人们一直都在研究与高等教育相关的电子化学习，而义务教育领域甚少涉及。

艾伦等人（Allen 等，2019）采用元分析方法（一种结合过去研究数据的统计方法），得出结论：电子化学习和面对面教学在学习结果上几乎没有差异，而且学生对这两种学习方法的满意度相当。此前，杰思罗等人（Jethro 等，2012）就已证实了这一结果。此外，尚利等人（Shanley 等，2017）研究了电子化学习对提高学生成绩有多大影响，他们明确指出，他们的研究结果在任何教育收益方面都没有定论。

哈留等人（Harju 等，2019）对中小学数字学习的纵向实证研究做了文献综述。他们提出的问题是：数字技术如何促进学生的学习和发展、数字技术对学习的长期影响是什么。他们得出的结论是："目前还不能确认学生长期使用数字技术是否有益于学习。"他们还补充道，虽然数字学习可以激励学生、强化学习，但由于研究目标和方法的不同，他们的研究结果不可能也不适合成为一般性结论。

虽然研究表明，在学校环境下，无法得出有关教育收益的结论，但仍有一些问题值得思考。

活动　电子化学习任务的类型

劳瑞尔德（Laurillard，2012）指出电子化学习中使用的六种不同的协作学习设计。
- 创造：创建与展示，通过演示文稿、项目、图表或定义等形式，进而形成概念。
- 实践：采取行动并反馈。

- 讨论：向其他学习者或老师提出问题并分享想法。
- 协作：与其他学习者一起学习、讨论如何展示学习成果，如项目、图表、定义等。
- 探究或调查：探索和评估信息。学习者需要专注于某一件事，比如专注于自己的问题、试图寻找答案、不断评估已经学到的东西。
- 获取：听老师讲课、读书、看视频或演示、浏览网站。学习者可以培养概念性理解，但不需要学习者实际做什么事情。

运用六种类型中的至少两种，设计一节课。

20.7　电子化学习的优点

电子化学习有多项优点，但大体都跟建构式学习和包容性有关。

在建构式学习方面，电子化学习能够加强学习者之间的合作（Blau 和 Shamir-Inbal，2017；Jahnke 和 Kumar，2014；JISC，2007；Pachler 和 Daly，2011），激励缺乏自信的学生互动（Khamparia 和 Pandey，2017）。电子化学习鼓励学生合作学习和分享知识（JISC，2007；Pachler 和 Daly，2011）。

在包容性方面，电子化学习能鼓励缺乏自信的学生参与更多互动（Khamparia 和 Pandey，2017），还能提升教育普及水平并降低成本以消除教育障碍（Yuan 和 Powell，2013）。消除学习障碍不仅可以让学生随时随地学习（JISC，2007；Khamparia 和 Pandey，2017；Pachler 和 Daly，2011），还能让教学方法多样化（JISC，2007；Pachler 和 Daly，2011；Pyyry，2017），还可以及时收到教学形成性评估（JISC，2007；Pachler 和 Daly，2011）。电子化学习不仅能够培养学生在数字时代生活和工作的技能（JISC，2007；Pachler 和 Daly，2011），还能让学习者在学习过程中自我调节，拥有更大的学习自主权（Boticki 等，2015）。

20.8　电子化学习的缺点

电子化学习的缺点主要涉及成本、教学法、时间限制、技术问题以及一些家长担忧。

朗布尔（Rumble，2001/2004）将电子化学习的成本分为四部分：材料开发、教学、监管，以及基础设施和管理。他认为，开展电子化教学可能会要求教师投入时长翻倍，因此，学生的期望需要降低。在他提出这一结论的15年后，沃辛顿（Worthington，2017）认为，朗布尔的大多数分析仍有价值。

从教学法来看，电子化学习会带来身体的物理隔离，让人抓狂（Etherington，2008）。而且，如果教师没有为学生提供足够的帮助，学生可能很难理解各种概念（So 等，2019），或者这些概念从一开始就难以理解（Khamparia 和 Pandey，2017）。电子化学习也无法照顾到不同的学习偏好（Khamparia 和 Pandey，2017），学生会缺乏自律、注意力难以集中、记忆力下降、自我调控能力差（So 等，2019；Zimmerman 和 Schunk，2011）。科兹马（Kozma，2011）还表示，人们仍无法弄清电子化学习到底会对学习者产生多大的影响。

电子化学习往往需要学习者花费更多时间，尤其是当他们因缺少经验而做出错误决定时。教师的工作时间也会相应地增加（Khamparia 和 Pandey，2017），例如对教学内容作出细致的调整、简化复杂的教学指令、新增教学内容等。

电子化学习存在一些技术兼容性问题，如学习内容和用户访问模式之间的兼容性、互联网连接问题、计算机可能与某些多媒体不兼容的问题等（Khampari 和 Pandey，2017）。

图尔（Tour，2019）表示，由于网络资源和在线应用的广泛使用，人们逐渐开始关注家长参与和支持居家学习的问题，特别是在使用的技术方面。然而，这些建议不足以支持居家学习，主要是因为人们不希望学生被动学习。马斯切罗尼等人（Mascheroni 等，2016）建议父母应支持学生学习有关技能，让学生不仅能获得学科知识和技能，还能够学到解决问题的能力和创造力。他们还认为，与其他形式的家庭学习（例如完成工作表）相比，父母对电子化学习的包容程度较高。

家庭中可能还存在一些阻碍电子化学习有效性的因素，例如家庭能否很好地使用这一技术、父母的文化资本（或对学习的重视）、父母使用技术的经验等（Hollingworth 等，2011；Stevenson，2011）。

20.9 电子化学习的建议

电子化学习虽然有优点也有缺点，但在新冠疫情期间，电子化学习已成为各种课程的主要教学方式：不论是幼儿园小班教育还是大学课程，又或是教师的专业持续发展培训。下面为学校加强电子化学习提供一些建议。

首先，学校必须清楚电子化学习的优缺点，保证投资教学资源并有效利用这些资源（Rossett，2002）。课堂上，笔记本电脑比平板电脑更受欢迎，因为笔记本电脑屏幕大、自带键盘、运行软件的性能更高等（Shamir-Inbal 和 Blau，2016）。当然，学校也要多提供电子化学习的机会，以便教师能为学生居家学习提供更大帮助（So 等，2019 年）。

建立技术的基础设施以后，应开发有效的学习材料来吸引学习者（Ally，2008）。具体地讲，学习任务应与学生个人有关，也与现实世界有关，这样才能促进学生的真实性学习（Herrington 等，2010；Ring 和 Mathieux，2002；Woo 和 Reeves，2007）。这些任务最好需要学生互动完成，这样能促进学生之间的合作（Ring 和 Mathieux，2002）。教师在布置任务时，应提供具体、明确的技术指导，还要避免布置一些模糊的任务（Herrington 等，2010；So 等，2019）。

加里森和卡努卡（Garrison 和 Kanuka，2004）列了一份有关高校混合式学习的清单，大多与中小学有关，如下：

- 制定明确的制度方向和政策。
- 明确潜力，提高意识，并作出承诺。
- 建立单点支持①、质量保证和项目管理。
- 设立创新基金，为教师和院系提供资金支持，激励他们向混合式学习转型。
- 投资建立可靠的、便于学生获取的技术基础设施。
- 战略性遴选那些被证明非常成功的有效学习的典范。
- 开发正式的混合式的教学设计。
- 系统评估新课程的教学、学习、技术和管理等各方面的满意度和实现度。
- 设立一个任务小组，用于解决问题和挑战、抓住机遇，还要同大学生社群进行沟通，提出发展新方向。

20.10 小结

从最初佩塞（Pessey）发明的自主评分系统到程序学习，再到虚拟/管理学习环境系统和学习管理系统，电子化学习已经有近百年的发展历史。"电子化学习"一词有许多同义词，但只有"电子化学习"这种表达会保留下来。人们应当将电子化学习视为一种强化教育而非取代教育的手段。

电子化学习有 1.0 和 2.0 两个版本。电子化学习 1.0 侧重传递内容，而电子化学习 2.0 则更大程度上利用社交软件来发展社交学习。在实际应用中，通常将 1.0 和 2.0 整合起来。

电子化学习理论并不是一成不变的。研究者们将现有的教育理论应用于电子化学习，提出了几个有关学习者、教师和内容之间相互作用的模型。其中奎因模型关注的是内容、计算、交流和收获，这种模型可能是学校最容易实现的。培养学习者的自主性尤为重要，首先就是要进行结构化指导，如游戏化学习。

研究表明，在学校里，相比于面对面教学，人们还无法确定电子化学习的教育收益，尽管如此，电子化学习还是一定程度上为教育提供了支持。但仍有一些问题需要思考，特别是要寻求建构式学习和包容性之间的平衡，以及成本、教学法、时间、技术和家长担忧等问题。

本章还提供了一些建议，包括制定电子化学习策略：首先在校内提高学生的技能，然后逐步开发相关的、真实的学习任务，这些任务要能促进学习者之间的合作。

20.11 拓展阅读

大多数的书都是为高等教育部门写的，几乎没有专门为教师写的书，但其中的理论和原则也适用于学校。

---

① 单点支持是一种集中化的支持服务模式，它提供了一个统一的服务界面，避免了多头管理和支持的混乱，提高了效率和响应速度。——译者注

Boettcher, J.V. and Conrad, R.-M.(2016)*The Online Teaching Survival Guide:Simple and Practical Pedagogical Tips*. San Francisco, CA: Jossey-Bass.

本书的写作目的是广泛地发展电子化学习,其中的发展策略十分全面,也可以在学校中应用。

Hubbard, R.(2013)*The Really Useful Elearning Instruction Manual:Your Toolkit for Putting Elearning into Practice*. Chichester: John Wiley & Sons Ltd.

作者在书中提到了一些促进在线学习以及有关设计、实施、参与和测评的策略。虽然也可能适用于学校,但这些策略是专为工作场所的一般电子化学习制定的。

Laurillard, D.(2012)*Teaching as a Design Science:Building Pedagogical Patterns for Learning and Technology*. Abingdon: Routledge.

本书作者是伦敦大学教育学院知识实验室数字技术学习的教授。书中将理论与实践相结合,提出了六个学习设计核心原则以供教师使用。

第 21 章 "理想的"教师

> **本章目标**
> - 重新思考一名理想的教师应具备的品质。
> - 重视教师的个性所起到的作用。
> - 重新反思,思索如何提升专业实践。

21.1 本章简介

本书经过前面数章内容的铺垫,才介绍本章内容,前面已经展示了学生发展和不同需求的复杂性,结合不同心理学视角的理解,使你更清楚地了解这本书的实践内容:教与学。事实上,"实践"这一教育术语是指将多种理论加以应用或付诸实践,或者借助心理学知识指导你在课堂上的所作所为。

本书中各个章节都鼓励你结合文中展示的模型,思考自己的教育理念,包括各种交融的主题,以及你的想法、反思和实际课堂经验,从而发展你个人独特的教学法。另外,通过参与活动并思考不同的教学标准与心理学相结合的方式,你就可以验证自己的教学方法以及它如何与理论结合。

如果你已经按照适合自己的顺序阅读了本书的章节,参与了书中提供的每项活动和反思,阅读了推荐的文章,并有时间心无旁骛地将自己沉浸在本书中,那就太好了。本着最佳实践的精神,你可能已经和同样读了这本书的人分享了你的想法和反思。或许你是在导师的引领下,读了不同的章节,又或许你只"浏览"了某个特定时间点需要的信息,同时还在阅读许多其他的文章。无论以何种方式或在多大程度上使用了这本书,你都一定拓展了自己的学习内容。

> **反 思**
>
> 再次阅读上面的最后一段。思考一下你是如何利用这本书的,以及它怎样促进了你的学习。
>
> 思考你是如何利用书中的信息的:
> - 作为学习者,这与你的学习有什么关系?
> - 一般而言,这与学习有什么关系?

你不太可能做到按顺序阅读每一章而没有任何中断。学习是呈线性方式发展的吗？或者说，学习是一个复杂的整合过程，你需要主观化地了解信息，然后再将信息拼凑起来吗？你的学习是由另一个人决定的吗？或者，你是否在某个特定时刻为了特定的目的获取过所需的信息？你是否能完全专注于你所读的任何信息，或者你认为专注于阅读是否困难，你是否必须重新阅读信息？你是否需要阅读其他文章来深化理解？你是否会直接使用课堂上的信息？你是否需要和他人交流以深化自己的理解？本章鼓励你把自己当作处于"学与教"或"教与学"持续相互影响下的学习者。

> **反　思**
>
> 　　你更喜欢哪个说法，"学与教"还是"教与学"？为什么？先后顺序是否重要，或者是否依赖于它们使用的情境？一方是否能脱离另一方而出现？这两个词中哪个更重要？为什么？和他人相比，你会作何反应？

21.2　教与学的关系

从前面的反思中，你可能已经体会到两个说法之间有一种共生关系：两者不能脱离彼此而单独存在，二者本质上是和谐的（图21.1）。

图21.1　教与学相互影响的动态关系

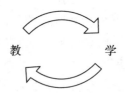

这种共生关系尤其存在于义务教育中。学生来到学校，老师帮助他们学习，确保课程得以教授，学生学习能够进步。因此，"教"可以看作是更有经验的人进行指导的活动，他们帮助一些经验相对欠缺的人进行学习。但是，从教师直接传授知识到知识在学生中得到建构，"指导活动"在本质上会发生显著变化，如图21.2所示。

图21.2　"教师为中心"对比"学生为中心"的连续统一体

在图21.2的连续统一体中，重点在于教师或学生对经验的控制程度。在连续统一体中"传统的"这一端，是指导学习，例如，教师可能会准确告诉学生他们需要做什

么以及怎么做。传统的方式也可称作"讲授法":是鼓励学生学习的一种具体方式,重点在于教师做什么。这种方法中,重点是"以教师为中心"。在连续统一体中"当代的"这一端,是鼓励学生通过相互交流促进各自的学习。这种方式在某种程度上与"辩证法"有关,在两个或两个以上的学生之间会发生合理的讨论,建构主义方法是指学生之间开展积极的学习活动。这种方法中,重点在学生,是一种"以学生为中心"的方法。贝内特(Bennett,1976)对这两种方法开展研究并总结如下(表21.1):

表21.1 以教师为中心和以学生为中心方法对比

以教师为中心	以学生为中心
专注于课程内容	专注于发展学生技能
按照学生能力来组织教学以实现目标	通过建构主义方法学习
传统方法	渐进的方法
鼓励广泛学习	鼓励深入学习
学科之间相互独立	以主题式的方法将各学科综合起来
死记硬背知识:学习既定知识	经验性知识:通过实际经验学习
外在激励	内在激励
定期进行学习考核	很少有学习考核
竞争法:学生与标准相比,或学生之间互相比较	合作法:学生互相鼓励促进学习

根据贝内特(1976)的详细调查,最初这个连续统一体对立的两端是关于小学数学和英语的教学(阅读和创意写作)。在报告中,他论证了与当代的或"渐进"的方法相比,传统的、以教师为中心的方法更有助于学生们取得好的成绩。但是,贝内特的调查研究还显示,当代的方法促进了学生的创造力、主动性和勇于冒险的能力,尽管他们的分数未能超过采用以教师为中心这种方法的学生,但他们仍取得了较好的成绩。

> **反 思**
>
> 你位于这个连续统一体上的哪部分?你是否更希望确保学生通过传统方法获得高分?或者,你希望学生提升创造力和解决问题的能力?这是简单的在连续统一体的一端或另一端的问题吗?你是否恰好在两者之间,或者更倾向于某一端?或者依所处情境而定?是否取决于学科、课程、目标,以及你是否被观察到等因素?

贯穿本书的这些反思活动鼓励你思考自己独有的教育哲学,与那些关于高效教师必备品质的研究相比,你的教育哲学是怎样的?能否和本领域的现有研究产生共鸣?

21.3 "理想的"教师具备的品质

> **活动：弗兰肯斯坦博士[①]的老师**
>
> 如果你是弗兰肯斯坦，你会从不同老师身上选取哪些部分组成你认为最理想的老师？你可以与你见过的正式或非正式的老师、与你共事过的老师、你的同事等联系起来思考这个问题。

这个活动鼓励你思考理想的教师应具备的特征，而"理想的"又意味着什么？是否意味着有能力确保所有学生都受到鼓励，积极地参与，并尽自己最大的努力学习？如果是这样，你的老师是靠哪些特征和品质来实现这些的呢？除了"理想的"，是否有其他词更适用，比如"有效的"？

考量理想的教师的品质有许多不同的方式，可通过不同的角度或镜头观察教师（Brookfield，1995）。根据布鲁克菲尔德（Brookfield）的说法，四种镜头分别是自传式镜头（自我反思）、学生的眼睛（学生反馈）、同事的经历（同行评价）以及理论文献（通过阅读和写作，例如布置任务）。关于自传式镜头，本书中的反思部分鼓励你思考自己独特的教学方式。你可能已通过分析和评估自己在课堂上的作用、课程如何推进等开展了自我反思。但是，自我反思也包括其他三种镜头：思考学生反应的动态影响、和其他老师的讨论，以及促使你改进专业方法的理论学习。仅仅听取学生的反馈或与同事讨论是不够的：必须用于实践，即将不同镜头得来的信息进行综合，在实践中检验，并且不断改善教学方法。图21.3给出了展示布鲁克菲尔德镜头模型的一种方式，其中自传式镜头或称"自我"的镜头是主要的。

本书整合了四个镜头：这本书主要是理论阐释性书籍；如果你参与了各个思考题目，就用到了自传式镜头；如果你在自己的实践中探索了本书中的一些主题，就用到了学生的镜头；最后，如果你和同事探讨了本书中的任意内容，就用到了同行的镜头。

> **活 动**
>
> 制作一个列表，列出一名理想的教师应具备的品质。
> 询问你的学生，理想的教师是什么样的，可以通过讨论或问卷的方式展开调查。
> 和同事讨论你的列表中理想教师的品质，了解他们的想法是否和你一致。

[①] 源于美国电影《弗兰肯斯坦》（1931），弗兰肯斯坦是个科学怪人，醉心于创造新的生命，他从不同的尸体上取下各种部位拼凑成新的躯体。——译者注

图 21.3 批判的镜头（援引自布鲁克菲尔德，1995）

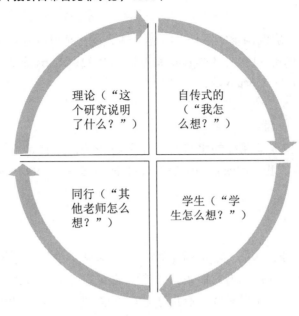

21.4 从理论视角看理想的教师

对描述"理想的"教师的著作持批判态度很有必要。例如，自该作品问世到现在，看法是否发生了改变，或者那些研究结果在今天是否仍适用？研究结果中是否有和其他研究结果重叠的地方，或者它们之间是否互相矛盾？有多少研究结果与你的实践探索、你的学生或者其他老师的启示产生真正的共鸣？以下的许多讨论在本质上属于现象学，来源于对教学实践的研究。这里探讨的研究跨越 30 年或更久的时间，且来自不同的国家，来自讨论高效教师的上百篇论文或作品，这些作品可通过搜索任意电子期刊目录获得。一些主题仍然与文献产生共鸣，这点十分重要，这些主题在第 3 章已经探讨过，但下文中仍会对其进行总结。

环境

高效教师的常见能力是创造一个令人兴奋的学习环境。研究者们探讨了创造放松、愉快氛围的必要性（Brown 和 McIntyre，1993）。教师与学生相处融洽，就可以营造出这种氛围（Check，1986；Rutter 等，1979），当教师看上去享受教学以及与学生们相处的时光时，也会产生这种氛围（Ruddick 等，1996；Santrock，2001）。此外，这种氛围中充满了支持与合作（Langlois 和 Zales，1992），教师表扬学生取得的成就（Rutter 等，1979），同时监督并管理学生的行为，帮助学生解决难题（Brown 和 McIntyre，1993；Santrock，2001）。尊重是营造这种环境的核心特点（Ramsden，1992；Santrock，2001；Ursano 等，2007）。

工作重心

许多作者论述了确保课堂实际任务有趣且迷人的必要性,这可以调动学生的积极性(Brown 和 MacIntyre,1993;Langlois 和 Zales,1992;Ramsden,1992;Ruddick 等,1996;Santrock,2001;Ursano 等,2007)。

组织

教师组织课堂和准备课程的水平与工作重心相关,尤其是组织通过各种活动使学习时间最大化的课程(Check,1986;Langlois 和 Zales,1992;Ruddick 等,1996;Rutter 等,1979)。

明确的期望

正如契克(Check,1986)之前讨论过的,了解学生的能力十分必要,由此才能够对他们能完成的事抱有明确的期望,才能够确立智力上具有挑战性的高学术标准和清晰的目标。确立目标很重要,有助于给学生提供恰当的评价和反馈(Brown 和 McIntyre,1993;Langlois 和 Zales,1992;Polk,2006;Ramsden,1992;Ursano 等,2007)。进而,学生可提高对自身能力的预期,确定需要学习的内容及学习的方式(Brown 和 McIntyre,1993;Ursano 等,2007)。

教师的知识

只有教师很好地理解了一门学科,知道如何将这门学科的知识有效地教给学生,才能组织好一堂课来促进学生学习(Check,1986;Polk,2006;Santrock,2001)。

从确定的主题中,你可以理解它们是如何重叠的(图 21.4)。例如,教师的知识包含了其他主题:教师必须知道如何营造有效、有组织的学习环境,如何确定工作重心和明确的期望。如果教师确定了明确的工作重心,对于需要完成的事就有了明确的期望。

图 21.4 理想的教师的主题

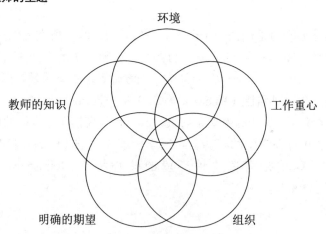

> **活　动**
>
> 　　回顾理想的教师的五个确定主题。
> 　　明确心理学理论如何与每个主题相关联。例如，关于"明确的期望"这一主题，可能的心理学链接有动机、目标设定、元认知、自我决定论和自我效能。

为使有关教师有效性的讨论持续改进，教学研究项目（Teaching and Learning Research Programme，TLRP）旨在识别教育研究如何提升不同教育教学单位的学习成效（James 和 Pollard，2006）。TLRP 作为一个元项目，包含许多小的协同项目。通过这一研究，开发出十条适用于所有学习者的原则（表21.2）。TLRP 将"教学法"用作一个包容性的术语，代替词组"教与学"。尽管教学法通常指的是孩子们的学习，但是 TLRP 称这一说法也可以作为一个终身适用的词汇来使用（TLRP，2013）。

尽管最初 TLRP 的原则与上文中确定的有效教学的主题不同，但仍有很多领域是重叠的，例如，强调教师要不断拓展自己的专业知识（第9条原则），建立学习关系（第7条原则），使学生自主地、自信地学习（第6条原则），学习应在各种不同的环境下开展（第2条原则），学习应从学习者自身开始（第3条原则）。

表21.2　有效教学法的十条原则（TLRP）

原　则	有效教学法	解释说明
1	训练学生获得最广泛意义上的生活技能。	教学法应该发展智力、个人和社会资源，使个人作为一个积极的公民参与到多样化的、不断变化的社会中。
2	关注有价值的知识形式。	学生应在不同的环境下参与多种学习过程，了解包含品质、标准和专门技术在内的知识。
3	认识到已有的经验和学习基础的重要性。	教学法应考虑学生已经拥有的智力水平，以及每个个体的独特经验和文化经验。
4	学习需要被支持。	教育者应该提供活动、文化和结构来提升智力、社会和情感支撑，以促进学生的学习进步。
5	评价需与学习状况保持一致。	设计和实施评价内容应确保获得某个学习成果和学习过程。
6	促进学生积极参与。	通过创设积极的学习环境，培养学生成为自己学习引导者的信心，促进学生的独立性和自主性。
7	促进个人和社会化的进程与成果。	应鼓励学生与其他人建立学习关系，共同建设自己的知识体系，并让学生在自己的学习中有发言权。
8	认识到非正式学习的重要性。	发生在学校、工作场所等正式环境之外的学习应与正式学习同等重要，在正式学习中同样要重视并恰当利用这些非正式学习。

原　则	有效教学法	解释说明
9	取决于帮助他人学习的人的学习能力。	有责任促进他人学习的人，同样要通过基于实践的调查不断参与学习，提高自己的知识和技能，以适应并强化自己在教学中的角色。
10	需要政策的一致性，政策支持将学习作为优先考虑内容。	在所有层面上，都需要认识到不断学习的根本性意义。

> **反　思**
>
> 回到布鲁克菲尔德的镜头观点，通过理论视角确定的主题与你的自传式镜头相比结果如何？

21.5　教师个性

虽然我们探讨了高效教师的主题，但这些主题究竟如何与课堂上的教师个体相联系呢？换言之，虽然文献或教师标准可以列出教师需要具备的品质，但如果教师们千人一面，人类社会将变成什么样？未来的社会，会不会出现一大群克隆的"理想的"教师？你愿意成为那样的社会里的一名学生吗？充满克隆教师的办公室与第8章中探讨的查尔莫斯的"哲学僵尸"有什么区别呢？教师们应该以同一种方式教学，还是保持自己的个性，使教学充满生气？

第7章从学生的视角出发，讨论了个性问题，在这种情况下，学生指的是"孩子"。我们现在希望你能从教师的角度或教师作为学习者的角度考虑个性。虽然这个词在日常对话中描述他人时经常用到，但是，由于个性的组成因素众多，且在本质上是多层面的，所以这个词从心理学角度并不容易定义（Engler，2006）。此外，还可以从很多心理学角度来分析个性，从心理动力学到行为主义，从认知观点到人本主义。有关个性的有效的定义是，个性可看作我们与世界交往的方式，换言之，即我们如何应对特定的刺激，包括我们的兴趣、价值标准、动机、态度等。实质上，我们的个性是自我的外部组成部分：我们的"自我"是响应特定刺激方式的外在表现。我们的自我可能非常积极，而且更加乐观。也许我们对自我的感觉多少有些脆弱：这一点由行为过于激进或防御而表现出来。

心理学家认为个性是一个人持久、稳定的特性（一种性格），同时也是根据不同环境形势而异的易变的不稳定因素（一种状态或情境方法）。"情境决定行为论"认为我们如何认识情境会影响我们对它的情感反应（Mischel，1973）。

个性的另一方面是个性特质能否归为"类型"，因为人们拥有一些类似的特点或性格，或者说，我们是否独一无二，是否以独特的方式作为不同的个体存在，这个问题在心理学家中产生了分歧。尽管本书的第三部分探讨了我们如何独特,但毫无疑问,我们都意识到人和人之间也存在相似性。

> **活　动**
>
> 根据心理学家的说法,个性通过社交活动形成(例如,Cooper, 2010; Mahoney, 2011)。如果你是一名杰出的心理学家,你创立了基于人类个性的理论。基于你与他人的社交经验,你会建议个性类型如何分类?

把人按个性分类有着悠久的历史。从传统的角度看,古希腊医生盖伦(Galen)认为疾病由体液不平衡导致(Strathern, 2005)。这些体液分为血液、黏液、黑胆汁和黄胆汁。每种体液都和特定的因素有关,都导致了特殊的属性,如表 21.3 所示。

表 21.3　四种体液:从盖伦的观点到今天的观点

体　液	名　称	特　征	教师特点
血液	多血质	乐观、热情	采用积极、鼓舞人心的方法
黏液	黏液质	冷静、坚强、不情绪化、放松	自信、镇静、有掌控力
黄胆汁	胆汁质	易激动的	采用外向、活泼的方法
黑胆汁	抑郁质	内向、体贴	采用有条理、慎重的方法

第 7 章中讨论了有关学生个性的四种性格,斯坦纳(Steiner, 2008)也曾建议教师仔细想想自己的性格,发挥自己性格中积极的一面。四种体液被用作艾森克个性类型模型的基础,通过两个连续统一体观察人们:稳定—不稳定(情绪不稳定性)和外向—内向。如第 7 章提到的,艾森克制作了一份心理问卷,也称心理计量测验(或测量),用来评价这些个性特征。卡特尔(Cattell, 1946)提出了对人的不同的分类方法,他确定了 16 个个性因素,每个因素都可看作一个单独的连续统一体,例如,关于"热情"这一因素,一个人可以处在外向和内向这一连续统一体之间。卡特尔的个性因素经受了时间的考验,多年来衍生出了许多不同的版本(Russell 和 Darcie, 1995)。特别是近几年能测量"大五"人格特征的心理计量测验已研制出来。根据各种心理测验的特征,分为五大类:神经质性、外倾性、开放性、亲和性和尽责性(McCrae 和 Costa, 1987;见第 7 章)。

综合了卡特尔的个性因素和"大五"人格特征的心理测量属于 15 因素人格问卷加强版(15FQ+)。心理测量已用于多个群体,评估同一个群体的人们是否拥有相似的特征,例如,评估同一个群体中不同职业的人。心理测量在职业心理学上有很多用途,例如,提供职业建议或作为招聘与选拔过程的一部分。

虽然现在互联网或各个杂志上都有一系列现成的心理测量,但使用它们时仍需谨慎。通过回答 20 个、50 个,甚至 200 个问题就真的能描述出这个人吗?心理学家使用心理测量只是整个过程的一部分。心理学家应该将测量结果作为与委托人长时间讨论的基础，以便获得更深入的了解和信息，也许可以询问委托人是否同意测量结果。此外，心理学家必须获得心理测量的资质，并且要有解析测量结果的高级资格。

关于将心理测量作为选拔学生参加师范教育课程的一部分，英国已就此展开了讨论和咨询。在这个背景下，你认为教师的理想品质有哪些？

> **活动：准教师的个性简述**
>
> 在鉴别学生是否有潜力参加教师培训课程的过程中，心理学家需要考量一名教师的"理想的"特质，数值范围是1~10。例如，内向的性格更适合做教师还是外向的性格更适合，或者介于两者之间，例如在接近外向性的6~8区间内。
>
> | 内向的 | 1 | 2 | 3 | 4 | 5 | 6 | 7 | 8 | 9 | 10 | 外向的 |
>
> 考虑"理想的"特质所包含的以下因素：明确和教师标准相关联，基于"大五"人格特质，15FQ+和卡特尔的16PF。为每个因素选取一个含3个数字的区间。
>
> | 不能接受变化 | 1 | 2 | 3 | 4 | 5 | 6 | 7 | 8 | 9 | 10 | 对变化适应性强 |
> | 谦逊的 | 1 | 2 | 3 | 4 | 5 | 6 | 7 | 8 | 9 | 10 | 命令式的 |
> | 低焦虑度 | 1 | 2 | 3 | 4 | 5 | 6 | 7 | 8 | 9 | 10 | 高焦虑度 |
> | 自我导向的 | 1 | 2 | 3 | 4 | 5 | 6 | 7 | 8 | 9 | 10 | 需要他人指引方向 |
> | 反思的 | 1 | 2 | 3 | 4 | 5 | 6 | 7 | 8 | 9 | 10 | 自信的 |
> | 单独的 | 1 | 2 | 3 | 4 | 5 | 6 | 7 | 8 | 9 | 10 | 具有团队合作精神 |
> | 其他 | 1 | 2 | 3 | 4 | 5 | 6 | 7 | 8 | 9 | 10 | 其他 |
>
> 你觉得还应该包含哪些因素？

> **反思**
>
> 使用心理测量来评估准教师的潜力存在哪些潜在问题？
> 你认为随着一个人在职业生涯中的发展，这些因素是否会不同？

尽管许多心理测量都能评估人的各种状况，但必须谨慎使用这些测量，因为在开展和解析测量上存在一些伦理问题。《精神病测试》(*The Psychopath Test*)（Ronson，2012）一书中，作者调查了心理测量用于鉴定精神病患者的过程。他去了布罗德莫精神病院，遇到一个为逃避入狱假装有心理障碍的人。尽管他向精神科医生明确肯定自己神志正常，但他仍继续留在精神病院。在另一章中，作者讨论了哈尔的20条心理测量（Hare，2003），该测量用于评估精神病理学特质，例如，第4条：病态说谎；第13

条：缺乏长期的现实目标。就这两条而论，多少父母使得"圣诞老人"或"牙仙子"神话延续下来？这是否意味着父母是精神病患者？关于第 13 条，课程设置大概每三到四年改变一次，政府的倡议每周都会送达学校的信箱，在这种情况下我们作为教师是否有长期的目标？也许作为一种职业，教师也是精神病患者？事实上，作者已开始在个人层面上认同 20 条特点中的大部分。

目前，已研究出一些适合教师行业的心理测量措施，例如，"教学风格问卷"（TSQ，Teaching Styles Questionnaire）（Evans，2004）。该问卷包含 34 个问题，可信度高（意思是经过一段时间结果仍保持一致）。通过含有 5 个问题的利克特式量表，就能够确定一名教师具有"整体性"风格还是"分析性"风格。整体性风格具有通俗、灵活、自发的特点，涉及学习和学习过程的总体方面。分析性风格在教学方法上更为正式，善于掌控、结构化且注意细节（Evans 等，2008）。

另一种心理测量措施是"教师人格障碍"，评估教师是否经常受到自我牺牲精神的影响，他们为了他人利益而牺牲自己的利益，自我意识弱，对他人行为的容忍度高（Marlowe 和 Page，2004）。马洛和佩奇（Marlowe 和 Page）在他们的问卷中确定了教师的不同类别，例如，"情感性绵羊综合征"——这种人没有自行思考的能力，严格遵循政府指令。问卷包括的项目如，"你是否不经过讨论或询问就做校长要求做的任何事？""你是否希望自己不必为准备学生的标准化考试花费太多时间？"

毋庸置疑，最后一种心理测量措施意在了解成为一名老师意味着什么，大可不必当真。然而，最后要提的是，我们是否需要用心理测量措施来衡量我们是否有成为教师的潜质？回到第 8 章的一个主题，最了解我们的人就是我们"自己"。作为一个专业性职业，关注的重点应该是不断地对教学产生疑问，从而努力做到最好。正如本章所讨论的，分析我们的能力的方法之一是仔细查看布鲁克菲尔德确定的不同镜头，还有其他关于我们能力的分析或反思形式，这在第 4 章中曾探讨过，下文还会再次回顾。

21.6　教师反思

如果你已经取得了驾驶证，你可能听到过这样的说法——"在通过驾驶考试后，你才真正开始学习如何驾驶"。一旦你可以自由地在高速公路上畅游，你的旁边没有经验丰富的司机做你的另一双眼或者建议你何时进入交叉路口加入到行驶的车流中，你单独驾驶的经验才能促使你的技能进一步提高。当你第一次用光汽油时，你会发誓再也不让车的油箱"变空"了。如果你的车临时出现故障，却没有道路救援，你可能就会决定每年多花些额外的钱来保养汽车，以省昂贵的外呼费用。这种自愿接受、自我调节的行为被称为"反思"。反思对每个专业性职业都极为重要，我们能从中总结经验和教训（下次你会怎么做？）。学习驾驶时，你最可能从安静的道路起步以更好地理解对汽车的控制，树立对驾驶的信心，之后再发展到在比较繁忙的道路上行驶。

教学与此类似，毫无疑问，开始时你只是和单个或一小部分孩子打交道，之后再发展到更大的群体和整个班的学生。在驾驶和教学中，都需要每时每刻作决定，类似地，在这两件事上，我们的注意力中都有相互矛盾的一面。多数时间，我们的"培训"

会确保道路上和教室中一切都进展顺利，然而，总会有意想不到的事情发生。在教学中，一条狗漫步进你的课堂可能是头一次发生，没有哪个培训能为你准备这样的状况，你要凭借自己的经验，尽最大努力处理这一状况。事后，你要思考你是否恰当地处理了当时的状况。因此，反思比教师的专业实践更重要（Marcos 等，2009；Poulsen 等，2006），甚至可以说，如果老师不再反思自己的教学实践，他们还能称作"专业人士"吗？

反思有许多种模型，实质上它们有相似的属性：是什么？意味着什么？怎么办？（Rolfe 等，2001）。进一步解释为，"是什么"和现状有关，换句话说是发生了什么事。"意味着什么"是利用理论、实践智慧和经验性知识，明确所发生事情的影响。最后，"怎么办"涉及当前或未来如何改善现状（图 21.5）。

图 21.5　反思的三元体系（改编自罗尔夫等，2001）

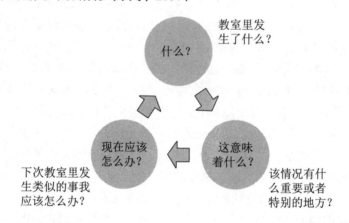

常与反思联系在一起的是库伯（Kolb）的经验学习圈模型（第 4 章中曾介绍过）。经验式学习指的是凭借体验、反思、思考、行动的动态相互作用获得经验的学习方式（Kolb，1984）。库伯特别详述了知识包含"理解"经验然后"转化"经验的方式。这个循环的第一阶段是获得了具体经验，紧接着具体经验反过来又促进个人的反思性观察。学生要思考如何将获得的具体经验与自己的认识关联起来，它们之间是否存在不一致。经验和认识之间的不一致与皮亚杰的平衡概念有关联，这种不平衡导致学生同化或顺应新信息（见第 5 章）。由此，学生完成抽象的概念化过程，通过反思，创造出新的概念或想法，或者改进现有的概念和想法。最后，还有一个主动实验过程，需将想法和反思付诸实践。通过将经验付诸实践，一个新的循环就开始了。

库伯认为，尽管有效学习需要经过四个过程，但学生倾向于看重四个方面中的某一方面，这和学生的学习风格有关。发散型学习者更愿意运用具体经验和反思性观察，利用自己的想象力和能力看待不同的观点。同化型学习者更喜欢反思性观察和抽象的概念化过程，通过归纳推理创造理论模型。聚合型学习者更偏爱抽象概念和主动实验，运用演绎推理发展出实践理念。而顺应型学习者更喜欢积极实验和具体经验，喜欢将想法付诸实践，喜欢动手尝试而不是单纯思考或研究问题。

如果把库伯的学习循环与罗尔夫等人（2001）的模型相比，可以发现思考所发生的事情（这与库伯的具体经验相关）、明确经历的意义（"意味着什么"与反思性观察相关）、思考下一步的行动（"现在怎么办"与抽象概念化及主动体验相关）三者之间有直接联系。

尽管两个模型均涉及对实际经验的反思，但这种反思什么时候会发生？模型中没有考虑时间因素：反思的循环会持续多久？如果我们被热炉烫到了，我们就有了具体经验。我们嘴里咕哝着类似"哎哟！好疼！"的话语，通过反思性观察，我们明确了这个经验的影响，由此，我们就运用了抽象概念化进行思考，因为摸到非常热的表面而感到痛，我们可能会发誓以后在热的物品周围非常小心，以免再次被烫到（主动体验）。这种循环实际上非常短暂，也许几秒钟就结束了。在课堂环境下，短暂的反思循环可能出现在上课时第一次遇到断电，你要运用你的专业知识和经验来解决这种状况。你要适应现状，并根据自己的计划继续推进教学内容，而不是被这种从未经历过的状况惊呆而不知所措。

如果你意识到学生在课堂上学习时会发出很多噪音，你就会反思合适的学习环境是什么样的，如何确保这些噪音保持在有用的水平而不是破坏性的水平。这也许包括不断监督学生的对话以确保他们在学习，同时与其他教师讨论这个问题，或者阅读这一领域的书籍找出应对策略以确保课堂的正常运作，然后在接下来的课程中尝试不同的策略。另一个不同的例子是，不断回顾你的教学方法，确保你呈现出了你心中"理想的"教师的品质，这可以拓展到你整个的职业生涯当中去。因此，反思可以相对短暂，或者也可能是一段漫长过程的开端。另外，这种反思可以随体验一同发生或者称"即时反思"（Schön, 1983）；或者，你可能在体验发生以后开始反思，也称"在行动中反思"（Schön, 1987）。事实上，有很多不同的反思模式，包括或扩展了本章讨论的主题。

> **反 思**
>
> 思考反思的各种模型：
> ● 你能从书籍中确定其他模型吗？你能找出这些模型的相似之处吗？
> ● 你能发展出自己的反思模型吗？这个反思模型需包含书中提到的模型中的两种或更多元素。

反思无疑是教学这一专业过程的核心，无论是教师反思自己的课程，同事反思合作计划，还是学校进行自我评估，抑或只是作为一份职业。尽管反思是出于我们人类的好奇本性，但是通过理解和运用某些方法进行反思，我们能够确定的是，不要为做过或没做过的事情苛责自己，我们还可以采取措施思考下次应该怎么做。你作为一个学生、教师和终身学习者，我们鼓励你通过与同伴和经验更丰富的人讨论从而进行反思，同时保持内心对话和自我反思，以确保你能继续成为你心目中的教师的模样。

21.7 小结

本章鼓励你不仅仅把自己当作一名教师,还要当作一个学习者,并且这两种身份之间经常互动。从确认你所认为的一名"理想的"教师的重要标准,到从理论视角看一名高效教师具备的品质,任何教师要发展的最重要的品质可能就是反思。

反 思

当你把自己当作一名教师时,你在镜子里能看到什么?下面哪个句子最能让你产生共鸣?
- 镜子,墙上的镜子,谁是所有教师中最棒的?
- 镜子,墙上的镜子,我怎样能成为最棒的教师?

21.8 拓展阅读

Cottrell,S.(2011) *Critical Thinking Skills:Developing Effective Analysis and Argument*(Palgrave Study Skills)(2nd edn). London:Palgrave Macmillan.

本书提供了增强批判性思维的实用建议和活动,本书自始至终都在鼓励批判性思维。

Ronson,J.(2004) *The Men Who Stare at Goats*. London:Picador.

朗森写了这本引人入胜的书,探讨了军方如何利用心理学和超心理学。

Ronson,J.(2012) *The Psychopath Test*. London:Picador.

即使你已经有足够多的学术书籍,但朗森的精神病患者探究仍是十分动人的。尤其是这本书强调了分类标准的问题。

第 22 章　反思工作：整合本书的线索

> **本章目标**
> - 重视心理学和教育的关系。
> - 思考心理学和教育未来的合作关系。
> - 发展批判性探究方法的新举措。

22.1　本章简介

纵观全书，我们介绍了四个常见话题。我们希望，通过阅读本书，你能获得一种学习体验，凭借本书拓展自己的教育心理学知识。同样，你应该思考为什么心理学对教师很重要，如何利用它来提高学习者的技能，包括作为学习者的你自己，以及心理学知识如何增强教师的专业能力。我们会在下文中依次分析这几点。

22.2　为什么心理学对教师很重要？

正如我们在本书一开始提到的，心理学是我们日常生活中不可避免的。从我们穿的衣服，到吃的食物、参加的活动，再到选择的职业道路、房子、车和其他购买的东西，都受到心理学的影响，不论是我们自己的心理学，还是其他人"帮助我们"作选择而践行的心理学。在教学中，参与规则同样适用。我们的想法、感受和行动为他人提供了一扇了解我们的"窗户"。有时，我们可能会自信心不足却掩饰得很好，而在其他时候，我们可能会难以掩饰。基于对同事和学生的认知，我们尽力去理解他们，有时我们的理解很正确，但有时也会惨遭失败。事实上，处于最低谷时、疲惫时或者快到学期末时，我们很有可能失败。

既然心理学不可避免，那我们就应该接受它而不是抵触它。心理学并不是件坏事，它可以在生活中支持我们。此处一个很恰当的类比是柏拉图的洞穴之喻。"柏拉图的洞穴"是一则寓言，象征着具体的概念。想象一群穴居人，他们只知道洞内的事情，成为了自己生活的囚徒。唯一的照明来源是一团在墙上投下舞动影子的小火。火光太亮无法直视，这些穴居人只能看着那些舞动的影子。他们认为这些影子有生命，是真实存在的事物。

图 22.1　柏拉图的洞穴

其中一个穴居人决定脱离群体中的其他人，勇敢地寻找洞中隐藏的其他东西。他进一步冒险离开群体。他离开时，群体中的其他人称他"疯子"并大声呼喊："你一定会迷路的，永远都回不来！""你不知道黑暗里藏着什么，会受到伤害的！"独行的穴居人继续冒险，被岩石缝隙绊倒，群体中的人笑着说，"我们早就提醒过你了！"这个穴居人掸去身上的灰尘，远离群体继续前行。终于，出现了一缕微光：和火不一样的亮光。穴居人越靠近，光的亮度越强，他/她对光源和它照亮的世界惊讶不已。穴居人来到了洞口，惊奇地盯着天上金色的圆形物，圆形物使下面的一切事物都展现出各自的色彩。当这个穴居人回到群体中，告诉他们这个关于火的神奇故事，说明亮到能刺伤眼睛，黑暗中舞动的影子也能被强光取代，群里的人认为他/她真的发疯了。

事实上，影子的概念是一个非常有力的比喻。这是卡尔·荣格模型的一部分，代表了我们人类的一部分，而影子是我们不愿面对而隐藏起来的那部分。我们在其他人身上看见自己的影子，他们描绘的特性让我们想起了自己，然而看到这些特性时，我们会感到十分震惊。接受自己的影子能够让我们充分地发掘自己，更深入地了解自己，了解我们需要面对的隐藏起来的一面。事实上，教育和心理学都促进自省——促使我们面对真实的自己。正如在本书中反复提到的，反思意识对我们的职业身份至关重要，因为我们每天都要面对自己。因此，利用最新的知识，应用心理学的知识来指导实践会使你处于有利地位。

22.3　保持批判性思维

本书的意图在于带给你最新的心理学观点，以及教育与心理学相联系的方式，以确保实现最佳实践。然而，你如何确定书中的内容可以发挥作用，而不只是两个学者的沉思呢？原则上，我们都会"践行所宣扬的内容"。书中分享的所有方法、理论和理念都被实践过，或是我们自己的实践，或是用来促进他人的实践。其次，为本书提供资料的研究都经过了各自学科以及彼此学科的批判性评估。这种批判性评估正是本书的核心原则，也是我们主张每一位教师采取的做法。我们援引了一些研究来支持本书的不同章节，这些研究采用了稳健的、科学的方法来解决各种问题。

在你的学习中，你可能参与了第一手资料的研究。这里指的是在课堂环境下，你研究出了一种方法，可能也改善了自己的实践。我们通常认为这种基于课堂的研究应符合各种道德标准，还要保持其效度（即你所测量的结果正是你想测的内容），以及信度（即如果你或另一个人采取相同的方法，研究很有可能产生类似的结果）。同样，本书援引的研究也符合这一标准。同行评议的学术期刊为本书提供了主要资料，或以先验知识为基础（来自哲学推理：指理论观点只能从理性推断而来）。有时，介绍信息是为了提供必要的讨论背景（比如许多内容都提到了"心理学之父"威廉·詹姆斯），而在其他时候，信息可能会显得过时。我们更喜欢使用"经典"这个词，因为它对今天的理论观点仍很重要（例如，经典的行为主义方法仍然是学校通过"管理委员会"来实施的典范）。

尽管目前研究仍在进行，但这不会妨碍"在当时看上去很好"的提议被引入学校中。关于"健脑操®"（第6章）的讨论已经阐明了这一情况。尽管我们已经讨论了学生水合作用（第5章）或课前进行体育锻炼的问题，但是缺乏同行评议等强有力的研究来支撑"健脑操®"的应用。虽然可能有证据显示这个方法的优势，但这些发现在100名教师的样本中有多常见？可接受的程度是，至少95%的教师表示，相比不采用这个方法，采用"健脑操®"活动对学生影响重大。因此，下一次在教育体系或学校提出倡议时，可以先询问依据而不是盲目接受——当然，除非这个倡议正在接受"检验"，你可以帮忙为研究提供资料。换言之，我们要敢于对政策或实践提出质疑。

22.4　解决困境的办法

你是否从"杯子是半空还是半满"的角度看待生活？如果你从杯子半空的角度观察生活，说明你是个悲观主义者，反之，如果你从杯子半满的角度观察，说明你是个乐观主义者。我们宁愿有两个半满的杯子，也不要两个半空的杯子。日常生活中充满了负面事物，它们让生活更加糟糕。然而，如果视这些负面事物为挑战我们的"困境"，它们就不再有负面的内涵。记得在前面的章节中，我们提到了针对问题的应对策略。从这个意义上讲，困境是我们要明确面对的问题。我们和我们的社会角色使获得关于这一处境的证据成为可能，我们可以利用心理学来找到解决困境的办法。用一个不具挑战性的例子来阐释我们的观点。为了写这本书，我们将聚焦困境解决的办法和文字处理软件的"拼写检查和语法检查"合二为一，一旦出现拼写或语法问题需要更改时，我们就努力"打败它"，但不使用软件纠正。这对问题构成了挑战。当然，使用软件能轻松解决问题，但是那样如何得到乐趣呢？

把上面列出的概念应用到你日常生活中比较重要的方面，当然，结果可能情况更加严重，但是过程相同，你会把"问题"最小化，"挑战"最大化。例如，你可能喜欢探索行为管理。作为一名实习教师，或者刚刚开始职业生涯不久的教师，学生的行为可能会消耗掉你的全部心思，破坏你详细的课程计划。你不再只关注行为表现，你会将视线转向行为管理的消极方面。关注困境解决的办法则要求你关注传达课程计划中的教学内容，这反而会确保学生专注于你计划好的内容，同时避免了不良行为。

22.5 从业能力

在面试时、在教学实践中、在所谓的"压力环境"如学校视察的活动中，甚至在课堂上和学生一起的每一天中，你所掌握的心理学知识便会表现出来。同样地，了解心理学有助于你理解你的同事们以及他们是如何对待教学这个严谨的职业的。在采用心理学的方法时，你的知识会使你在其他对这门学科知之甚少的人当中显得与众不同。如果成功，你会被看作"冷静、克制，看上去处变不惊的教职人员"，这会成为你的名誉，这份名誉会提升你的从业能力。对你来说，晋升机会将成为挑战而不是能引起焦虑、需要克服的障碍物。

另外，本书自始至终讨论的应用心理学能使你保持乐观向上，同时利用心理意象和认知重构能确保你在求职和参加面试时持有积极的观点，能够在聚光灯下演讲或工作。事实上，在你的教师生涯不断向前发展时，你也许能够和其他人分享你的见解，并帮助他们实现持续的专业发展。

22.6 保持工作与生活的平衡

运用批判性思维来寻找合适的问题解决方案，将提升你的职场竞争力。然而，如果不建立健康的工作和生活平衡，这一切都不可能实现。心理健康和幸福感将作为你实现这一目标的跳板。你的处境往往是："我没有时间平衡工作和生活。"这是个两难问题。但从长远来看，挤出时间会给你带来回报，使你能够实现目标、维持你的健康。时间总是会有的！运用第12-14章和第15-17章提到的方法，从小的"碎片时间"开始吧！

22.7 结语

本书最重要的是鼓励你发展自己的心理学"工具"，或者对教师来说，心理学"文具盒"的类比更加贴切。通过参与反思和活动，你不仅发展了有助于教学的策略，而且理解了这些策略起作用的原因，这些都将体现在你的教育哲学当中。我们希望你在教学生涯和心理学的深入学习中都能获得很多乐趣，并会因为每个新观点而收获回报。

参考文献

查找本书的参考文献,请扫描以下二维码:

图书在版编目（CIP）数据

写给教师的心理学：第3版/（英）卡斯尔，（英）巴克勒著；张浩等译．
—上海：华东师范大学出版社，2024
ISBN 978-7-5760-4845-2

I.①写... II.①卡...②巴...③张... III.①教育心理学 IV.①G44

中国国家版本馆 CIP 数据核字（2024）第 062200 号

大夏书系 | 教师教育精品译丛

写给教师的心理学（第3版）

著　　者	（英）保罗·卡斯尔（Paul Castle）　斯科特·巴克勒（Scott Buckler）
译　　者	张　浩　等
责任编辑	任红瑚
责任校对	杨　坤
封面设计	淡晓库
出版发行	华东师范大学出版社
社　　址	上海市中山北路 3663 号　邮编 200062
网　　址	www.ecnupress.com.cn
电　　话	021-60821666　行政传真 021-62572105
客服电话	021-62865537
邮购电话	021-62869887
地　　址	上海市中山北路 3663 号华东师范大学校内先锋路口
网　　店	http://hdsdcbs.tmall.com/
印 刷 者	北京密兴印刷有限公司
开　　本	787×1092　16 开
印　　张	22.5
字　　数	420 千字
版　　次	2024 年 4 月第一版
印　　次	2024 年 4 月第一次
印　　数	3 000
书　　号	ISBN 978-7-5760-4845-2
定　　价	100.00 元
出 版 人	王　焰

（如发现本版图书有印订质量问题，请寄回本社市场部调换或电话 021-62865537 联系）